# 再生混凝土性能调控与配合比设计

李秋义　岳公冰　郭远新　著

中国建筑工业出版社

图书在版编目（CIP）数据

再生混凝土性能调控与配合比设计 / 李秋义，岳公冰，郭远新著. —北京：中国建筑工业出版社，2019.3
ISBN 978-7-112-23479-0

Ⅰ.①再… Ⅱ.①李… ②岳… ③郭… Ⅲ.①再生混凝土-性能控制-研究②再生混凝土-配合比设计-研究 Ⅳ.①TU528.59

中国版本图书馆 CIP 数据核字（2019）第 050078 号

责任编辑：戚琳琳 段 宁 张伯熙
责任校对：焦 乐 李美娜

再生混凝土性能调控与配合比设计
李秋义 岳公冰 郭远新 著
*
中国建筑工业出版社出版、发行（北京海淀三里河路 9 号）
各地新华书店、建筑书店经销
北京佳捷真科技发展有限公司制版
北京建筑工业印刷厂印刷
*
开本：787×1092 毫米 1/16 印张：13½ 字数：332 千字
2019 年 3 月第一版 2019 年 3 月第一次印刷
定价：**48.00** 元
ISBN 978-7-112-23479-0
（33778）

# 目　　录


第 1 章　绪论 …… 1
1.1　研究的背景及意义 …… 1
1.2　国内外再生混凝土研究及技术发展现状 …… 3
1.2.1　再生骨料品质控制技术 …… 3
1.2.2　再生混凝土耐久性研究 …… 4
1.2.3　再生混凝土配合比设计的复杂性 …… 8
1.2.4　再生混凝土应用 …… 10
1.3　本书的主要内容简介 …… 12
参考文献 …… 13

第 2 章　再生骨料品质控制技术 …… 18
2.1　再生骨料品质划分 …… 18
2.1.1　再生骨料特点 …… 18
2.1.2　再生粗骨料标准简介 …… 19
2.1.3　再生细骨料标准简介 …… 20
2.2　再生粗骨料附着砂浆定量分析 …… 21
2.2.1　试验用再生粗骨料基本性能 …… 21
2.2.2　试验原理及流程 …… 22
2.2.3　煅烧温度的确定 …… 25
2.2.4　附着砂浆定量分析 …… 27
2.3　再生粗骨料缺陷表征方法 …… 28
2.3.1　再生粗骨料界面结构 …… 28
2.3.2　附着砂浆含量与技术指标的相关性 …… 29
2.4　再生骨料品质控制技术 …… 30
2.4.1　再生骨料制备工艺简介 …… 30
2.4.2　物理强化对再生骨料性能的影响 …… 32
2.4.3　化学强化对再生骨料性能的影响 …… 39
2.4.4　复合强化对再生骨料性能的影响 …… 43
2.5　小结 …… 48
参考文献 …… 49

第 3 章　再生混凝土力学性能 …… 51
3.1　再生粗骨料混凝土的力学性能 …… 51

3.1.1 试验原材料 …… 51
3.1.2 试验方案设计 …… 52
3.1.3 再生粗骨料混凝土力学性能 …… 53
3.2 再生细骨料混凝土的力学性能 …… 56
3.2.1 试验原材料 …… 57
3.2.2 试验方案设计 …… 58
3.2.3 再生细骨料混凝土力学性能 …… 59
3.3 再生混凝土多重界面结构模型建立及研究方法 …… 61
3.3.1 再生混凝土微观结构研究进展 …… 61
3.3.2 再生混凝土特点 …… 63
3.3.3 多重界面结构重构模型的建立 …… 63
3.3.4 模型试件制备方法 …… 65
3.4 再生混凝土多重界面结构研究方法 …… 66
3.4.1 显微硬度分析技术 …… 66
3.4.2 试样制备 …… 67
3.4.3 显微硬度点阵分布 …… 68
3.4.4 显微硬度数据处理 …… 70
3.4.5 微观结构特征测试方法 …… 70
3.5 再生混凝土多重界面结构 …… 71
3.5.1 研究方案 …… 72
3.5.2 多重界面结构 ITZ 显微硬度分析 …… 72
3.5.3 界面过渡区微观形貌 …… 76
3.5.4 砂浆基体微观形貌 …… 80
3.5.5 界面过渡区水化产物 …… 80
3.6 小结 …… 83
参考文献 …… 84

**第 4 章 再生混凝土耐久性** …… 86
4.1 再生粗骨料品质对再生混凝土耐久性能的影响 …… 86
4.1.1 再生混凝土收缩性能 …… 87
4.1.2 再生混凝土碳化性能 …… 89
4.1.3 再生混凝土渗透性能 …… 91
4.1.4 再生混凝土的抗冻性能 …… 93
4.2 再生细骨料品质对再生混凝土耐久性能的影响 …… 97
4.2.1 再生混凝土收缩性能 …… 97
4.2.2 再生混凝土碳化性能 …… 98
4.2.3 再生混凝土渗透性能 …… 99
4.2.4 再生混凝土的抗冻性能 …… 100
4.3 碳化环境对再生混凝土界面性能的影响 …… 102

4.3.1　试验方法设计 …… 102
4.3.2　碳化环境下再生混凝土界面力学性能 …… 102
4.3.3　界面过渡区微观结构特征 …… 105
4.4　氯盐侵蚀对再生混凝土界面性能的影响 …… 108
4.4.1　试验设计方案 …… 108
4.4.2　不同侵蚀龄期再生混凝土界面力学性能 …… 108
4.4.3　界面过渡区微观结构特征 …… 111
4.5　硫酸盐侵蚀对再生混凝土界面性能的影响 …… 114
4.5.1　试验方法设计 …… 114
4.5.2　不同侵蚀龄期 RCA 界面力学性能 …… 114
4.5.3　界面过渡区微观结构特征 …… 117
4.6　小结 …… 121
参考文献 …… 122

**第 5 章　再生粗骨料混凝土配合比设计方法** …… 125
5.1　再生粗骨料混凝土配合比设计的复杂性和必要性 …… 125
5.1.1　再生粗骨料混凝土配合比设计的复杂性 …… 125
5.1.2　再生粗骨料混凝土配合比设计的必要性 …… 125
5.2　配合比设计的基本原则与思路 …… 126
5.2.1　基本原则 …… 126
5.2.2　设计的思路 …… 127
5.3　配合比设计的试验研究 …… 127
5.3.1　试验原材料 …… 127
5.3.2　试验方案设计 …… 129
5.4　简易配合比设计方法 …… 133
5.4.1　用水量原则的确定 …… 133
5.4.2　胶水比原则的确定 …… 135
5.4.3　简易配合比设计步骤 …… 140
5.5　再生粗骨料混凝土配合比精确设计方法 …… 142
5.5.1　设计原则（复合法则） …… 142
5.5.2　绝对用水量公式的建立 …… 143
5.5.3　强度公式的建立 …… 149
5.5.4　精确配合比设计步骤 …… 153
5.6　小结 …… 156
参考文献 …… 157

**第 6 章　再生细骨料混凝土配合比设计方法** …… 160
6.1　再生细骨料混凝土配合比设计的复杂性和必要性 …… 160
6.1.1　再生细骨料混凝土配合比设计的复杂性 …… 160

6.1.2 再生细骨料混凝土配合比设计的必要性 …… 160
6.2 配合比设计的基本原则与思路 …… 161
6.2.1 基本原则 …… 161
6.2.2 设计的思路 …… 162
6.3 配合比设计的试验研究 …… 162
6.3.1 试验原材料 …… 162
6.3.2 试验方案设计 …… 164
6.4 再生细骨料混凝土简易配合比设计方法 …… 167
6.4.1 用水量原则的确定 …… 167
6.4.2 胶水比原则的确定 …… 169
6.4.3 简易配合比设计步骤 …… 173
6.5 再生细骨料混凝土配合比精确设计方法 …… 174
6.5.1 设计原则（复合法则） …… 174
6.5.2 绝对用水量公式的建立 …… 174
6.5.3 强度公式的建立 …… 180
6.5.4 精确配合比设计步骤 …… 186
6.6 小结 …… 187
参考文献 …… 188

**第7章 双掺再生骨料混凝土配合比设计方法 …… 191**
7.1 双掺再生骨料混凝土配合比设计的复杂性 …… 191
7.1.1 配合比设计的复杂性 …… 191
7.1.2 配合比设计的基本原则与思路 …… 191
7.2 双掺再生骨料混凝土的绝对用水量公式 …… 192
7.2.1 公式的理论推导与预期形式 …… 192
7.2.2 建立绝对用水量公式 …… 193
7.3 双掺再生骨料混凝土的强度公式 …… 194
7.3.1 公式的理论推导与预期形式 …… 194
7.3.2 建立强度公式 …… 195
7.4 双掺再生骨料混凝土公式的有效性验证 …… 195
7.4.1 试验原材料及方案设计 …… 195
7.4.2 工作性能及绝对用水量公式误差分析 …… 199
7.4.3 力学性能及强度公式误差分析 …… 201
7.5 双掺再生混凝土配合比设计步骤 …… 204
7.6 小结 …… 206
参考文献 …… 206

# 第1章 绪 论

## 1.1 研究的背景及意义

习近平总书记在十九大报告中明确提出了“绿水青山就是金山银山”的发展理念，要“推进资源全面节约和循环利用”和“加强固体废弃物和垃圾处置”等要求。[1] 国家限制对天然骨料的开采，导致混凝土原材料价格飞涨，为了保持建筑业的可持续发展，减少建筑垃圾对环境的污染，缓解天然资源严重短缺，再生混凝土的应用正是解决这一系列问题的有效途径，同时，要加大对再生混凝土利用技术方面研究，实现建筑垃圾的资源化高效循环再利用。[2]

随着我国工业化、城市化进程的加速，每年拆除的废旧混凝土数量巨大，相伴而生的建筑垃圾日益增多。[3] 中国每年建筑垃圾产生量已超过35亿吨，其中仅拆除的建筑垃圾就有18亿吨，按照这样的趋势，到2020年将会达到一个峰值。[4] 在建筑施工的过程当中或遇到重大的地质灾害时，都会产生大量的固体废弃物，例如在2008年汶川地震和2010年玉树地震后产生的建筑垃圾总量达到9亿吨，如果将这些建筑垃圾露天堆放会占用8.5万亩土地。[5] 满堆的建筑垃圾倾倒场一旦发生滑坡等事故，将形成泥石流、塌陷、水土污染等地质危害，这会给周围的居民带来巨大的灾难。

由于建筑垃圾数量巨大、种类繁杂且利用率低、污染环境等一系列问题的逐渐突显（如图1-1），粗放式堆放对环境的影响途径多、污染的形式也是复杂多样，会直接或者间接的污染大气环境、土壤环境等。[6] 当环境遭受到严重污染后，如果再修复不仅需要大量的人力和物力，更需要提供复杂的技术支持，而且无法恢复至以前的环境状态。[7] 相比天然骨料，由于建筑垃圾中的废弃混凝土、废砖、废砂浆等成分十分复杂，且使用环境差

图1-1 建筑垃圾污染

异、结构部位及强度差异等因素波动性大，使得制备得来的再生粗骨料基本性能离散性较大。[8]

利用简单生产工艺所制备的再生骨料存在着颗粒棱角多、表面粗糙、内部存在微细裂纹、吸水率高、表观密度小、压碎指标大等缺陷，无法保证再生骨料在工程应用时的质量稳定性，严重威胁再生混凝土结构工程的安全性，制约了建筑垃圾的有效资源化再利用。[9] 其主要原因是：经机械破碎后的再生粗骨料表面上附着了大量的水泥砂浆，而这些废旧水泥砂浆由于受外界作用力影响，会在原天然骨料-废旧砂浆界面处及废砂浆基体内部产生较多微细裂缝，旧砂浆的强度远低于骨料强度，老界面结构疏松且存有微裂纹，因为这些微细裂缝等缺陷的存在，使得再生粗骨料的吸水率比普通骨料大，且表面粗糙[10]，导致其基本性能与天然骨料相比存有很大差异，不能正常大量使用，只能应用于路基路面、非承重结构及低级制品中。

再生骨料的生产工艺及性能提升技术是实现再生混凝土及其他再生产品高附加值应用的首要前提。为此，作者所在的课题组经过长期研究，针对再生骨料的制备工艺（如图 1-2）和不同方式的强化技术进行深入系统的研究，在国内首次提出了再生骨料颗粒整形强化技术，制备不同品质的再生骨料（如图 1-3），有效地提升了再生骨料的品质及基本性能，为再生混凝土分级分类标准的制定提供了可靠的科学依据。

图 1-2　再生骨料生产线

图 1-3　再生粗骨料

若能实现建筑废弃物的再生循环利用，首先可以有效减少建筑废弃物对环境的污染，同时采用建筑废弃物制备再生建筑材料可以减少对天然砂石骨料的过度开采，有效缓解天然资源严重短缺的问题，提高建筑垃圾利用率，解决建筑垃圾随意堆放或填埋所导致的环境污染，而且符合推进建筑业资源全面节约和循环利用的可持续发展理念。[11]

国内外学者通过大量研究发现再生混凝土的用水量大、力学性能降低及耐久性能较差，这主要是与再生混凝土复杂内部结构有关，由于再生骨料表面附着废旧砂浆量大，存在吸水率高、表观密度小、压碎指标高等缺陷，使得再生混凝土内部薄弱区域明显增多，在荷载作用下，再生混凝土的力学性能明显降低[12-13]；同时，这些薄弱区域为侵蚀性介质侵入再生混凝土内部提供了便利通道，加速了再生混凝土性能的破坏。与天然骨料混凝土相比，吸水率高等性能较差，导致再生骨料混凝土与天然骨料混凝土存在明显差异。

大量研究已经得出再生骨料品质及取代率对再生混凝土性能的影响规律，但再生混凝土性能劣化及内部损伤机理仍未得到完善；再生混凝土中存在的多重界面结构是再生混凝土中的薄弱区域，导致了再生混凝土力学性能及耐久性能的劣化。因此，本书尝试从微观角度研究再生混凝土多重界面结构性能，并找到科学有效的技术途径，探索再生混凝土的界面结构特征，并进行定量化分析，提升再生骨料品质，解决再生混凝土利用难的问题，有利于再生混凝土的生产与应用，符合十九大关于环境保护及新旧动能转换的相关精神，对于人类、环境和社会的可持续发展具有重要意义。

## 1.2 国内外再生混凝土研究及技术发展现状

### 1.2.1 再生骨料品质控制技术

再生粗骨料（Recycled Coarse Aggregate，缩写为 RCA），是指将建筑垃圾中的废弃混凝土在经过特定工艺分拣、破碎及筛分后制得粒径大于 4.75mm 的颗粒，由 RCA 部分或全部替代天然骨料所配制不同性能要求和使用范围的新混凝土，即为再生粗骨料混凝土（Recycled Coarse Aggregate Concrete，缩写为 RCAC）。

将再生骨料应用在混凝土中的相关研究最早始于第二次世界大战之后的欧洲，因战争而变成一片碎砖瓦砾的欧洲大陆，所面对的是巨量的建筑垃圾无处安放，随意堆置侵占了大量的土地资源，并且战后的资源严重匮乏，这些问题的存在逼迫他们开始考虑对建筑垃圾的循环再利用进行研究。但建筑垃圾资源化再利用[14-16] 的研究热潮发生在近二十年左右，随着全球经济的迅猛发展，环境破坏严重、矿产资源紧缺等问题的出现给人们敲响了警钟，世界各国也因此都加紧了对建筑垃圾再利用的应用技术研究。[17-19]

虽然我国关于建筑垃圾资源化再利用的研究相对较晚，但在再生骨料的强化技术研究方面发展较快。如肖建庄等[20] 提出了一套废旧混凝土的破碎再生工艺流程；张学兵等[21] 利用 RPC（活性粉末混凝土）浆液对再生粗骨料进行浸泡包裹处理；应敬伟等[22] 采用高浓度二氧化碳气体对再生粗骨料进行强化处理；朱亚光等[23] 利用 DSM8715 菌种对再生细骨料进行微生物矿化处理；Shi-Cong Kou[24]、李文贵[25]、王江浩[26]、李滢[27] 分别使用了多种化学试剂或水泥浆对再生骨料进行改性处理等。在这些结论中可以发现，多数专家、学者都是在局部研究单一的再生粗/细骨料，虽然再生骨料的强化效果较为显著[28-30]，但所使用的强化技术并不具备大量生产高品质再生骨料的能力，且生产成本也较高。因此，为了尽快解决这些现状所带来的困扰，有必要对再生骨料的强化技术进行进一步系统的探索。[31-33]

杜婷等[34]、朋改非等[35] 研究了将再生粗骨料在 620℃高温下处理，通过一系列方法去除再生粗骨料表面的附着砂浆后用其制备再生混凝土，测定再生混凝土的劈裂抗拉、抗压强度和断裂能，分析得出再生粗骨料表面的附着砂浆及外界作用力的机械损伤等内部缺陷是再生混凝土力学性能显著下降的主要原因，吸水率与断裂能可敏锐反映再生骨料的缺陷特征。

Hony[36] 等人将加工制得的再生粗骨料按照不同的取代率配制各种强度等级的再生混凝土，养护至相应龄期后测试其力学性能、弹性模量及干缩性能，研究发现若再生粗骨料的取代率超过 40%、水灰比（W/C）低于 0.45 时，再生粗骨料混凝土的抗压强度出现了明显降低，但弹性模量的变化相对较小；100%再生粗骨料混凝土 28d 干缩比天然骨料高出 44%。Etxeberria 等人[37] 的研究表明当水泥用量相同时，利用再生粗骨料配制的混凝土强度比同龄期的天然骨料混凝土抗压强度值减小了 23%，两种混凝土之间的标准差相差了近 48%。

Kou 等人[38] 研究表明，将部分粉煤灰掺入到再生混凝土中，会明显减小再生混凝土的劈裂抗拉强度，但是对于配制强度较高的再生混凝土而言，由于水泥用量多、W/C 相对较小，胶凝材料中掺加的粉煤灰对再生混凝土力学性能的影响减弱，劈裂抗拉强度降低幅度不明显。

李秋义[39] 在 2005 年首次提出了再生骨料的物理强化处理技术，其基本原理是通过再生骨料在高速运转的颗粒整形机内相互碰撞及摩擦，去除再生骨料表面的突出棱角及薄弱的旧水泥石，其研究表明：物理强化技术能有效提高再生骨料的基本性能，其中表观密度和堆积密度分别提高了 3.5%和 8.9%，空隙率降低了 9.0%，吸水率降低了 38.3%，压碎指标仅为 9.5%，针片状含量等指标已达到天然骨料标准，完全满足生产各类混凝土的性能要求。

郭远新等[40] 分别通过物理和化学强化方法研究再生粗骨料的基本性能，评定出不同品质再生粗骨料的类别，二次物理强化后的再生粗骨料达到Ⅰ类再生粗骨料标准，各项指标均接近于天然骨料；经过浓度为 6%的有机硅防水剂浸渍处理后的再生粗骨料性能得到明显改善。

Ismail 等人[41] 采用适当浓度的硫酸溶液处理再生粗骨料表面的附着砂浆效果较好，可以有效避免其对天然骨料的损伤，并且用酸溶液处理过的再生粗骨料配制混凝土，其力学性能得到较为明显的改善。国外学者[42-43] 采用机械研磨技术清除 RCA 表面的附着砂浆，由于骨料与浆体的热膨胀系数不同，加热研磨更容易将再生骨料表面的附着砂浆清除，得到的高品质的再生粗骨料，所配制的再生混凝土的力学性能及耐久性能得到显著的提高，并且其基本性能与天然的粗骨料混凝土无明显差别。

再生骨料的品质主要与其表面的硬化水泥砂浆（强度低、吸水率高且与骨料咬合较弱）附着量、自身性能（基体强度和复杂的骨料界面结构）等有关。但是由于再生骨料原料来源复杂，在生产再生骨料时所用工艺和质量评价体系均有所差别，由此产生的质量不稳定性势必限制了再生混凝土及其他水泥制品的广泛应用和进一步发展。[44] 故而，再生骨料在工程应用中必须提高其品质，并且降低其质量波动范围，这就要求在再生骨料的生产过程中必须考虑骨料的强化工艺。

### 1.2.2 再生混凝土耐久性研究

再生混凝土结构耐久性是指所设计的再生混凝土结构或其结构构件，在一定的环境作用下，能够满足在规定使用期限内继续保持混凝土力学性能、耐久性及安全使用的能力。[45] 由于废弃混凝土来源广泛，制得的再生粗骨料性能波动性大，再生粗骨料自身的缺陷导致其基本性能比天然骨料差，使得用其制备的再生混凝土用水量大、力学性能降低、耐久性能差等。

近年来，随着混凝土用天然原材料资源的日益匮乏，许多国家的专家及学者已经对建筑垃圾处理及资源化利用进行了研究，主要针对利用废弃混凝土制备高品质再生骨料及再生粉体，研制开发了再生混凝土、再生砂浆等高附加值再生产品，系统分析了再生系列产品的基本性能，取得了大量的科研成果并实现产业化应用，但再生产品的耐久性问题依旧是研究的主导方向。因此，本节将针对再生混凝土耐久性问题，搜集并整理诸多专家学者在此方面的研究成果，分析探讨环境作用对再生混凝土耐久性能的影响规律。

#### 1.2.2.1 抗碳化性能

碳化是造成再生混凝土结构耐久性劣化的主要原因之一，$CO_2$ 进入混凝土后与 CH 反应产生 $CaCO_3$ 和水，降低混凝土内部的 pH 值，破坏了钢筋表面的钝化膜，导致钢筋锈蚀。由于再生粗骨料表面附着砂浆的存在，致使再生混凝土的界面结构及碳化机理更为复杂，不仅受胶凝材料用量、W/C、再生粗骨料取代率、$CO_2$ 浓度及湿度的影响，还与废弃混凝土强度等级、再生骨料的制备及品质有密切的关系。

黄秀亮等人[46] 通过研究胶凝材料体系、FA 取代率及 W/C 大小对再生混凝土抗碳化性能的影响趋势，发现当 W/C 越大，碳化深度越大；与天然骨料混凝土相比，对于相同胶凝材料体系的再生混凝土而言，其实验室快速碳化 28d 后的碳化深度明显增大。李秋义等[47] 采用颗粒整形骨料强化技术，制备各种品质的再生粗骨料，系统研究了不同系列再生混凝土实验室快速碳化 28d 后的碳化深度，结果表明经整形强化后骨料品质得到明显提升，用其制备的再生混凝土随着取代率的增加碳化深度变化较小，抗碳化性能得到明显改善，而低品质再生粗骨料混凝土 28d 碳化深度较大，且取代率为 100%时碳化深度是普通混凝土的 2.8 倍。

雷斌等人[48] 研究发现废弃混凝土的来源、再生粗骨料的性能及掺加量决定了再生混凝土的抗碳化性能，同时也会受到所配制得再生混凝土强度等级的影响，并通过试验研究建立了再生混凝土碳化深度计算模型。Evangelista 等[49] 发现，与普通天然骨料混凝土相比，利用再生细骨料 100%替代天然砂制备的再生混凝土，抗碳化性能明显降低，其 28d 碳化深度提高了 29%。肖建庄等人[50]、崔正龙等人[51] 试验发现，来源于较高强度等级的废弃混凝土制备的再生粗骨料基本性能较为稳定，且与天然骨料相近，用其制备的再生混凝土的 28d 快速碳化深度与普通混凝土大致相同。

国内学者对碳化后再生混凝土宏观性能进行了系统研究并取得了诸多成果，但从微观角度进行的研究较少。由于再生混凝土是一种多相、多界面、不均一的复杂碱性材料，与普通混凝土相比，其微观结构较为复杂，这是由于再生粗骨料表面部分附着砂浆的存在，使得再生混凝土中存在复杂的界面结构形式，针对复杂的多重界面形式，有必要系统地研究再生混凝土的微观结构，并找出相应改善途径。

#### 1.2.2.2 抗氯离子渗透性

氯离子侵蚀是引起钢筋锈蚀的主要原因之一，特别是对海工混凝土或海水冷却塔等钢筋混凝土结构来说尤为严重。由于再生粗骨料空隙率大、吸水率高、表面附着砂浆微细裂缝较多，致使再生混凝土内部提供给 $Cl^-$ 通道数量较多，其抗氯离子渗透性能较差。李秋义等[52] 将再生粗骨料分别进行物理强化及化学强化处理，得到不同品质及类别的再生粗骨料，用其制备不同系列的再生混凝土，系统研究再生粗骨料品质及取代率对混凝土抗 $Cl^-$ 渗透性能的变化规律，发现经物理强化处理后高品质再生粗骨料混凝土抗 $Cl^-$ 渗透性能与天然骨料混凝土接近，利用化学强化的再生粗骨料配制再生混凝土的抗 $Cl^-$ 迁移系数降低了 30%左右。

应敬伟等[53] 分析得出再生混凝土的氯离子渗透系数随着再生粗骨料取代率的增加而增大，且受 W/C 的影响最大，其次是矿物掺合料和养护龄期。叶腾等人[54-55] 得出相同的结论，提出掺加粉煤灰能改善再生混凝土的抗氯离子渗透性能，粉煤灰的掺量控制在 15%左右为宜。确定 W/C 为 0.52，砂率为 38%，粉煤灰掺量为 10%，再生粗骨料为 100%取代天然骨料，配制的 C25 再生混凝土满足氯离子渗透等级为 D 级的要求。

Olorunsogo 等人[56] 研究得出，全再生粗骨料混凝土与普通混凝土相比，标准养护为 28d 时氯离子导电率增大了 73.2%，56d 时增大了 86.5%。Vazquez 等人[57] 研究得出，氯离子在混凝土中的侵入过程较为复杂，受胶凝材料种类、W/C、密实程度等影响较大。再生粗骨料表面的附着砂浆含有一定量的 C-S-H 凝胶，相对增加再生混凝土中 C-S-H 凝胶的含量，在一定程度上可增大氯离子的吸附面积及程度，并导致再生混凝土的抗氯离子渗透性减弱。

诸多专家学者的研究结论大致相同，再生混凝土的抗 $Cl^-$ 渗透性能较差，这是由于再生粗骨料表面附着有较多的老水泥砂浆，老界面较为疏松，空隙率大，随着取代率的增大，再生混凝土内部空隙率增加及孔径变大，为氯离子在混凝土中的传输提供便利。另外，氯离子的渗透性也与再生混凝土的强度等级及外界环境有关。

**1.2.2.3 干燥收缩性能**

混凝土的干燥收缩是由于混凝土在不饱和空气中，逐渐失去了储存在砂浆基体内部微细孔隙中的自由水，致使水泥水化产物中的水分子转移至附近的毛细孔中，引起混凝土体积收缩。混凝土开裂大部分是由干燥收缩引起的，是影响混凝土性能的重要因素之一，收缩开裂不仅削弱混凝土的承载力，而且为侵蚀性介质进入混凝土内部提供通道，降低混凝土的耐久性能，缩短安全使用年限。由于再生粗骨料附着砂浆的存在，使得再生混凝土的干缩裂缝的变化机理更为复杂。

韩帅等[58] 研究发现对于相同强度等级的再生混凝土及天然骨料混凝土而言，利用性能较差的低品质再生粗骨料制备的再生混凝土用水量明显增大，60d 收缩率增大了 47%，而高品质再生粗骨料有效地改善了再生混凝土的微观结构，60d 收缩率减小了 6.9%。肖建庄等[59] 研究显示再生粗骨料取代率为 50%和 100%的再生混凝土收缩率分别比普通混凝土增加了 17%和 59%，徐变变形分别增加了 12%和 76%，并采用 BP 神经网络预测混凝土徐变。霍俊芳等[60] 采用等体积砂浆法（EMV 法）测试并计算再生混凝土的徐变度，其变化规律与普通混凝土相似，可以有效地改善再生混凝土的徐变性能。

肖建庄等[61] 研究了再生粗骨料取代率与再生混凝土收缩率的变化关系，研究发现取代率越大，再生混凝土收缩速率越快，且收缩率增大，掺加 FA 和 S95 矿粉可以有效改善其收缩性能。张晓华等[62] 研究发现再生混凝土早期收缩较快，收缩率略高于普通混凝土，掺加 2%的 K12 引气剂可以有效地抑制再生混凝土在后期收缩率的增加，并通过系统研究提出了再生混凝土的收缩模型且相关性较好。安新正等[63] 研究发现再生粗骨料粒径为 25～31.5mm 的混凝土抗裂性较好，当粒径为 15～25mm、FA 掺量为 15%时抗裂性也较好，表明选择合理的再生粗骨料粒径及 FA 掺加量可以有效地改善再生混凝土的抗裂性能。

由于国内外研究方法、试验条件及再生骨料原材料的差异，诸多学者对再生混凝土的干缩裂缝性能研究得出的结论存有较大差异。Domingo 等[64] 研究了再生粗骨料与天然骨料比例为1∶1和1∶0时，再生混凝土120d收缩率增加了20%和66%，持荷状态下90天徐变量增加了25%和62%。Soberon等[65] 分别研究再生粗骨料取代率为60%和100%时，再生混凝土的收缩率增加了25%和18%，徐变量增加了33%和40%。邹超英等[66] 研究了再生混凝土徐变度变化规律，并建立徐变度预测模型，发现100%全再生粗骨料混凝土中后期徐变度变化较小，普通混凝土徐变度变化较快，在90d时再生混凝土徐变度比普通混凝土降低了16.6%。

#### 1.2.2.4 抗冻性能

混凝土的抗冻性在满足力学性能的前提下，混凝土结构抵御长期处于饱和水状态冻融循环作用的能力。由于再生骨料性能的缺陷及附着砂浆的存在，致使再生混凝土抗冻机理比普通混凝土复杂，且诸多学者研究结果差异较大。

韩帅等[67] 研究证明经过颗粒整形物理强化后的再生粗骨料，其基本性能达到了Ⅰ类骨料性能标准，用其制备的再生混凝土的抗冻性能得到显著提高，并接近于天然骨料混凝土，再生粗骨料完全替代天然骨料时，混凝土抗冻等级可达到F200。岳公冰等[68] 利用骨料强化技术制备了不同品质的再生细骨料，研究了骨料性能及取代率对再生混凝土抗冻性能的影响规律，发现随着再生细骨料用量的增加，其抗冻性逐渐降低，同时也加快了再生细骨料混凝土在快速冻融环境下的破坏速率，高品质再生细骨料混凝土满足F250要求，质量损失率仅为3.9%，相对动弹性模量在78%以上。

张秋美等[69] 研究结果显示水灰比大小决定了混凝土的抗冻性能，W/C越大抗冻性越差，而对于低W/C的再生细骨料混凝土，其抗冻性能较好，并且再生细骨料对抗冻性能的影响相对较小。孙家瑛等[70] 研究结果表明再生细骨料不利于再生混凝土的抗冻性能，且再生细骨料的粒径要大于0.16mm，掺加量不得超过40%，粉煤灰有助于提高再生混凝土的抗冻性。

Gokce A.[71] 分析再生混凝土的抗冻性能良好，与普通混凝土没有明显差异，原因在于老界面与附着砂浆上的裂缝吸收了新砂浆中的水分，在界面处产生微养护作用，改善了老界面与骨料新界面的微观结构。Witesides研究显示再生粗骨料极易吸水且吸水率大，再生骨料表面附着砂浆是再生混凝土薄弱区域，Sweet等人的研究也得出类似的结果。Salem R.等人[72] 从微观角度分析，冻融破坏首先从再生骨料表面的附着砂浆开始，随着冻融循环的进行，破坏裂缝逐渐延伸至新砂浆基体后导致混凝土破坏，掺量为28%的FA能明显改善其抗冻性能。

#### 1.2.2.5 抗硫酸盐侵蚀性能

混凝土遭受硫酸盐侵蚀机理较为复杂，主要表现形式为混凝土膨胀开裂及脱落，降低水泥水化产物的黏结力。实际上是$SO_4^{2-}$通过介质逐渐进入混凝土内部，再生粗骨料空隙率较高，为外界侵蚀性介质进入提供了便利通道，此时$SO_4^{2-}$与混凝土中的水泥水化产物反应，溶液中的侵蚀介质通过孔隙进入混凝土的内部与水泥水化反应生成具有膨胀性的产物[73]，随着侵蚀龄期的增长，混凝土内部的膨胀应力大于其抗拉强度时，就会在再生混凝土内部产生微细裂缝，由于再生粗骨料的存在会加剧膨胀裂缝的发展，再生混凝土表面出现浆体剥落和骨料外露的现象，直至混凝土结构遭到破坏。[74]

目前，国内外学者已针对再生混凝土在硫酸盐等侵蚀环境下的耐久性问题进行了大量研究分析，并取得了一系列成果，由于再生混凝土本身的微细裂缝、毛细孔及再生骨料内部缺陷，致使再生混凝土抗硫酸盐侵蚀劣化机理更加复杂。闫宏生[75] 认为增大 W/C 及提高再生骨料的掺加量，对再生混凝土抗 $SO_4^{2-}$ 侵蚀性能产生不利影响，且当再生骨料掺加量越多，再生混凝土 $SO_4^{2-}$ 腐蚀速度越快，掺加适量的 FA 能改善再生混凝土界面过渡区的微观结构，有助于增强再生混凝土的抗 $SO_4^{2-}$ 腐蚀性能，并且在 FA 掺量为 10%，再生粗骨料取代率为 25%，再生混凝土的力学性能及抗 $SO_4^{2-}$ 腐蚀较好。

张凯等[76] 研究得知，对于相同龄期的 $SO_4^{2-}$ 腐蚀再生混凝土而言，$SO_4^{2-}$ 渗透深度随再生粗骨料取代率的提高而增大，与普通混凝土相比，取代率为 100%时，$SO_4^{2-}$ 腐蚀含量和渗透深度分别增加了 131%和 43%。国内许多研究者采用相同的试验方法及硫酸钠溶液浓度，得到的研究结果及规律差异很大。唐灵等[77] 发现再生粗骨料取代率为 50%的再生混凝土抗硫酸盐侵蚀性能要优于普通混凝土，高浓度硫酸盐溶液不会加速再生混凝土破坏，反而会有利于混凝土强度发展，并且从微观角度进行分析得出，再生混凝土硫酸盐侵蚀破坏主要是生成大量的钙矾石产生体积膨胀，导致混凝土破坏。

国外学者研究结论显示，Dhir R. K. 等[78] 研究发现，对于低取代率的再生粗骨料混凝土的抗硫酸盐侵蚀性能与普通混凝土相差不大，随着取代率的增大，再生混凝土的抗硫酸盐侵蚀性能降低，研究结论与国内学者类似。祁兵等[79] 发现由于再生粗骨料本身的吸水特性，使得再生混凝土内部微观结构更为紧密，再生骨料取代率在 50%以下时，再生混凝土的抗硫酸盐侵蚀性能良好，取代率超过 50%后，再生混凝土随着干湿循环次数的增加，抗硫酸盐侵蚀性能降低且破坏速率加快。取代率为 100%时，干湿循环 100 次后再生混凝土的表面开始出现浆体剥落及再生粗骨料外露的现象。

通过以上分析可以看出，虽然国内外学者对再生混凝土进行了大量的研究，但再生混凝土耐久性能问题没有得到有效的解决，再生混凝土力学性能及耐久性能差的原因主要与再生骨料品质、取代率、W/C 等因素有关，表明再生混凝土中复杂界面结构疏松、微细裂缝数量较多，为侵蚀性介质进入再生混凝土内部提供便利通道，为了得到这些薄弱区域对再生混凝土耐久性的影响规律，本书拟采用微观测试技术研究再生混凝土界面结构破坏规律，揭示再生混凝土耐久性能损伤机理。

### 1.2.3 再生混凝土配合比设计的复杂性

再生骨料表面存在着复杂的界面结构（旧骨料-旧浆体、旧骨料-新浆体、旧浆体-新浆体等）与成分组成（硬化砂浆、水泥石、附着砂粒等），导致再生混凝土的性能稳定性较差，这与再生骨料的品质多样性（参照《混凝土用再生粗骨料》GB/T 25177—2010[79] 将再生粗骨料分为Ⅰ类、Ⅱ类、Ⅲ类，《混凝土和砂浆用再生细骨料》GB/T 25176—2010[80] 将再生细骨料分为Ⅰ类、Ⅱ类、Ⅲ类）和使用的复杂性（部分取代、全部取代、单一取代、复合取代等）密切相关，也使得再生混凝土的配合比设计较普通混凝土复杂得多。实际上，纵观不同种类的混凝土，再生混凝土的配合比设计兼有普通混凝土、轻集料混凝土[81-82] 和钢纤维增强混凝土[83-84] 设计的特点。

对于普通混凝土，水胶比（W/B）是影响其性能的主要影响因素，随着水胶比的减小，普通混凝土的强度逐渐增大，在再生骨料所制备的再生混凝土中也同样符合这一研究结论，但还必须要考虑再生骨料与天然骨料之间的性能差异给再生混凝土带来的影响。

对于轻集料混凝土（也称轻骨料混凝土），其强度主要受有效水胶比（$W_0/B$）和轻集料的性能两方面决定。轻集料混凝土的净水胶比与轻集料的吸水率有关，是强度的主要影响因素，净水胶比越小，轻集料混凝土的强度越高；轻集料的性能则主要由密度等级和筒压强度所决定，密度等级和筒压强度越大，轻集料混凝土的强度越高。再生骨料的性质与轻集料有相似之处，即再生骨料也具有较大的吸水性，因此可以考虑引入有效水胶比（$W_0/B$）的概念来评价再生混凝土中的水泥浆性能，它与再生粗骨料的吸水率及取代率、再生细骨料的需水量比及取代率密切相关。

对于钢纤维增强混凝土，通过掺加一定量的钢纤维来提高混凝土的性能，尤其是抗拉强度的显著增强，钢纤维在混凝土中起到正的增强效应。而在制备再生混凝土时，绝大多数情况也是以再生骨料部分取代天然骨料，但有所不同的是再生骨料的性能明显要差于天然骨料，再生混凝土的性能随着再生骨料取代率的增大而逐渐降低，即再生骨料在混凝土中起到的增强效应是负的，这与钢纤维在混凝土中起到的增强作用相反。

对于再生混凝土，水胶比或有效水胶比、再生粗/细骨料的品质差异和取代率变化等均是影响其性能的主要因素，存在如此众多的影响因素势必导致再生混凝土的配合比设计要比其他种类的混凝土复杂得多，其配合比设计的复杂性如图 1-4 所示。

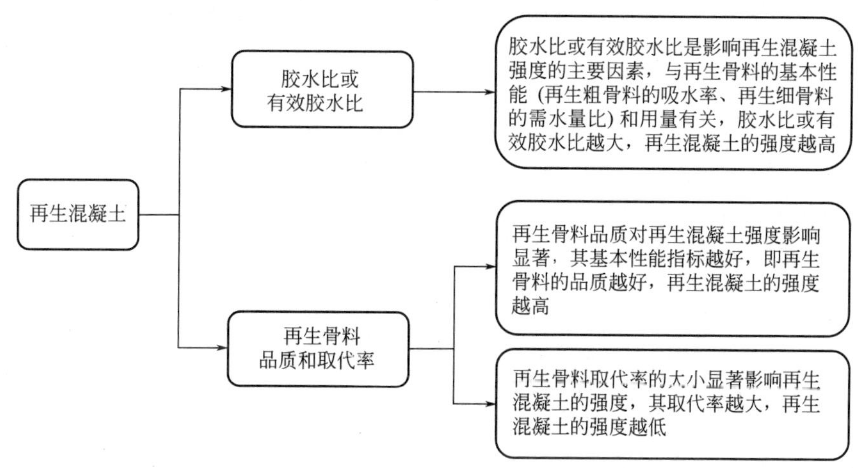


图 1-4 再生混凝土配合比设计的复杂性

面对这一严峻的前沿科研问题，国内外众多学者专家也开展了一些研究工作，并取得了一定的科研成果。如 Subhasis Pradhan 等[85] 利用 PPM（颗粒填充）方法对再生粗骨料混凝土的配合比进行设计；George Warde 等[86] 参照《欧洲法规 2》设计再生骨料混凝土的配合比，并研究了其性能和适用性；史魏[87]、张亚梅[88] 等分别提出了基于自由水灰比和再生骨料预吸水的再生粗骨料混凝土配合比设计方法。

但这些研究成果都是针对特定品质的再生骨料或特殊种类的再生混凝土而进行的有限研究，所提出的再生混凝土配合比设计方法具有很大的局限性，并不适用于全部种类的再生混凝土的配合比计算。另外，在《再生骨料应用技术规程》JGJ/T 240-2011[89] 中并没有给出如同普通混凝土那样方便简捷的配合比设计方法，只是给出了简单的配制原则，由此导致再生混凝土的配合比设计消耗时间长，严重制约了再生骨料的广泛推广与工程应用。因此，科学建立再生混凝土的配合比设计方法，是实现建筑垃圾资源化高效循环再利用亟待解决的基础问题。

## 1.2.4 再生混凝土应用

### 1.2.4.1 国内应用进展

我国政府及专家学者在建筑垃圾资源化利用及再生混凝土相关领域做了大量研究，并在建筑垃圾处理、再生产品及设备的研发、工程应用等方面取得了大量的研究成果。由于科教兴国及可持续发展战略，政府大力支持建筑垃圾资源化利用研究，科技部、交通部、国家自然科学基金委等政府部门相继出台科研立项政策，从 1997 年起，建设部就开始重点推广建筑废渣综合利用等科技项目，2004 年交通部和科技部分别推出“水泥混凝土路面再生利用关键技术研究”和“建筑垃圾资源化利用”等科技研究计划，2006 年科技部推出“十一五”科技支撑计划“建筑垃圾再生产品的研究开发”，2011 年科技部推出“十二五”科技支撑计划“固体废弃物本地化再生建材利用成套技术”，2017 年科技部相继将“工业及城市大宗固废制备绿色建材关键技术研究与应用”和“建筑垃圾资源化全产业链高效利用关键技术研究与应用”列入国家重点研发计划“绿色建筑及建筑工业化”重点专项，为相关标准及规范的出台提供了有利的理论与应用基础。

近年来，国家相关部委相继颁布了的一系列宏观政策及法规，都十分明确地将建筑环保产业作为未来战略性新型产业，相关部委也出台了一系列针对建筑垃圾资源化利用的政策和文件，推动了建筑垃圾处理行业的快速发展。2015 年，国家相继出台了《促进绿色建材生产和应用行动方案》和《循环经济推进计划》，方案和计划中明确提出了要继续加大对建筑垃圾资源化利用的力度及要求，并且在 2016 年，国务院发布了《国家重点支持的高新技术领域》和《“十三五”国家科技创新规划》，规划中提出要大力发展建筑垃圾和建筑废物资源化再生利用技术以及开发新型再生建筑材料应用技术等。

为了保障建筑垃圾资源化利用工程应用及安全性，我国已颁布了一系列法规、国家标准及行业标准，主要包括：由住房和城乡建设部颁布的《城市建筑垃圾管理条例》（2005 年）、由中国建筑科学研究院、青岛理工大学主编的《混凝土和砂浆用再生细骨料》GB/T 25176-2010 和《混凝土用再生粗骨料》GB/T 25177-2010，由中国建筑科学研究院和青建集团股份公司主编的《再生骨料应用技术规程》JGJ/T 240-2011，由上海市环境工程设计科学研究院主编的《城市建筑垃圾管理条例》CJJ 134-2009，由中国建筑科学研究院主编的《再生骨料混凝土耐久性控制技术规程》CECS 385-2014，由北京市市政工程研究院主编的《道路用建筑垃圾再生骨料无机混合料》JC/T 2281-2014 等，为国家建筑固废资源化利用提供技术支持，同时保障再生混凝土应用及产业发展。

堆满建筑垃圾的倾倒场和渣土山会产生土坡塌方、土壤及地下水、土体滑坡等严重的地质性灾害，这会给坝区周围的居民带来巨大的灾难。如 2008 年山西襄汾尾矿库溃坝事故，2015 年深圳市光明新区红坳渣土收纳场滑坡事故就带来难以估量的生命和财产损失，为建筑垃圾资源化安全利用敲响了警钟。现全国各大城市依据自身建筑垃圾问题，在以上法律法规及标准的基础上，相继出台了关于建筑垃圾资源化利用的地方政策条例，有力推动了建筑垃圾产业化的发展。

深圳市在建筑垃圾资源化利用技术等方面始终处于领先地位，于 2009 年颁布了《深圳市建筑废弃物减排与利用条例》，这是国内首部建筑垃圾资源化利用的地方法规。2012

年住建部将深圳市列为首个“建筑废弃物减排与综合利用试点城市”，要求所有政府投资项目及新建保障住房全面使用绿色再生建材产品，且在2015年建成全国首个建筑垃圾再利用生态示范工厂并成功向全国推广。

国家及地方相关政策的支持也是再生混凝土应用技术快速发展的一个关键因素。在我国，已有部分地区或企业走在了建筑垃圾资源化利用的前列。如北京市在2012年施行了《建筑垃圾土方砂石运输管理工作意见》，建筑垃圾的管理与处理“戴上24道紧箍”；绍兴市也在同年出台了《绍兴市区建筑泥浆处置管理暂行办法》，并制订了相应的《实施细则》，针对建筑垃圾的资源化利用与无害化处置创立了“五统一制度”；青岛市的建筑垃圾资源化利用企业在“十二五”期间实现飞速发展，总企业规划数量达到15家，消纳建筑垃圾总量超过3500万吨，实现产值近43亿元，并且青岛市城乡建设委员会在2015年开始对相关企业进行资金补助，实现了经济效益、社会效益和环境效益的全面丰收。

#### 1.2.4.2 国外应用进展

再生混凝土的研究工作最早始于欧洲国家，美国、日本等国家在第二次世界大战之后，在家园重建中注意到了废弃混凝土的重新利用问题，并开始了一系列相关的研究，多次召开关于废弃混凝土再生利用方面的会议和讨论。[90] 因此，“变废为宝”和废弃混凝土再生利用等问题俨然已成为国内外工程界和学术界共同关注的焦点问题之一。

美国是建筑垃圾资源化利用最早的国家之一，颁布了一系列关于建筑垃圾处置及利用的法律规定，并实现建筑垃圾再生利用的产业化及工程应用，早在1982年将再生粗骨料纳入《混凝土骨料标准》ASTM C-33-82中，并鼓励使用再生骨料混凝土。美国对建筑垃圾的资源化利用已经具有先进的技术装备及管理模式，根据建筑垃圾的种类及性质可分为三个层次：首先是“初步利用”，在建筑物拆除过程中，就地对木料、玻璃、废弃混凝土进行初步分拣，经过现场分拣并回填后，初步利用的建筑垃圾可达到50%左右；其次是“回收利用”，将拆除的建筑物中的基础构件或者路基垫层，回收并破碎处理筛分后，制成低品质的再生粗/细骨料，主要用于制作再生蒸压砖、透水砖及路面砖等再生建筑材料，美国政府为了处理数量巨大的建筑垃圾，在诸多城市都建立了建筑垃圾回收利用生产车间；最后是进行深度处理，将建筑垃圾中产生的可利用资源进行磨细-煅烧，将部分建筑垃圾烧制成沥青材料或者水泥基材料。[91]

德国是建筑垃圾再生利用水平最好的国家之一，回收利用率达到90%以上，在1998年，德国制定实施颁布了《混凝土再生骨料应用指南》，应用指南中明确指出混凝土用再生骨料的基本性能必须完全符合德国国家标准规定天然骨料的要求。英国相继颁布了《工业副产品及建筑与民用工程废弃物的利用》及再生骨料的相关标准。丹麦在1989年制定了再生骨料相关标准，并根据工程要求给予详细说明，建筑垃圾再生利用率达到95%以上。[92]

日本自1958年制定相关的法律法规，推进建筑垃圾资源化再生利用，再生利用率达到90%，部分地区达到100%。1991年，日本政府就制定颁布了《资源重新利用促进法》法案，其中明确规定在施工过程中产生的建筑垃圾必须运送至建筑垃圾处理厂中进行处理，从而保证建筑垃圾回收利用率。[93] 自1994年以来相继颁布了再生骨料及再生骨料混凝土的质量标准；1997年，日本政府制定颁布了《利用再生骨料和再生混凝土规范》；到2008年，日本年建筑垃圾产生量约为7000万吨，总体再循环利用率超过90%。[94] 由于日本资源相对匮乏，在早期的日本国内已建成具有一定规模的建筑垃圾处理车间，随着技术发展及工艺的改进，根据建筑废弃的实际情况及市场需求，拆除及生产设备不断改良，所生产的再生建筑材料逐渐形成市场规模，并取得了一系列的成就。[95]

荷兰是较早开始研究再生混凝土的国家，其制定的规定和规范明确提出了关于在工程建设中使用再生混凝土的具体规定，同时政府也出台了一系列标准规程，对再生骨料的使用量及相关技术要求做出了明确要求。其中明确规定再生骨料在再生混凝土中的用量小于骨料总用量 20%，可以依据普通混凝土的技术要求和相关设计方法来生产再生混凝土[96]；在 1990 年，丹麦颁布了一系列修正案将按照强度将废弃混凝土分为两类，第 1 类是废弃混凝土强度在 20MPa 以下，第 2 类是强度在 20～40MPa。这些再生骨料在使用的过程中必须满足一定的技术要求。[97]

## 1.3 本书的主要内容简介

根据目前废弃混凝土研究背景、国内外再生混凝土研究及应用技术发展现状，本书分析了颗粒整形强化后的再生粗骨料与天然粗骨料基本性能差异，提出了有效提升再生粗骨料品质的技术及方法，总结了再生混凝土耐久性存在的问题及不足，介绍了再生混凝土的应用进展情况。本书从宏观性能和微观尺度出发，采用试验研究、数值分析和理论分析相结合的方法，基于再生骨料的品质控制技术、再生混凝土力学性能及耐久性能研究，提出再生混凝土多重界面结构模型及研究方法，建立再生混凝土的配合比设计理论。本书的主要研究内容：

（1）第 2 章：依据再生粗骨料及再生细骨料对其进行品质划分，采用煅烧-研磨法对不同品质再生粗骨料附着砂浆含量进行定量分析，系统分析了再生粗骨料表面的附着砂浆量与再生粗骨料吸水率、表观密度、压碎指标等性能的关系，最终确定再生粗骨料内部缺陷的表征方法；采用物理强化、化学强化及复合强化技术提升再生粗骨料品质，对比分析了物理强化前后再生粗骨料的性能差异，提出再生骨料品质控制技术。

（2）第 3 章：分别采用天然粗骨料、不同品质再生粗/细骨料制备再生混凝土，对比分析再生骨料的品质及取代率对再生混凝土力学性能的影响规律；结合再生骨料特点及再生混凝土界面结构特征，基于再生混凝土多重界面结构理论，创新性地提出了再生混凝土多重界面结构模型，构建再生混凝土多重界面微观结构性能研究方法；利用显微硬度测试技术，测试分析不同强度再生混凝土中老界面、骨料新界面及砂浆新界面过渡区宽度及显微硬度变化规律，实现了再生混凝土内部不同界面过渡区宽度及性能的定量分析；利用 SEM 微观测试手段，确定界面过渡区及砂浆基体微细裂缝种类及分布，观测界面过渡区的水化产物及微观形貌，系统研究了再生混凝土界面结构性能损伤机理。

（3）第 4 章：系统分析了再生粗/细骨料品质及取代率对再生混凝土耐久性能（收缩、碳化、渗透及抗冻性能）的影响规律，从微观角度研究了不同强度等级再生混凝土界面过渡区力学性能及耐久性劣化机理，并对界面过渡区性能进行定量化测试；研究碳化、硫酸盐和氯盐侵蚀作用对再生混凝土界面微观结构特征、界面力学性能、水化产物种类性能的影响；通过界面过渡区的微观形貌及水化产物研究，明确了侵蚀性介质进入和破坏再生混凝土的通道，揭示了不同侵蚀性介质的侵入过程、界面破坏及耐久性劣化机理，深入分析了不同环境作用对再生混凝土性能劣化机理。

(4) 第5章：在详细分析配合比设计的复杂性和必要性后，确定了配合比设计的基本原则与思路。通过试验研究并考虑到再生粗骨料的不同使用状态，提出了适用于再生粗骨料混凝土简易配合比设计的用水量原则和水胶比原则；同时以普通混凝土为基相，考虑再生粗骨料的品质特征和取代率等多重影响因素分别建立了绝对用水量公式和强度公式，提出了精确配合比设计方法。

(5) 第6章：根据配合比设计的复杂性和必要性，确定了再生细骨料混凝土配合比设计的基本原则与思路。在试验研究中根据再生细骨料的不同使用状态，提出了基于用水量原则、水胶比原则的再生细骨料混凝土简易配合比设计方法和基于绝对用水量公式、强度公式的再生细骨料混凝土精确配合比设计方法。

(6) 第7章：本章以再生粗骨料混凝土和再生细骨料混凝土的配合比设计方法研究为基础，预先给出了双掺再生骨料混凝土的绝对用水量公式和强度公式，并在验证试验的有效性分析后，提出了同时掺加再生粗骨料和再生细骨料的双掺再生骨料混凝土配合比设计方法。

## 参考文献

[1-1] 陈力.论建筑垃圾循环利用的法律规制 [D].重庆大学，2008.

[1-2] 王程，施惠生.废弃混凝土再生利用技术的研究进展 [J].材料导报，2010，24 (1)：120-123.

[1-3] 李秋义，全洪珠，秦原.混凝土再生骨料 [M].北京：中国建筑工业出版社，2011.

[1-4] 李秋义.建筑垃圾资源化再生利用技术 [M].中国建材工业出版社，2011.

[1-5] 李秋义，全洪珠，秦原.再生混凝土性能与应用技术 [M].中国建材工业出版社，2010.

[1-6] 杜婷，李惠强.再生骨料回收的技术工艺探讨 [A].云南大学学报绿色建材专辑，2002.

[1-7] 李秋义.绿色混凝土技术 [M].中国建材工业出版社，2014.

[1-8] 张志红.建筑废弃物再生利用的调查与研究 [D].山东科技大学，2006.

[1-9] 丁敏旭.再生混凝土骨料的研究现状和应用前景展望 [J].硅谷，2009 (6)：20-23.

[1-10] Monalisa B, Bhatta Charya S K, Minocha A K, et al. Recycled aggregate from C&D waste and its use in concrete-A break through towards sustainability in construction sector: A Review [J]. Construction and Building Materials, 2014 (68): 501-516.

[1-11] 崔浩.城市建筑垃圾资源化路径的法律选择 [D].郑州大学，2016.

[1-12] 罗清海，陈晓明，王衍金.工程建筑垃圾处置的调查和分析 [J].中国资源综合利用，2009，27 (6)：29-31.

[1-13] Zhikun Ding, Menglian Zhu, Vivian W Y, Tam, et al. A system dynamics-based environmental-benefit assessment model of construction waste reduction management at the design and construction stages [J]. Journal of Cleaner Production, 2016 (176): 676-692.

[1-14] 郭建森，沈亚峰.论建筑垃圾资源化再利用的可行性 [J].四川建材，2014 (4)：108-121.

[1-15] 孙英.建筑废弃物运用于再生混凝土之比较研究 [J].硅酸盐通报，2013，32 (12)：2637-2641.

[1-16] 鄢朝勇，叶建军.绿色建筑砂浆的研究与探讨 [J].混凝土，2010 (3)：123-125.

[1-17] Pedro D, Brito J, Evangelista L. Influence of the use of recycled concrete aggregates from different sources on structural concrete [J]. Construction and Building Materials, 2014 (71): 141-151.

[1-18] 肖建庄.再生混凝土 [M].北京：中国建筑工业出版社，2008.

[1-19] 陶珍东. 废弃混凝土机械力化学活化再利用研究 [D]. 山东大学，2005.

[1-20] 肖建庄，孙振平，李佳彬. 废旧混凝土破碎再生工艺研究 [J]. 建筑技术，2005 (2)：141-145.

[1-21] 张学兵，王干强，方志. RPC强化骨料掺量对再生混凝土强度的影响 [J]. 建筑材料学报，2015，18 (3)：400-408.

[1-22] 应敬伟，蒙秋江，肖建庄. 再生骨料 $CO_2$ 强化及其对混凝土抗压强度的影响 [J]. 建筑材料学报，2017，20 (2)：277-282.

[1-23] 朱亚光，吴延凯，吴春然. 微生物矿化沉积对再生细骨料性能的影响 [J]. 混凝土与水泥制品，2017 (12)：93-96.

[1-24] Kou S C，Poon C S. Properties of concrete prepared with PVA-impregnated recycled concrete aggregates [J]. Cement & Concrete Composites，2010 (32)：649-654.

[1-25] 李文贵，龙初，罗郑宇. 纳米改性再生骨料混凝土破坏机理研究 [J]. 建筑材料学报，2017，20 (5)：685-692.

[1-26] 王江浩，耿欧，李富民. 再生粗骨料多种改性方法对混凝土抗压强度提升效果的试验 [J]. 建筑科学与工程学报，2016，33 (2)：91-97.

[1-27] 李滢，代大虎，余红发. 再生骨料强化技术对再生混凝土性能影响研究 [J]. 青海大学学报（自然科学版），2016，34 (2)：1-4.

[1-28] Hyun Song，Jae Suk Ryou. Hybrid techniques for quality improvement of recycled fine aggregate [J]. Construction and Building Materials，2014 (72)：56-64.

[1-29] Anna Grabiec，Justyna Klama，Daniel Zawal，Daria Krupa. Modification of recycledconcrete aggregate by calcium carbonate biodeposition [J]. Construction and Building Materials，2012，34：145-150.

[1-30] 朱亚光，徐培蓁. 硅烷与 PVA 对再生混凝土粗骨料改性试验研究 [J]. 混凝土，2015 (3)：93-101.

[1-31] Yaguang Zhu，Shicong Kou，Chisun Poon. Influence of silane-based water repellent on the durability properties of recycled aggregate concrete [J]. Cement & Concrete Composites，2013，35：32-38.

[1-32] 王海超，陈晨，夏玉峰. 再生骨料强化作用的机理试验研究与分析 [J]. 混凝土，2017 (12)：95-98.

[1-33] 张津践. 再生混凝土纳米强化技术及微观结构分析 [D]. 杭州：浙江大学，2012.

[1-34] 杜婷. 高性能再生混凝土微观结构及性能试验研究 [D]. 华中科技大学博士论文，2006.

[1-35] 朋改非，黄艳竹，张九峰. 骨料缺陷对再生混凝土力学性能的影响 [J]. 建筑材料学报，2012，15 (1)：80-84.

[1-36] Hony，Lee Y P K，Lim W F. Efficient utilization of recycled concrete aggregate in structural concrete [J]. Journal of Materials in Civil Engineering，2013，25 (3)：318-327.

[1-37] Etxeberria M，Vazquez E，Mari A. Influence of amount of recycled coarse aggregates and production process on properties of recycled aggregate concrete [J]. Cement and Concrete Research，2007，37 (5)：735-742.

[1-38] Kou S C，Poon C S，Chan D. Influence of fly ash as cement replacement on the properties of recycled aggregate concrete [J]. Journal of Materials in Civil Engineering，2007，23 (6)：711-718.

[1-39] 李秋义，李云霞，朱崇绩. 颗粒整形对再生粗骨料性能的影响 [J]. 材料科学与工艺，2005，13 (6)：579-585.

[1-40] 郭远新，李秋义，汪卫琴，牛景轶，孔哲. 再生粗骨料品质提升技术研究 [J]. 混凝土，2015，(6)：134-138.

[1-41] Ismail S，Ramli M. Engineering properties of treated recycled concrete aggregate（RCA）for structural applicatins [J]. Construction and Building Materials，2013，44（5）：464-476.

[1-42] Quattrone M，Angulo S C，John V M. Energy and $CO_2$ from high performace recycle daggregate production [J]. Resources Conservation and Recycling，2014，90（7）：21- 33.

[1-43] Kou S C，Poon C S. Long-term mechanical and durability properties of recycled aggregate concrete prepared with the incorporation of fly ash [J]. Cement and Concrete Composites，2013,（37）：12-19.

[1-44] 吕琦，沈菊男. 再生骨料的国内外研究进展 [J]. 山西建筑，2017，43（21）：90-92.

[1-45] 中华人民共和国住房和城乡建设部，国家质量监督检验检疫总局. 混凝土结构耐久性设计规范：GB/T50476-2008 [S]. 中国建筑工业出版社，2009.

[1-46] 李秋义，韩帅，莫建等. 物理化学强化对再生混凝土抗氯离子渗透性能的影响 [J]. 材料科学与工程学报，2016,34（3）：432-459.

[1-47] 应敬伟，肖建庄. 再生骨料取代率对再生混凝土耐久性的影响 [J]. 建筑科学与工程学报，2012，29（1）：56-62.

[1-48] 叶腾，徐毅慧，张锦. 再生混凝土抗氯离子渗透性能试验研究 [J]. 长春工业大学学报，2014，35（5）：567-571.

[1-49] 叶腾，徐毅慧，张锦. C25 再生骨料混凝土抗氯离子渗透性能试验研究 [J]. 硅酸盐通报，2014，33（12）：3261-3264.

[1-50] Olorunsogo F T，Padayachee N. Performance of recycled aggregate concrete monitored by durability indexes [J]. Cement and Concrete Research，2002，32（2）：179-185.

[1-51] Vazquez E，Barra M，Aponte D，etal. Improvement of the durability of concrete with recycled aggregates in chloride exposed environment [J]. Construction and Building Materials，2014（67）：61-67.

[1-52] 黄秀亮，王成刚，柳炳康. 再生混凝土抗碳化性能研究 [J]. 合肥工业大学学报，2013，36（11）：1343-1346.

[1-53] 李秋义，韩帅，孔哲等. 物理化学强化对再生混凝土抗碳化性能的影响 [J]. 铁道建筑，2016（2）：157-161.

[1-54] 雷斌，肖建庄. 再生混凝土抗碳化性能的研究 [J]. 建筑材料学报，2008，11（5）：605-611.

[1-55] Evangelista L，Brito J. Durability performance of concrete made with fine recycled concrete aggregates [J]. Cement and Concrete Composites，2010，32（1）：9-14.

[1-56] Xiao J Z，Lei B，Zhang C Z. On carbonation behavior of recycled aggregate concrete [J]. Science China Technological Sciences，2012，55（9）：2609-2616.

[1-57] 崔正龙，路沙沙，汪振双. 再生骨料特性对再生混凝土强度和碳化性能的影响 [J]. 建筑材料学报，2012，15（4）：264-267.

[1-58] 韩帅，李秋义，张修勤，孔哲. 再生粗骨料品质和取代率对再生混凝土收缩性能的影响 [J]. 铁道建筑，2015（11）：142-146.

[1-59] 肖建庄，许向东，范玉辉. 再生混凝土收缩徐变试验及徐变神经网络预测 [J]. 建筑材料学报，2013，16（5）：752-757.

[1-60] 霍俊芳，李晨霞，侯永利，吕笑岩. 再生粗骨料混凝土收缩徐变性能试验 [J]. 硅酸盐通报，2017，36（2）：723-726.

[1-61] 肖建庄，郑世同，王静. 再生混凝土长龄期强度与收缩徐变性能 [J]. 建筑科学与工程学报，2015，32（1）：21-26.

[1-62] 张晓华，张仕林，龙倩. 再生混凝土收缩性能及模型 [J]. 水利与建筑工程学报，2016，14（5）：

105-109.
[1-63] 安新正，郭恒，李莎莎，张洁太. 再生粗骨料粒径对再生混凝土早期开裂影响研究 [J]. 河北工程大学学报，2014，31 (1)：1-5.
[1-64] Domingo A，Lazaro C. Creep and shrinkage of recycled aggregate concrete [J]. Construction and Building Materials，2009，23 (7)：2545-2553.
[1-65] Soberon G，Vicente M J. Shrinkage of concrete with replacement of aggregate with recycled concrete aggregate [J]. ACI Special Publication SP209-26，475-496.
[1-66] 邹超英，王勇，胡琼. 再生混凝土徐变度试验研究及模型预测 [J]. 武汉理工大学学报，2009，31 (12)：94-98.
[1-67] 韩帅，李秋义，张修勤. 再生粗骨料品质和取代率对再生混凝土抗冻性能影响 [J]. 中国海洋大学学报，2017，47 (1)：96-104.
[1-68] 岳公冰，李秋义，高嵩. 再生细骨料的品质及取代率对混凝土抗冻性能的影响 [J]. 自然灾害学报，2015，24 (5)：223-228.
[1-69] 张秋美，谢永利，刘保健等. 再生细骨料对混凝土力学及抗冻性能的影响 [J]. 江苏大学学报，2017，38 (1)：119-124.
[1-70] 孙家瑛，耿健. 再生细骨料粒径及掺量对混凝土抗冻性能的影响 [J]. 建筑材料学报，2012，15 (3)：382-385.
[1-71] Gokce A，Nagataki S，Saeki T，Hisada M. Freezing and thawing resistance of air-entrained concrete incorporating recycled coarse aggregate：the role of aircontent in demolished concrete [J]. Cement and Concrete Research，2004，34 (5)：799-806.
[1-72] Salem R M，Burdette E G，Jackson N M. Resistance to freezing and thawing of recycled aggregate concrete [J]. ACI Materials Journal，2003，100 (3)，216-221.
[1-73] 刘连新. 察尔汗盐湖及超盐渍土地区混凝土侵蚀及预防初探 [J]. 建筑材料学报，2001，4 (4)：395-400.
[1-74] 元强，张文恩. 混凝土硫酸盐侵蚀机理及影响因素 [J]. 河南建材，2005 (1) 12-18.
[1-75] 闫宏生. 再生混凝土的硫酸盐腐蚀试验研究 [J]. 混凝土，2013，(5)，13-20.
[1-76] 张凯，陈亮亮，侍克斌等. 不同取代率再生骨料混凝土硫酸根离子扩散试验 [J]. 科学技术与工程，2016，16 (31)，275-280.
[1-77] 唐灵，张红恩，黄琪等. 粉煤灰基地质聚合物再生混凝土的抗硫酸盐性能研究 [J]. 四川大学学报，2015，47 (1)，164-170.
[1-78] Dhir R K，Limbachiya M C，Suitability of recycled aggregate for use in BS 5328 designated mixes [C]. Proceedings of the Institution of Civil Engineers，1999，134 (3)：257-274.
[1-79] 中华人民共和国国家质量监督检验检疫总局，中国国家标准化管理委员会. 混凝土用再生粗骨料：GB/T 25177-2010 [S]. 北京：中国标准出版社，2011.
[1-80] 中华人民共和国国家质量监督检验检疫总局，中国国家标准化管理委员会. 混凝土和砂浆用再生细骨料：GB/T 25176-2010 [S]. 北京：中国标准出版社，2011.
[1-81] 陈连发，陈悦，李龙，等. 高性能轻集料混凝土的力学性能研究 [J]. 硅酸盐通报，2015，34 (10)：2822-2828.
[1-82] 陈伟，钱觉时，刘军，等. 高水灰比轻集料混凝土的制备与基本性能 [J]. 建筑材料学报，2014，17 (2)：298-303.
[1-83] 吴林妹，史才军，张祖华，等. 钢纤维对超高性能混凝土干燥收缩的影响 [J]. 材料导报 A：综述篇，2017，31 (12)：58-65.
[1-84] 丁亚红，马金一，徐平，等. 钢纤维含量对高性能混凝土断裂性能影响的试验研究及评价分析

[J]. 混凝土与水泥制品，2018 (2)：50-54.

[1-85] Subhasis Pradhan，Shailendra Kumar，Sudhirkumar V Barai. Recycled aggregate concrete：particle packing method (PPM) of mix design approach [J]. *Construction and Building Materials*，2017，152：269-284.

[1-86] George Wardeh，Elhem Ghorbel，Hector Gomart. Mix design and properties of recycled aggregate concretes：applicability of eurocode 2 [J]. *International Journal of Concrete Structures and Materials*，2015，9 (1)：1-20.

[1-87] 史魏，侯景鹏. 再生骨料混凝土技术及配合比设计方法 [J]. 建筑技术开发，2008 (8)：18-20.

[1-88] 张亚梅，秦鸿根，孙伟，等. 再生混凝土配合比设计初探 [J]. 混凝土与水泥制品，2002 (2)：7-9.

[1-89] 中华人民共和国住房与城乡建设部. 再生骨料应用技术规程：JGJ 240-2011 [S]. 北京：中国建筑工业出版社，2011.

[1-90] Grzybowski M，Meyer C. Damage accumulation in concrete with and without fiber reinforcement [J]. *ACI Materials Journal*，1993，90 (6)：594-604.

[1-91] Nagataki S，Gokce A，Saeki T. Assessment of recycling process induced damage sensitivity of recycling concrete aggregates [J]. *Cement Concrete Res*，2004，34 (6)：965-971.

[1-92] Juan Marta S，Alaejos Gutiérrez P. Study on the influence of attached mortar content on the properties of recycled concrete aggregate [J]. *Construction and Building Materials*，2009，23 (2)：872-877.

[1-93] コンクリート再生材高度利用研究会. 平成16年度活動報告書 [N]. 日本，平成17年4月.

[1-94] 嵩英雄. 再生粗骨材の品質が再生骨材コンクリートの強度と耐久性に及ぼす影響に関する実験的研究 [J]. 日本建築学会学術講演集. 2003 (9)：241-242.

[1-95] 全洪珠，立屋敷久志，嵩英雄ほか. 各種のセメントを用いた高強度コンクリートから回収した高度化処理再生骨材の諸性質（第2報）（その1-2）[J]. 日本建築学会学術講演集. 2002 (8)：1017-1020.

[1-96] Behiry Ahmed Ebrahim Abu El-Maaty. Utilization of cement treated recycled concrete aggregates as base or Subbase layer ın Egypt [J]. *Ain Shams Engingering Journal*，2013，4 (4)：661-673.

[1-97] Barra O M，Vazquez E. The influence of retained moisture in aggregates from recycling on the properties of new hardened concrete [J]. *Waste Manage*，1996，16 (3)：113-117.

# 第2章 再生骨料品质控制技术

## 2.1 再生骨料品质划分

再生混凝土骨料（简称再生骨料），是指建筑垃圾经过特定的破碎和筛分工艺处理后而制得的一种可再利用绿色骨料。根据再生骨料粒径的不同，可分为再生粗骨料（Recycled Coarse Aggregate，缩写为RCA，粒径要求大于4.75mm）和再生细骨料（Recycled Fine Aggregate，缩写为RFA，粒径要求介于0.075～4.75mm之间）两类。与此同时，当仅使用RCA替代天然粗骨料所配制的混凝土为再生粗骨料混凝土；当使用RFA替代天然细骨料所配制的混凝土为再生细骨料混凝土，而同时掺加RCA和RFA替代天然粗/细骨料时，所配制的混凝土定义为双掺再生骨料混凝土。

### 2.1.1 再生骨料特点

由于废弃混凝土的来源十分复杂，主要表现在服役环境、强度差异、胶凝材料组成、骨料级配及废弃混凝土使用年限等因素，使得加工制得的再生骨料与天然骨料存在明显的差异，这主要是由再生骨料表面附着砂浆的存在所引起的。

简单破碎再生骨料性能差：再生骨料棱角多、表面粗糙，表面含有大量硬化水泥砂浆，内部存在大量结构疏松的界面，导致再生骨料的空隙率大、吸水率大、堆积密度小、堆积空隙率大和压碎指标值高。[1] 由于骨料与硬化水泥砂浆粘结界面是混凝土中的最薄弱环节，因此废弃混凝土的强度等级越低、再生骨料表面含有硬化水泥砂浆的数量越多，则再生骨料品质越差。[2-3]

简单破碎再生骨料品质波动大：由于不同建筑物或同一建筑物的不同部位所用混凝土的强度等级不尽相同，因此简单破碎再生骨料性能离散性非常大。废弃混凝土来源的复杂性和强度等级的高波动性，导致简单破碎再生骨料产品品质的离散性较大，不利于产品在结构工程中的应用。

再生骨料由废弃混凝土破碎、筛分、加工而成，从图2-1可以明显看到再生粗骨料骨料表面部分附着旧砂浆，且不易剥落。再生骨料是原天然骨料与旧水泥砂浆的复合体，其中老骨料是连续相，旧砂浆为非连续相。再生骨料包含有原天然骨料（老骨料）、废旧水泥砂浆（老砂浆）及老界面，老界面只是局部存在（如图2-1所示）。

再生骨料表面的附着砂浆使得再生骨料表面粗糙，且旧砂浆及老界面内部存有大量的微细孔隙及裂缝等内部缺陷，使得旧水泥砂浆与老界面结构相对较为疏松、黏结强度降低、空隙率高，导致再生骨料吸水率高、表观密度及堆积密度小、压碎指标值大等特点，再生骨料品质明显差于天然骨料，影响再生混凝土的力学性能及耐久性能。

图 2-1　再生粗骨料形貌

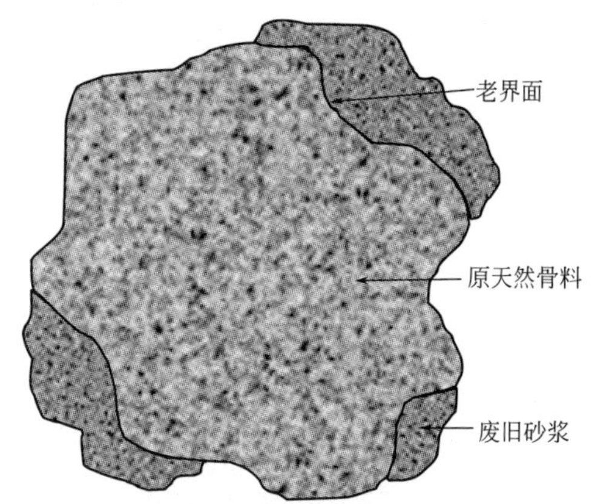

图 2-2　再生骨料界面组成

针对再生粗骨料表面存在较多的废旧水泥砂浆，利用煅烧-研磨法确定了附着砂浆含量，并基于再生粗骨料基本性能，提出了再生粗骨料内部缺陷的表征方法；同时研究发现采用颗粒整形物理强化方法可有效地去除再生骨料表面大量性能差且空隙率大的附着砂浆，消除了再生粗骨料表面结构较为疏松的界面结构及裂缝，减少了外界侵蚀性介质的侵入通道，提升了再生骨料品质及性能。

### 2.1.2　再生粗骨料标准简介

在《混凝土用再生粗骨料》GB/T 25177-2010 中，针对再生粗骨料的颗粒级配，根据骨料粒径尺寸的不同分为单粒级和连续粒级，具体要求见表 2-1；针对再生粗骨料主要性能指标（吸水率、表观密度、空隙率、压碎指标、坚固性、针片状颗粒含量、微粉含量、泥块含量、杂物含量以及有机物、硫化物、硫酸盐和氯化物等有害物质含量）的具体要求见表 2-2；针对再生粗骨料的碱集料反应（碱-硅酸反应、快速碱-硅酸反应和碱-碳酸盐反应），要求制备的试件无胶体外溢、裂缝或酥裂等现象的发生，且膨胀率应小于 0.10%。

**再生粗骨料的颗粒级配　　表 2-1**

| 公称粒径(mm) | | 累计筛余(%) | | | | | | | |
|---|---|---|---|---|---|---|---|---|---|
| | | 方孔筛筛孔边长(mm) | | | | | | | |
| | | 2.36 | 4.75 | 9.50 | 16.0 | 19.0 | 26.5 | 31.5 | 37.5 |
| 单粒级 | 5～10 | 95～100 | 80～100 | 0～15 | 0 | | | | |
| | 10～20 | | 95～100 | 85～100 | | 0～15 | 0 | | |
| | 16～31.5 | | 95～100 | | 85～100 | | | 0～10 | 0 |
| 连续粒级 | 5～16 | 95～100 | 85～100 | 30～60 | 0～10 | 0 | | | |
| | 5～20 | 95～100 | 90～100 | 40～80 | — | 0～10 | 0 | | |
| | 5～25 | 95～100 | 90～100 | — | 30～70 | — | 0～5 | 0 | |
| | 5～31.5 | 95～100 | 90～100 | 70～90 | — | 15～45 | — | 0～5 | 0 |

再生粗骨料的主要性能指标要求　　表 2-2

| 项目 | | Ⅰ类 | Ⅱ类 | Ⅲ类 |
|---|---|---|---|---|
| 微粉含量(按质量计)(%) | | <1.0 | <2.0 | <3.0 |
| 泥块含量(按质量计)(%) | | <0.5 | <0.7 | <1.0 |
| 表观密度(kg/$m^3$) | | >2450 | >2350 | >2250 |
| 空隙率(%) | | <47 | <50 | <53 |
| 针片状颗粒(按质量计)(%) | | <10 | <10 | <10 |
| 坚固性(%) | | <5.0 | <10.0 | <15.0 |
| 压碎指标(%) | | <12 | <20 | <30 |
| 吸水率(按质量计)(%) | | <3.0 | <5.0 | <8.0 |
| 有机物含量 | | 合格 | 合格 | 合格 |
| 有害物质含量 | 硫化物及硫酸盐含量(折算成 $SO_3$,按质量计)(%) | <10 | <10 | <10 |
| | 氯化物含量(按质量计)(%) | <10 | <10 | <10 |
| | 杂物含量(按质量计)(%) | <1.0 | <1.0 | <1.0 |

## 2.1.3 再生细骨料标准简介

在《混凝土和砂浆用再生细骨料》GB/T 25176-2010 中，针对再生细骨料的颗粒级配，按照细度模数 $M_x$ 的限定范围：3.7～3.1、3.0～2.3 和 2.2～1.6，依次对应粗、中、细三种规格，具体要求见表 2-3；针对再生细骨料的主要性能指标（表观密度、压碎指标、微粉含量、泥块含量、坚固性、堆积密度、空隙率以及以云母、轻物质、有机物、硫化物、硫酸盐和氯化物为主的有害物质含量等）的具体要求见表 2-4；针对再生细骨料的再生胶砂需水量比和强度比，按其规格不同，具体要求见表 2-5；针对再生细骨料的碱集料反应，要求制备的试件无酥裂、裂缝或胶体外溢等现象发生，且膨胀率应小于 0.10%。

再生细骨料的颗粒级配　　表 2-3

| 方孔筛筛孔边长(mm) | 累计筛余/% | | |
|---|---|---|---|
| | 1 级配区 | 2 级配区 | 3 级配区 |
| 9.50 | 0 | 0 | 0 |
| 4.75 | 10～0 | 10～0 | 10～0 |
| 2.36 | 35～5 | 25～0 | 15～0 |
| 1.18 | 65～35 | 50～10 | 25～0 |
| 0.60 | 85～71 | 70～41 | 40～16 |
| 0.30 | 98～80 | 92～70 | 85～55 |
| 0.15 | 100～85 | 100～80 | 100～75 |

再生细骨料的主要性能指标要求　　表 2-4

| 项目 | | Ⅰ类 | Ⅱ类 | Ⅲ类 |
|---|---|---|---|---|
| 微粉含量(按质量计)(%) | MB 值<1.40 或合格 | <5.0 | <7.0 | <10.0 |
| | MB 值≥1.40 或不合格 | <1.0 | <3.0 | <5.0 |
| | 泥块含量(按质量计)(%) | <1.0 | <2.0 | <3.0 |
| | 表观密度(kg/$m^3$) | >2450 | >2350 | >2250 |

续表

| 项目 | | Ⅰ类 | Ⅱ类 | Ⅲ类 |
|---|---|---|---|---|
| 微粉含量（按质量计）（%） | 堆积密度（kg/m$^3$） | >1350 | >1300 | >1200 |
| | 空隙率（%） | <46 | <48 | <52 |
| | 坚固性（%） | <8.0 | <10.0 | <12.0 |
| | 压碎指标（%） | <20 | <25 | <30 |
| 有害物质含量 | 云母含量（按质量计）（%） | <2.0 | <2.0 | <2.0 |
| | 轻物质含量（按质量计）（%） | <1.0 | <1.0 | <1.0 |
| | 有机物含量（比色法） | 合格 | 合格 | 合格 |
| | 硫化物及硫酸盐含量（按 $SO_3$ 质量计）（%） | <2.0 | <2.0 | <2.0 |
| | 氯化物含量（以氯离子质量计）（%） | <0.06 | <0.06 | <0.06 |

**再生胶砂需水量比和强度比**　　　　**表 2-5**

| 项目 | Ⅰ类 | | | Ⅱ类 | | | Ⅲ类 | | |
|---|---|---|---|---|---|---|---|---|---|
| | 细 | 中 | 粗 | 细 | 中 | 粗 | 细 | 中 | 粗 |
| 需水量比 | <1.35 | <1.30 | <1.20 | <1.55 | <1.45 | <1.35 | <1.80 | <1.70 | <1.50 |
| 强度比 | >0.80 | >0.90 | >1.00 | >0.70 | >0.85 | >0.95 | >0.60 | >0.75 | >0.90 |

## 2.2　再生粗骨料附着砂浆定量分析

### 2.2.1　试验用再生粗骨料基本性能

再生粗骨料来源于强度等级为 C40 废弃混凝土，采用上述物理强化方法及制备流程得到Ⅰ类、Ⅱ类和Ⅲ类再生粗骨料，其级配曲线见图 2-3。按照标准方法测定再生粗骨料的各项性能指标，分析采用该物理强化技术对再生粗骨料品质及性能的影响，并评定再生粗骨料级别，所得试验结果见表 2-6。

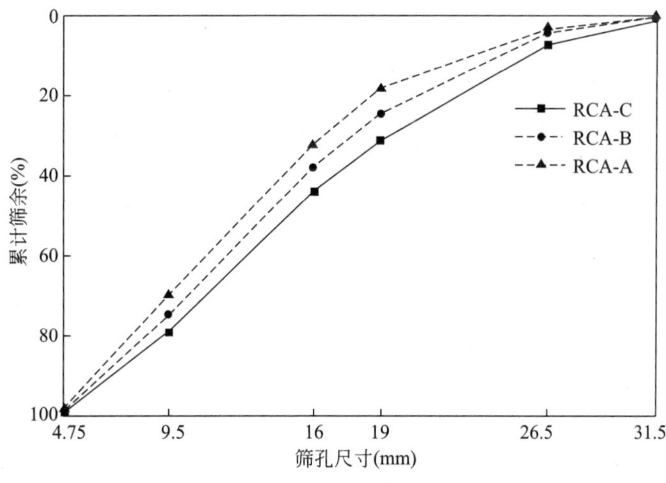


图 2-3　再生粗骨料级配曲线

再生粗骨料基本性能及评价　　　表 2-6

| 项目 | 标准要求 | | | 再生粗骨料性能 | | |
|---|---|---|---|---|---|---|
| | Ⅰ类 | Ⅱ类 | Ⅲ类 | A | B | C |
| 颗粒级配 | 合格 | 合格 | 合格 | 合格 | 合格 | 合格 |
| 微粉含量(%) | <1.0 | <2.0 | <3.0 | 1.9 | 1.2 | 0.6 |
| 吸水率(%) | <3.0 | <5.0 | <8.0 | 7.3 | 4.2 | 2.2 |
| 针片状颗粒含量(%) | <10.0 | | | 6.1 | 3.3 | 1.2 |
| 杂物含量(%) | <1.0 | | | 1.2 | 0.5 | 0.1 |
| 坚固性(%) | <5.0 | <10.0 | <15.0 | 14.3 | 7.6 | 3.8 |
| 压碎指标(%) | <12.0 | <20.0 | <30.0 | 28.4 | 18.3 | 9.5 |
| 表观密度(kg/m$^3$) | >2450 | >2350 | >2250 | 2307 | 2436 | 2474 |
| 空隙率(%) | <47.0 | <50.0 | <53.0 | 45.0 | 44.0 | 41.0 |
| 碱集料反应 | 合格 | | | 合格 | 合格 | 合格 |

由表 2-6 可知，由于简单破碎再生粗骨料表面粗糙且附着砂浆含量高，导致其表观密度偏小、吸水率达到 7.3%、压碎指标接近 30%，其基本性能较差；经过一次物理强化处理后，通过机械作用去除了再生粗骨料表面部分附着砂浆及微粉，骨料的粒型及基本性能得到明显改善，有效地提升了再生骨料品质；经过二次物理强化后，再生骨料的粒型较好，附着砂浆含量低，其中微粉含量降低了 68.4%，吸水率减小了 69.8%，针片状含量减小了 80.3%，再生粗骨料中主要杂质为废砖及少量木屑，经物理强化后杂物含量降低了 91.7%，坚固性提高了 73.4%，达到Ⅰ类再生骨料标准，压碎指标降低至 9.5%，仅比天然粗骨料高 3.1%。经二次物理强化后空隙率降低至 41.0%，表观密度达到 2474 kg/m$^3$，完全满足Ⅰ类再生骨料标准。

## 2.2.2 试验原理及流程

### 2.2.2.1 试验原理

混凝土的性能主要受水泥浆体、粗骨料及二者结合处的界面过渡区性能决定，由于骨料和砂浆本身材质的区别，使得两者的热膨胀系数存在较大差异，本试验利用附着砂浆、水泥石及粗骨料因温度改变而产生热应变，在热应变产生的同时，在骨料与浆体之间产生热应力，再生粗骨料表面的老界面会因为热应力的发展增大而出现损伤，这些损伤随着温度的提高在老界面处逐渐累积，并产生较为明显的微细裂缝，老界面粘结力明显降低，同时，C-S-H 凝胶体高温脱水后，也会生产较大的收缩，因此经过高温-煅烧后废旧砂浆开始变脆且硬度值明显降低，而老骨料硬度值无明显变化，通过外力作用下能够轻易地将附着在再生粗骨料表面上的废旧砂浆分离。因此本节利用高速旋转的球磨珠的相互碰撞原理，可轻易地将再生粗骨料表面的附着砂浆与老骨料分离，从而确定再生粗骨料附着砂浆的含量。武汉理工大学的曹蓓蓓[4] 研究了水泥砂浆和骨料在不同温度下的热膨胀差异，利用线膨胀表示不同材料受温度影响的伸长率，见表 2-7。

废弃混凝土组分的线膨胀　　表 2-7

| 试样 | 线膨胀(%) | | | | |
|---|---|---|---|---|---|
| | 室温～70℃ | 室温～120℃ | 室温～400℃ | 室温～600℃ | 室温～700℃ |
| 砂浆 A | 0.06 | 0.13 | 0.35 | 0.89 | 0.79 |
| 砂浆 B | 0.05 | 0.12 | 0.30 | 0.76 | 0.68 |
| 石灰岩 | 0.04 | 0.08 | 0.43 | 0.85 | 1.22 |
| 卵石 | 0.03 | 0.08 | 0.37 | 0.72 | 1.26 |

注：砂浆 A 为 C30 混凝土中的水泥砂浆；砂浆 B 为 C40 混凝土中的水泥砂浆。

表 2-7 说明温度变化，各组分的膨胀系数也会变化。当温度≤120℃时，石灰岩与砂浆 B 的线膨胀仅相差 0.4%；而温度达到 400℃时，石灰岩线膨胀比砂浆 B 高 43.3%；当温度达到 700℃时，粗骨料的膨胀率是砂浆的线膨胀率的 2 倍，有较大的线膨胀差异。热膨胀产生较大的应力差使得再生粗骨料中的石灰岩与老砂浆的热相容性变差，从而导致界面过渡区容易产生较大的损伤，使再生粗骨料整体结构性能发生破坏。

由于高温煅烧只能去除再生粗骨料表面部分的砂浆和水泥石，为了提高分离效率，利用再生粗骨料中老界面在高温煅烧后产生微小的裂纹，界面过渡区较为疏松，因此将加热后的骨料放入行星式球磨机中进行球磨，通过物料与物料、球磨珠与物料之间的相互撞击及磨削，使得废旧砂浆从再生粗骨料表面剥离，清除了废旧砂浆的同时也减少了再生粗骨料表面较为突出的棱角，最终使骨料颗粒趋于圆滑，以此来实现对再生骨料的球磨效果。

砂浆中的砂粒致密性较好，其具有硬度高、强度大、颗粒不规则等特点。由胶凝材料、未水化水泥熟料、微细孔隙及裂缝等组成的非均质体水泥石，相对硬度远远不如砂浆。在球磨时水泥石率先被磨损下来，砂浆中的砂粒被磨细，为了更高效的去除砂浆和水泥石，本试验所用的球磨珠为高精度氧化锆球，这种高精度氧化锆球具有以下优点：①颗粒圆滑、表观密度大、强度高，是完美精细的球状颗粒，粒径范围较大；②韧性极好、抗冲击性能好、不易产生破碎；③由于其粒型好等特点使得磨耗低，对设备的磨损极小。基于许多再生粗骨料的外观形状不规则（图 2-4），如使用较大粒径的球磨珠，骨料中许多部位（如图 2-5 中 a、b、c、d 处所示）无法与磨珠接触，实现不了研磨的效果，只能研磨包裹在原天然骨料表面较为突出部分的废旧砂浆。因此经过多次尝试及探索，使用连续粒级的球磨珠进行研磨可以较为彻底地清除原天然骨料表面任何部位的废旧砂浆，从而得到精

图 2-4　再生粗骨料与附着砂浆形貌

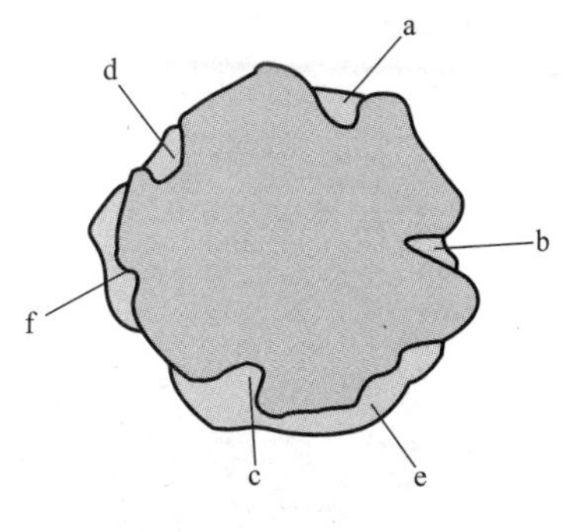


图 2-5　再生粗骨料模型

确的再生粗骨料附着含量。

基于以上原理，为了更高效率地将再生粗骨料表面附着的砂浆分离，通过煅烧-球磨方法除去附着在再生粗骨料表面的砂浆，观察不同温度下不同品质再生粗骨料外貌形态变化并结合球磨后砂浆的剥离率确定最佳煅烧温度和最佳球磨时间。通过对不同品质的再生粗骨料研磨达到以下目的：(1) 确定不同品质再生骨料砂浆附着量；(2) 综合分析确定提升再生粗骨料品质的最佳煅烧温度和球磨时间。

#### 2.2.2.2 试验流程

将粒径均为5～25mm的天然粗骨料和Ⅰ类、Ⅱ类及Ⅲ类待测再生粗骨料清洗、除杂、烘干后，每种粗骨料选取20kg，放置于煅烧炉中煅烧6h，煅烧温度以100℃为一梯度逐渐递增，另设常温对照组。将煅烧后的骨料取出用风扇急冷处理，将冷却的骨料立刻进入下一试验环节。

按照行星式球磨机使用要求（装料最大容积为研磨罐容积的2/3，余下的1/3为运转空间），将经过不同温度高温煅烧、冷却处理后的再生粗骨料放置于最大转速为150rad/min的行星式球磨机中，各研磨桶中再生粗骨料质量为0.5kg，每次可研磨2.0kg，各类再生粗骨料均研磨3次后取平均值。为了消除研磨过程中对原天然骨料的损耗及影响，采用相同的方法对纯天然骨料进行研磨，将其作为对照组。对各类骨料的研磨时间依次控制在5min、10min、15min、20min、25min和30min，达到规定的研磨时间后，对各研磨桶材料进行筛分，称量并记录不同研磨时间骨料的剩余量M，并计算相邻两个研磨时间点的质量损失率，当再生粗骨料质量损失率与天然骨料趋近相同时即可终止研磨，即去除的附着砂浆量A为：

$$A=\frac{M_{天然}-M_{RCA}}{M_{样品}}\times 100\% \tag{2-1}$$

式中，A——去除的附着砂浆量，%；

$M_{RCA}$——球磨后再生粗骨料质量，g；

$M_{天然}$——球磨后天然粗骨料质量，g；

$M_{样品}$——球磨前样品的质量，g。

高温煅烧后再生粗骨料形貌如图2-6所示，观察煅烧后的再生骨料外貌发现，老界面出现明显的裂纹，且界面过渡区及砂浆基体结构较为疏松，但骨料的外观无明显变化。球磨后骨料形貌如图2-7所示，经过不同煅烧温度及研磨时间处理后，再生骨料与天然骨料

图2-6 煅烧后的骨料形貌

图2-7 球磨后骨料形貌

粒型接近于卵石，且再生粗骨料表面基本无附着砂浆存在。

## 2.2.3 煅烧温度的确定

### 2.2.3.1 试样的制备

选取经过 100℃、200℃、300℃、400℃、500℃、600℃、700℃煅烧后以及常温的天然粗骨料，每个温度等级选取 3 个样品，外貌形态应近似于长方体或立方体；将选取好的样品用精密切割机中速切割研磨，将骨料切割成 10mm 的薄片，切割过程中用水作为冷却剂，将粗骨料上表面和下表面研磨平整，并将其放置于 50℃的烘箱中干燥。切割后的粗骨料表面粗糙，无法满足显微硬度测试要求，需要将粗骨料表面进行研磨及抛光处理，将粗骨料置于金相试样研磨机上进行研磨，冷却剂为无水乙醇，砂纸依次使用 240CW、360CW、600CW、1200CW 和 1500CW 砂纸，各级砂纸预磨 10min，然后用抛光机对研磨后的试样进行抛光处理，选用高效金刚石喷雾抛光剂粒度依次为 5.0μm、2.5μm 和 1μm，每一粒度的抛光时间为 10min。将抛光后的试样放置超声洗浴机中超声浴 10min，去除试样表面的杂质，放置于 50℃的烘箱中干燥，以满足显微硬度测试对试样的要求。按要求处理样品形貌前后如图 2-8 和图 2-9 所示。

图 2-8　骨料预磨抛光前

图 2-9　骨料预磨抛光后

### 2.2.3.2 显微硬度测试

通过维氏硬度可以反映骨料受外界环境塑性形变的抵抗能力，通过在试样待测面的非待测区域预测量，确定所用载荷为 0.05kg，持荷时间 10s。由于预测压痕的对角线长度最大有 40μm，那么在界面的一条法线上两个中心点至少间隔 50μm 做一个压痕，相邻两个点之间的横向距离和纵向距离都为 50μm，每个样品选取 3 个待测区域，每个压痕区域形状及大小相同，均为 150μm×150μm 的正方形，点阵为 4×4。为了减小试样本身及测量误差，去除每个试样 36 个显微硬度值中的 5 个最大值及 5 个最小值，最后对 3 个试样取平均值，打点方法如图 2-10 所示，显微硬度压痕区域如图 2-11 所示。

### 2.2.3.3 结果分析

不同温度下天然骨料显微硬度损失率按下式计算：

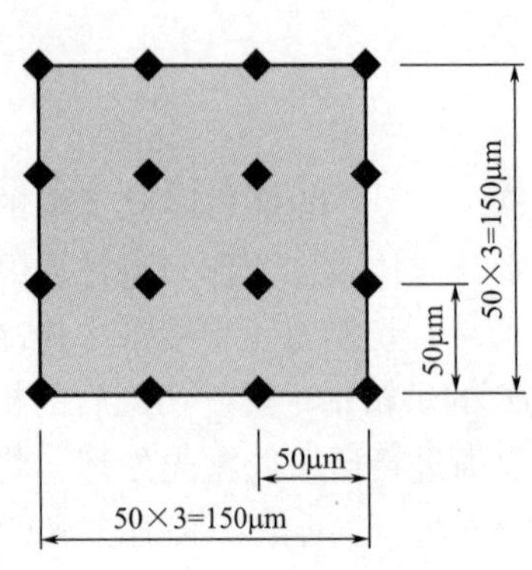


图 2-10 显微硬度点阵设计

图 2-11 显微硬度压痕区域

$$S=\frac{H_v(T_0)-H_v(T_1)}{H_v(T_0)}\times 100\% \tag{2-2}$$

式中， S——显微硬度损失率，%；

$H_V(T_0)$ ——正常环境下硬度值，MPa；

$H_V(T_1)$ ——$T_1$ 高温煅烧后硬度值，MPa。

图 2-12 所示的不同煅烧温度下天然骨料的显微硬度损失率。煅烧温度 100℃以下对骨料无太大影响，400℃时显微硬度降低至 245MPa，硬度损失率为 14.6%，骨料硬度已出现损伤，但当温度升至 400℃以上后，天然骨料的显微硬度值变化很快，损失率降低至 41.2%，将天然骨料煅烧至 700℃后，显微硬度测试时，压痕周围出现明显裂纹及塌陷，对角线不明显，已无法读取测试数据，因此温度过高对骨料损伤较大。因此考虑高温度能源消耗大及对骨料硬度的损伤，最终确定再生粗骨料的煅烧温度不能高于 400℃。

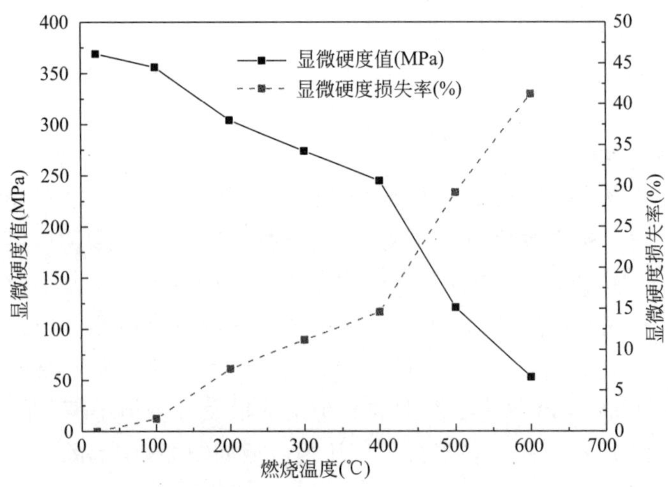


图 2-12 不同煅烧温度下天然骨料的显微硬度及损失率

### 2.2.4　附着砂浆定量分析

由于煅烧温度的不同，导致不同品质再生粗骨料表面的附着砂浆研磨时间有所差异，煅烧温度大于 400℃后对再生粗骨料中的老骨料的损伤较为严重，因此测试附着砂浆含量时，温度控制范围为 100～400℃，通过调节研磨时间，测试分析附着砂浆的含量，并最终确定煅烧温度及研磨时间。

图 2-13 为不同品质再生粗骨料的附着砂浆含量，由图中可以看出，Ⅰ类再生粗骨料在 200℃以下时剥离率较小，煅烧温度达到 300℃和 400℃时，附着砂浆剥离较为明显，研磨时间 20min 后，两者剥离率大致相等且趋近平稳，附着砂浆含量分别为 7.5%和 7.9%；Ⅱ类和Ⅲ类再生粗骨料随煅烧温度变化较为明显，温度为 400℃，研磨时间为 20min 剥离率分别为 22.8%和 39.7%。因此，采用煅烧-研磨法去除再生骨料表面的附着砂浆时，Ⅰ类、Ⅱ类和Ⅲ类再生粗骨料煅烧温度宜为 400℃，研磨时间均为 20min。

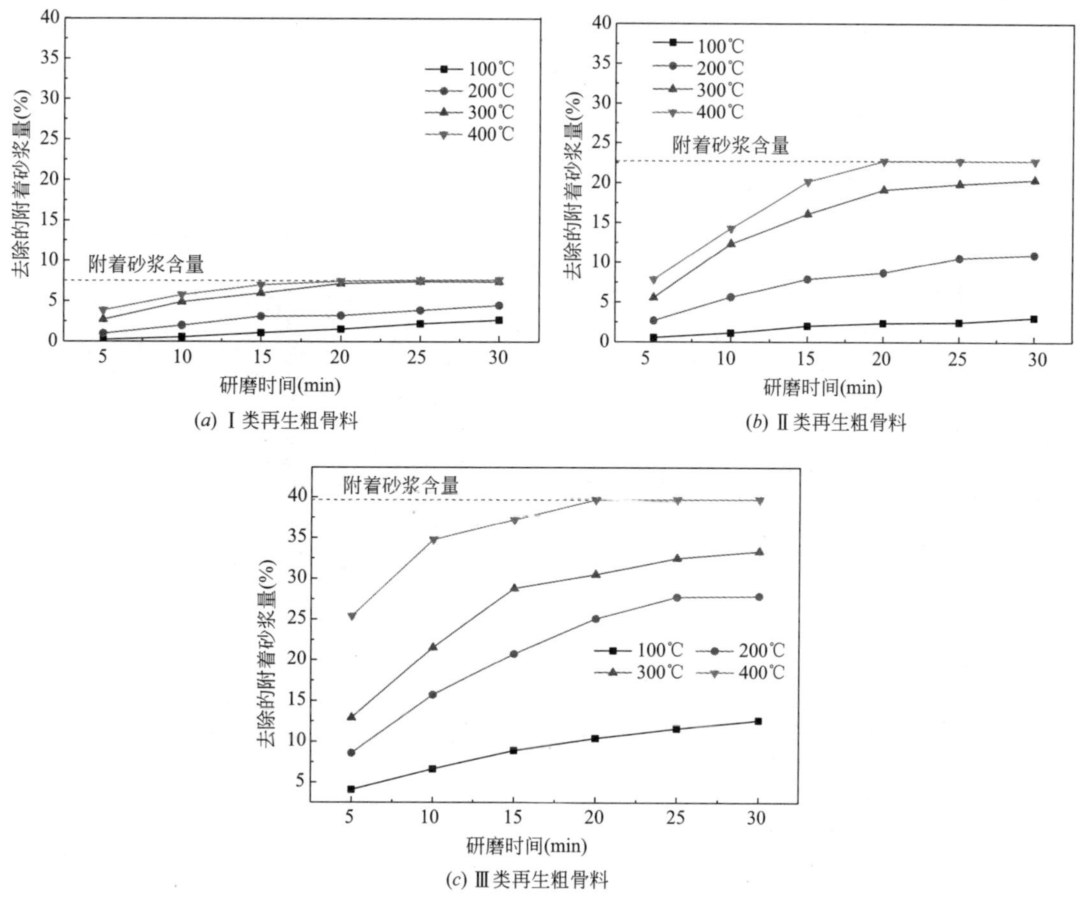


图 2-13　不同品质再生粗骨料附着砂浆含量

低品质再生粗骨料经过颗粒整形强化处理后，在外力作用下有效地清除了废旧砂浆的附着量，尤其是经过两次整形强化处理后高品质再生粗骨料 C 表面无废旧砂浆存在，其表面无棱角且粒型较为圆滑，煅烧研磨后得到的砂浆含量仅为 7.5%，因此也证实了利用颗粒整形物理强化方法能够有效地减少再生粗骨料表面附着的废旧砂浆，提升再生粗骨料的基本性能及品质。随着煅烧温度的升高，再生骨料的剥离率逐渐增大，这是由于再生粗骨料在高温作用下，由于骨料与砂浆的热膨胀性差异，在界面过渡区处产生明显的热应力集中，并在界面过渡区及砂浆基体处产生大量的微细裂纹及损伤，弱化了再生骨料的界面结构性能[5]，在机械外力及自身碰撞的作用下，实现再生骨料和老砂浆的分离及回收利用，并使处理后的再生骨料粒型较为圆润。

## 2.3 再生粗骨料缺陷表征方法

### 2.3.1 再生粗骨料界面结构

由图 2-14 可以看出，原生骨料与附着砂浆老界面较为清晰，图 2-14（*a*）显示原生骨料结构均匀致密，无孔洞及微细裂缝，而附着砂浆分布有大量的不规则微细裂缝及孔洞，微观结构相对疏松，而生粗骨料表面的附着砂浆存在大量的不规则的微细裂纹，从界面过渡区处产生并向砂浆基体方向延伸，这些微细裂缝是再生粗骨料混凝土的薄弱环节[6]，在必要条件下须将再生粗骨料表面的附着砂浆清除。由图 2-14（*b*）发现微细裂缝 L1 和 L2 有较大差别，L1 内部存在较多的水化产物，周围有较多更为微细的裂缝产生并向四周延伸，可以判断此种裂缝是由原混凝土自身产生，与废弃混凝土破碎无关，而 L2 内部无水

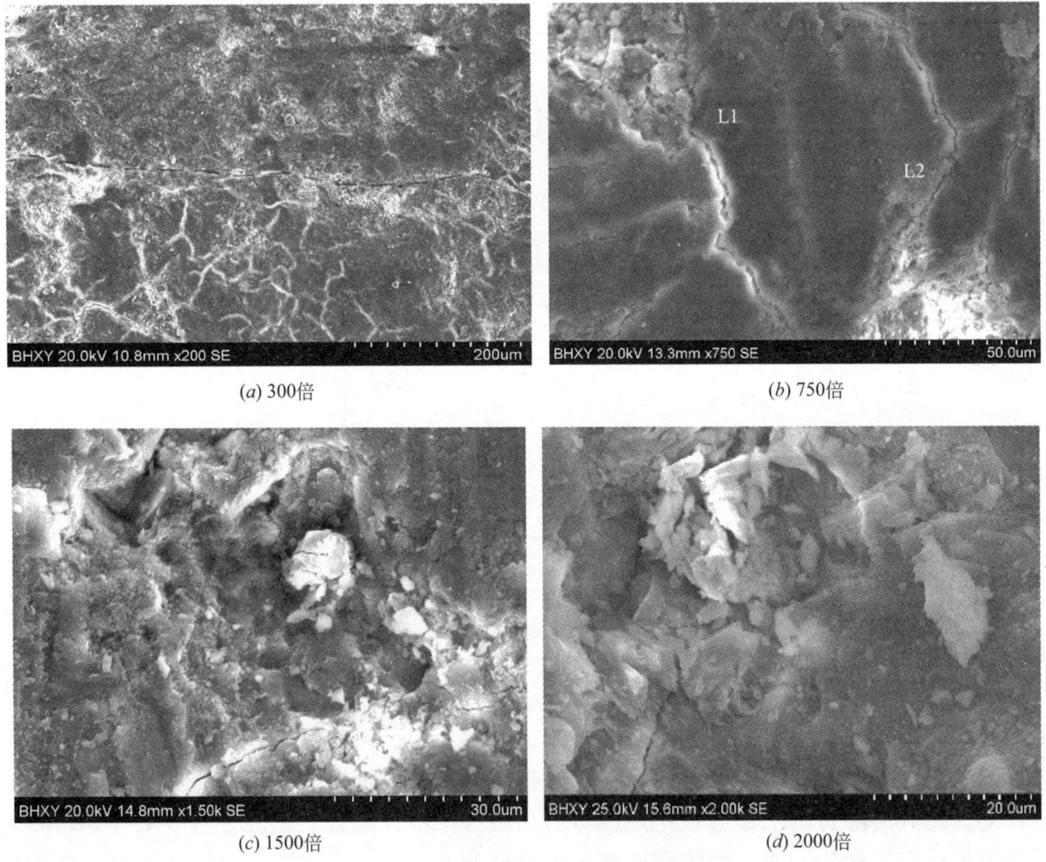


(*a*) 300倍　(*b*) 750倍

(*c*) 1500倍　(*d*) 2000倍

图 2-14　再生粗骨料老界面过渡区形貌

化产物填充，且裂缝形式单一，说明此类裂缝由机械破碎损伤所致。图 2-14（$c$）发现，附着砂浆基体由于水化龄期较长，水化程度较为致密，但表面存有大量孔洞，边缘处易产生裂缝并向外侧延伸，孔洞内部有核晶体形成，主要以絮团状晶体存在。图 2-14（$d$）显示，老界面处存有明显的裂缝，且在裂缝处水化产物丰富且结构较为疏松，水化产物主要以絮团状 C-S-H 凝胶及片状 $Ca(OH)_2$ 富集，导致界面连接处晶体颗粒大，空隙率高，这是再生混凝土的主要薄弱环节。

### 2.3.2　附着砂浆含量与技术指标的相关性

通过 Origin 软件对所测出试验数据进行拟合，得出再生骨料附着砂浆附着量与吸水率、表观密度和压碎指标的关系。由图 2-15 至图 2-20 可以看出，再生粗骨料品质与其表面附着砂浆量有密切关系，砂浆含量越多，骨料的吸水率越高、表观密度小、压碎指标大；Ⅲ类 RCA 附着砂浆含量高达高 34.5%，经高温煅烧-研磨后，其吸水率和压碎指标分别减小了 78.2% 和 67.6%，表观密度增加了 294kg/m$^3$；Ⅱ类 RCA 附着砂浆含量为 22.8%，经高温煅烧-研磨后，其吸水率和压碎指标分别增加了 65.2% 和 57.4%，表观密度减小了 177kg/m$^3$，Ⅱ类及Ⅲ类骨料的基本性能明显低于高品质再生粗骨料（Ⅰ类），这是由于Ⅱ类和Ⅲ类 RCA 表面的附着砂浆在破碎过程中在附着砂浆及老界面过渡区形成微细空隙及裂缝等内部损伤，导致其性能降低。

Ⅰ类再生粗骨料在煅烧研磨前后，其吸水率、表观密度及压碎指标等性能相对变化较小，且与天然骨料相近，这是由于Ⅰ类再生粗骨料经过两次物理强化后，虽然表面的附着砂浆含量明显减少，但仍有少量水泥砂浆附着，而Ⅱ类及Ⅲ类再生粗骨料性能受附着砂浆含量影响较为明显。由图 2-15 和图 2-19 显示天然骨料的表观密度增大了 2%，这是由于天然骨料经高温煅烧-研磨后表面棱角减少，使其空隙率减小，表观密度略有增大，但受到高温作用的影响，其压碎指标值增大了 7%，同时验证了高温作用对骨料的损伤。

通过图 2-16、图 2-18 和图 2-20 可以得出，再生粗骨料表面的附着砂浆含量与其吸水率、表观密度及压碎指标存在较好的线性关系，相关系数 $R^2$ 分别为 0.9724、0.9567 和 0.9889，与实测值十分吻合，并且经过高温煅烧及高速研磨后，再生粗骨料的吸水率、表观密度及压碎指标与天然骨料基本一致，这就说明采用高温煅烧-研磨法能有效去除再生粗骨料表面的附着砂浆。因此对于实际工程用再生粗骨料，只需检测出再生粗骨料的吸水

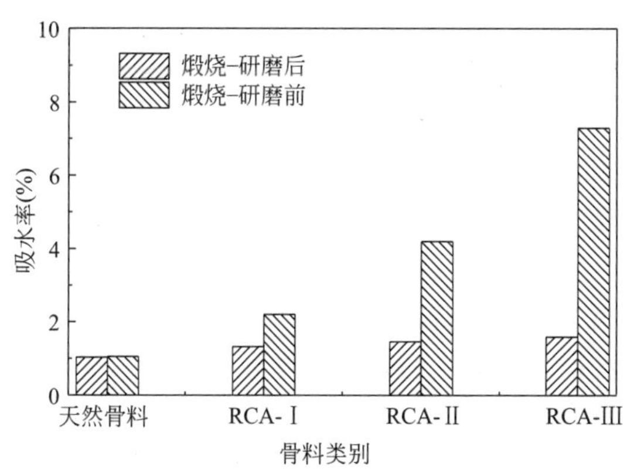


图 2-15　煅烧-研磨对再生骨料吸水率的影响

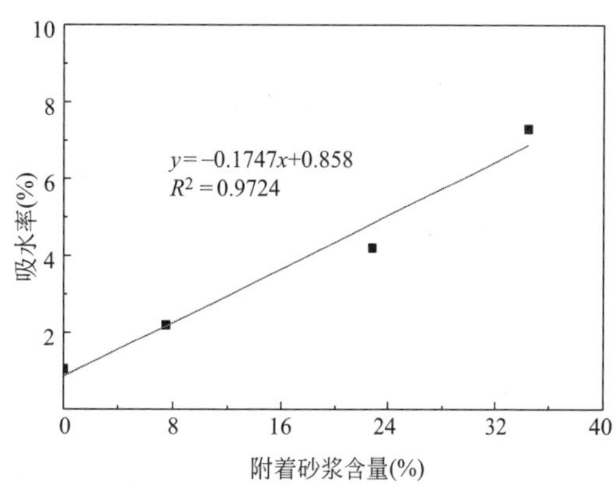


图 2-16　附着砂浆含量与吸水率的关系

率、表观密度及压碎指标，利用已建立的线性关系，就可以精确地测算出各种类别的再生粗骨料表面附着的废旧砂浆含量，同时也定量反映出再生粗骨料的内部缺陷。

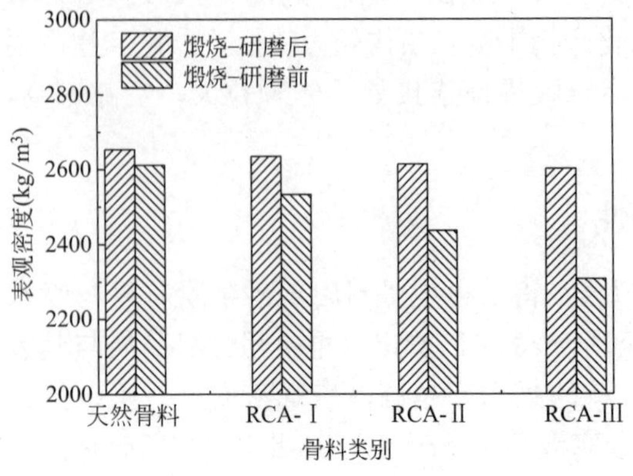


图 2-17　煅烧-研磨对再生骨料表观密度的影响

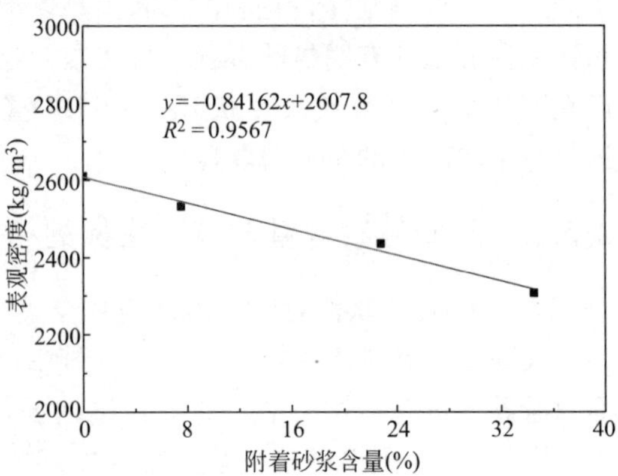


图 2-18　附着砂浆含量与表观密度的关系

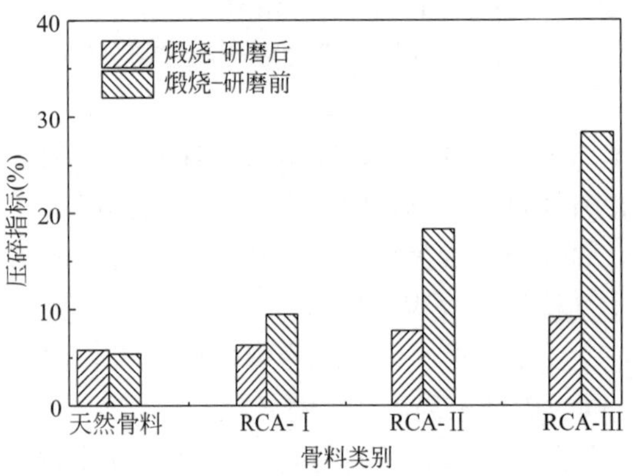


图 2-19　煅烧-研磨对再生骨料压碎指标的影响

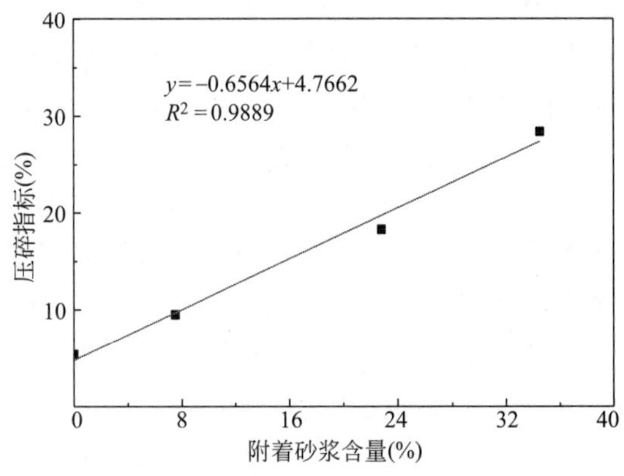


图 2-20　附着砂浆含量与压碎指标的关系

## 2.4　再生骨料品质控制技术

### 2.4.1　再生骨料制备工艺简介

目前，再生骨料产业化应用较多的生产工艺是将废旧混凝土进行简单的分选、除杂后，通过机械破碎后加工、筛分得到品质较低的再生骨料，即低品质再生骨料。其表面附着砂浆含量高，棱角多而明显，再生骨料在破碎过程中由机械损伤产生的微细裂缝，使得再生粗骨料基本性能较差；另一方面由于废弃混凝土来源广泛，且存在较大的强度差异，生产的再生粗骨料表面的附着砂浆强度不一及附着量不同等差别，使得再生骨料的基本性能离散性非常大，其利用途径较为单一且利用率低。

因此课题组在国内首次提出了采用颗粒整形物理强化方法，改善了再生骨料基本性能，有效地提升了再生骨料品质，其基本原理就是利用骨料与设备、骨料与骨料之间的高速撞击及磨削，将再生骨料表面的附着砂浆剥离，得到附着砂浆含量低、粒型好的高品质的再生粗骨料。颗粒整形设备工作原理如图 2-21 所示。[7] 采用该设备可有效地将低品质再生粗骨料进行整形强化、制粉及收尘，制备出再生混凝土用高品质再生骨料、再生微粉，并有效减少粉尘排放。

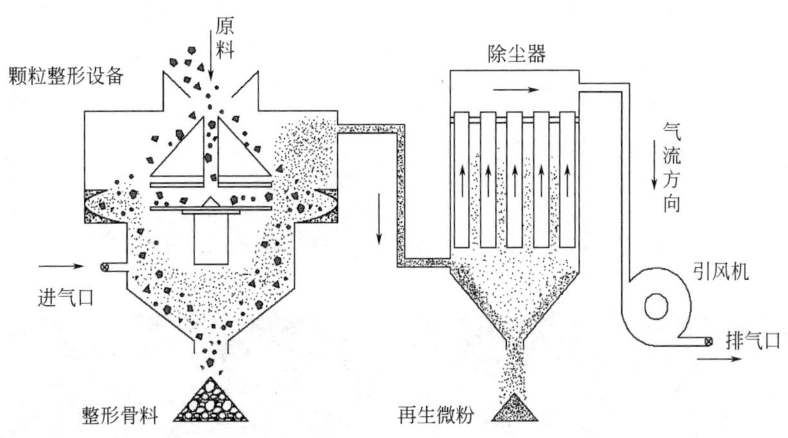

图 2-21　颗粒整形设备工作原理

将来源于同一建筑物拆除后的废弃混凝土，强度等级为 C40，经颚式破碎机破碎筛分后，得到 5～25mm 简单破碎再生粗骨料 A，利用物理强化整形设备对部分再生粗骨料 A 进行一次物理强化处理后筛分，得到 5～25mm 物理强化再生粗骨料 B，再对再生粗骨料 B 进行一次物理强化处理，得到高品质再生粗骨料 C。具体流程如图 2-22 所示。

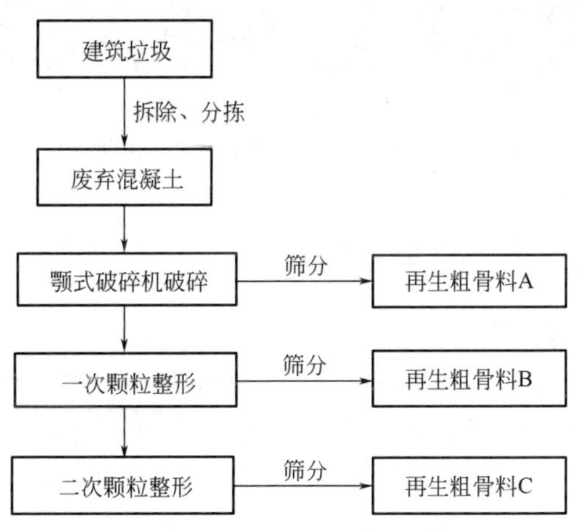

图 2-22　再生粗骨料制备流程

如图 2-23（*a*）所示为低品质再生粗骨料，经过机械简单破碎的再生粗骨料 A 表面的砂浆附着量较大，表面的棱角较多且粒型明显较差，混杂着较多的砖块及木屑；而图 2-23（*b*）、图 2-23（*c*）分别为经一次和二次物理强化处理的再生粗骨料，发现再生粗骨料表面附着砂浆及棱角明显较少，粒型比天然骨料圆滑，砖块含量明显减少，经二次物理强化处理后的再生粗骨料 C 外型与天然骨料相近，且无针片状骨料存在。

(*a*) 再生粗骨料A　(*b*) 再生粗骨料B

(*c*) 再生粗骨料C　(*d*) 天然粗骨料

图 2-23　再生粗骨料及天然粗骨料形貌

## 2.4.2　物理强化对再生骨料性能的影响

### 2.4.2.1　再生粗骨料性能

再生粗骨料的物理强化工艺为：首先使用小型颚式破碎机对废弃混凝土进行简单破碎处理（原料来源于青岛某施工单位负责的居民住宅小区拆迁现场，人工挑选出长度约为100～300mm 的废弃混凝土碎块，强度等级为 C20～C40），然后使用颗粒整形设备分别进行一次和二次强化处理。最后，将物理强化过程中制得的 3 类再生骨料分别进行筛分处理（粒径范围要求为 4.75～31.5mm），即得到 3 类再生粗骨料：简单破碎再生粗骨料（以 SC-RCA 来表示）、一次物理强化再生粗骨料（以 OP -RCA 来表示）和二次物理强化再生粗骨料（以 DP-RCA 来表示）。参照《混凝土用再生粗骨料》GB/T 25177—2010，按照相应试验方法测试其性能指标，分析物理强化技术对再生粗骨料品质的提升情况，并依次评定出各类再生粗骨料的类别。本书中再生粗骨料的物理强化技术具体流程如图 2-24 所示。

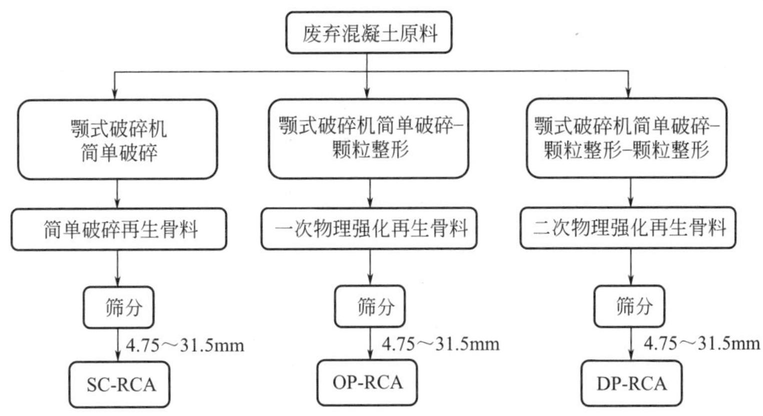


图 2-24　再生粗骨料物理强化技术流程

(1) 再生粗骨料的粒形形貌

SC-RCA、OP-RCA 和 DP-RCA 的粒形形貌分别如图 2-25 (*a*)、(*b*) 和 (*c*) 所示。可以看出，经过物理强化后 OP-RCA 和 DP-RCA 的棱角变少，表面的硬化水泥砂浆附着量明显降低，骨料粒形变得较圆滑，且 DP-RCA 的物理强化改善效果要优于 OP-RCA。

(*a*) SC-RCA(简单破碎)　(*b*) OP-RCA(一次物理强化)　(*c*) DP-RCA(二次物理强化)

图 2-25　物理强化再生粗骨料粒形形貌

(2) 再生粗骨料的颗粒级配

试验测得的 SC-RCA、OP-RCA 和 DP-RCA 的级配曲线如图 2-26 所示。可知，3 类再生粗骨料的颗粒级配均符合再生粗骨料品质评价标准《混凝土再生骨料》GB/T 25177—2010 的要求。在物理强化后，OP-RCA 和 DP-RCA 中大粒径骨料所占比例逐渐减少，且 DP-RCA 的大粒径骨料减少量要大于 OP-RCA。这是因为 SC-RCA 在物理强化后，其表面附着的硬化水泥砂浆被不同程度地剥离，表面的尖锐棱角有所减少，使得再生粗骨料在各孔径方孔筛的分级筛余均发生改变[8]，物理强化显著改善了再生粗骨料的颗粒级配。

(3) 再生粗骨料的基本性能指标

SC-RCA、OP-RCA 和 DP-RCA 的微粉含量、泥块含量、表观密度、堆积密度（松散堆积密度和紧密堆积密度）、空隙率、针片状颗粒含量、坚固性、压碎指标、吸水率（1h 吸水率和 24h 吸水率）、有害物质含量（主要为有机物、硫化物及硫酸盐和氯化物）、杂物含量和碱集料反应（碱-硅酸反应、快速碱-硅酸反应和碱-碳酸盐反应）见表 2-8。

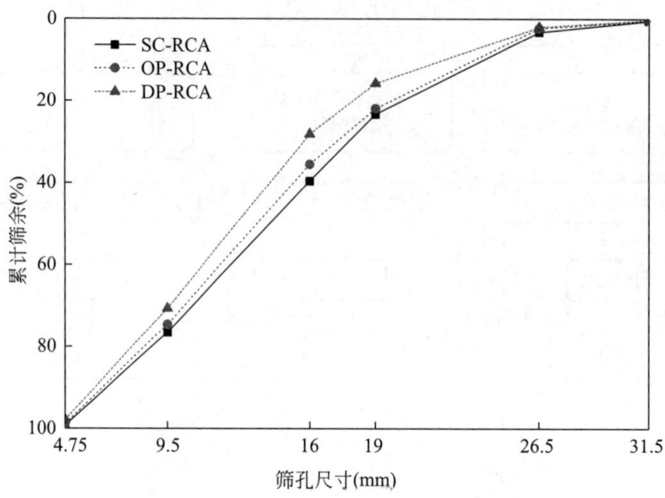

图 2-26　物理强化再生粗骨料的级配曲线

**物理强化再生粗骨料的基本性能指标**　　**表 2-8**

| 项目 | | SC-RCA | OP-RCA | DP-RCA |
| --- | --- | --- | --- | --- |
| 微粉含量(%) | | 1.9 | 1.1 | 0.8 |
| 泥块含量(%) | | 0.6 | 0.2 | 0.1 |
| 表观密度(kg/m$^3$) | | 2430 | 2470 | 2480 |
| 堆积密度(kg/m$^3$) | 松散堆积密度 | 1360 | 1390 | 1410 |
| | 紧密堆积密度 | 1380 | 1530 | 1590 |
| 空隙率(%) | | 44 | 44 | 43 |
| 针片状颗粒含量(%) | | 6 | 4 | 1 |
| 坚固性(以质量损失计)(%) | | 8.9 | 5.7 | 3.1 |
| 压碎指标(%) | | 18 | 15 | 9 |
| 吸水率(%) | 1h | 2.3 | 1.7 | 1.0 |
| | 24h | 3.7 | 2.3 | 1.7 |
| 有害物质含量 | 有机物含量 | 合格 | 合格 | 合格 |
| | 硫化物及硫酸盐含量(%) | 1.4 | 0.9 | 0.4 |
| | 氯化物含量(%) | 0.05 | 0.03 | 0.02 |
| 杂物含量(%) | | 0.8 | 0.5 | 0.1 |
| 碱集料反应膨胀率(%) | 碱-硅酸反应 | 0.036 | 0.029 | 0.022 |
| | 快速碱-硅酸反应 | 0.044 | 0.039 | 0.031 |
| | 碱-碳酸盐反应 | 0.067 | 0.051 | 0.038 |

由表 2-8 可知：

① 相比较 SC-RCA，在二次物理强化后的 DP-RCA 微粉含量降幅达 57.9%、泥块含量降幅达 83.3%，微粉含量和泥块含量均显著降低，再生粗骨料的类别由Ⅱ类提升为Ⅰ类。

② 通过不同工艺的物理强化后，再生粗骨料的空隙率逐渐降低，这与其表观密度、松散堆积密度和紧密堆积密度均逐渐增大有关，其中 OP-RCA 和 DP-RCA 均达到Ⅰ类再生粗骨料标准。

③ 相比较颚式破碎机简单破碎后所制备的 SC-RCA，当物理强化技术由一次颗粒整形变为二次颗粒整形时，再生粗骨料的针片状颗粒含量、坚固性试验中的质量损失和压碎指标均显著下降，其中 DP-RCA 相对应的性能指标降低幅度分别为 83.3%、65.2% 和 50.0%。

④ 通过不同工艺的物理强化后，再生粗骨料的吸水率均有所降低，且 1h 吸水速率增长较快，相比较 SC-RCA，DP-RCA 的 1h 和 24h 吸水率降低幅度分别达到 56.5% 和 67.6%，达到Ⅰ类再生粗骨料标准。

⑤ 物理强化后共同制备的 SC-RCA、OP-RCA 和 DP-RCA 的有害物质含量和杂物含量均逐渐降低，且不同类型的碱集料反应膨胀率也逐渐减小，3 种指标均符合《混凝土用再生粗骨料》GB/T 25177-2010 的要求。

综上，再生粗骨料的品质在物理强化后得到一定的提升，其性能优劣顺序为：DP-RCA＞OP-RCA＞SC-RCA。这是因为废弃混凝土原料来源广泛，仅利用颚式破碎机简单破碎制备的 SC-RCA 成分复杂、表面粗糙，且在外力挤压和相互撞击作用下再生粗骨料也容易产生内部裂纹，这些缺陷都是导致 SC-RCA 品质低下的主要原因；但在颗粒整形设备的高速飞转下，可以有效去除 SC-RCA 表面所附着的硬化水泥砂浆、水泥石、泥土、泥块以及其内部的损伤，并且可以随着颗粒整形强化次数的增加而进一步改善了再生粗骨料的基本性能。[9-11] 因此，再生粗骨料的品质在不同方式的物理强化处理后均得到显著提升，但二次物理强化效果优于一次物理强化。

（4）再生粗骨料在物理强化处理后的类别变化

在不同工艺的物理强化后，3 类再生粗骨料的基本性能指标均发生变化，相对应的类别变化情况见表 2-9。

**物理强化再生粗骨料各项基本性能指标的类别汇总　　表 2-9**

| 项目 | SC-RCA | OP-RCA | DP-RCA |
|---|---|---|---|
| 颗粒级配 | 符合要求 | 符合要求 | 符合要求 |
| 微粉含量(%) | Ⅱ类 | Ⅰ类 | Ⅰ类 |
| 泥块含量(%) | Ⅱ类 | Ⅰ类 | Ⅰ类 |
| 表观密度($kg/m^3$) | Ⅱ类 | Ⅰ类 | Ⅰ类 |
| 空隙率(%) | Ⅰ类 | Ⅰ类 | Ⅰ类 |
| 针片状颗粒含量(%) | 合格 | 合格 | 合格 |
| 坚固性(%) | Ⅱ类 | Ⅱ类 | Ⅰ类 |
| 压碎指标(%) | Ⅱ类 | Ⅱ类 | Ⅰ类 |
| 吸水率(%) | Ⅱ类 | Ⅰ类 | Ⅰ类 |
| 有害物质含量(%) | 合格 | 合格 | 合格 |
| 杂物含量(%) | 合格 | 合格 | 合格 |
| 碱集料反应(%) | 合格 | 合格 | 合格 |

由表 2-9 可知，SC-RCA 和 OP-RCA 达到Ⅱ类再生粗骨料标准，DP-RCA 达到Ⅰ类再生粗骨料标准，但 OP-RCA 的各项基本性能指标中仅有坚固性和压碎指标未达到Ⅰ类再生粗骨料标准，其骨料品质显著优于 SC-RCA。

**2.4.2.2　再生细骨料性能**

同再生粗骨料的物理强化工艺流程，再生细骨料的物理强化有所不同的是筛分后选取粒径范围为 0.15～4.75mm 的再生骨料，制得 3 类再生细骨料：简单破碎再生细骨料（以 SC-RFA 来表示）、一次物理强化再生细骨料（以 OP-RFA 来表示）和二次物理强化再生细骨料（以 DP-RFA 来表示）。参照《混凝土和砂浆用再生细骨料》GB/T 25176—2010，按照相应试验方法测定其性能指标，分析物理强化技术对再生细骨料品质的提升情况，并依次评定出各种再生细骨料的类别。

（1）再生细骨料的粒形形貌

SC-RFA、OP-RFA 和 DP-RFA 的粒形形貌分别如图 2-27（*a*）、（*b*）和（*c*）所示。可以看出，SC-RFA 粒径分布不均匀，表面粗糙，骨料内部存在着大量的微细裂纹；通过一次物理强化后的 OP-RFA 粒形较均匀，由于颗粒表面棱角减少而使得表面较圆滑；而在二次物理强化作用下，DP-RFA 表面更为干净圆滑，颗粒棱角也基本去除，但骨料粒径偏小，即再生细骨料中小粒径含量较高。

(*a*) SC-RFA(简单破碎)

(*b*) OP-RFA(一次物理强化)

(*c*) DP-RFA(二次物理强化)

图 2-27　物理强化再生细骨料粒形形貌

（2）再生细骨料的颗粒级配

SC-RFA 在物理强化后，与 OP-RFA、DP-RFA 的级配曲线如图 2-28 所示。

由图 2-28 分析可知，通过物理强化后制备的 OP-RFA 和 DP-RFA 在各孔径筛的筛余量均有所减少，并且 DP-RFA 的各孔径筛累计筛余百分率均要小于 OP-RFA。另外，由试验结果计算后得到 SC-RFA、OP-RFA 和 DP-RFA 的细度模数分别为 3.4、2.8 和 2.7，随着再生细骨料品质的提升其细度模数逐渐减小。参照《混凝土和砂浆用再生细骨料》GB/T 25176—2010，SC-RFA、OP-RFA 和 DP-RFA 的规格依次为：粗砂、中砂和中砂。

（3）再生细骨料的基本性能指标

试验测得的 SC-RFA、OP-RFA 和 DP-RFA 的微粉含量、泥块含量、表观密度、堆积密度（松散堆积密度和紧密堆积密度）、空隙率、坚固性、压碎指标、再生胶砂需水量比、再生胶砂强度比、有害物质含量（主要为云母、轻物质、有机物、硫化物及硫酸盐和氯化物）和碱集料反应（碱-硅酸反应和快速碱-硅酸反应）见表 2-10。可知：

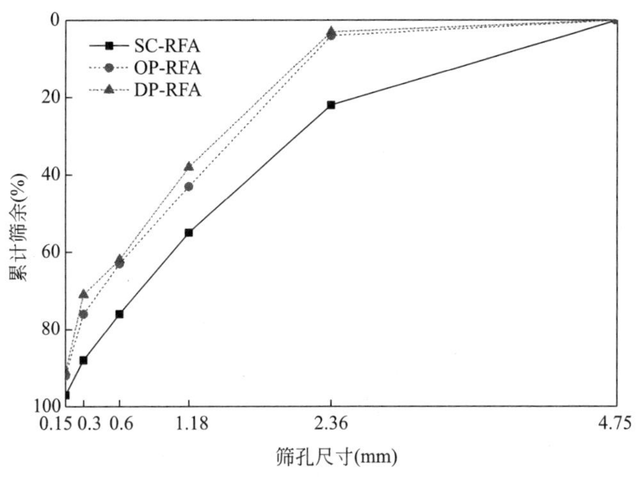


图 2-28　物理强化再生细骨料的级配曲线

**物理强化再生细骨料的基本性能指标**　　　　**表 2-10**

| 项目 | | SC-RFA | OP-RFA | DP-RFA |
|---|---|---|---|---|
| 微粉含量(%) | | 1.8 | 3.2 | 3.6 |
| 泥块含量(%) | | 1.4 | 0.8 | 0.2 |
| 表观密度(kg/m³) | | 2360 | 2440 | 2540 |
| 堆积密度(kg/m³) | 松散堆积密度 | 1310 | 1380 | 1480 |
| | 紧密堆积密度 | 1470 | 1580 | 1640 |
| 空隙率(%) | | 44 | 43 | 42 |
| 坚固性(以质量损失计)(%) | | 9.4 | 8.9 | 5.9 |
| 压碎指标(%) | | 24 | 22 | 17 |
| 再生胶砂需水量比 | | 1.31 | 1.27 | 1.25 |
| 再生胶砂强度比 | | 0.96 | 0.87 | 0.93 |
| 有害物质含量 | 云母含量(%) | 1.6 | 1.0 | 0.5 |
| | 轻物质含量(%) | 0.6 | 0.4 | 0.1 |
| | 有机物含量 | 合格 | 合格 | 合格 |
| | 硫化物及硫酸盐含量(%) | 1.6 | 1.1 | 0.4 |
| | 氯化物含量(%) | 0.04 | 0.03 | 0.01 |
| 碱集料反应膨胀率(%) | 碱-硅酸反应 | 0.047 | 0.032 | 0.015 |
| | 快速碱-硅酸反应 | 0.064 | 0.041 | 0.027 |

① 通过物理强化后，OP-RFA 和 DP-RFA 的微粉含量均增多，但泥块含量显著减小。相比较 SC-RFA，OP-RFA 和 DP-RFA 的微粉含量增加幅度分别为 77.8%、100.0%，泥块含量减少幅度分别为 42.9%、85.7%，均达到Ⅰ类再生细骨料标准。

② 通过物理强化后，OP-RFA 和 DP-RFA 的表观密度和堆积密度均逐渐增大，空隙率逐渐减小。相比较 SC-RFA，再生细骨料的表观密度最大增加 7.6%、空隙率最大降低 3%，OP-RFA 和 DP-RFA 均已达到Ⅰ类再生细骨料标准。

③ 相比较颚式破碎机简单破碎后所制备的 SC-RFA，物理强化后的再生细骨料在坚固性和压碎指标试验中的质量损失均显著降低，并且在二次物理强化处理后再生细骨料类别由Ⅱ类提升为Ⅰ类，其品质提升效果要优于一次物理强化。

④ SC-RFA 在物理强化后，OP-RFA 和 DP-RFA 的再生胶砂需水量比均逐渐降低，即再生胶砂在达到相同工作性时，再生细骨料的需水量有所减小，其骨料性能得到改善。另外，受 3 类再生细骨料规格差异的影响，再生胶砂强度比所参照的标准不一，但 OP-RFA 的再生胶砂强度比要小于 DP-RFA，可以表明再生细骨料的品质与颗粒整形的次数密切相关。

⑤ 物理强化后所制备的 SC-RFA、OP-RFA 和 DP-RFA 的有害物质含量和碱集料反应膨胀率均满足《混凝土和砂浆用再生细骨料》GB/T 25176-2010 的要求。

综上，SC-RFA 在物理强化后所制得的 OP-RFA 和 DP-RFA 的各项基本性能指标均得到显著提升，品质优劣顺序为：DP-RFA＞OP-RFA＞SC-RFA。这是因为粒径不均匀、表面粗糙且内部存在微细裂纹的 SC-RFA 在经过颗粒整形设备处理后，其各项基本性能指标得到不同程度的改善。与此同时，强化过程中骨料表面打掉的棱角和掺杂其中的泥块被破碎成微小粉粒，从而使得 OP-RFA 和 DP-RFA 的微粉含量有所升高。因此，再生细骨料的品质在不同方式的物理强化后均得到显著提升[12-13]，但二次物理强化优于一次物理强化。

（4）再生细骨料在物理强化处理后的类别变化

在不同工艺的物理强化处理后，3 类再生细骨料的类别变化情况见表 2-11。

**物理强化再生细骨料各项基本性能指标的类别汇总** **表 2-11**

| 项目 | SC-RFA | OP-RFA | DP-RFA |
|---|---|---|---|
| 颗粒级配 | 符合要求 | 符合要求 | 符合要求 |
| 微粉含量(%) | Ⅱ类 | Ⅰ类 | Ⅰ类 |
| 泥块含量(%) | Ⅱ类 | Ⅰ类 | Ⅰ类 |
| 表观密度($kg/m^3$) | Ⅱ类 | Ⅰ类 | Ⅰ类 |
| 堆积密度($kg/m^3$) | Ⅱ类 | Ⅰ类 | Ⅰ类 |
| 空隙率(%) | Ⅰ类 | Ⅰ类 | Ⅰ类 |
| 坚固性(%) | Ⅱ类 | Ⅱ类 | Ⅰ类 |
| 压碎指标(%) | Ⅱ类 | Ⅱ类 | Ⅰ类 |
| 再生胶砂需水量比 | Ⅱ类 | Ⅰ类 | Ⅰ类 |
| 再生胶砂强度比 | Ⅱ类 | Ⅱ类 | Ⅰ类 |
| 有害物质含量(%) | 合格 | 合格 | 合格 |
| 碱集料反应(%) | 合格 | 合格 | 合格 |

由表 2-11 可知，SC-RFA 和 OP-RFA 达到Ⅱ类再生细骨料标准，DP-RFA 达到Ⅰ类再生细骨料标准，但 OP-RFA 的各项基本性能指标中仅有坚固性、压碎指标和再生胶砂强度比未达到Ⅰ类再生粗骨料标准，其骨料品质要优于 SC-RFA。

### 2.4.3　化学强化对再生骨料性能的影响

#### 2.4.3.1　再生粗骨料性能

再生粗骨料的化学强化工艺为：对筛分后的 SC-RCA 分别进行化学浸渍和化学喷淋两种不同方式的化学强化处理，所用化学试剂为有机硅防水剂溶液（浓度 6%），在此两种方式的基础之上，同时考虑化学强化处理时间（分别控制在 24h 和 48h）的影响，在干燥处理后即得到 4 类不同品质的再生粗骨料，分别为简单破碎化学浸渍 24h 再生粗骨料（以 SCC1-RCA 表示）、简单破碎化学浸渍 48h 再生粗骨料（以 SCC2-RCA 表示）、简单破碎化学喷淋 24h 再生粗骨料（以 SCC3-RCA 表示）和简单破碎化学喷淋 48h 再生粗骨料（以 SCC4-RCA 表示）。本文中再生粗骨料的化学强化技术具体流程如图 2-29 所示。

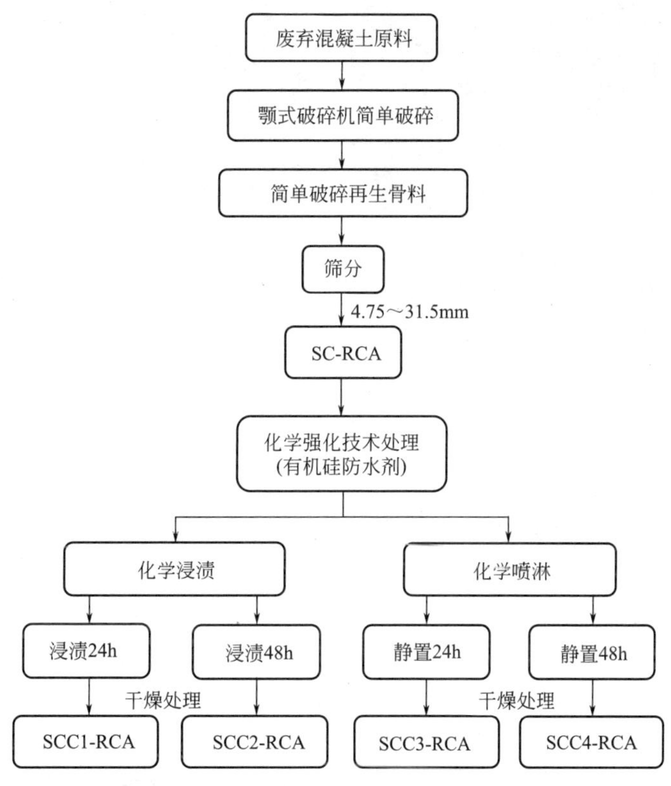


图 2-29　再生粗骨料化学强化技术流程

相比再生粗骨料的物理强化技术，其化学强化技术较为特殊，仅对部分性能指标产生改善效果。故参照《混凝土用再生粗骨料》GB/T 25177—2010，重点研究了再生粗骨料的表观密度、堆积密度、空隙率、压碎指标和吸水率，以此分析再生粗骨料的化学强化提升效果，并且根据其主要性能指标的变化情况评定出各类再生粗骨料的类别。

（1）再生粗骨料的粒形形貌

SC-RCA 在经过不同工艺的化学强化技术处理后所得到的 4 类再生粗骨料的粒形形貌分别如图 2-30 所示。可以看出，再生粗骨料的形状无发生任何变化，但其表面出现了一定程度的颜色加深现象，且骨料表面附着的石粉量有所降低。

(*a*) SCC1-RCA(简单破碎化学浸渍24h)　(*b*) SCC2-RCA(简单破碎化学浸渍48h)

(*c*) SCC3-RCA(简单破碎化学喷淋24h)　(*d*) SCC4-RCA(简单破碎化学喷淋48h)

图 2-30　化学强化再生粗骨料粒形形貌

（2）再生粗骨料的主要性能指标

试验中对颚式破碎机简单破碎后所制备的 SC-RCA 进行不同工艺的化学强化处理，测得的 4 类再生粗骨料的表观密度、堆积密度、空隙率、吸水率和压碎指标数据见表 2-12，分析可知：

① 在不同工艺的化学强化后，所制得的再生粗骨料的表观密度均有不同程度的增大，且多数达到Ⅰ类再生粗骨料的标准，仅有 SCC3-RCA 为Ⅱ类。4 类再生粗骨料的空隙率均达到Ⅰ类再生粗骨料的标准，这与其堆积密度有所增大密切相关。

② 与 SC-RCA 的压碎指标相比较，化学强化后再生粗骨料的压碎指标均有所减小，且逐渐接近Ⅰ类再生粗骨料标准。其中，SCC2-RCA 的压碎指标最低，其降低幅度可达 27.8%。

③ 再生粗骨料的吸水率在 4 种不同工艺的化学强化后均显著降低，且均达到Ⅰ类再生粗骨料的标准。再生粗骨料的大量吸水集中在 1h 时间内，在此之后再生粗骨料的吸水速率均逐渐减缓。相比较 SC-RCA，SCC2-RCA 的 24h 吸水率降低幅度最大，达到 62.2%。对比化学强化方式，化学浸渍优于化学喷淋；对比化学强化时间，48h 优于 24h。

综上，通过化学强化后的再生粗骨料的主要性能指标均得到改善，当化学强化时间相同时，再生粗骨料的品质优劣顺序为：SCC1-RCA＞SCC3-RCA、SCC2-RCA＞SCC4-RCA。这是因为 SC-RCA 表面粗糙且附着有大量的硬化水泥砂浆，化学喷淋强化可以使得 SC-RCA 表面局部附着一层憎水薄膜，而化学浸渍强化则可以将憎水薄膜覆盖全部骨料表面，从而在一定程度上改善再生粗骨料的主要性能指标。[14] 另外，化学浸渍时间为48h的再生粗骨料主要性能指标最好，但与化学浸渍时间为24h的再生粗骨料相比时，其骨料品质提升幅度较小。因此，再生粗骨料的品质在不同工艺的化学强化处理后均得到显著提升，以化学浸渍48h强化处理后的效果最优。

**化学强化再生粗骨料的主要性能指标** **表2-12**

| 项目 | | SCC1-RCA | SCC2-RCA | SCC3-RCA | SCC4-RCA |
|---|---|---|---|---|---|
| 表观密度(kg/m³) | | 2470 | 2490 | 2440 | 2480 |
| 堆积密度(kg/m³) | 松散堆积密度 | 1420 | 1440 | 1370 | 1410 |
| | 紧密堆积密度 | 1450 | 1460 | 1410 | 1430 |
| 空隙率(%) | | 43 | 42 | 44 | 43 |
| 压碎指标(%) | | 14 | 13 | 16 | 14 |
| 吸水率(%) | 1h | 1.2 | 1.1 | 1.5 | 1.3 |
| | 24h | 1.6 | 1.4 | 2.1 | 1.8 |

（3）再生粗骨料在化学强化后的类别变化

SC-RCA在不同工艺的化学强化后，其主要性能指标的类别变化情况见表2-13。可知，4类再生粗骨料均达到Ⅱ类再生粗骨料标准，其中SCC1-RCA、SCC2-RCA和SCC4-RCA仅有压碎指标未达到Ⅰ类再生粗骨料标准，SCC3-RCA的品质提升幅度较低。

**化学强化再生粗骨料主要性能指标的类别汇总** **表2-13**

| 项目 | SCC1-RCA | SCC2-RCA | SCC3-RCA | SCC4-RCA |
|---|---|---|---|---|
| 表观密度(kg/m³) | Ⅰ类 | Ⅰ类 | Ⅱ类 | Ⅰ类 |
| 空隙率(%) | Ⅰ类 | Ⅰ类 | Ⅰ类 | Ⅰ类 |
| 压碎指标(%) | Ⅱ类 | Ⅱ类 | Ⅱ类 | Ⅱ类 |
| 吸水率(%) | Ⅰ类 | Ⅰ类 | Ⅰ类 | Ⅰ类 |

#### 2.4.3.2 再生细骨料性能

同再生粗骨料的化学强化工艺流程，再生细骨料的化学强化有所不同的是简单破碎筛分后选取粒径范围为0.15～4.75mm的再生骨料，共制得4类再生细骨料，包括简单破碎化学浸渍24h再生细骨料（以SCC1-RFA表示）、简单破碎化学浸渍48h再生细骨料（以SCC2-RFA表示）、简单破碎化学喷淋24h再生细骨料（以SCC3-RFA表示）和简单破碎化学喷淋48h再生细骨料（以SCC4-RFA表示）。考虑到化学强化技术处理的特殊性，参照《混凝土和砂浆用再生细骨料》GB/T 25176—2010，重点研究了再生细骨料的压碎指标、再生胶砂需水量比和再生胶砂强度比，以此评价再生细骨料的化学强化处理效果，并且根据其主要性能指标的变化情况评定出各类再生细骨料的类别。

（1）再生细骨料的粒形形貌

SC-RFA在经过不同工艺的化学强化技术处理后所得到的4类再生细骨料的粒形形貌分别如图2-31所示。由图2-31可以看出，SCC1-RFA、SCC2-RFA、SCC3-RFA和SCC4-RFA的表面颜色均发生不同程度地变化，但化学喷淋强化处理后再生细骨料的表面颜色要浅于化学浸渍，且化学强化处理时间为48h时颜色加深现象更为显著。这主要是因为对再生细骨料进行化学浸渍强化处理可以使其与有机硅防水剂溶液接触更为紧密，而化学喷淋强化处理后仅使有机硅防水剂溶液分布在再生细骨料的局部表面。

(*a*) SCC1-RFA(简单破碎化学浸渍24h)　(*b*) SCC2-RFA(简单破碎化学浸渍48h)

(*c*) SCC3-RFA(简单破碎化学喷淋24h)　(*d*) SCC4-RFA(简单破碎化学喷淋48h)

图2-31　化学强化再生细骨料粒形形貌图

（2）再生细骨料的主要性能指标

试验中SC-RFA在4种不同工艺的化学强化后的压碎指标、再生胶砂需水量比和再生胶砂强度比见表2-14。

**化学强化再生细骨料的主要性能指标　　表2-14**

| 项目 | SCC1-RFA | SCC2-RFA | SCC3-RFA | SCC4-RFA |
|---|---|---|---|---|
| 压碎指标(%) | 21 | 21 | 23 | 22 |
| 再生胶砂需水量比 | 1.23 | 1.19 | 1.24 | 1.22 |
| 再生胶砂强度比 | 0.98 | 0.99 | 0.97 | 0.97 |

由表 2-14 可知：

① 再生细骨料的压碎指标在不同工艺的化学强化后均有小幅度的降低，再生细骨料品质提升效果较小，其中化学浸渍 48h 后再生细骨料的品质最高。相比较 SC-RFA，SCC2-RFA 的压碎指标由 24%下降到 21%，降低幅度达 12.5%，仅达到Ⅱ类再生细骨料标准；

② SC-RFA 在不同工艺的化学强化后，其再生胶砂需水量比均有所减小，即再生细骨料品质的提升使得再生胶砂的需水量在一定程度上减少。相比较 SC-RFA，SCC1-RFA、SCC2-RFA、SCC3-RFA 和 SCC4-RFA 的再生胶砂需水量比分别减小了 0.08、0.12、0.07 和 0.09，但仅有 SCC2-RFA 达到Ⅰ类再生细骨料的标准；

③ 再生细骨料的再生胶砂强度比在化学强化后均有所提高，相比较 SC-RFA，SCC2-RFA 的再生胶砂强度比最大提高了 0.03，对再生细骨料的品质有小幅度的提升作用。

综上，SC-RFA 的主要性能指标在不同工艺的化学强化后均有小幅度的改善，当化学强化时间相同时，再生细骨料的品质优劣顺序为：SCC1-RFA＞SCC3-RFA 和 SCC2-RFA＞SCC4-RFA。这是因为经过化学强化后的再生细骨料表面粗糙度降低，且其内部的微细裂纹也会适当减少，再生细骨料这些缺陷的减少也必将改善其主要性能指标。另外，化学喷淋强化只能对再生细骨料的局部表面进行有机硅防水剂的，并不能完全抑制水分侵入到再生细骨料微细裂纹中[15-16]，再生细骨料的主要性能指标改善效果较小。因此，再生细骨料的品质在不同方式的化学强化后均有小幅度的提升，但化学浸渍优于化学喷淋强化效果，且化学强化处理 48h 优于 24h。

(3) 再生细骨料在化学强化后的类别变化

在不同方式的化学强化后，再生细骨料的类别变化情况见表 2-15。

**化学强化再生细骨料主要性能指标的类别汇总**　　**表 2-15**

| 项目 | SCC1-RFA | SCC2-RFA | SCC3-RFA | SCC4-RFA |
|---|---|---|---|---|
| 压碎指标(%) | Ⅱ类 | Ⅱ类 | Ⅱ类 | Ⅱ类 |
| 再生胶砂需水量比 | Ⅱ类 | Ⅰ类 | Ⅱ类 | Ⅱ类 |
| 再生胶砂强度比 | Ⅱ类 | Ⅱ类 | Ⅱ类 | Ⅱ类 |

由表 2-15 可知，采用不同工艺的化学强化后所得到的 4 类再生细骨料均为Ⅱ类再生细骨料，仅有 SCC2-RFA 的再生胶砂需水量比满足Ⅰ类再生细骨料标准的要求。由此看出，化学强化处理后再生细骨料的品质提升效果较小。

## 2.4.4 复合强化对再生骨料性能的影响

### 2.4.4.1 再生粗骨料性能

以 SC-RCA 单方向的强化技术为研究基础，本书进而利用复合强化技术对其进行强化处理，即对 SC-RCA 先进行物理强化技术处理，将得到的 OP-RCA 和 DP-RCA 再通过 4 种不同方式的化学强化处理，统一干燥处理后即得到 8 类再生粗骨料，分别为一次物理强化-化学浸渍 24h 再生粗骨料（以 OPC1-RCA 表示）、一次物理强化-化学浸渍 48h 再生粗骨料（以 OPC2-RCA 表示）、一次物理强化-化学喷淋 24h 再生粗骨料（以 OPC3-RCA 表示）、一次物理强化-化学喷淋 48h 再生粗骨料（以 OPC4-RCA 表示）、二次物理强化-化学浸渍 24h 再生粗骨料（以 DPC1-RCA 表示）、二次物理强化-化学浸渍 48h 再生粗骨料（以 DPC2-RCA 表示）、二次物理强化-化学喷淋 24h 再生粗骨料（以 DPC3-RCA 表示）和二次物理强化-化学喷淋 48h 再生粗骨料（以 DPC4-RCA 表示）。与化学强化相一致，参照《混凝土用再生粗骨料》GB/T 25177—2010，重点研究了再生粗骨料的表观密度、堆积密度、空隙率、压碎指标和吸水率，在对比 SC-RCA 的相应基本性能指标后，分析再生粗骨料的品质提升效果，并且根据其主要性能指标的变化情况评定出各类再生粗骨料的类别。本书中再生粗骨料的复合强化技术具体流程如图 2-32 所示。

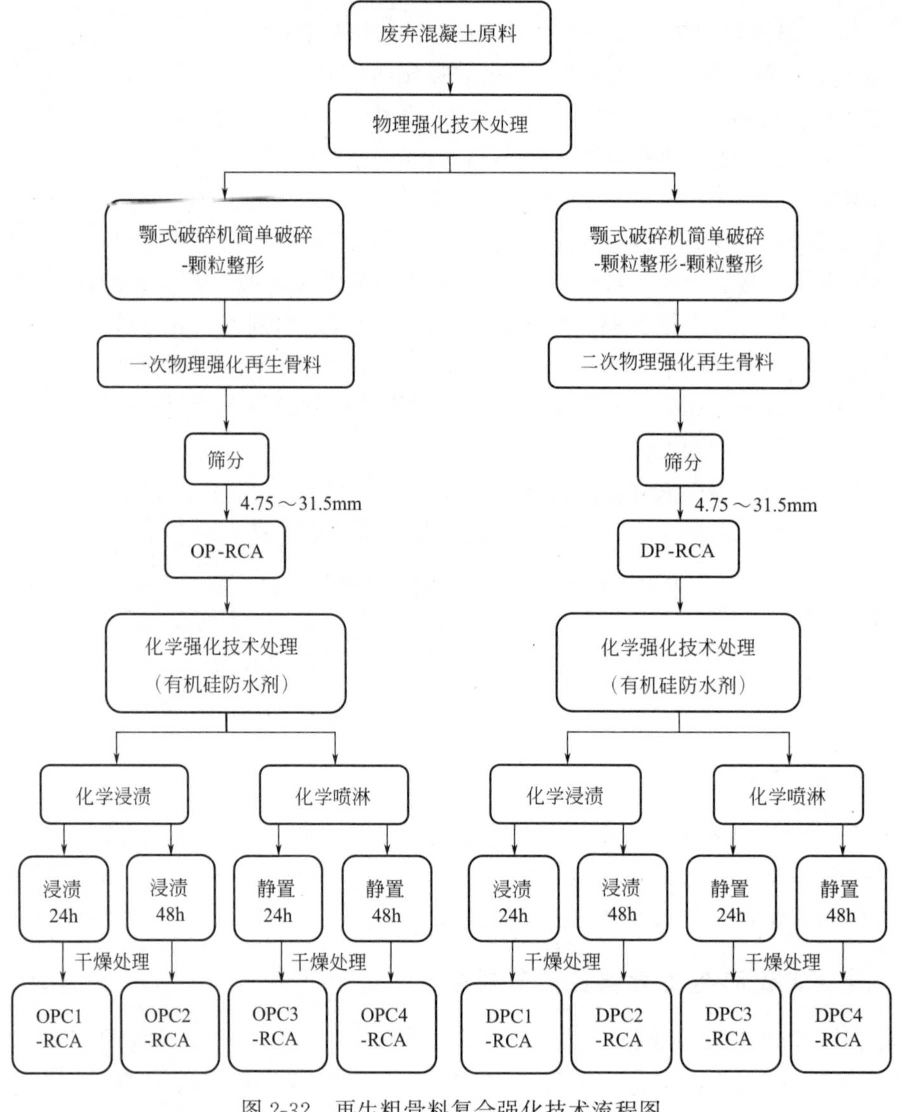


图 2-32　再生粗骨料复合强化技术流程图

（1）再生粗骨料的粒形形貌

由于采用有机硅防水剂溶液对再生粗骨料进行不同时间的浸渍或喷淋强化处理后，仅其表面颜色略有差异，故在此仅将物理-化学浸渍或喷淋 48h 强化处理后再生粗骨料的粒形形貌列出，分别如图 2-33 所示。可以看出，相比较 SC-RCA，复合强化处理后的再生粗骨料粒形更为规整，其表面干净整洁且附着有一层憎水界面，其中采用化学浸渍方式可以使再生粗骨料表面全部包裹有有机硅防水剂，但化学喷淋方式处理后的再生粗骨料仅部分表面附着有有机硅防水剂。

(*a*) OPC2-RCA(一次物理强化-化学浸渍48h)

(*b*) OPC4-RCA(一次物理强化-化学喷淋48h)

(*c*) DPC2-RCA(二次物理强化-化学浸渍48h)

(*d*) DPC4-RCA(二次物理强化-化学喷淋48h)

图 2-33　复合强化再生粗骨料粒形形貌图

(2) 再生粗骨料的主要性能指标

试验中 SC-RCA 在 8 种不同工艺的复合强化处理后的表观密度、堆积密度、空隙率、吸水率和压碎指标见表 2-16。

**复合强化再生粗骨料的主要性能指标　　　　表 2-16**

| 项目 | | OPC1-RCA | OPC2-RCA | OPC3-RCA | OPC4-RCA | DPC1-RCA | DPC2-RCA | DPC3-RCA | DPC4-RCA |
|---|---|---|---|---|---|---|---|---|---|
| 表观密度($kg/m^3$) | | 2520 | 2530 | 2480 | 2510 | 2550 | 2560 | 2500 | 2530 |
| 堆积密度($kg/m^3$) | 松散堆积密度 | 1480 | 1510 | 1450 | 1470 | 1550 | 1560 | 1480 | 1520 |
| | 紧密堆积密度 | 1600 | 1650 | 1560 | 1590 | 1680 | 1690 | 1610 | 1650 |
| 空隙率(%) | | 41 | 40 | 43 | 41 | 39 | 39 | 41 | 40 |
| 压碎指标(%) | | 11 | 10 | 14 | 13 | 6 | 5 | 8 | 6 |
| 吸水率(%) | 1h | 1.0 | 0.8 | 1.2 | 1.1 | 0.8 | 0.6 | 0.9 | 0.9 |
| | 24h | 1.5 | 1.3 | 2.0 | 1.6 | 1.3 | 1.2 | 1.6 | 1.5 |

由表 2-16 可知：

① SC-RCA 的表观密度、松散堆积密度、紧密堆积密度和空隙率在不同方式的复合强化后均得到显著地改善，其中表观密度和空隙率均达到Ⅰ类再生粗骨料的标准。相比较 SC-RCA，DPC2-RCA 的表观密度、松散堆积密度和紧密堆积密度分别增加了 130kg/m$^3$、200kg/m$^3$ 和 310kg/m$^3$，空隙率减小了 5%，其品质提升效果最为显著，而 OPC3-RCA 的各项基本性能指标改善效果相对较小；

② 与 SC-RCA 的压碎指标相比较，复合强化后再生粗骨料的压碎指标均显著减小，当采用二次物理强化-化学浸渍 48h 强化处理时其压碎指标最小，减小幅度高达 72.2%。另外，仅有 OPC3-RCA 和 OPC4-RCA 的压碎指标略大于 12%，为Ⅱ类再生粗骨料，但再生粗骨料的压碎指标性能也得到较好地改善；

③ 再生粗骨料的吸水率在采用不同工艺的复合强化处理后均显著下降，且满足Ⅰ类再生粗骨料标准的要求。相比较 SC-RCA，复合强化后再生粗骨料的 1h 吸水量所占比例有所降低，其中 DPC2-RCA 的 24h 吸水率减小 2.5%，减小幅度高达 67.6%，其吸水率性能改善效果非常显著。

综上，通过复合强化后的再生粗骨料的主要性能指标均得到显著改善，当采用相同工艺的化学强化处理时，二次物理强化优于一次物理强化；当采用相同工艺的物理强化处理时，化学浸渍强化优于化学喷淋强化，且化学强化处理 48h 优于 24h。这是因为 SC-RCA 在物理强化处理后颗粒棱角减少、表面粗糙度降低，继续进行化学强化处理后，可以在一定程度上消除了再生粗骨料内部的微裂纹，有效阻止外部水分侵入到骨料内部，故而再生粗骨料的主要性能指标均有所改善。[17-18] 因此，复合强化可以显著提升再生粗骨料的品质，以二次物理强化-化学浸渍 48h 强化处理后的效果最优。

(3) 再生粗骨料在复合强化后的类别变化

SC-RCA 在不同工艺的复合强化后的主要性能指标的类别变化情况见表 2-17。可知，8 类再生粗骨料中仅有 OPC3-RCA 和 OPC4-RCA 未达到Ⅰ类再生粗骨料标准，再生粗骨料的主要性能指标中仅有压碎指标的改善效果略差。但总体而言，复合强化技术显著提升了再生粗骨料的品质。

**复合强化再生粗骨料主要性能指标的类别汇总　　　表 2-17**

| 项目 | OPC1-RCA | OPC2-RCA | OPC3-RCA | OPC4-RCA | DPC1-RCA | DPC2-RCA | DPC3-RCA | DPC4-RCA |
|---|---|---|---|---|---|---|---|---|
| 表观密度(kg/m$^3$) | Ⅰ类 | Ⅰ类 | Ⅰ类 | Ⅰ类 | Ⅰ类 | Ⅰ类 | Ⅰ类 | Ⅰ类 |
| 空隙率(%) | Ⅰ类 | Ⅰ类 | Ⅰ类 | Ⅰ类 | Ⅰ类 | Ⅰ类 | Ⅰ类 | Ⅰ类 |
| 压碎指标(%) | Ⅰ类 | Ⅰ类 | Ⅱ类 | Ⅱ类 | Ⅰ类 | Ⅰ类 | Ⅰ类 | Ⅰ类 |
| 吸水率(%) | Ⅰ类 | Ⅰ类 | Ⅰ类 | Ⅰ类 | Ⅰ类 | Ⅰ类 | Ⅰ类 | Ⅰ类 |

#### 2.4.4.2 再生细骨料性能

同再生粗骨料的复合强化工艺流程，再生细骨料的复合强化有所不同的是一次物理强化和二次物理强化筛分后选取粒径范围为 0.15～4.75mm 的再生骨料，共制得 8 类再生细骨料，包括一次物理强化-化学浸渍 24h 再生细骨料（以 OPC1-RFA 表示）、一次物理强化-化学浸渍 48h 再生细骨料（以 OPC2-RFA 表示）、一次物理强化-化学喷淋 24h 再生细骨料（以 OPC3-RFA 表示）、一次物理强化-化学喷淋 48h 再生细骨料（以 OPC4-RFA 表示)、二次物理强化-化学浸渍 24h 再生细骨料(以 DPC1-RFA 表示)、二次物理强化-化学浸渍 48h 再生细骨料(以 DPC2-RFA 表示)、二次物理强化-化学喷淋 24h 再生细骨料(以 DPC3-RFA 表示)和二次物理强化-化学喷淋 48h 再生细骨料(以 DPC4-RFA 表示)。与化学强化相一致,参照《混凝土和砂浆用再生细骨料》GB/T 25176-2010,重点研究了再生细骨料的压碎指标、再生胶砂需水量比和再生胶砂强度比,并对比 SC-RFA 的相应基本性能指标后,评价再生细骨料的复合强化处理效果,并且根据其主要性能指标的变化情况评定出各类再生细骨料的类别。

(1) 再生细骨料的粒形形貌

与复合强化处理后的再生粗骨料相一致,在此仅列出物理-化学浸渍或喷淋 48h 强化处理后再生细骨料的粒形形貌,分别如图 2-34 所示。可以看出,复合强化后的再生细骨料粒形更为圆滑,粒径分布更为均匀,其表面干净整洁且颜色有所加深;在 8 种复合强化技术中,二次物理强化-化学浸渍 48h 对再生细骨料的强化处理效果最为显著。

(*a*) OPC2-RFA(一次物理强化-化学浸渍48h)　(*b*) OPC4-RFA(一次物理强化-化学喷淋48h)

(*c*) DPC2-RFA(二次物理强化-化学浸渍48h)　(*d*) DPC4-RFA(二次物理强化-化学喷淋48h)

图 2-34　复合强化再生细骨料粒形形貌图

(2) 再生细骨料的主要性能指标

试验中采用不同工艺的复合强化对 SC-RFA 进行强化处理，测得的 8 种再生细骨料的压碎指标、再生胶砂需水量比和再生胶砂强度比见表 2-18。

复合强化再生细骨料的主要性能指标　　表 2-18

| 项目 | OPC1-RFA | OPC2-RFA | OPC3-RFA | OPC4-RFA | DPC1-RFA | DPC2-RFA | DPC3-RFA | DPC4-RFA |
|---|---|---|---|---|---|---|---|---|
| 压碎指标(%) | 19 | 18 | 22 | 21 | 15 | 14 | 16 | 15 |
| 再生胶砂需水量比 | 1.17 | 1.14 | 1.20 | 1.17 | 1.12 | 1.12 | 1.15 | 1.13 |
| 再生胶砂强度比 | 0.92 | 0.94 | 0.88 | 0.89 | 0.96 | 0.97 | 0.94 | 0.95 |

由表 2-18 可知：

① 复合强化可以显著降低再生细骨料的压碎指标，其中仅有 OPC3-RFA 和 OPC4-RFA 未达到Ⅰ类再生细骨料标准，且 DPC2-RFA 的压碎指标最小仅为 14%，再生细骨料的压碎指标性能得到显著改善。

② SC-RFA 在不同工艺的复合强化后，其再生胶砂需水量比显著减小，即再生胶砂的需水量减少，且逐渐接近于基准胶砂的需水量。相比较 SC-RFA，DPC1-RFA 和 DPC2-RFA 的再生胶砂需水量最少，其再生胶砂需水量比均减小了 0.09。

③ 在不同工艺的复合强化后，再生细骨料的再生胶砂强度比有所增大。考虑到 SC-RFA 的规格为粗砂，复合强化后得到的 8 类再生细骨料的规格为中砂，所参照的再生细骨料品质标准不同，但也可以说明复合强化提高了再生细骨料的再生胶砂 28d 抗压强度。

综上，通过复合强化后的再生细骨料的主要性能指标均得到显著改善，且二次物理强化优于一次物理强化、化学浸渍强化优于化学喷淋强化、化学强化处理 48h 优于 24h。这是因为 SC-RFA 在复合强化处理后表面更圆滑、粒形更规整，使其压碎指标降低，有机硅防水剂又有效抑制了再生细骨料的吸水性能，故而复合强化后再生细骨料的主要性能指标得到显著改善。

(3) 再生细骨料在复合强化后的类别变化

复合强化处理后，各类再生细骨料的主要性能指标的类别变化情况见表 2-19。可知，8 类再生细骨料中仅有 OPC3-RFA 和 OPC4-RFA 未达到Ⅰ类再生细骨料，但 OPC3-RFA 和 OPC4-RFA 的再生胶砂需水量比改善效果显著。

复合强化再生细骨料主要性能指标的类别汇总　　表 2-19

| 项目 | OPC1-RFA | OPC2-RFA | OPC3-RFA | OPC4-RFA | DPC1-RFA | DPC2-RFA | DPC3-RFA | DPC4-RFA |
|---|---|---|---|---|---|---|---|---|
| 压碎指标(%) | Ⅰ类 | Ⅰ类 | Ⅱ类 | Ⅱ类 | Ⅰ类 | Ⅰ类 | Ⅰ类 | Ⅰ类 |
| 再生胶砂需水量比 | Ⅰ类 | Ⅰ类 | Ⅰ类 | Ⅰ类 | Ⅰ类 | Ⅰ类 | Ⅰ类 | Ⅰ类 |
| 再生胶砂强度比 | Ⅰ类 | Ⅰ类 | Ⅱ类 | Ⅱ类 | Ⅰ类 | Ⅰ类 | Ⅰ类 | Ⅰ类 |

## 2.5 小结

本章系统分析了物理强化前后再生粗骨料的性能差异，利用煅烧-球磨法测得了不同品质（Ⅰ类、Ⅱ类和Ⅲ类）再生粗骨料表面的附着砂浆含量，确定再生粗骨料内部缺陷的表征方法，提出了再生骨料品质控制技术，具体结论如下：

（1）采用物理强化方法能够有效减小低品质再生粗骨料表面存在的附着砂浆含量，明显减少再生粗骨料表面的棱角，显著提高其性能及品质，经过二次物理强化处理后，再生粗骨料吸水率由7.3%降低为2.2%，针片状含量仅为1.2%，压碎指标仅比天然粗骨料高3.1%，完全满足Ⅰ类再生骨料标准，并与天然粗骨料性能接近；

（2）利用骨料与水泥砂浆热膨胀系数差异的原理，通过煅烧-研磨的方法能有效实现骨料与水泥砂浆的分离，对比分析天然粗骨料与不同品质再生粗骨料质量变化，结合高温作用下粗骨料显微硬度损失率，最终确定Ⅰ类、Ⅱ类和Ⅲ类再生粗骨料煅烧温度宜为400℃，研磨时间为20min；

（3）通过煅烧研磨技术，测得Ⅰ类、Ⅱ类和Ⅲ类再生粗骨料附着砂浆含量依次为7.9%、22.8%和39.7%，经线性拟合后与吸水率、表观密度及压碎指标存在较好的线性关系，利用已建立的线性关系，可以精确地测算出RCA表面的附着砂浆含量，直观地反映出RCA的内部缺陷；

（4）在物理强化后，再生骨料的品质得到提升，主要体现在再生粗骨料的颗粒级配更为合理，吸水率、压碎指标和针片状颗粒含量显著降低，表观密度和堆积密度逐渐增加等，并且在二次物理强化处理后达到Ⅰ类再生粗骨料标准；再生细骨料的规格由粗砂变为中砂，再生胶砂需水量有所减少，微粉含量、表观密度和再生胶砂强度比有所增加。在再生粗/细骨料的物理强化技术中，二次物理强化优于一次物理强化；

（5）在化学强化后，再生骨料的品质有较小幅度的提升，主要体现在再生粗骨料的吸水性能改善效果最为显著，减小幅度最高为62.2%，而表观密度略有增加，空隙率略有减小，但并未达到Ⅰ类再生粗骨料标准；再生细骨料的压碎指标和再生胶砂需水量比有所减小，再生胶砂强度比略有增加。在再生粗/细骨料的化学强化技术中，化学浸渍强化优于化学喷淋强化，且化学强化处理时间48h时要优于24h；

（6）在复合强化后，再生骨料的品质显著提升，主要体现在再生粗骨料的吸水率降低、表观密度增加、压碎指标和空隙率下降，再生细骨料的压碎指标和再生胶砂需水量比减小，再生胶砂强度比增大。在再生粗/细骨料的复合强化技术中，二次物理强化-化学浸渍48h强化效果为最优，一次物理强化-化学喷淋24h强化对再生粗/细骨料品质的提升效果最小。

## 参考文献


[2-1] 耿健，孙家瑛，莫立伟，张国良. 再生细骨料及其混凝土的微观结构特征［J］. 土木工程与环境工程，2013，35（2）：135-140.

[2-2] 谭红霞，范志甫，汪超平，涂莉，李建南. 再生混凝土基本性能试验研究［J］. 湘潭大学自然科学学报，2011，33（3）：65-69.

[2-3] 李文贵，肖建庄，黄靓. 再生混凝土界面过渡区纳观力学性能试验研究［J］. 湖南大学学报（自然科学版），2014，41（12）：31-39.

[2-4] 曹蓓蓓. 混凝土的热特性与再生利用研究［D］. 武汉理工大学，2006.

[2-5] Debieb F, Courard L, Kenai S, Degeimbre R. Mechanical and durability properties of concrete using contaminated recycled aggregates [J]. *Cem Concr Compos*, 2010, 32 (6): 421-426.

[2-6] Corinaldesi V. Mechanical and elastic behaviour of concretes made of recycled-concrete coarse aggregates [J]. *Constr Build Mater*, 2010, 24 (9): 1616-1620.

[2-7] 郭远新，李秋义，汪卫琴，牛景铁，孔哲. 再生粗骨料品质提升技术研究 [J]. 混凝土，2015 (6): 134-138.

[2-8] 朱勇年，张鸿儒，孟涛，等. 纳米 $SiO_2$ 改性再生骨料混凝土工程应用研究及实体性能监测 [J]. 混凝土，2014 (7): 138-144.

[2-9] 丁天平，刘冠国，胡玉兵，等. 再生骨料的化学强化对再生混凝土力学性能的影响 [J]. 混凝土与水泥制品，2016 (1): 1-4.

[2-10] 王海超，陈晨，赵倩倩，等. 强化再生骨料性能试验研究 [J]. 混凝土与水泥制品，2016 (4): 25-28.

[2-11] 郭远新，李秋义，孔哲，等. 强化工艺对建筑垃圾再生粗集料吸水率的影响 [J]. 粉煤灰，2015 (6): 20-23.

[2-12] 张学元. 再生骨料在高性能混凝土中的应用研究 [J]. 混凝土，2017 (2): 87-94.

[2-13] 李秋义. 建筑垃圾资源化利用技术 [M]. 北京：中国建材工业出版社，2011.

[2-14] 孙英. 建筑废弃物运用于再生混凝土之比较研究 [J]. 硅酸盐通报，2013，32 (12): 2637-2641.

[2-15] 王忠星，姚宏，李秋义，等. 再生粗骨料强化处理方式对再生混凝土抗碳化性能的影响 [J]. 混凝土，2017 (9): 57-60.

[2-16] 杨海涛，田石柱. 尺寸效应对再生混凝土性能的影响 [J]. 中南大学学报（自然科学版），2016，47 (11): 3818-3823.

[2-17] 肖建庄，林壮斌，朱军. 再生骨料级配对混凝土抗压强度的影响 [J]. 四川大学学报（工程科学版），2014，46 (4): 154-160.

[2-18] 宋超，刘筱玲，苏炫溢，等. 再生骨料多孔生态混凝土抗压强度试验研究 [J]. 施工技术，2016，45 (3): 19-21.

# 第3章　再生混凝土力学性能

## 3.1　再生粗骨料混凝土的力学性能

相比较天然碎石，传统工艺所生产的再生粗骨料存在吸水率高、表观密度小、压碎指标大等缺陷，由其制备的再生粗骨料混凝土（再生粗骨料混凝土）的各方面性能也将低于普通混凝土，且影响再生粗骨料混凝土性能的因素也要多于普通混凝土，其中再生粗骨料为最主要的影响因素之一。

### 3.1.1　试验原材料

（1）水泥：P. O 42.5 水泥，其物理力学性能指标与 XRF 分析结果见表 3-1 和表 3-2；

**水泥物理力学性能指标　　表 3-1**

| 水泥品种 | 细度(%) | 初凝时间(min) | 终凝时间(min) | 抗压强度(MPa) | | 抗折强度(MPa) | | 安定性(沸煮法) |
|---|---|---|---|---|---|---|---|---|
| | | | | 3d | 28d | 3d | 28d | |
| P.O 42.5 | 2.3 | 165 | 260 | 18.5 | 46.8 | 4.6 | 7.0 | 合格 |

**水泥 XRF 分析结果　　表 3-2**

| 化学组成 | CaO | $SiO_2$ | $Al_2O_3$ | $Fe_2O_3$ | $SO_3$ | MgO | $Na_2O$ | $K_2O$ | $TiO_2$ | LOSS |
|---|---|---|---|---|---|---|---|---|---|---|
| 质量分数(%) | 62.73 | 17.80 | 6.38 | 5.83 | 2.98 | 1.94 | 0.86 | 0.58 | 0.52 | 0.38 |

天然砂：河砂，Ⅱ级砂，级配良好，其性能指标见表 3-3；

**天然砂性能指标　　表 3-3**

| 细度模数 | 规格 | 堆积密度($kg/m^3$) | 表观密度($kg/m^3$) | 空隙率(%) | 微粉含量(%) | 泥块含量(%) | 压碎指标(%) |
|---|---|---|---|---|---|---|---|
| 2.4 | 中砂 | 1450 | 2590 | 40 | 1.0 | 0.7 | 13 |

（2）再生粗骨料：基于 SC-RCA 所采用的再生粗骨料强化技术分别为一次物理强化和二次物理强化，分别制得 OP-RCA 和 DP-RCA，共计 3 类不同品质的再生粗骨料，其主要性能指标见表 3-4；

**再生粗骨料的主要性能指标要求　　表 3-4**

| 项目 | Ⅰ类 | Ⅱ类 | Ⅲ类 |
|---|---|---|---|
| 微粉含量(按质量计)(%) | <1.0 | <2.0 | <3.0 |
| 泥块含量(按质量计)(%) | <0.5 | <0.7 | <1.0 |

续表

| 项目 | | Ⅰ类 | Ⅱ类 | Ⅲ类 |
|---|---|---|---|---|
| 表观密度(kg/m³) | | ＞2450 | ＞2350 | ＞2250 |
| 空隙率(%) | | ＜47 | ＜50 | ＜53 |
| 针片状颗粒(按质量计)(%) | | ＜10 | ＜10 | ＜10 |
| 坚固性(%) | | ＜5.0 | ＜10.0 | ＜15.0 |
| 压碎指标(%) | | ＜12 | ＜20 | ＜30 |
| 吸水率(按质量计)(%) | | ＜3.0 | ＜5.0 | ＜8.0 |
| 有害物质含量 | 有机物含量 | 合格 | 合格 | 合格 |
| | 硫化物及硫酸盐含量(折算成 $SO_3$,按质量计)(%) | ＜10 | ＜10 | ＜10 |
| | 氯化物含量(按质量计)(%) | ＜10 | ＜10 | ＜10 |
| 杂物含量(按质量计)(%) | | ＜1.0 | ＜1.0 | ＜1.0 |

(3) 外加剂：青岛某建材公司生产的聚羧酸系高性能减水剂；

(4) 水：自来水。

### 3.1.2 试验方案设计

在再生粗骨料混凝土的试验方案中，外加剂的用量为水泥用量的 1.2%，砂率统一确定为 38%，通过控制再生粗骨料混凝土拌合物坍落度在 160～200mm 范围内来确定其用水量。

**再生粗骨料混凝土与普通混凝土试验方案设计** **表 3-5**

| 编号 | 水泥用量(kg/m³) | 再生粗骨料 | | 天然碎石(kg/m³) | 天然砂(kg/m³) | 减水剂(kg/m³) |
|---|---|---|---|---|---|---|
| | | 取代率(%) | 用量(kg/m³) | | | |
| A300-0 | 300 | 0 | 0 | 1166 | 714 | 3.6 |
| A300-20 | 300 | 20 | 233 | 933 | 714 | 3.6 |
| A300-40 | 300 | 40 | 466 | 700 | 714 | 3.6 |
| A300-60 | 300 | 60 | 700 | 466 | 714 | 3.6 |
| A300-80 | 300 | 80 | 933 | 233 | 714 | 3.6 |
| A300-100 | 300 | 100 | 1166 | 0 | 714 | 3.6 |
| A350-0 | 350 | 0 | 0 | 1150 | 705 | 4.2 |
| A350-20 | 350 | 20 | 230 | 920 | 705 | 4.2 |
| A350-40 | 350 | 40 | 460 | 690 | 705 | 4.2 |
| A350-60 | 350 | 60 | 690 | 460 | 705 | 4.2 |
| A350-80 | 350 | 80 | 920 | 230 | 705 | 4.2 |
| A350-100 | 350 | 100 | 1150 | 0 | 705 | 4.2 |
| A400-0 | 400 | 0 | 0 | 1136 | 696 | 4.8 |
| A400-20 | 400 | 20 | 227 | 909 | 696 | 4.8 |
| A400-40 | 400 | 40 | 454 | 682 | 696 | 4.8 |

续表

| 编号 | 水泥用量 (kg/m³) | 再生粗骨料 | | 天然碎石 (kg/m³) | 天然砂 (kg/m³) | 减水剂 (kg/m³) |
|---|---|---|---|---|---|---|
| | | 取代率(%) | 用量(kg/m³) | | | |
| A400-60 | 400 | 60 | 682 | 454 | 696 | 4.8 |
| A400-80 | 400 | 80 | 909 | 227 | 696 | 4.8 |
| A400-100 | 400 | 100 | 1136 | 0 | 696 | 4.8 |
| A450-0 | 450 | 0 | 0 | 1121 | 687 | 5.4 |
| A450-20 | 450 | 20 | 224 | 897 | 687 | 5.4 |
| A450-40 | 450 | 40 | 448 | 673 | 687 | 5.4 |
| A450-60 | 450 | 60 | 673 | 448 | 687 | 5.4 |
| A450-80 | 450 | 80 | 897 | 224 | 687 | 5.4 |
| A450-100 | 450 | 100 | 1121 | 0 | 687 | 5.4 |
| A500-0 | 500 | 0 | 0 | 1106 | 678 | 6.0 |
| A500-20 | 500 | 20 | 221 | 885 | 678 | 6.0 |
| A500-40 | 500 | 40 | 442 | 664 | 678 | 6.0 |
| A500-60 | 500 | 60 | 664 | 442 | 678 | 6.0 |
| A500-80 | 500 | 80 | 885 | 221 | 678 | 6.0 |
| A500-100 | 500 | 100 | 1106 | 0 | 678 | 6.0 |

注：表中编号以字母A开头表示SC-RCA系列的再生粗骨料混凝土，OP-RCA和DP-RCA系列的再生粗骨料混凝土分别以字母B和C来表示。如A300-20表示使用SC-RCA制备的再生粗骨料混凝土，其中水泥用量为300kg/m³，SC-RCA的取代率为20%。

再生粗骨料混凝土试验中所考虑的主要影响因素为：

① 再生粗骨料的品质：分别为SC-RCA（简单破碎再生粗骨料）、OP-RCA（一次物理强化再生粗骨料）和DP-RCA（二次物理强化再生粗骨料）；

② 再生粗骨料的取代率：分别取代天然粗骨料的0、20%、40%、60%、80%和100%，以质量计；

③ 水泥用量：分别取300kg/m³、350kg/m³、400kg/m³、450kg/m³和500kg/m³。

### 3.1.3 再生粗骨料混凝土力学性能

RCA《普通混凝土力学性能试验方法标准》GB/T 50081-2016普通混凝土的力学性能试验方法GB/T 50081-2016，在标准养护室（温度为20±2℃、相对湿度为95%以上）养护至规定龄期后测试再生粗骨料混凝土的立方体抗压强度。

（1）再生粗骨料混凝土试件破坏形态分析

在再生粗骨料混凝土的力学性能试验测试中，不同品质的再生粗骨料所制备的再生粗骨料混凝土试件在受压后呈现出不同的破坏形态。[1] 由天然粗骨料制备的普通混凝土和由SC-RCA、OP-RCA和DP-RCA制备的再生粗骨料混凝土试件在受压后的破坏形态对比情况如图3-1所示。

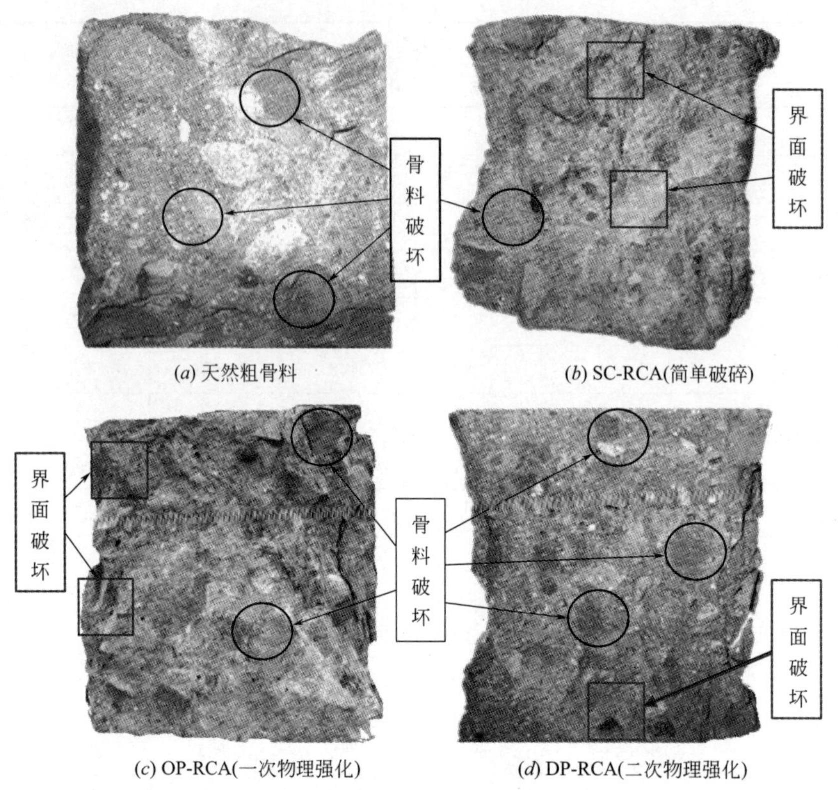


图 3-1 普通混凝土和再生粗骨料混凝土试件受压破坏形态对比

由图 3-1 可以看出，普通混凝土试件的破坏形态绝大多数为天然粗骨料被压碎而发生的破坏，天然粗骨料与水泥浆体之间的界面破坏现象较少；由 SC-RCA 制备的再生粗骨料混凝土试件的破坏断面较多发生在新旧砂浆界面处，并且部分再生粗骨料也没有起到骨架支撑作用而被压碎，其力学性能较差；由 OP-RCA 制备的再生粗骨料混凝土试件的界面破坏相对减少，但再生粗骨料被压碎而发生破坏所占的比例加大，其力学性能有所提升；由 DP-RCA 制备的再生粗骨料混凝土试件的再生粗骨料被剥离现象明显减少，界面处发生破坏的情况较少，大多数破坏为再生粗骨料被压碎，这一结论与普通混凝土相接近，其力学性能得到显著提升。

(2) 再生粗骨料品质对再生粗骨料混凝土抗压强度的影响

与普通混凝土相比，再生粗骨料混凝土的抗压强度较低[2-4]，但其早期抗压强度（养护龄期在 7d 之前）增长较快，这与再生粗骨料表面所粘附的部分具有活性的水泥石颗粒有关。但考虑到实际工程应用对强度有较大要求，在此仅研究再生粗骨料的不同品质对再生粗骨料混凝土的 28d 抗压强度的影响，具体变化情况如图 3-2 所示。

由图 3-2 分析可知，不同水泥用量体系下，再生粗骨料混凝土的 28d 抗压强度与再生粗骨料品质之间存在必然的联系，且受再生粗骨料品质差异影响较大。在再生粗骨料的取代率较大时，再生粗骨料在再生粗骨料混凝土受压破坏时起到主要的骨架作用，其力学性能要明显低于普通混凝土。相比较再生粗骨料所采用的物理强化技术，由 DP-RCA 制备的再生粗骨料混凝土的 28d 抗压强度达到最高，即在再生粗骨料混凝土的力学性能方面，再

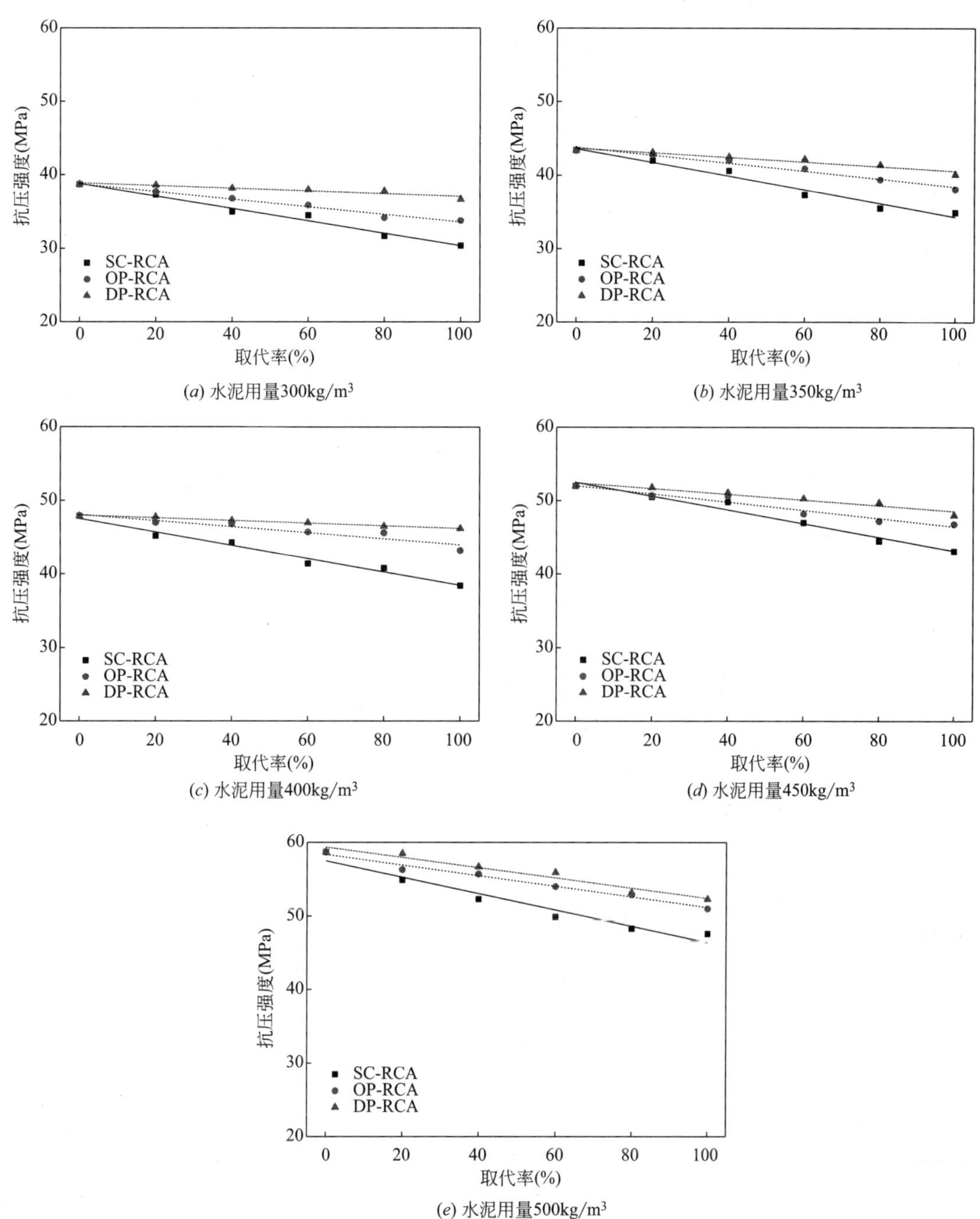


图 3-2　再生粗骨料混凝土的 28d 抗压强度随再生粗骨料品质的变化

生粗骨料不同物理强化工艺对其 28d 抗压强度的改善效果由大到小依次为：二次物理强化＞一次物理强化＞简单破碎。因此，在将再生粗骨料应用到实际工程时，宜优先选择二次物理强化技术。

（3）再生粗骨料取代率对再生粗骨料混凝土抗压强度的影响

再生粗骨料的掺加直接导致再生粗骨料混凝土的抗压强度降低，且与再生粗骨料的掺量密切相关。当再生粗骨料的品质一定时，在 5 种不同的水泥用量体系下，再生粗骨料混凝土的 28d 抗压强度随再生粗骨料取代率的变化情况如图 3-3 所示。

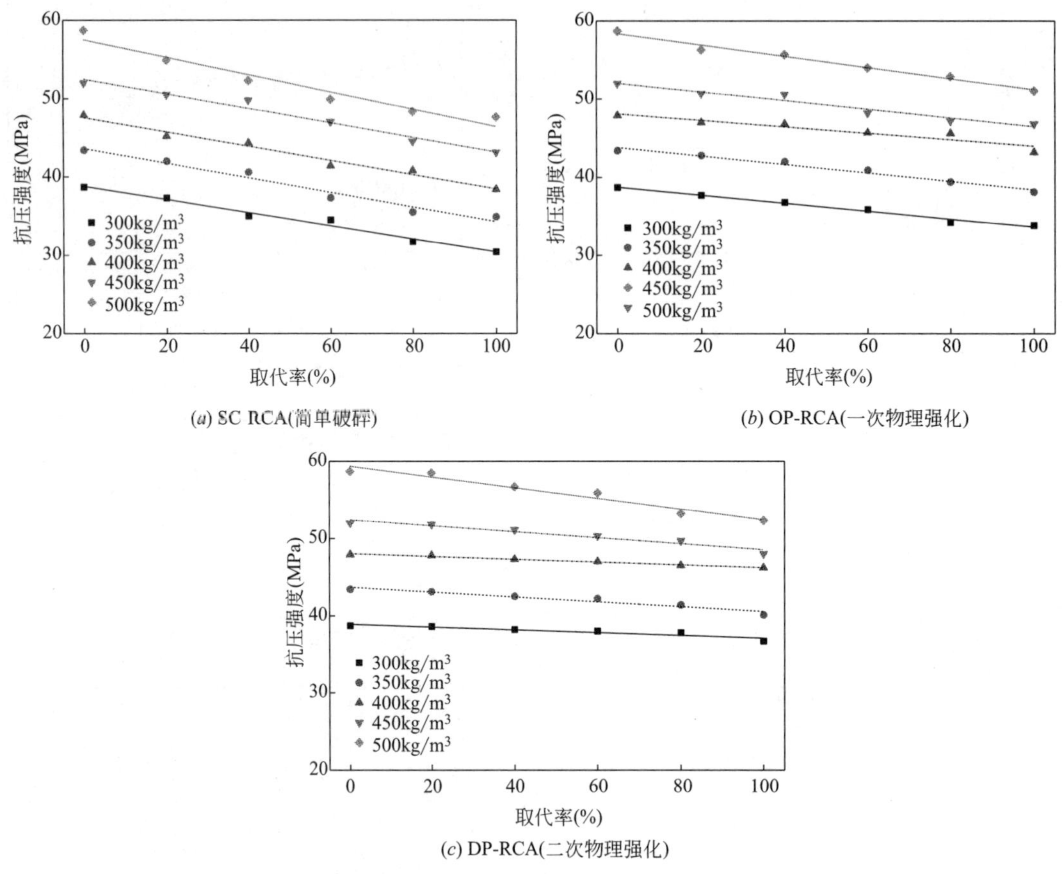


(*a*) SC RCA(简单破碎)　(*b*) OP-RCA(一次物理强化)　(*c*) DP-RCA(二次物理强化)

图 3-3　再生粗骨料混凝土的 28d 抗压强度随再生粗骨料取代率的变化

由图 3-3 分析可知，由不同品质的再生粗骨料所制备的再生粗骨料混凝土的 28d 抗压强度与再生粗骨料取代率之间表现出较高的线性相关度，但随着取代率的增大其抗压强度的降低幅度有所差别，这与再生粗骨料的品质差异有很大的关系。当再生粗骨料的品质较高时，由其制备的再生粗骨料混凝土的抗压强度受再生粗骨料取代率的影响较小，如当 DP-RCA 的取代率由 0 增加到 100%且水泥用量为 300kg/m$^3$ 时，再生粗骨料混凝土的抗压强度仅减小 2.0MPa，而 SC-RCA 所制备的再生粗骨料混凝土的抗压强度减小 8.3MPa。由此说明，再生粗骨料在物理强化处理后可以减小其取代率对再生粗骨料混凝土抗压强度的影响。这是因为物理强化后优化了再生粗骨料的颗粒级配，有效地去除了骨料表面的硬化水泥砂浆、黏附物以及骨料内部潜在薄弱界面结构，更适用于再生粗骨料混凝土的实际工程应用。

## 3.2　再生细骨料混凝土的力学性能

与天然细骨料相比，再生细骨料因颗粒级配较差、表观密度小、需水量大，且骨料内部存在一定数量的微细裂纹，由其制备的再生细骨料混凝土（再生细骨料混凝土）的各方面性能也将低于普通混凝土，这主要与再生细骨料的掺加导致再生细骨料混凝土存在较大的界面缺陷有关，也由此导致再生细骨料的工程应用领域要小于再生粗骨料。

### 3.2.1 试验原材料

（1）水泥：P.O 42.5水泥，其物理力学性能指标与XRF分析结果见表3-6和表3-7；

**水泥物理力学性能指标** **表3-6**

| 水泥品种 | 细度(%) | 初凝时间(min) | 终凝时间(min) | 抗压强度(MPa) | | 抗折强度(MPa) | | 安定性(沸煮法) |
|---|---|---|---|---|---|---|---|---|
| | | | | 3d | 28d | 3d | 28d | |
| P.O 42.5 | 2.3 | 165 | 260 | 18.5 | 46.8 | 4.6 | 7.0 | 合格 |

**水泥XRF分析结果** **表3-7**

| 化学组成 | CaO | $SiO_2$ | $Al_2O_3$ | $Fe_2O_3$ | $SO_3$ | MgO | $Na_2O$ | $K_2O$ | $TiO_2$ | LOSS |
|---|---|---|---|---|---|---|---|---|---|---|
| 质量分数(%) | 62.73 | 17.80 | 6.38 | 5.83 | 2.98 | 1.94 | 0.86 | 0.58 | 0.52 | 0.38 |

（2）天然碎石：花岗岩碎石，5～25mm连续级配，其性能指标见表3-8；

**天然碎石性能指标** **表3-8**

| 吸水率(%) | 含水率(%) | 针片状颗粒含量(%) | 压碎指标(%) | 堆积密度($kg/m^3$) | 表观密度($kg/m^3$) |
|---|---|---|---|---|---|
| 1.7 | 0.42 | 4.05 | 11.2 | 1460 | 2510 |

（3）再生细骨料：参考再生粗骨料的强化技术，基于SC-RFA（简单破碎再生细骨料）分别制得OP-RFA（一次物理强化再生细骨料）和DP-RFA（二次物理强化再生细骨料），共计3种不同品质的再生细骨料，其主要性能指标见表3-9；

**物理强化再生细骨料的基本性能指标** **表3-9**

| 项目 | | SC-RFA | OP-RFA | DP-RFA |
|---|---|---|---|---|
| 微粉含量(%) | | 1.8 | 3.2 | 3.6 |
| 泥块含量(%) | | 1.4 | 0.8 | 0.2 |
| 表观密度($kg/m^3$) | | 2360 | 2440 | 2540 |
| 堆积密度($kg/m^3$) | 松散堆积密度 | 1310 | 1380 | 1480 |
| | 紧密堆积密度 | 1470 | 1580 | 1640 |
| 空隙率(%) | | 44 | 43 | 42 |
| 坚固性(以质量损失计)(%) | | 9.4 | 8.9 | 5.9 |
| 压碎指标(%) | | 24 | 22 | 17 |
| 再生胶砂需水量比 | | 1.31 | 1.27 | 1.25 |
| 再生胶砂强度比 | | 0.96 | 0.87 | 0.93 |

续表

| 项目 | | SC-RFA | OP-RFA | DP-RFA |
|---|---|---|---|---|
| 有害物质含量 | 云母含量(%) | 1.6 | 1.0 | 0.5 |
| | 轻物质含量(%) | 0.6 | 0.4 | 0.1 |
| | 有机物含量 | 合格 | 合格 | 合格 |
| | 硫化物及硫酸盐含量(%) | 1.6 | 1.1 | 0.4 |
| | 氯化物含量(%) | 0.04 | 0.03 | 0.01 |
| 碱集料反应膨胀率(%) | 碱-硅酸反应 | 0.047 | 0.032 | 0.015 |
| | 快速碱-硅酸反应 | 0.064 | 0.041 | 0.027 |

(4) 外加剂：青岛某建材公司生产的聚羧酸系高性能减水剂；

(5) 水：自来水。

### 3.2.2 试验方案设计

再生细骨料混凝土的试验方案中，外加剂的用量为水泥用量的1.2%，砂率统一确定为38%，通过控制再生细骨料混凝土拌合物坍落度在160～200mm范围内来确定其用水量。试验中所考虑的主要影响因素为：

(1) 再生细骨料的品质：分别为SC-RFA（简单破碎再生细骨料）、OP-RFA（一次物理强化再生细骨料）和DP-RFA（二次物理强化再生细骨料）；

(2) 再生细骨料的取代率：分别取代天然细骨料的0、25%、50%、75%和100%，以质量计；

(3) 水泥用量：分别取300kg/m$^3$、350kg/m$^3$、400kg/m$^3$、450kg/m$^3$和500kg/m$^3$。

再生细骨料混凝土与普通混凝土试验方案设计　　表3-10

| 编号 | 水泥用量(kg/m$^3$) | 天然碎石(kg/m$^3$) | 天然砂(kg/m$^3$) | 再生细骨料 | | 减水剂(kg/m$^3$) |
|---|---|---|---|---|---|---|
| | | | | 取代率(%) | 用量(kg/m$^3$) | |
| a300-0 | 300 | 1166 | 714 | 0 | 0 | 3.6 |
| a300-25 | 300 | 1166 | 535 | 25 | 179 | 3.6 |
| a300-50 | 300 | 1166 | 357 | 50 | 357 | 3.6 |
| a300-75 | 300 | 1166 | 178 | 75 | 536 | 3.6 |
| a300-100 | 300 | 1166 | 0 | 100 | 714 | 3.6 |
| a350-0 | 350 | 1150 | 705 | 0 | 0 | 4.2 |
| a350-25 | 350 | 1150 | 529 | 25 | 176 | 4.2 |
| a350-50 | 350 | 1150 | 352 | 50 | 353 | 4.2 |
| a350-75 | 350 | 1150 | 176 | 75 | 529 | 4.2 |
| a350-100 | 350 | 1150 | 0 | 100 | 705 | 4.2 |
| a400-0 | 400 | 1136 | 696 | 0 | 0 | 4.8 |
| a400-25 | 400 | 1136 | 522 | 25 | 174 | 4.8 |
| a400-50 | 400 | 1136 | 348 | 50 | 348 | 4.8 |

续表

| 编号 | 水泥用量 (kg/m³) | 天然碎石 (kg/m³) | 天然砂 (kg/m³) | 再生细骨料 | | 减水剂 (kg/m³) |
|---|---|---|---|---|---|---|
| | | | | 取代率(%) | 用量(kg/m³) | |
| a400-75 | 400 | 1136 | 174 | 75 | 522 | 4.8 |
| a400-100 | 400 | 1136 | 0 | 100 | 696 | 4.8 |
| a450-0 | 450 | 1121 | 687 | 0 | 0 | 5.4 |
| a450-25 | 450 | 1121 | 515 | 25 | 172 | 5.4 |
| a450-50 | 450 | 1121 | 343 | 50 | 344 | 5.4 |
| a450-75 | 450 | 1121 | 172 | 75 | 515 | 5.4 |
| a450-100 | 450 | 1121 | 0 | 100 | 687 | 5.4 |
| a500-0 | 500 | 1106 | 678 | 0 | 0 | 6.0 |
| a500-25 | 500 | 1106 | 508 | 25 | 170 | 6.0 |
| a500-50 | 500 | 1106 | 339 | 50 | 339 | 6.0 |
| a500-75 | 500 | 1106 | 169 | 75 | 509 | 6.0 |
| a500-100 | 500 | 1106 | 0 | 100 | 678 | 6.0 |

注：表中编号以字母 a 开头表示 SC-RFA 系列的再生细骨料混凝土，OP-RFA 和 DP-RFA 系列的再生细骨料混凝土分别以字母 b 和 c 来表示。如 a300-25 表示使用 SC-RFA 制备的再生细骨料混凝土，其中水泥用量为 300kg/m³，SC-RFA 的取代率为 25%。

本试验中共设计了 60 组再生细骨料混凝土，另有 5 组普通混凝土作为对照组试验，在此仅列述 SC-RFA 系列再生细骨料混凝土与普通混凝土的试验方案，具体情况见表 3-10。试验中其余 2 种系列的再生细骨料混凝土试验方案仅再生细骨料的品质有所区别。

### 3.2.3　再生细骨料混凝土力学性能

参照《普通混凝土力学性能试验方法标准》GB/T 50081-2016 中的相关规定，对再生细骨料混凝土的力学性能进行测定，在达到相应养护龄期后测试其立方体抗压强度。

（1）再生细骨料品质对再生细骨料混凝土抗压强度的影响

与普通混凝土相比，再生细骨料混凝土的抗压强度较低，但其早期抗压强度（养护龄期在 7d 之前）增长较快，这与再生细骨料中含有部分未水化的水泥石颗粒有关。[5-6] 但考虑到实际工程应用对再生细骨料混凝土的强度要求较高，故在此仅研究再生细骨料不同品质的对再生细骨料混凝土的 28d 抗压强度的影响情况。在 5 种水泥用量体系下，当再生细骨料的取代率一定时，再生细骨料混凝土的 28d 抗压强度随再生细骨料品质的变化情况如图 3-4 所示。

由图 3-4 分析可知，由不同品质的再生细骨料所制备的再生细骨料混凝土的 28d 抗压强度在相同水泥用量和再生细骨料取代率的条件下存在一定的差异，且与再生细骨料的品质差异成正比关系。即随着再生细骨料品质的提升，再生细骨料混凝土的力学性能显著增强，同条件下再生细骨料混凝土的 28d 抗压强度由大到小排序为：DP-RFA＞OP-RFA＞SC-RFA。这是因为对 SC-RFA 进行二次物理强化处理后，再生细骨料表面的棱角或附着的硬化水泥石在撞击过程中被打磨掉，同时消除了骨料内部所存在的部分微细裂纹，显著

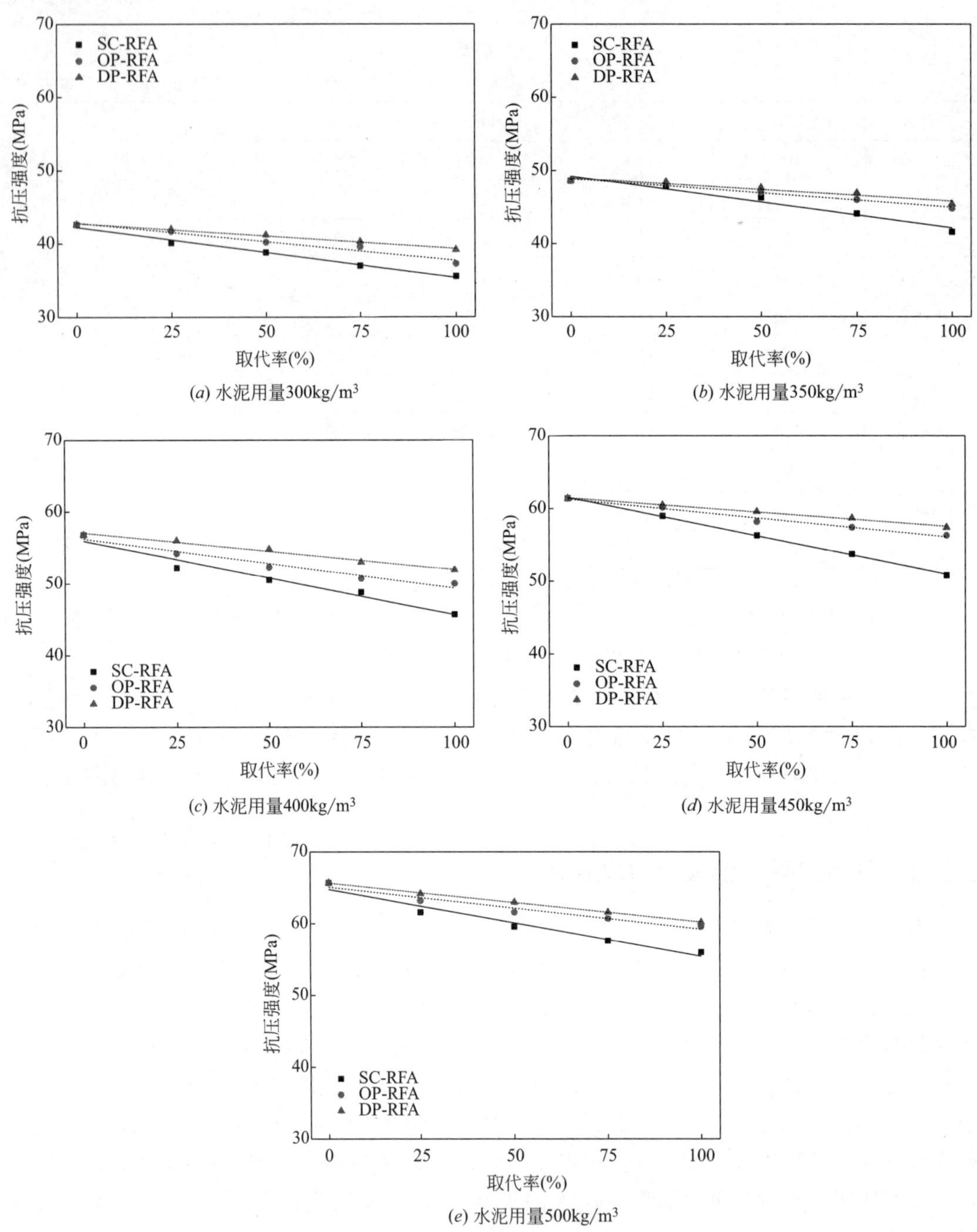


(a) 水泥用量300kg/m³

(b) 水泥用量350kg/m³

(c) 水泥用量400kg/m³

(d) 水泥用量450kg/m³

(e) 水泥用量500kg/m³

图 3-4　再生细骨料混凝土的 28d 抗压强度随再生细骨料品质的变化

改善了再生细骨料在再生细骨料混凝土受压时所产生的不利影响。

(2) 再生细骨料取代率对再生细骨料混凝土抗压强度的影响

当再生细骨料的品质一定时，在 5 种不同的水泥用量体系下，再生细骨料混凝土的 28d 抗压强度随再生细骨料取代率的变化情况如图 3-5 所示。可知，再生细骨料混凝土的抗压强度降低幅度与再生细骨料的品质和再生细骨料混凝土的水泥用量密切相关，并且随

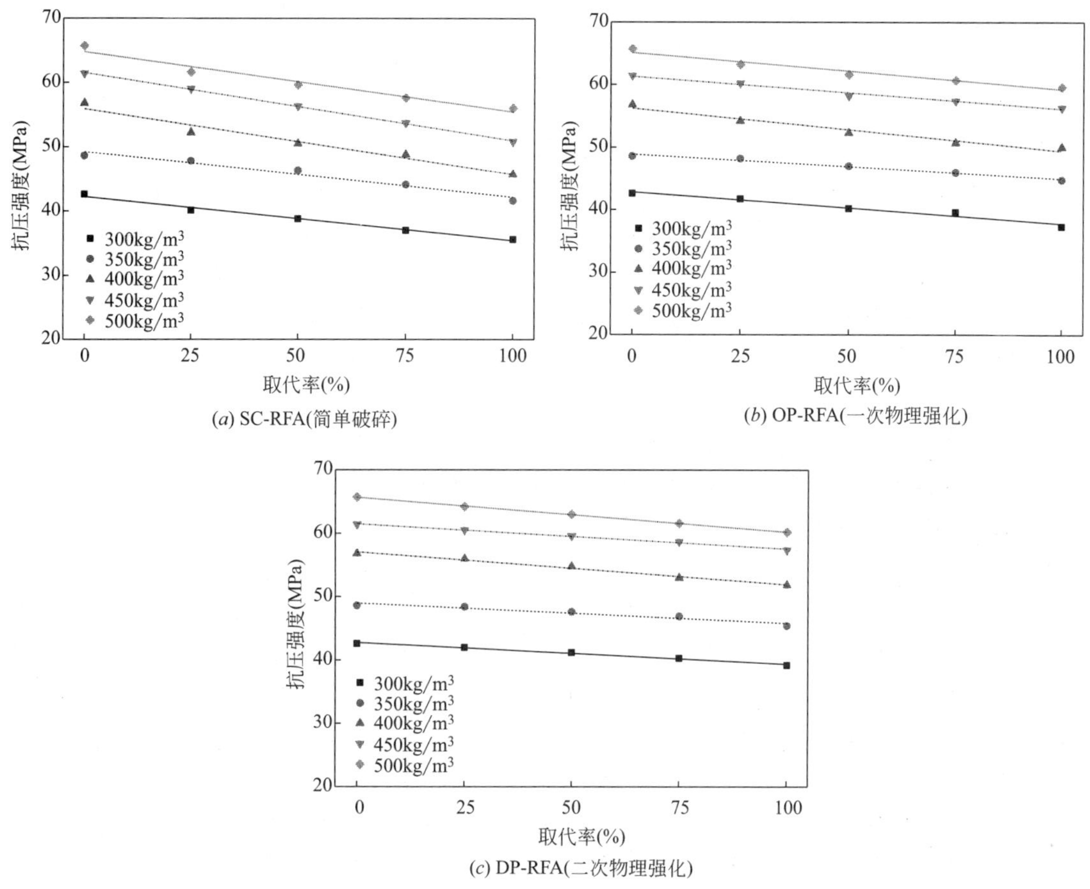


图 3-5　再生细骨料混凝土的 28d 抗压强度随再生细骨料取代率的变化

着再生细骨料取代率的增大而呈逐渐降低。其中，由二次物理强化后制得的 DP-RFA 所制备的再生细骨料混凝土在同条件时表现出最优的力学性能，即 DP-RFA 的取代率对再生细骨料混凝土的 28d 抗压强度影响最小，当其取代率为 100%时，在不同水泥用量体系下相比普通混凝土分别降低了 3.4MPa、3.2MPa、4.9MPa、4.0MPa 和 5.5MPa，降低幅度要小于 SC-RFA 制备的再生细骨料混凝土。另外，再生细骨料混凝土的 28d 抗压强度与再生细骨料的取代率之间存在着较好的线性关系，由此说明再生细骨料的取代率是影响再生细骨料混凝土力学性能的重要因素，不能只考虑水胶比（或有效水胶比）单一因素对再生细骨料混凝土抗压强度的影响。

## 3.3　再生混凝土多重界面结构模型建立及研究方法

### 3.3.1　再生混凝土微观结构研究进展

国内外专家学者从宏观、细观及微观多角度对再生混凝土性能劣化机理进行了大量实验研究，研究发现界面过渡区是再生混凝土的主要薄弱环节，在很大程度上决定着再生混凝土的力学性能及耐久性能，但关于再生混凝土界面微观结构方面的研究内容相对较少，大量的专家学者正在不断地进行再生混凝土微观方面的研究。

Poon C. S. 等人[7-9] 对再生混凝土内部界面过渡区结构与水化产物进行了研究，利用扫描电镜（SEM）测试技术，发现将来源于高强高性能的废混凝土经破碎-筛分处理后，得到性能相对较好的再生粗骨料，用其配制的再生混凝土中的老界面过渡区要比普通混凝土制得的再生混凝土的骨料-砂浆新界面更为致密，且水化产物排列更加紧密，大孔隙较少；Farran J. 等[10] 通过扫描电镜发现，在再生混凝土中再生骨料与新砂浆之间存在着薄弱的界面过渡区，且经长期碳化之后的老骨料和老砂浆新界面过渡区的空隙率增大，结构变得更为疏松；Abbas A. 等[11] 通过扫描电镜等微观试验发现，界面过渡区比普通砂浆基体的空隙率要大，且越接近骨料，空隙率就越大。过渡区的骨料表面附着了大量定向排列的 $Ca(OH)_2$。

耿欧等[12] 研究了再生混凝土微观结构性能，利用 SEM 等测试技术，测试了其内部各个界面过渡区的微细裂缝、孔隙分布、微观结构特征及水化产物发现，养护龄期达到 14d 时新/旧砂浆界面结构较为密实，骨料-新浆体 ITZ 产物较为疏松，而骨料-老砂浆界面结构相对较为密实，但在旧砂浆基体及 ITZ 处存在外界作用产生的微细裂缝。

Leemann A. 等[13] 利用 SEM 及 EDS 等测试技术，系统研究了混凝土内部 ITZ 的微观性能及产物，研究发现骨料表面会产生 2$\mu$m 的水膜，使得骨料-浆体 ITZ 处的结构相对疏松，其水化产物主要以体积较大的 Aft 及 $Ca(OH)_2$ 为主，对混凝土的性能有很大影响；董芸[14] 等利用 CT 扫描及 SEM 等微观测试技术，系统分析了 ITZ 对混凝土性能的影响规律，对 ITZ 处水化产物的种类、微观形貌及矿物组成等特性，发现在混凝土土 ITZ 处的水化产物主要以层片状层状堆积的 $Ca(OH)_2$ 为主，并伴有针棒状的 Aft，此区域显微硬度值较低，是混凝土的薄弱区域。

雷斌等[15] 采用图像采集及 Matlab 等技术，建立了再生骨料及新/旧砂浆的疲劳损伤模型，并进行有限元数值模拟，发现再生混凝土在荷载作用下的破坏区域主要在骨料的边界区域；岳强等[16] 利用真实细观模型提出了有限元分析方法，利用该模型及研究方法确定了再生混凝土性能劣化过程，测定了 ITZ 的抗压强度在 7.0～9.5MPa 之间，荷载作用与 ITZ 强度具有良好的线性关系。

田威等[17] 利用 SEM 对再生混凝土 ITZ 微观结构进行研究发现，胶凝材料中掺加矿渣粉能够水化生成大量的絮团状 C-S-H 凝胶体及 Aft，可以有效地改善 ITZ 的孔结构，提高 ITZ 及砂浆基体的密实度；Poon C. 等[18] 采用 SEM 等微观测试技术，系统分析了再生混凝土内部 ITZ 的微观形貌及水化产物，发现老界面是再生混凝土的薄弱区域，在老界面 ITZ 内存在大量的微细裂缝，且微观结构密实度较差，这些薄弱区域加快了侵蚀性介质的侵蚀速率，最终导致再生混凝土耐久性能降低。

到目前为止，对再生混凝土的材料及构件性能方面已有大量的研究成果，已证实再生混凝土材料及结构构件性能劣于普通混凝土，但对其性能较差的机理研究得不够深入，仅限于对再生混凝土不同界面过渡区中的水化产物、微观形貌的定性分析，并且对不同界面的选取及定位存在不确定性，无法实现再生混凝土不同界面结构与性能损伤机理的定量分析。因此迫切需要建立合理有效的再生混凝土微观结构性能研究方法，提升再生混凝土应用技术。

### 3.3.2　再生混凝土特点

再生混凝土的研究与应用实践表明：由于再生粗骨料表面附着砂浆的存在，使得再生粗骨料空隙率高、吸水率大、表观密度小等性能相对较差，与普通混凝土相比，再生混凝土用水量明显增大，抗压强度较低，薄弱界面及侵蚀性介质传输通道增多，导致再生混凝土的抗 $Cl^-$ 渗透性、抗碳化性能、抗硫酸盐侵蚀性能、抗冻性能等耐久性能较差。

由于再生粗骨料的掺入，使得再生混凝土内部界面形式更加复杂，在混凝土内部产生了更多种类的界面过渡区。再生混凝土存在更多更复杂的界面薄弱环节，其内部微观结构更为复杂，这是再生混凝土在细微观尺度上与普通混凝土的本质差异，也是再生混凝土宏观结构性能劣于普通混凝土结构性能的根本原因。

以往诸多专家提出了再生混凝土中只包含原始骨料-老砂浆界面和老浆体-新砂浆界面（图 3-6），根据再生粗骨料及再生混凝土的特点，再生混凝土中实际存在三种界面形式如图 3-7 所示，即：老骨料-老砂浆界面、老骨料-新砂浆界面和老砂浆-新砂浆界面，其中老骨料-新砂浆界面与新骨料-新砂浆界面基本相同。

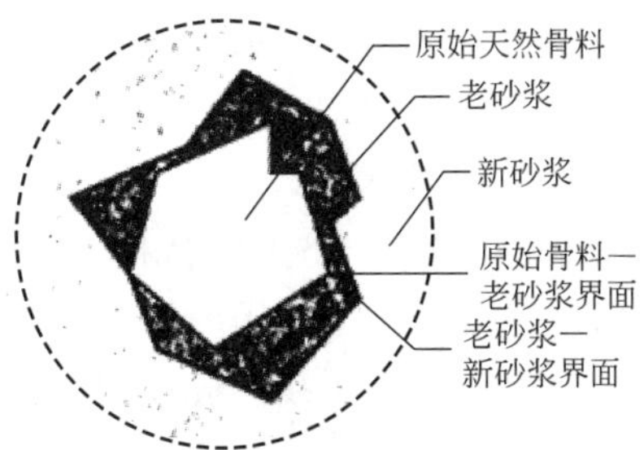

图 3-6　再生混凝土二界面模型

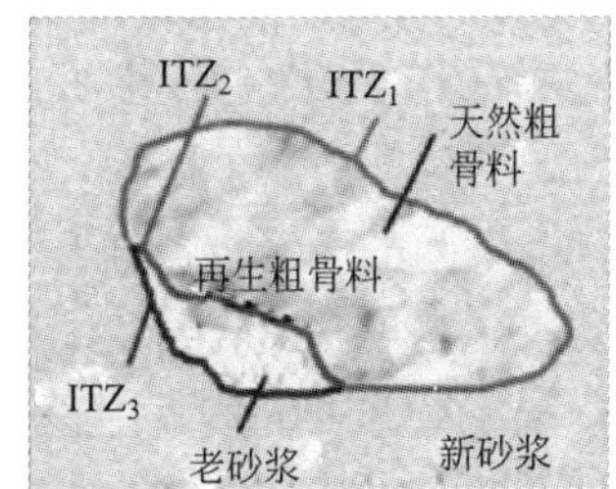

图 3-7　再生混凝土界面组成

### 3.3.3　多重界面结构重构模型的建立

再生混凝土性能的劣化，主要是由再生骨料内部的缺陷和再生混凝土内部存在多种结构疏松、空隙率大的界面结构所致。再生混凝土多重界面结构不仅影响力学性能，更是侵蚀介质进入和破坏混凝土的通道。本书以再生骨料内部缺陷和再生混凝土多重界面结构这一薄弱环节为核心，开展系列研究工作，抓住了影响再生混凝土性能的最主要因素，能够直观地揭示再生混凝土性能劣化机理，进一步提升再生混凝土性能和完善再生混凝土基础理论。

#### 3.3.3.1　再生混凝土多重界面结构重构的意义

再生混凝土内部存在复杂的多重界面结构是其性能劣化的根源所在，如何改善多重界面结构，对于提升再生混凝土性能，尤其是耐久性具有重要的意义。目前，针对再生混凝土微观结构性能的研究相对较少，无法确定界面结构的种类。诸多学者在进行再生混凝土微观结构性能研究时，任意地选取再生混凝土中的骨料-浆体界面作为薄弱界面进行相关研究，这种随意选取界面的研究方法具有不确定性及主观性。

再生粗骨料在混凝土的应用主要是按照一定的比例取代天然骨料，使得再生混凝土内部界面结构形式及数量差异较大，若在使用再生粗骨料制备再生混凝土的过程中部分取代天然粗骨料，则再生混凝土中的骨料-新砂浆界面的数量及面积较大，而老浆体-新浆体、老骨料-老砂浆界面数量相对较少，极不容易分辨。针对再生混凝土更为复杂的内部结构特征，需建立更加科学的界面研究方法，实现界面结构准确分辨及定位。

基于再生骨料特点及再生混凝土性能损伤特征，对再生混凝土中的各种界面进行重构，利用界面显微硬度技术研究外裹砂浆层的旧混凝土芯样新/旧界面硬度；结合芯样切片、微裂缝观测及微结构观测技术，研究再生混凝土在多种环境因素作用下界面结构劣化直观变化；揭示不同侵蚀性介质的侵入过程、界面破坏及耐久性能劣化机理，创新性的建立多重界面结构模型。根据此模型进一步研究再生混凝土界面细/微观结构特征、微观硬度、界面力学性能及耐久性能的影响规律，验证该模型的精准度及实用有效性，为指导再生混凝土性能提升，具有重要的意义。

**3.3.3.2 建立多重界面结构重构模型**

由于再生粗骨料表面的附着砂浆多为局部存在，并且再生粗骨料中无附着砂浆的部分与天然粗骨料表面基本相同，因此无论再生混凝土中的再生粗骨料的取代率如何，其内部均会存在三种界面类型：骨料-老砂浆界面（以下简称老界面）、骨料-新砂浆界面（以下简称骨料新界面）以及老砂浆-新浆体界面（以下简称砂浆新界面）。因此基于再生骨料及再生混凝土性能特点，创新性地提出了再生混凝土多重界面结构模型，利用旧混凝土芯样代替随机分布的再生粗骨料制作多重界面结构试件，如图3-8所示。

由于目前拆除的废弃混凝土的强度等级多以C30-C40为主，选择拆除的某建筑物，利用钢筋扫描仪确定出强度等级为C40梁、柱的钢筋位置及分布，采用内径为φ=75mm的水钻机进行现场取芯（混凝土芯样中无钢筋），取芯深度为150～200mm，将旧混凝土芯样加工成尺寸为φ=75mm，高度为100mm的圆柱体试件，放入水中浸泡24h后，清洗芯样表面的泥浆并擦拭面干，将其竖直放置于尺寸为100mm的立方体模具中心并固定，在旧混凝土芯样周围浇筑不同强度等级的水泥砂浆，插捣、振动成型后标准养护28d，芯样混凝土模型如图3-8所示。

将标准养护至28d的芯样模型混凝土试件按照图3-8示意进行切片，切片制作过程中，沿垂直于模型芯样混凝土的浇筑方向进行切片，即平行于废弃混凝土芯样顶面。先切除模型芯样混凝土的上下两端后，依次顺序切割成厚度约为20mm的切片，并将切片放置于无水乙醇中终止水化。

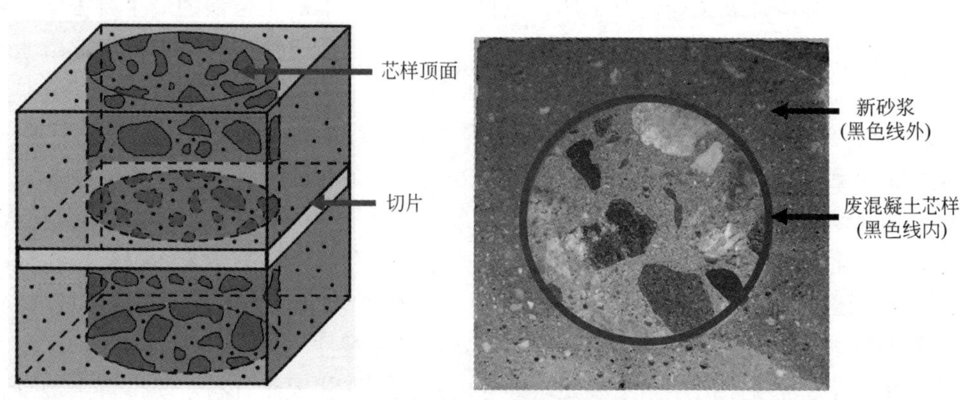


图3-8 模型芯样混凝土试件及切片

图 3-9 为模型混凝土切片及界面定位，在该切片上能够准确分辨及定位再生混凝土中的多重界面形式。其中老界面仅存在于旧混凝土芯样中；而老骨料与新水泥浆体接触面为骨料新界面，位于废混凝土芯样与浆体的交汇处；旧水泥砂浆与新水泥浆体接触面为砂浆新界面，亦位于废混凝土芯样与浆体的交汇处，再生混凝土中的三种界面均易实现了分辨及定位。

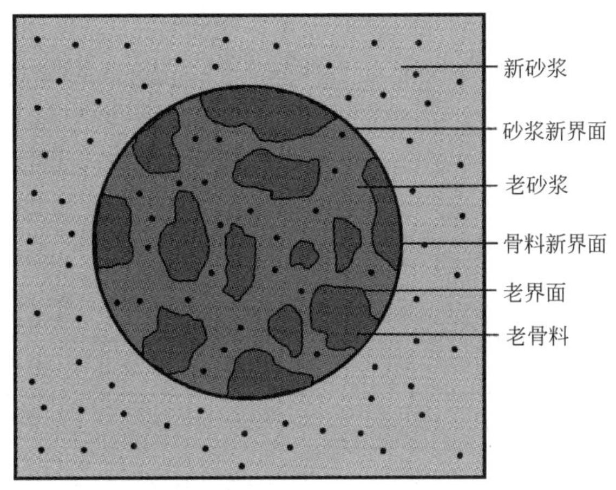


图 3-9　模型混凝土切片及界面定位

## 3.3.4　模型试件制备方法

### 3.3.4.1　试验原材料

（1）水泥：采用中联水泥生产的 P. O 42.5，其力学性能及体积安定性指标见表 3-11；

水泥性能指标　　表 3-11

| 抗压强度(MPa) | | 抗折强度(MPa) | | 安定性 |
|---|---|---|---|---|
| 3d | 28d | 3d | 28d | |
| 16.9 | 45.6 | 4.5 | 7.6 | 合格 |

（2）细骨料：连续级配的Ⅱ级天然河砂，细度模数为 2.6，符合 GB/T 14684-2011 的基本要求；

（3）减水剂：采用山东省建科院生产的聚羧酸减水剂，其掺加量为水泥用量的 1.2%，减水率为 30%；

（4）水：自来水。

### 3.3.4.2　配合比的确定

经过国内外诸多学者的大量试验研究，同强度等级的再生混凝土各项性能均差于普通混凝土，这主要与再生粗骨料的类别及使用量有关，由于再生粗骨料表面存在大量的附着砂浆，老界面过渡区及旧砂浆基体内部存在诸多的内部缺陷，且再生粗骨料的基本性能离散性较大，导致再生混凝土的 W/C 偏大，力学性能及耐久性能较差，但也有部分专家认为再生混凝土的性能与天然骨料混凝土无明显差异[19-21]。经研究发现，使用低强度等级废弃混凝土生产的再生粗骨料来制备较高强度等级的再生混凝土时，其力学性能差于天然骨料混凝土；反之，使用高强度等级废弃混凝土生产的再生粗骨料来配制同强度或较低强度再生混凝土时，二者之间差异较小。

鉴于以上研究，依据再生混凝土多重界面结构模型，选用废弃混凝土（Discarded Concrete）强度等级为C40，简称为DC40；再生混凝土强度等级为C30、C40和C50，外裹砂浆即为再生混凝土中的新砂浆（Fresh Mortar），简称为FC30、FC40和FC50，新砂浆确定原则按照《混凝土外加剂应用技术规范》GB 50119-2013，将实际使用的混凝土配合比中去除粗骨料后，原W/C减去0.02，搅拌均匀后浇筑在芯样混凝土周围，制备再生混凝土多重界面结构模型试件。芯样混凝土按照4.1.2节方法取芯，加工成尺寸为φ=75mm，高度为100mm圆柱体芯样，由芯样混凝土代替再生混凝土中随机分布的再生粗骨料，具体配制方案为DC40（废弃混凝土芯样）-FC30（新砂浆）、DC40-FC40（新砂浆）和DC40-FC50（新砂浆），混凝土配合比如表3-12所示。

混凝土基准配合比　　表3-12

| 编号 | 水泥(kg/m³) | 细骨料(kg/m³) | 粗骨料(kg/m³) | 水胶比 | 减水剂 | 28d抗压强度(MPa) |
|---|---|---|---|---|---|---|
| C30 | 300 | 780 | 1170 | 0.39 | 3.6 | 38.6 |
| C40 | 375 | 750 | 1125 | 0.35 | 4.5 | 49.3 |
| C50 | 467 | 713 | 1070 | 0.31 | 5.6 | 61.8 |

将预先处理的芯样混凝土放置于尺寸为100mm×100mm×100mm试模中心并固定，在芯样混凝土与模具内壁之间分别浇筑强度等级为FC30、FC40和FC50无粗骨料的新砂浆（水胶比为表3-12中的水胶比减去0.02），振动成型后表面覆膜24h后拆模，将其放置于标准养护室养护28d，制得不同强度等级的再生混凝土多重界面结构模型试件。

## 3.4 再生混凝土多重界面结构研究方法

### 3.4.1 显微硬度分析技术

显微硬度是反应物体抵抗外界作用力造成局部塑形变形的能力。本书采用显微硬度计测试不同强度等级再生混凝土各相材料的维氏硬度，包括石灰岩骨料、砂浆基体及界面过渡区，并根据界面过渡区及砂浆基体的维氏硬度值定量分析不同界面的力学性能及ITZ的宽度。

本研究采用上海蔡康光学仪器产HX-1000T型智能显微硬度计（图3-10），放大倍数：×100、×400，数显分辨率为0.03μm。考虑到骨料和高强度等级砂浆硬度较大，因此不宜选用低载荷，而载荷较大时，压痕面积过大，为了防止相邻两个压痕点之间有部分重合或相互影响，因此经过反复试验最终确定载荷为50g。基于再生混凝土多重界面结构模型，准确分辨定位出各待测界面，将试件放置于载物台上后调整×100目镜，调整金刚石正四棱锥形状的压头加压至需要待测界面表面（图3-11），荷载压痕区域在保持一定时间后，自动卸荷，就能在试样待测表面压出一个倒立的正四棱锥形压痕方坑（图3-12），调整

×400 目镜，精确测量压痕方坑内部的对角线的长度分别为 $d_1$ 和 $d_2$，压头与材料表面的接触角 $\theta$ 为 68°，根据式（3-1）计算得出压痕的面积 F，然后算出载荷 P 与压痕面积的比值，这个比值 HV 表示该测点的维氏硬度见式（3-2）。

压痕面积公式：
$$F=\frac{(d_1+d_2)^2}{2\sin\theta} \tag{3-1}$$

显微硬度公式：
$$HV=\frac{P}{F} \tag{3-2}$$

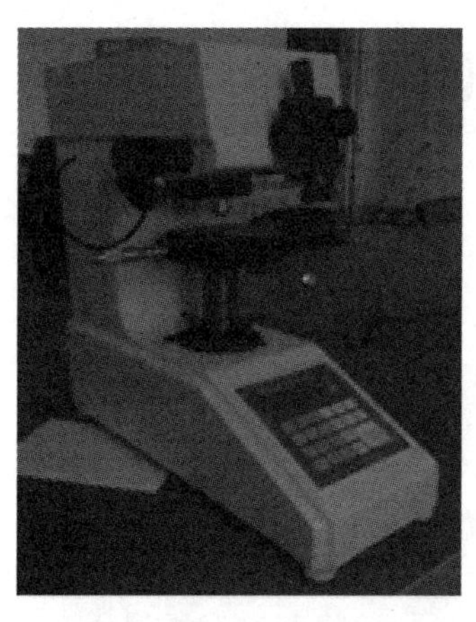

图 3-10　HX-1000T 型显微硬度计

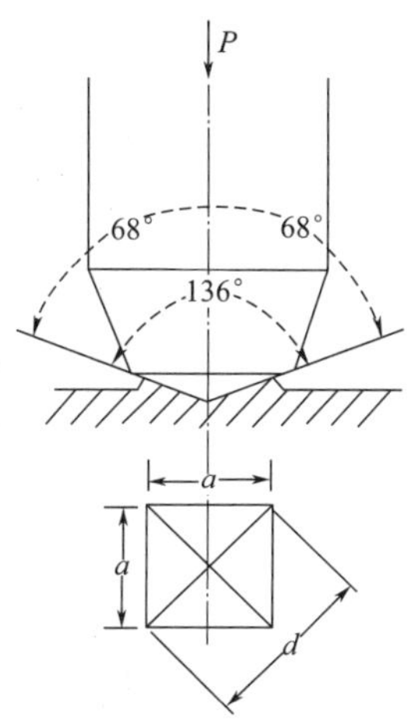

图 3-11　棱锥压头加载

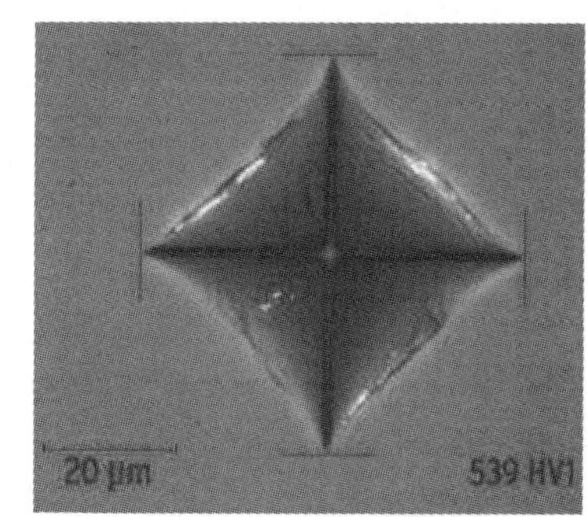

图 3-12　压痕点示意图

### 3.4.2　试样制备

采用显微硬度测试技术定量分析不同强度等级再生混凝土多重界面过渡区（简称 ITZ）宽度、砂浆基体及石灰岩骨料的维氏硬度，确定各个界面过渡区的宽度。由于显微硬度测试对试件表面的平整光滑度要求比较高，因此采用 HQP-200 混凝土双刀精密切割机，将模型试件垂直于模型混凝土浇筑方向切割成厚度为 10mm 的薄片，在切割过程中始终保证其两个切面保持平行。为了便于切片后续的研磨抛光，采用科晶 SYJ-200 自动中速精密切割机将切片切割成 50mm×50mm×15mm 的长方体切片。将切片放置于无水乙醇中，置换出切片中的自由水，终止其水泥水化，浸泡 24h 后将切片放置于 50℃的烘箱中烘干至恒重。

经过切割后的模型切片表面较为粗糙，为了获得表面光滑平整，满足显微硬度测试要求的试件，还需要将模型切片表面进行研磨机研磨-抛光处理，试验采用 MP-1 型单盘金相试样磨抛机（图 3-13 和图 3-14），选用冷却剂和润滑剂均为无水乙醇，将金相砂纸（240CW、360CW、600CW、1200CW 和 1500CW）固定于磨盘上进行研磨，每级砂纸研磨时间约为 8～10min。将研磨好的模型切片进行抛光处理，抛光剂依次使用粒度为 5.0μm、2.5μm 和 1μm 高效金刚石喷雾抛光剂，每一粒度的抛光时间为 10min。抛光后将切片放置于超声波清洗机中清洗 5min，清除切片表面的杂物（图 3-15），最后将其放置于 50℃的烘箱中烘干至恒重（图 3-16），存放于干燥皿中待用。

图 3-13　金相预磨机

图 3-14　自动抛光机

图 3-15　超声清洗机

图 3-16　研磨抛光切片

### 3.4.3　显微硬度点阵分布

从图 3-17 可以看出，经过研磨抛光处理后，在显微硬度计 100 倍测量显微镜下观察切片表面平整光滑，界面过渡区清晰，粗骨料结构致密，辨识度最高，砂浆基体表面密实性较好，细骨料均匀分布，界面过渡区结构相对疏松极易分辨。由于旧混凝土圆柱体芯样表面规整，因此在 400 倍观测显微镜下，已制备的多重界面模型切片中的骨料新界面和砂浆新界面近似一条直线，显微硬度测试方法较为简便，确定采用矩阵点群的方式，如图 3-18 所示。显微硬度测点压痕对角线长度分别为 $d_1$ 和 $d_2$，经在老砂浆基体上测量压痕对角线长度发现，部分正四棱锥方坑对角线长度大于 20$\mu$m，防止测试低强度等级砂浆基体或过渡区显微硬度时，出现压痕点重合现象，减小读数误差，最终确定相邻两个压痕中心点的横向水平间距 L 为 50$\mu$m，为了得到界面过渡区及砂浆基体更为合理有效的维氏硬度，确定横向相邻两点的垂直高度差 h 为 10$\mu$m，每个压痕点阵为 4×5 的矩形点阵。

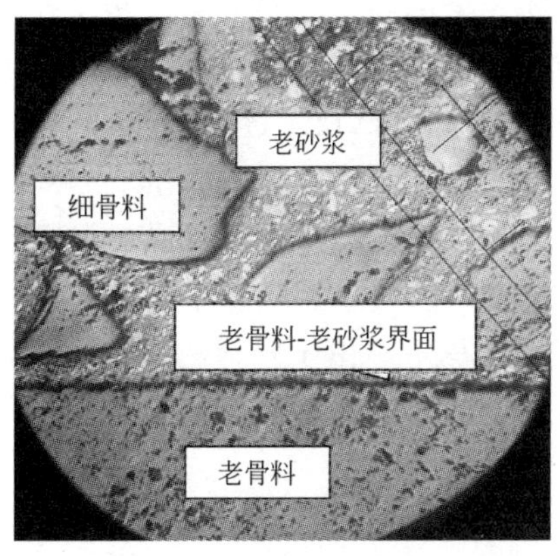


图 3-17 100 倍观测显微镜下形貌

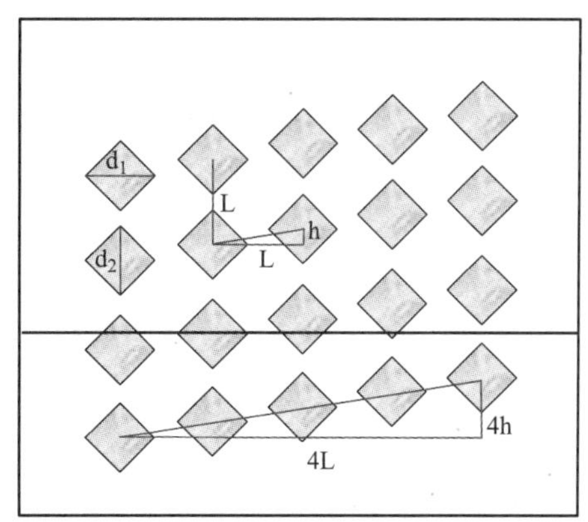


图 3-18 显微硬度测点示意图

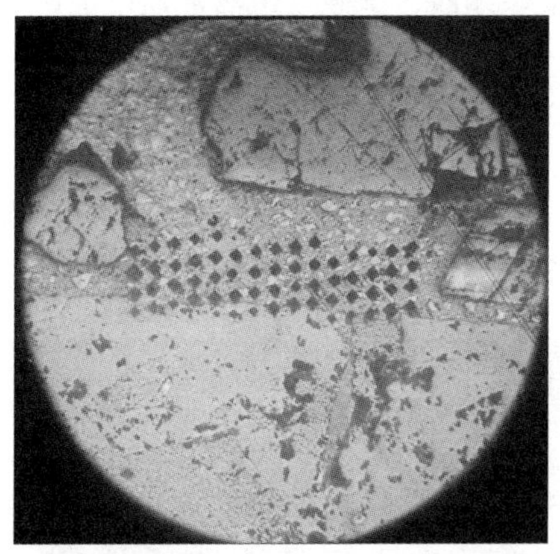

图 3-19 骨料新界面矩阵点群实际打点图

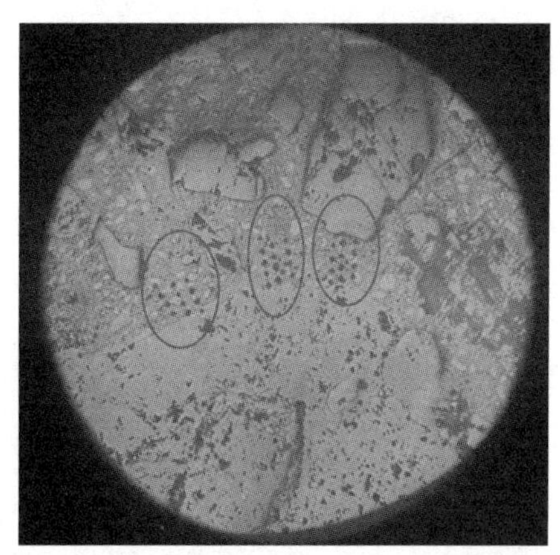

图 3-20 老界面纵向单线式打点图

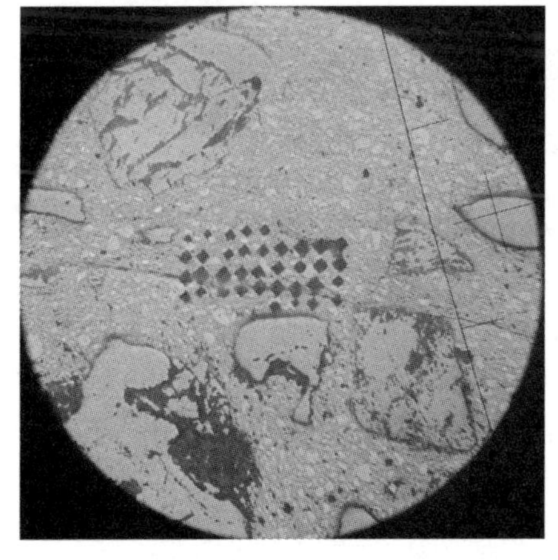

图 3-21 砂浆新界面矩阵点群实际打点图

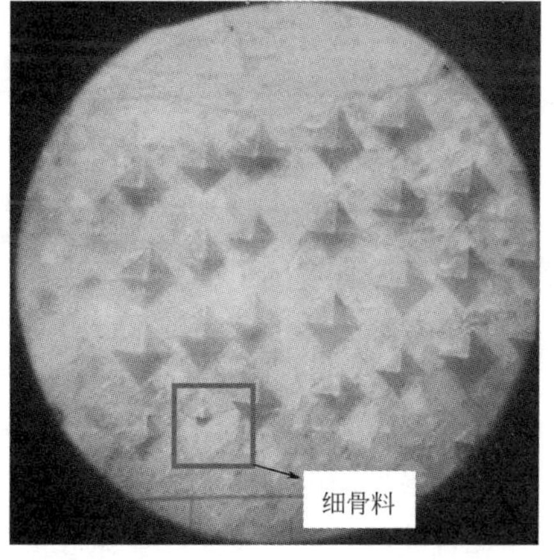


图 3-22 400 倍观测显微镜下点阵形貌

测定老界面过渡区维氏硬度时，由于天然骨料本身的不规则性，显微硬度测试方法确定为纵向单线式，初始点距界面 50μm 处，以 50μm 为一个梯度，在同一条法线上作 4 个压痕点，调整十字试台使初始压痕点沿界面法线方向，距离界面 40μm 为起点，沿界面法线方向两点间距为 50μm 依次打点，以此类推，通过不断调整试块，逐步测试 20 个压痕点，即可得出一组老界面过渡区压痕纵向点阵。

通过以上测试方法，得出再生混凝土中老界面、骨料新界面、砂浆新界面过渡区及新、旧砂浆基体的维氏硬度，由图 3-22 可以看出，在 400 倍观测显微镜下点阵形貌十分清晰，但由于混凝土本身是复杂的多相复合体，同载荷作用下，由于骨料的密实性较好且硬度值大，其压痕面积远小于砂浆基体及界面过渡区，导致石灰岩骨料与砂颗粒处的压痕对角线 d 明显偏小。

### 3.4.4 显微硬度数据处理

由于再生混凝土界面过渡区位置分布、内部微细孔隙、细骨料颗粒、未水化颗粒及表面光洁度等影响（图 3-23），导致界面过渡区及砂浆基体的显微硬度值离散性较大，并不能服从正态分布，因此，为了减小数值的离散性，在确定不同界面过渡区显微硬度测试方法的基础上，首先保证再生混凝土多重界面处于同一水平面，且老界面和骨料新界面处于同一骨料处；其次，增加不同界面过渡区的测点数量，同一界面分别测试 12 个点阵，每个点阵 20 个测点；最后，采用箱型图处理测点数据（图 3-24），排除显微硬度值中的过大或者过小的异常值，取中位数作为有效的显微硬度值。

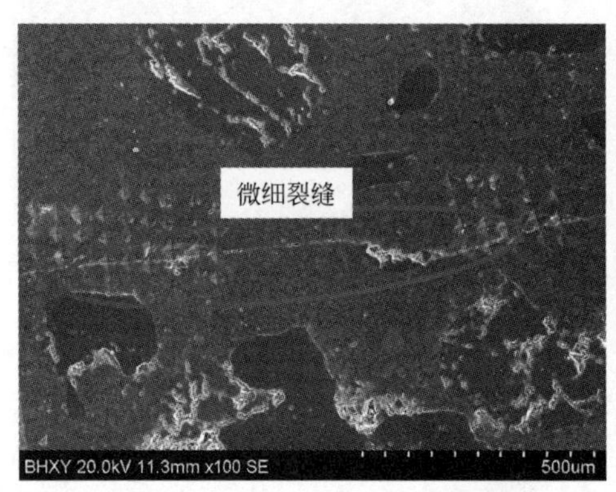


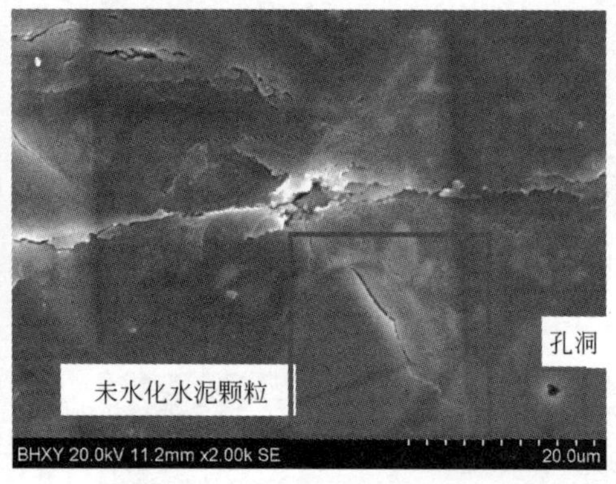


图 3-23 显微硬度影响因素

以老界面为例，按照上述方法测定骨料、ITZ 及砂浆基体的显微硬度，利用箱型图处理距离界面同一梯度测点的显微硬度，确定出同一界面各个梯度的维氏硬度，本研究采用 Origin 软件分析老界面显微硬度变化趋势，对于骨料新界面和砂浆新界面均使用此方法。为了定量确定界面过渡区（ITZ）的宽度及砂浆基体的显微硬度标准区域值（Standard Region）如图 3-25 所示，在砂浆基体上测试大量的点阵，并采用箱型图的方式确定出砂浆基体的显微硬度标准区域值，低于该值的区域宽度则界定为该界面过渡区的宽度。为了明确界面过渡区宽度，本文在显微硬度分析图中只标明标准区域的下限值。

### 3.4.5 微观结构特征测试方法

基于再生混凝土多重界面结构模型，能够准确辨别定位老界面、骨料新界面和砂浆新

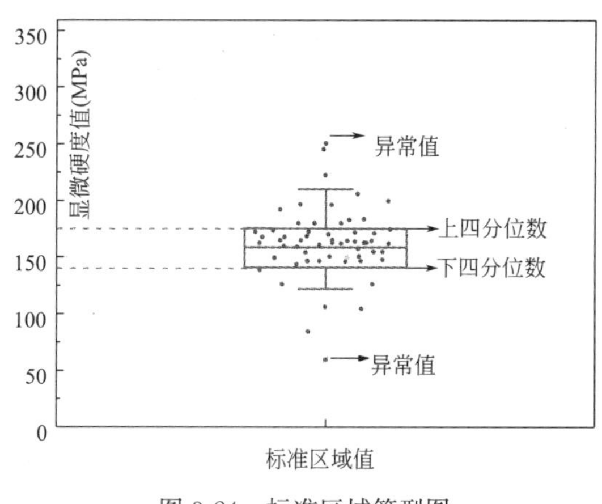


图 3-24　标准区域箱型图

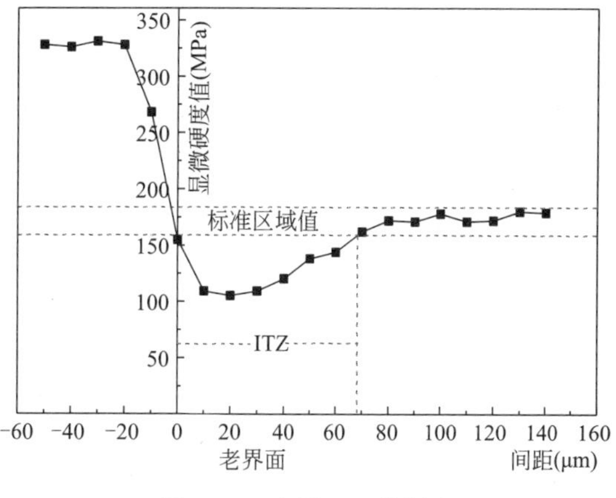


图 3-25　老界面显微硬度

界面，本文采用电子扫描显微镜对再生混凝土多重界面结构的微观形貌进行观测，主要包括界面过渡区界面特征、密实度、孔隙率、微裂缝数量及水化程度等，并配合 EDS 元素分析对界面过渡区及砂浆基体进行扫描，对比分析环境因素对再生混凝土多重界面结构性能影响，揭示侵蚀性介质的侵入过程、界面破坏及耐久性能劣化机理。

扫描电子显微镜（SEM）的原理是利用高度聚焦高能电子术对试样表面进行扫描，通过对电子束所激发的各种物理信息进行接收、放大和显示成像，获得试样表面的微观形貌、颗粒大小和颗粒间的相互关系。采用科晶 SYJ-200 自动中速精密切割机将待测试样进行加工，每个试样的尺寸为 10mm×10mm×10mm。本研究采用日本日立公司产 S-3400N 型扫描电镜（图 3-26），将切割好的小试样从无水乙醇中取出，并放置于 50℃烘箱中烘干至恒重，并采用 E1020 真空离子溅射仪对试样表面镀金处理（图 3-27），增加其导电性，保证试样扫描的质量。试样处理完成后放入 SEM 中，对再生混凝土 3 种界面过渡区、老砂浆和新砂浆基体进行微观结构测试。

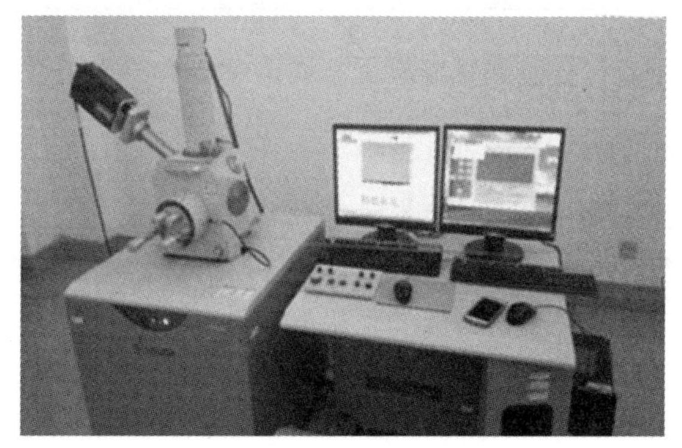

图 3-26　S-3400N 扫描电镜

图 3-27　喷金处理后的试样

## 3.5　再生混凝土多重界面结构

目前，国内外学者对再生骨料及再生混凝土宏观性能方面的研究已获得了大量的研究成果，由于再生粗骨料的基本性能与天然骨料存在较大差异，因此在相同条件下，与天然骨料混凝土相比，再生粗骨料混凝土力学性能较低，耐久性能较差，根本原因是再生粗骨料包含有天然骨料、老界面以及旧砂浆，使得再生混凝土内部存在更多的薄弱区域，其微观结构更为复杂，这是再生混凝土宏观性能较差的根本原因。

利用再生混凝土多重界面结构模型，采用显微硬度测试技术，定量测试不同强度等级再生混凝土老界面、骨料新界面及砂浆新界面过渡区宽度及界面力学性能，对比分析再生混凝土多重界面过渡区的微观尺寸及显微结构，定量揭示了再生混凝土多重界面微观结构特征及性能劣化机理，并基于该劣化机理提出相应的再生粗骨料强化技术及再生混凝土配制理论。

## 3.5.1 研究方案

本章利用再生混凝土多重界面结构模型，测试界面过渡区的显微硬度，具体试验采用再生混凝土多重界面结构模型建立及研究方法。废弃混凝土的设计强度等级为C40，经取芯测试抗压强度为43.2MPa。按照已建立的多重界面结构模型制备试件，在旧混凝土芯样周围浇筑不同强度等级的新砂浆，新砂浆配制原则与3.3.4节一致。试件成型24h后拆模，标准养护至28d后进行切片，并放置于无水乙醇中终止其水化。为了后续分析方便，确定再生混凝土编号为DC40-FC30、DC40-FC40和DC40-FC50，其中：DC40-FC30表示为DC40为废弃混凝土芯样强度等级，FC30为再生混凝土强度等级（新砂浆），以此类推。新砂浆配合比见表3-13。

**新砂浆配合比** **表3-13**

| 新砂浆 | 水泥(kg/m³) | 天然细骨料(kg/m³) | W/C | 减水剂(kg/m³) |
|---|---|---|---|---|
| FC30 | 300 | 780 | 0.37 | 3.6 |
| FC40 | 375 | 750 | 0.33 | 4.5 |
| FC50 | 467 | 713 | 0.29 | 5.6 |

按照3.4.3节中的点阵分布及数据处理方式，分别测试分析了不同龄期各种界面过渡区显微硬度变化，并测定各界面过渡区的宽度。

## 3.5.2 多重界面结构ITZ显微硬度分析

### 3.5.2.1 DC40-FC30界面过渡区显微硬度

图3-28是DC40-FC30三种界面显微硬度变化规律。可以发现粗骨料的显微硬度值在325MPa左右，远大于砂浆基体及界面过渡区的硬度值，砂浆基体的显微硬度在标准区域值范围内略有波动，这是由于骨料的质地均匀且密实程度较好，而砂浆表面及界面过渡区水化产物丰富，结构相对疏松，并且砂浆基体包含细骨料颗粒、未水化水泥熟料及存在微细空隙及裂缝的原因，导致砂浆基体硬度值略有波动。

图3-28（*a*）表明，经标准养护28d后，老界面过渡区处出现明显的凹谷，ITZ硬度值为100MPa-155MPa，ITZ硬度差为55MPa，ITZ宽度约为68μm，向砂浆基体方向延伸，显微硬度值略有波动且基本趋向于稳定，老砂浆基体的硬度值为165～180MPa之间；图3-28（*b*）所示的骨料新界面过渡区硬度值变化规律与老界面大致相同，ITZ的显微硬

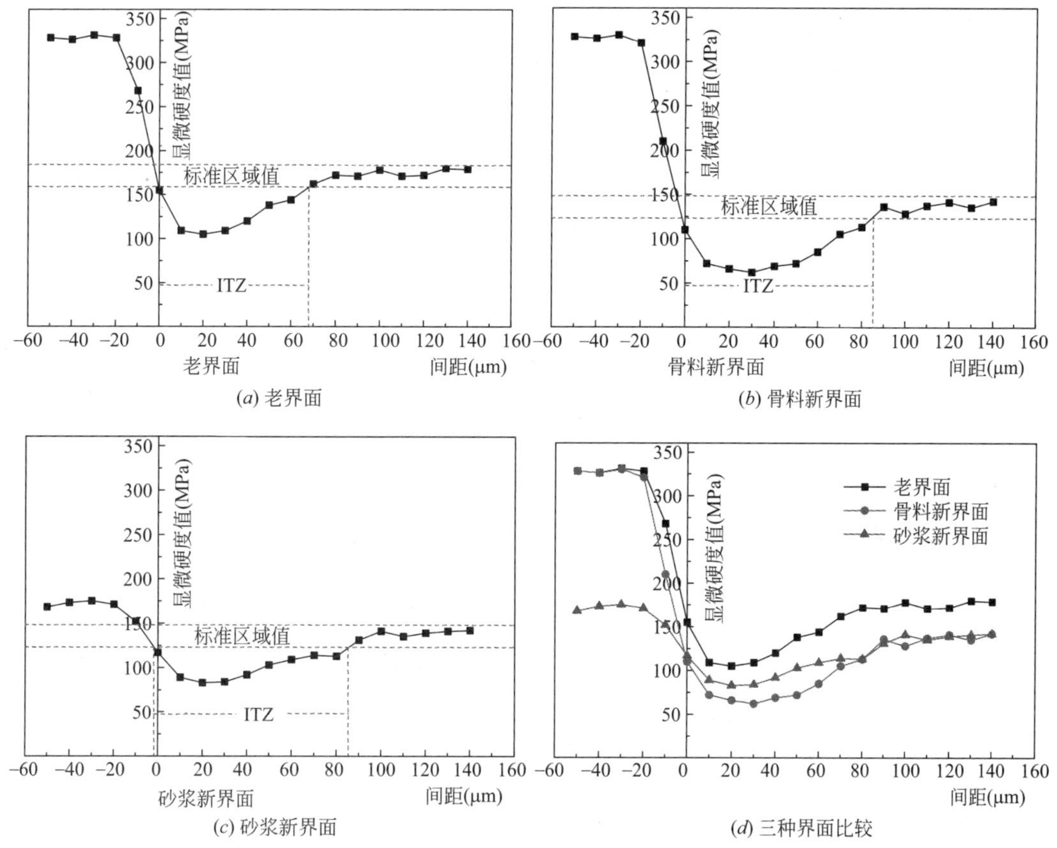


(a) 老界面　(b) 骨料新界面

(c) 砂浆新界面　(d) 三种界面比较

图 3-28　DC40-FC30 三种界面显微硬度

度值为 70～125MPa，ITZ 宽度比骨料新界面增大了约 17μm，新砂浆基体的显微硬度值在 125～150MPa 之间；从图 3-28（c）可以看出 DC40 老砂浆基体的显微硬度值明显高于 FC30 的新砂浆的显微硬度值，这是由于新浆体的强度等级相对较小、水泥水化龄期较短所致，砂浆新界面显微硬度值变化较为平缓，砂浆新界面过渡区硬度波动范围在 45MPa 左右，ITZ 宽度为 85μm。

由图 3-28（d）发现，DC40-FC30 中砂浆新界面过渡区显微硬度值大于骨料新界面，两者中的新砂浆基体硬度值大致相同，老界面过渡区硬度值明显高于砂浆新界面和骨料新界面。因此由 C40 废弃混凝土制得的再生粗骨料制备 C30 的再生混凝土时，其薄弱界面为骨料新界面，所用的再生粗骨料表面的附着砂浆对低强度等级再生混凝土的性能影响较小。这是由于废弃混凝土的强度等级为 C40，且废弃混凝土服役年限较长，旧砂浆中的水泥水化较为充分，老界面过渡区及砂浆基体内的水化产物较为丰富，使得老砂浆基体及老界面 ITZ 内微观结构及密实性要好于新砂浆及骨料新界面。

由于老浆体与新浆体性质相似，再生粗骨料表面的旧砂浆上的微细孔隙会吸收新砂浆中的水分，使得砂浆新界面过渡区 W/C 明显减小，在后期养护过程中，被旧砂浆吸收的水分逐渐释放出来，继续水分用于水泥水化，因而砂浆新界面过渡区处的水化产物丰富，微观结构较为密实，显微硬度值高于骨料新界面。在混凝土制备过程中，骨料新界面存在边壁效应，使得骨料表面吸附的自由水增多且水泥颗粒的堆积密度减小，水分蒸发后使骨料新界面处的空隙率明显高于基体中的空隙率，界面过渡区内部 $Ca^{2+}$、$Al^{3+}$ 等粒子随水分的迁移，并在界面过渡区处产生大量富集，使得 ITZ 处 $Ca(OH)_2$ 与钙矾石（Aft）的数量明显增多[22-23]，骨料新界面显微硬度值小于老界面和砂浆新界面。

#### 3.5.2.2 DC40-FC40 界面过渡区显微硬度

由图 3-29 可知，DC40-FC40 再生混凝土三种界面过渡区的变化规律与 DC40-FC30 大致相同，但由于新旧砂浆的强度等级相同，使得 DC40-FC40 中新旧砂浆集体及三种界面过渡区的显微硬度值相差较小，由于废弃混凝土水泥水化反应充分，使得老界面过渡区硬度值略高于骨料新界面和砂浆新界面，老界面过渡区宽度约为 75μm，骨料新界面和砂浆新界面过渡宽度约为 85μm 和 80μm。

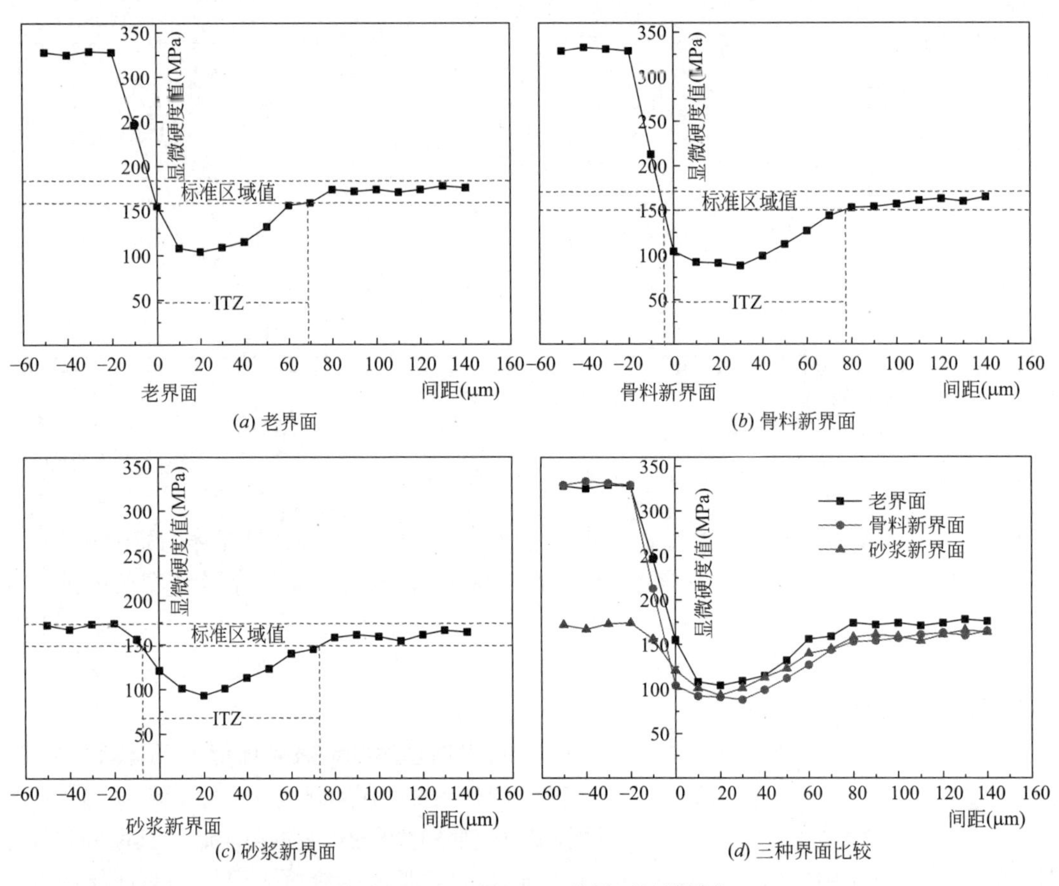


(*a*) 老界面　(*b*) 骨料新界面　(*c*) 砂浆新界面　(*d*) 三种界面比较

图 3-29　DC40-FC40 三种界面显微硬度

由图 3-29（*d*）可以看出，砂浆新界面过渡区的显微硬度值大于骨料新界面，这是由于边壁效应的存在，老浆体吸收新浆体中的水泥颗粒之后，填充了老浆体表面的微细空隙，降低了砂浆新界面的空隙率；另外老浆体能够适当的吸收界面过渡区的水分，既能降低过渡区内的水胶比，又能保证过渡区内的水泥颗粒的水化，提高界面过渡区的密实度[24]，导致砂浆新界面及老界面过渡区显微硬度值略高于骨料新界面，因此由 C40 的废弃混凝土制得的再生粗骨料，用其制备同强度等级（C40）的再生混凝土时，其薄弱界面为骨料新界面，而老界面与砂浆新界面性能良好。

#### 3.5.2.3　DC40-FC50 界面过渡区显微硬度

由图 3-30 可知，与 DC40-FC30 和 DC40-FC40 再生混凝土相比，DC40-FC50 三种界面过渡区的显微硬度值变化规律有所不同，由于新砂浆的强度等级达到了 FC50，新砂浆基体和骨料新界面过渡区的显微硬度值明显提高，ITZ 显微硬度值依次为骨料新界面＞砂浆新界面＞老界面，新砂浆基体的显微硬度值比老砂浆硬度值提高了 25MPa，骨料新界面的 ITZ 宽度为 65μm，由于老砂浆的存在，使得砂浆新界面硬度值比骨料新界面略有降低。这是由于新砂浆强度水泥用量大，强度等级高，经标准养护 28d 后，新砂浆基体及骨料新界面过渡区有大量的水化产物填充，密实性相对较好。

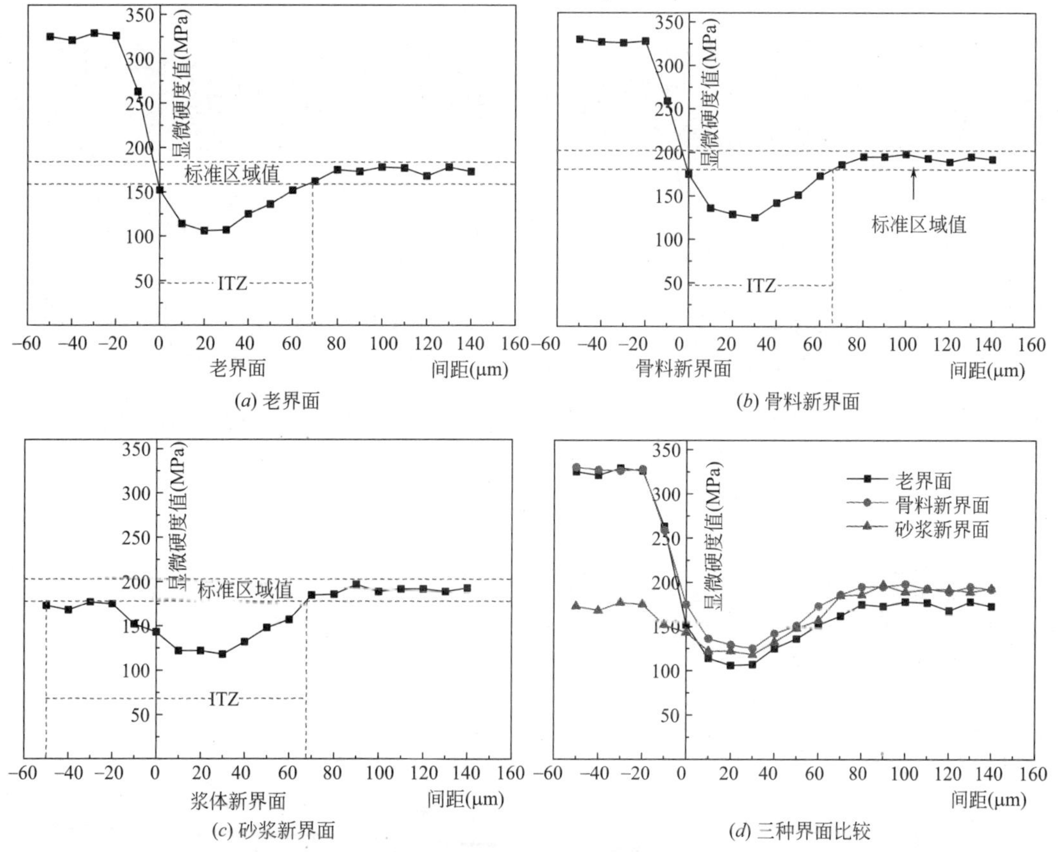


图 3-30　DC40-FC50 三种界面显微硬度

但图 3-30（*c*）显示，砂浆新界面过渡区和老砂浆得基体显微硬度值均在 FC50 砂浆基体的标准区域值以下，即 DC40-FC50 中砂浆新界面的薄弱区域包含了砂浆新界面过渡区和老砂浆基体两个部分。图 3-30（*d*）显示老界面过渡区显微硬度值最小，而老砂浆附着在骨料表面，因此导致 DC40-FC50 混凝土破坏的薄弱界面为老界面、老砂浆基体以及砂浆新界面。由 C40 废弃混凝土制备的再生粗骨料，用其配制 C50 的再生混凝土时，其薄弱界面均处于废旧砂浆上，因此应将再生粗骨料通过物理强化技术将附着的废旧砂浆处理后使用。

### 3.5.3 界面过渡区微观形貌

#### 3.5.3.1 界面种类及定位

由图3-31发现骨料的微观结构非常密实、无微细裂缝及孔隙，基本无水化产物，在SEM中极易分辨。图3-32为FC40砂浆基体微观形貌，相比骨料而言表面较为粗糙，水化产物十分丰富，在高倍镜下能清晰地观测到水化产物的种类及形貌，并存有部分孔洞及微细裂缝。基于骨料和砂浆的微观形貌，在低倍镜下较为容易地分辨出老界面与骨料新界面，且界面过渡区辨识度较高（图3-33所示）；由于老砂浆与新砂浆性质相同，界面过渡区粘结较为紧密（图3-34所示），在试样SEM测试前将砂浆新界面做出明显标记后，在低倍镜下较易分辨。

图3-31 骨料微观形貌

图3-32 FC40砂浆基体微观形貌

图3-33 DC40-FC40骨料新界面形貌

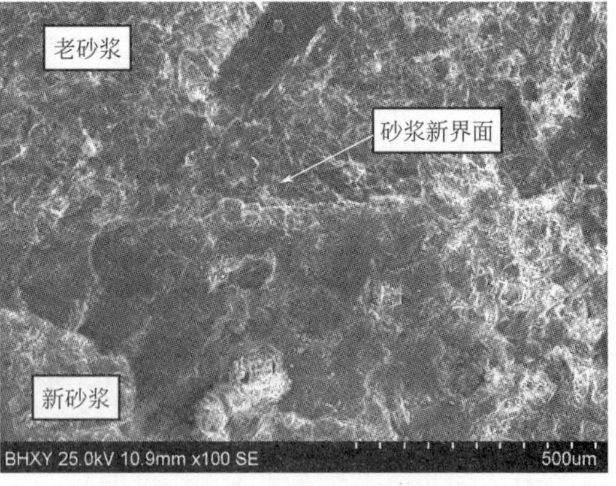


图3-34 DC40-FC40砂浆新界面形貌

#### 3.5.3.2 界面过渡区裂缝种类

再生混凝土中的微细裂缝产生和发展趋势与普通混凝土相似，均是从界面过渡区处产生，并逐渐向老砂浆基体和新砂浆基体方向延伸，延伸过程中都会出现更加细小的微裂缝[25]，由于再生混凝土内部结构更加复杂，在经受外部荷载及侵蚀性介质破坏时，这些微细裂缝实际就是混凝土的薄弱环节，裂缝内部结构较为疏松，为外界侵蚀性介质进入再生混凝土内部提供了便利通道，加速了再生混凝土性能的破坏。

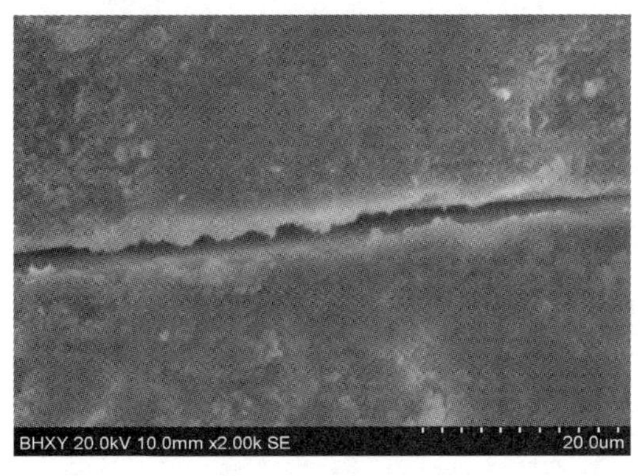

图 3-35　扰动裂缝

图 3-36　原生裂缝

从图 3-35 和图 3-36 比较可以发现，通过 SEM 观测到的裂缝主要分为两类：一类为缝隙中无水泥水化产物，这是在再生粗骨料加工或再生混凝土试件切片等机械外力作用下造成的，称之为扰动裂缝，主要存在于老界面过渡区处，但经过物理强化技术可将再生粗骨料附着砂浆及此类裂缝清除掉，因此经物理强化的高品质再生粗骨料混凝土中扰动裂缝数量较少；另外一类是再生混凝土水泥水化过程中自身产生的裂缝，此类缝隙内部存在大量的不同种类的水化产物，在高倍镜下观测到此类裂缝在界面过渡区处数量较多，并且是再生粗骨料及再生混凝土的薄弱环节，本书重点研究此类微细裂缝，将其命名为原生裂缝。

利用 EDS 分析微细缝隙中的水化产物见图 3-37，发现这些水化产物主要是平片状晶体结构，垂直定向层状分布于裂缝内部。图 3-38 为元素含量表，经分析测定产物中的 Ca 含量为 50.18%、O 含量为 41.31%，氧元素与钙元素的原子数量比为 2.06，结合图 3-39 填充物能谱图及图 3-40 元素含量百分比，分析确定该区域内的水化产物为层片状的 $Ca(OH)_2$，由于 $Ca(OH)_2$ 提供了水泥石中的碱度，因此能够维持水泥水化产物的稳定性。

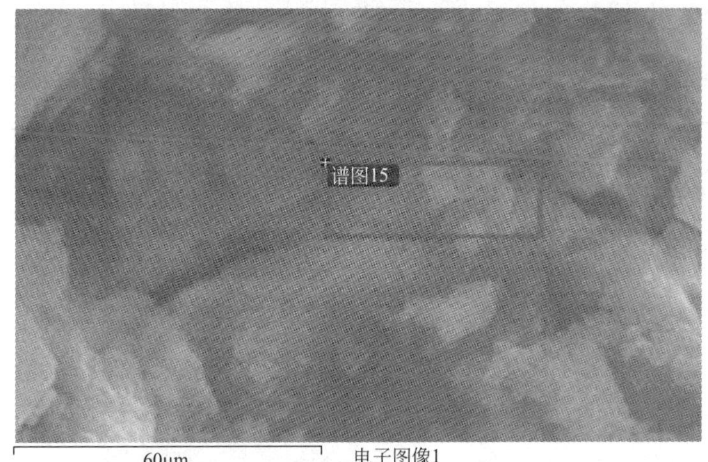


图 3-37　界面裂缝填充物

| 元素 | 重量(%) | 原子(%) |
|---|---|---|
| C　K | 5.69 | 10.73 |
| O　K | 41.31 | 58.54 |
| Mg　K | 0.41 | 0.39 |
| Al　K | 0.14 | 0.12 |
| Si　K | 2.27 | 1.84 |
| Ca　K | 50.18 | 28.39 |
| 总量 | 100.00 | 100.01 |

图 3-38　元素含量表

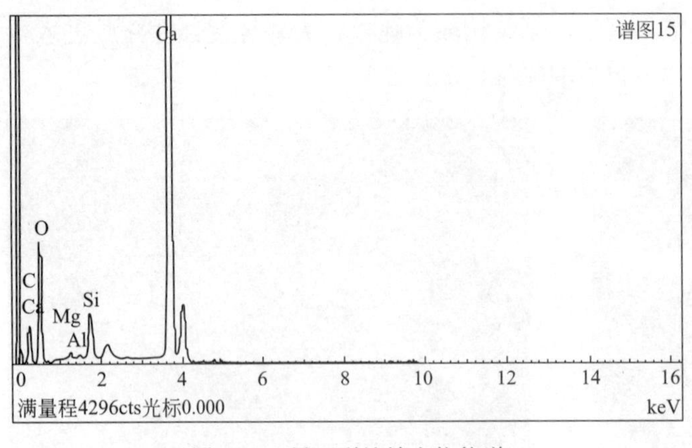


图 3-39　界面裂缝填充物能谱

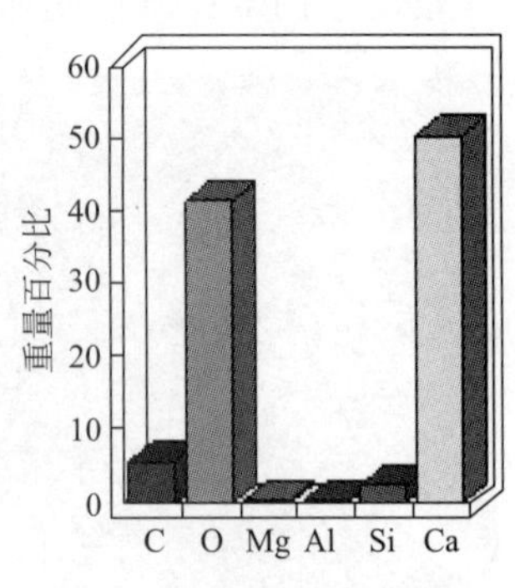


图 3-40　元素含量百分比

#### 3.5.3.3　界面过渡区裂缝分布及形貌

（1）骨料新界面形貌

利用 SEM 测试技术，系统观测分析再生混凝土内部微细裂缝及界面过渡区结构。图 3-41 为再生混凝土骨料新界面过渡区及新砂浆基体在 SEM 下的微观形貌，(*a*) 和 (*b*) 显示骨料结构致密，无孔洞及裂缝存在，在界面过渡区（ITZ）及新砂浆基体处存在大量不规则的微细裂缝，裂缝的宽度在 2～3μm 之间，这些微细裂缝均在 ITZ 连接处产生并向砂浆基体方向延伸，将微细裂缝放大至 2000 倍和 5000 倍后发现，其内部存在大量的水化产物，且裂缝形态属于原生裂缝，裂缝区域的水化产物相互叠加交错，水化程度较高，水化产物主要以片状的 $Ca(OH)_2$ 和絮凝状的 C-S-H 凝胶为主，伴随有少量的针棒状结晶体（AFt）。

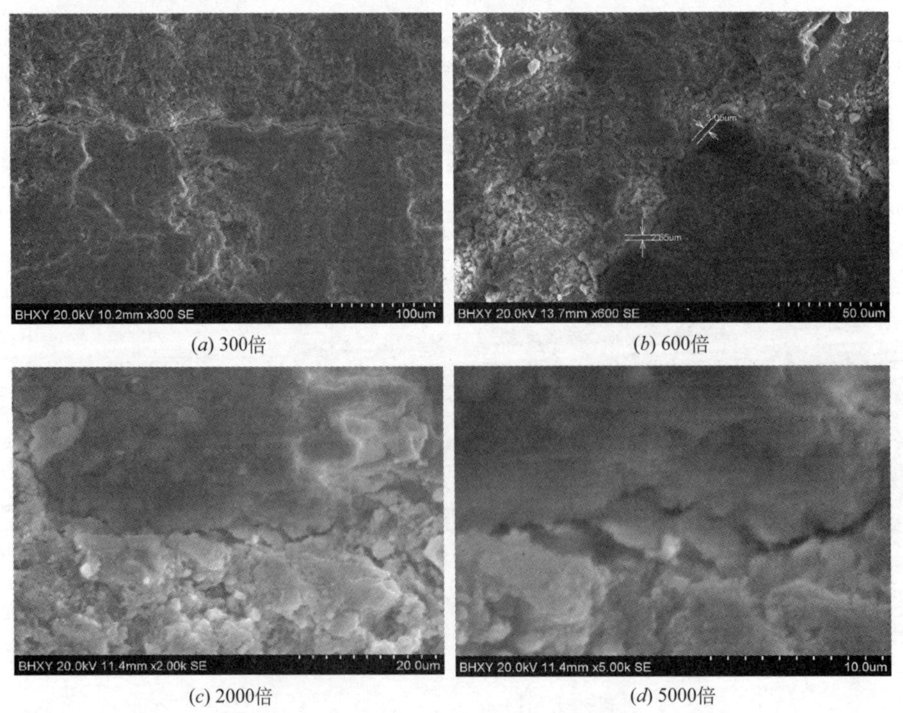


(*a*) 300倍　(*b*) 600倍

(*c*) 2000倍　(*d*) 5000倍

图 3-41　再生混凝土 DC40-FC40 骨料新界面形貌

（2）老界面形貌

图 3-42 为老界面微观形貌，发现（$a$）中老界面处裂缝数量相对较少，同样在界面连接处产生并向老砂浆基体方向延伸，老砂浆基体微观结构较为密实；（$b$）为界面过渡区放大至 2700 倍的微观形貌，发现微细裂缝内有水化产物填充；（$c$）和（$d$）是将砂浆基体中的裂缝放大至 5000 倍和 6000 倍，发现裂缝内部存在较多的水化产物，并且产物数量多、体积大，这是由于老砂浆在服役期间水化龄期长，水化反应充分，ITZ 及老砂浆基体水化较为充分[26]，使得砂浆基体微细裂缝及孔隙的数量较少，密实程度较好。

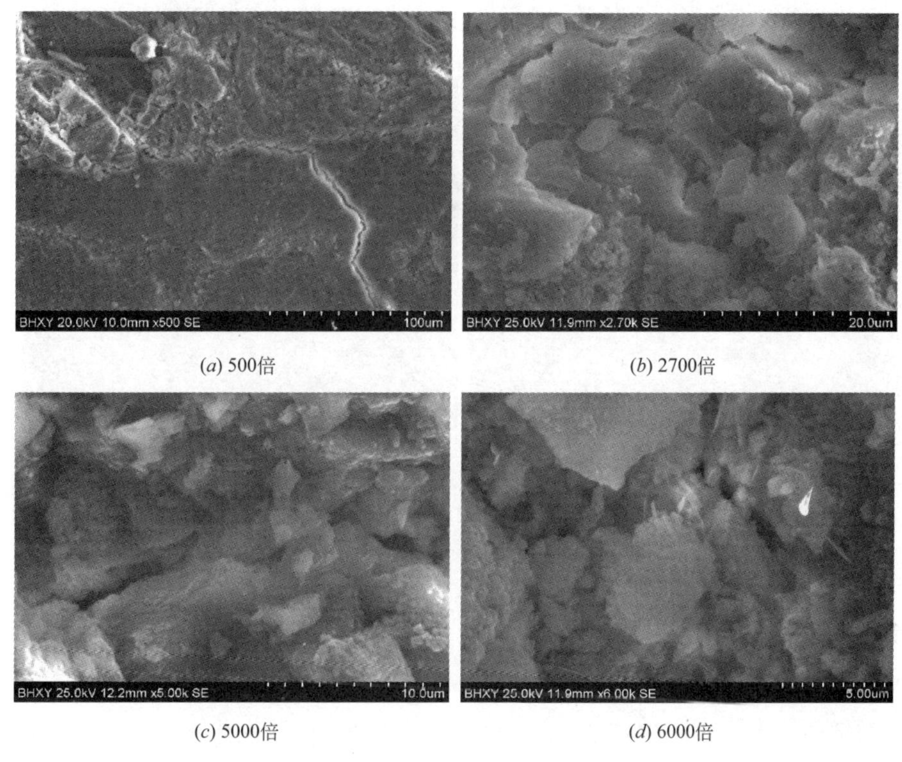


($a$) 500倍　($b$) 2700倍

($c$) 5000倍　($d$) 6000倍

图 3-42　再生混凝土老界面形貌

（3）砂浆新界面形貌

图 3-43（$a$）和（$b$）为砂浆新界面在低倍镜下的微观形貌，砂浆新界面过渡区及砂浆基体微观形貌区别明显，界面过渡区微观结构较为疏松，老砂浆较为平整，而新砂浆基体有部分孔洞，并且在砂浆新界面过渡区处发现微细裂缝。将微细裂缝分别放大至（$c$）1800 倍和（$d$）2700 倍时发现，裂缝内部存在大量的水化产物，并且水化产物已将部分裂缝填充，部分 ITZ 区域的密实程度要高于砂浆基体，虽老浆体与新浆体强度等级存在差异，但材料性质基本相同，并且新砂浆在浇筑过程中，老砂浆表面能吸收新浆体中的水分，降低了界面过渡区处的水灰比，且在后期养护过程中，这部分水分会逐渐释放出来用于 ITZ 区域的水化反应用水，使得 ITZ 区域水化反应充分且产物较为丰富[27-29]；另一方面，老砂浆表面的空隙能吸附新砂浆中的水泥颗粒，有效地提高了 ITZ 处的密实程度。

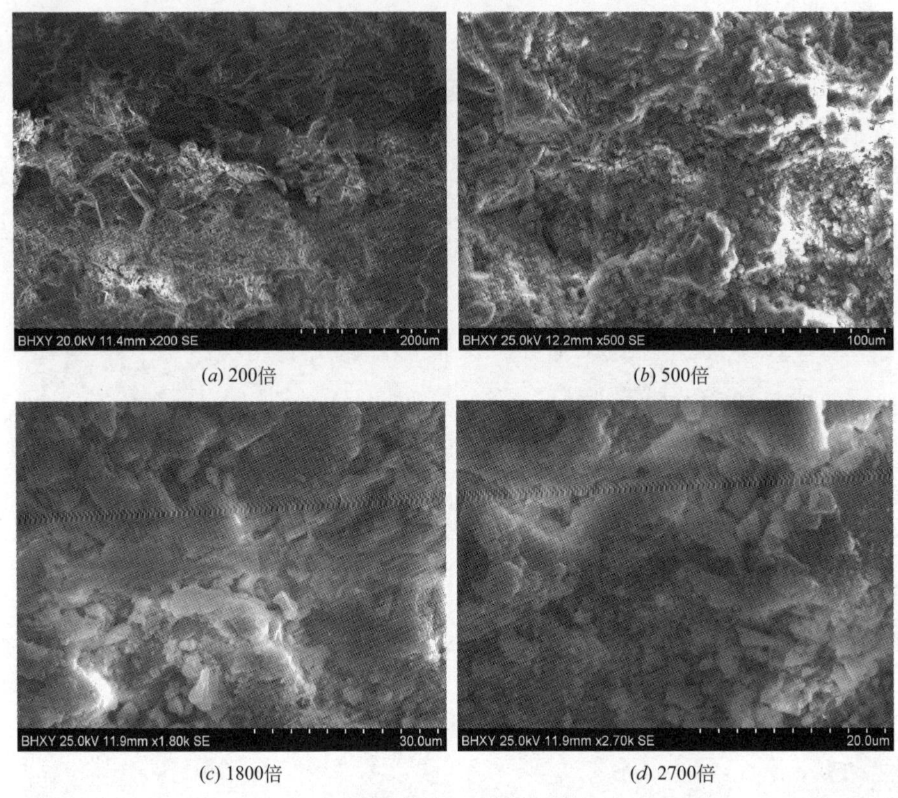


(*a*) 200倍　(*b*) 500倍

(*c*) 1800倍　(*d*) 2700倍

图 3-43　再生混凝土 DC40-FC40 砂浆新界面形貌

### 3.5.4　砂浆基体微观形貌

图 3-44 为不同强度等级砂浆基体的微观形貌，(*a*) 300 倍下的 DC40 砂浆形貌图显示，细骨料表面密实且较为平整，与粗骨料类似，而砂浆基体表面较为粗糙，由于放大倍数较小，微细结构无法表征，因此将 FC30、FC40 和 FC50 砂浆基体均放大至 2000 倍可以清晰地观测到砂浆的微观形貌，FC30 微观结构最为疏松，表面有较多的孔洞，且面积较大；DC40 与 FC40 砂浆微观形貌因养护龄期时间长短略有差别，但大体相同，水化产物比 FC30 丰富，孔洞面积及数量相对较少；FC50 基体表面相对平整，水化产物填充了大部分孔洞，密实程度明显优于低强度等级砂浆。

### 3.5.5　界面过渡区水化产物

为了研究再生混凝土不同界面过渡区微观结构性能变化规律，采用能谱分析仪（EDS）对 ITZ 区域及微细裂缝中的水化产物成分进行定量和定性分析，系统分析 ITZ 区域水化产物的种类、数量、形貌及微观结构对界面过渡区力学性能及耐久性能的影响。

图 3-45 和图 3-46 为两种新界面过渡区形貌图，经 SEM 测试扫描，发现在 ITZ 区域微细缝隙中存在大量层片状相互叠加的 $Ca(OH)_2$，这些层状晶体结构 $Ca(OH)_2$ 密实程度较差，且在 ITZ 区域产生定向富集，使得 ITZ 结构较为疏松，而 $Ca(OH)_2$ 对水泥强度的贡献较小，容易受到外力作用破坏，且极易与侵蚀性介质发生反应，同时 $Ca(OH)_2$

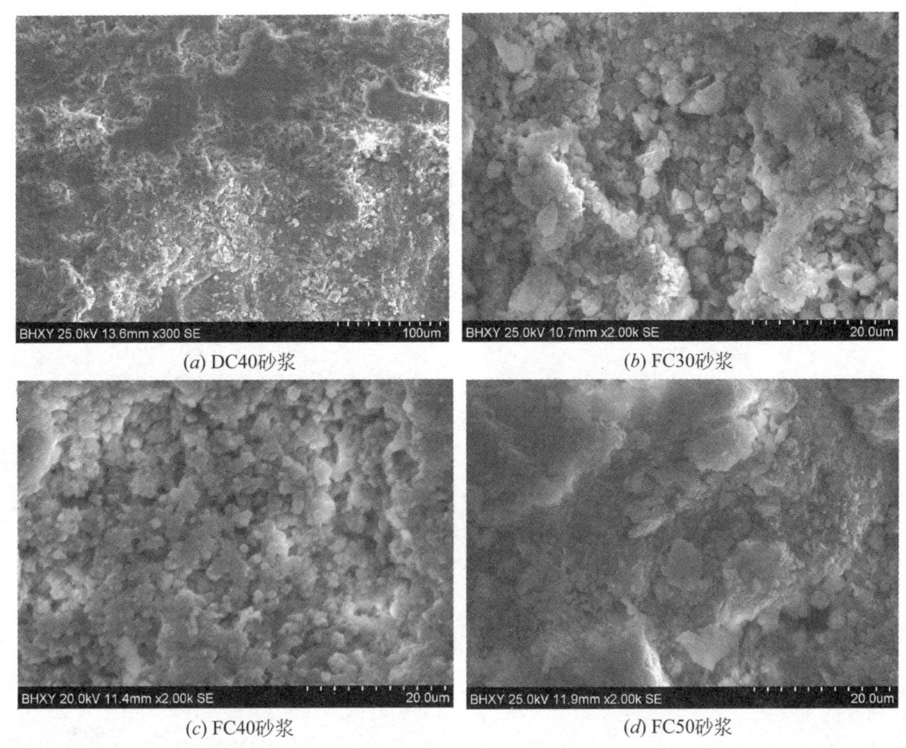


(a) DC40砂浆　　(b) FC30砂浆

(c) FC40砂浆　　(d) FC50砂浆

图 3-44　砂浆基体微观形貌

图 3-45　骨料新界面形貌图（5000 倍）

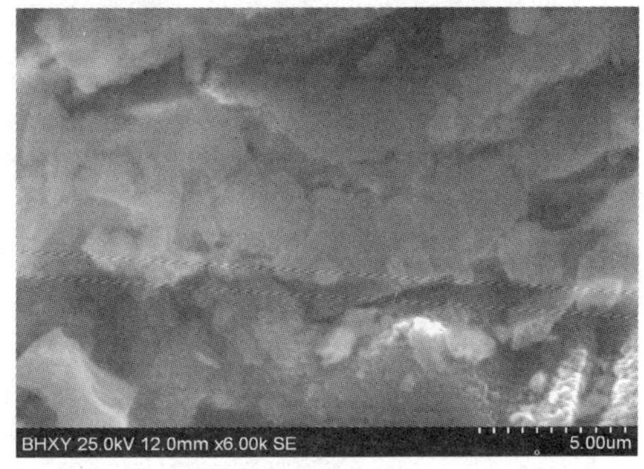


图 3-46　砂浆新界面形貌图（6000 倍）

富集区域为侵蚀性介质进入再生混凝土内部提供了有利通道[30]，加速再生混凝土的破坏，因此再生混凝土 ITZ 内部的微细裂缝是混凝土中的薄弱环节。

图 3-47 为 DC40-FC40 砂浆新界面过渡区形貌，在水泥水化产物中可看到有少量的针棒状 Aft 存在。图 3-48 和图 3-49 为分别放大至 6000 倍和 7500 倍的形貌图，发现在 ITZ 处出现微细裂缝，且在裂缝中存有较多的水化产物，再生混凝土各界面 ITZ 的主要水化产物除了 $Ca(OH)_2$ 以外，还包括絮凝状 C-S-H 凝胶体及散落的针棒状水化硫铝酸钙（AFt），这些凝胶体填充在微细裂缝及孔洞中，减小了界面过渡区及砂浆基体的空隙率。图 3-50 和图 3-51 放大至 14000 倍后进行形貌观测是 EDS 扫描，发现 C-S-H 凝胶体结构排列较为均匀且密实，水泥水化产物颗粒水化硫铝酸钙（AFt）之间由多孔网状结构相互连

接，填充在孔洞及裂缝中，颗粒间的孔洞逐渐被絮凝状水化产物 C-S-H 填充，这些结晶网状结构逐渐扩展到微细孔隙中，使得砂浆基体微观结构更加密实，并提高其力学性能[31]，这也是砂浆基体及界面过渡区最主要的强度来源。

图 3-47　砂浆新界面 ITZ 形貌（4000 倍）

图 3-48　ITZ 水化产物形貌（6000 倍）

图 3-49　ITZ 水化产物形貌（7500 倍）

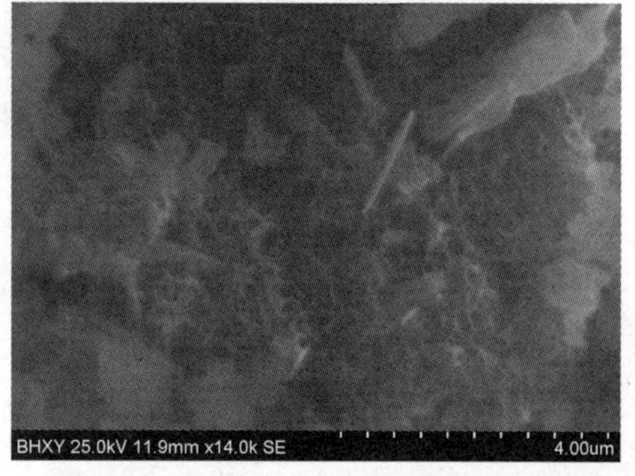


图 3-50　ITZ 水化产物形貌（14000 倍）

(*a*) 水化产物C-S-H

| 元素 | 重量(%) | 原子(%) |
|---|---|---|
| C K | 5.68 | 10.52 |
| O K | 38.27 | 53.25 |
| Na K | 1.13 | 1.09 |
| Al K | 4.05 | 3.34 |
| Si K | 15.10 | 11.97 |
| S K | 1.10 | 0.77 |
| K K | 5.99 | 3.41 |
| Ca K | 26.90 | 14.94 |
| Fe K | 1.78 | 0.71 |
| 总量 | 100.00 | |

(*b*) 元素含量表

图 3-51　界面过渡区水化产物面扫描（一）

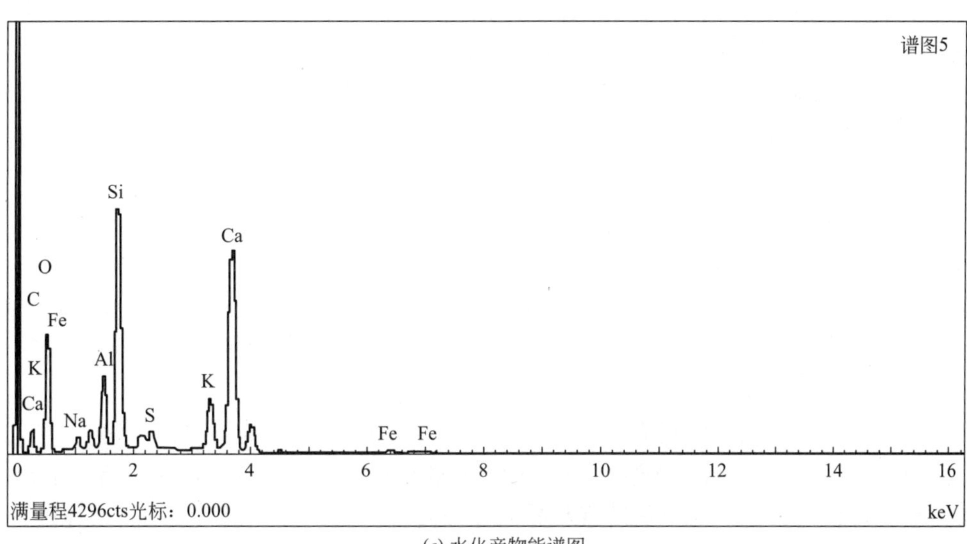


(c) 水化产物能谱图

图 3-51　界面过渡区水化产物面扫描（二）

## 3.6　小结

本章系统研究了再生粗骨料混凝土及再生细骨料混凝土的力学性能，根据再生粗骨料的性能及特点，创新性地提出了再生混凝土多重界面结构模型及研究方法，主要结论如下：

（1）相比普通混凝土的力学性能，RCAC 在 3d、7d 和 28d 养护龄期的抗压强度均较低，由 DP-RCA 制备的 RCAC 的力学性能最优，且受压后 RCAC 的骨料破坏和界面破坏情况均有所增多，但其早期强度增长幅度较大；随着再生粗骨料品质的提升，RCAC 的抗压强度逐渐增加；随着再生粗骨料取代率的增大，RCAC 的抗压强度逐渐降低，且呈现出较好的线性关系。

（2）再生细骨料混凝土的早期强度增长幅度较大，后期强度增长缓慢。随着再生细骨料品质的提升和取代率的减小，再生细骨料混凝土的抗压强度逐渐增强，且其 28d 强度与再生细骨料取代率之间呈现出较好的线性关系；胶凝材料用量的增多可以显著增加 RFAC 的抗压强度。在 RFAC 的实际工程应用时，宜选择二次物理强化。

（3）建立的再生混凝土多重界面结构模型，消除了界面研究过程中随机选取界面的不确定性和盲目性，准确定位老界面、砂浆新界面及骨料新界面，并结合芯样切片、微裂缝观测及显微硬度测试技术，可以直观地反映出各种界面的损伤过程，揭示再生混凝土多重界面破坏的劣化机理。

（4）采用显微硬度测试技术，发现骨料的显微硬度远高于界面过渡区及砂浆基体，且波动性很小；界面过渡区的硬度值最小，呈凹型分布，延伸至砂浆基体方向 70～80$\mu$m 后逐渐趋于平稳。随着再生混凝土强度的提高，砂浆基体及界面过渡区的显微硬度值随之增大。

（5）通过微观测试分析技术，得出DC40-FC30的薄弱界面为骨料新界面，其次是砂浆新界面，老界面显微硬度值较高；而对于DC40-FC40再生混凝土，由于废弃混凝土水化龄期较长，老砂浆基体硬度值略高于新砂浆基体，且老界面过渡区显微硬度值略高于骨料新界面和砂浆新界面，但三种界面过渡区显微硬度值相差较小；同时验证了采用高强度等级废弃混凝土制备的RCA配制低强度等级或同强度等级的RCAC时，破坏界面为骨料新界面。

（6）DC40-FC50再生混凝土薄弱界面为老界面和砂浆新界面，试件破坏时断面形式主要体现在老界面及再生粗骨料表面的附着砂浆上，因此在使用低强度等级废弃混凝土制备的RCA制备较高强度等级的RCAC时，应采用物理强化技术减少再生粗骨料表面的附着砂浆。

（7）通过SEM观测出骨料表面形貌较为密实且平整，砂浆基体水化产物丰富，因此骨料与砂浆新界面较为清晰，老浆体与新浆体物相大致相同，老砂浆表面凹凸不平，使得新/老砂浆咬合较为紧密，这也是砂浆新界面显微硬度值大于骨料新界面的主要原因。

（8）通过扫描电镜发现再生混凝土三种界面处均存在2.0～3.0μm微细裂缝，裂缝在界面结合处产生并逐渐向砂浆基体方向延伸；ITZ区域水化产物丰富但微观结构较为疏松，主要以C-S-H凝胶居多，并在表面散落分布少量的针棒状Aft，也存有较多的$Ca(OH)_2$富集，填充于微细裂缝内部。

## 参考文献


[3-1] Casuccio M，Torrijos M C，Giaccio G，et al. Failure mechanism of recycled aggregate concrete [J]. Construction and building materials，2008，22（7）：1500-1506.

[3-2] 冯超. 再生粗骨料分类对混凝土力学性能影响的对比试验研究 [D]. 南宁：广西大学，2016.

[3-3] 王晓飞，李秋义，罗健林，等. 不同品质再生粗骨料混凝土的力学性能及鲍罗米公式拟合 [J]. 混凝土，2016（3）：60-64.

[3-4] Pinghua Zhu，Xinxin Zhang，Junyong Wu，et al. Performance degradation of the repeated recycled aggregate concrete with 70% replacement of three-generation recycled coarse aggregate [J]. *Journal of Wuhan University of Technology-Mater*，2016，31（5）：989-995.

[3-5] Pereira P，Evangelista L，Brito J de. The effect of superplasticizers on the mechanical performance of concrete made with fine recycled concrete aggregates [J]. *Cement & Concrete Composites*，2012，34：1044-1052.

[3-6] 肖建庄，范玉辉，林壮斌，等. 再生细骨料混凝土抗压强度试验 [J]. 建筑科学与工程学报，2011，28（4）：26-29.

[3-7] Iman Abavisani，Omid Rezaifar，Ali Kheyroddin. Alternating magnetic field effect on fine-aggregate concrete compressive strength [J]. *Construction and Building Materials*，2017，134：83-90.

[3-8] Poon C S，Azhar S，Kou S C. Recycled aggregates for concrete applications. In：Proceedings of the Conference Materials Science and Technology in Engineering [C]. *Hong Kong January*，2003.

[3-9] Kou S C，Poon C S，Agrela F. Comparisons of natural and recycled aggregate concretes prepared with the addition of different mineral admixtures [J]. *Cem Concr Compos*，2011，33（8）：788-795.

[3-10] Farran J. Introduction：The Transition Zone-Discovery and Development [C]. In：*Interfacial Transition Zone in Concerte*，*RILEM Reoprt* Ⅱ，London：E&FNS PON，1996，xiii-xv.

[3-11] Abbas A，Fathifazl G，Isgor O B，Razaqpur G，Fournier B，Foo S. Durability of recycled aggregate concrete designed with equivalent mortar volume method [J]. *Cem Concr Compos*，2009，31 (8)：555-563.

[3-12] 耿欧，陈辞，顾荣军. 再生粗集料混凝土界面微观结构的发展规律 [J]. 建筑材料学报，2012，15 (3)：340-344.

[3-13] Leemann A，Münch B，Gasser. P. Influence of compaction on the interfacial transition zone and the permeability of concrete [J]. *Cement & Concrete Research*，2006，36 (8)：1425-1433.

[3-14] 董芸，杨华全，张亮. 骨料界面特性对混凝土力学性能的影响 [J]. 建筑材料学报，2014，17 (4)：598-605.

[3-15] 雷斌，李宏，晏育松. 再生混凝土疲劳损伤机理的数值模拟 [J]. 水利水电技术，2014，45 (10)：115-119.

[3-16] 岳强，王丽，刘福胜. 基于真实细观模型的再生混凝土破坏数值研究 [J]. 建筑材料学报，2016，19 (2)：221-228.

[3-17] 田威，党发宁，梁昕宇. 混凝土细观破裂过程的 CT 图像分析 [J]. 武汉大学学报（工学版），2008，41 (2)：69-72.

[3-18] Poon C S，Shui Z H，Lam L. Effect of microstructure of ITZ on compressive strength of concrete prepared with recycled aggregates [J]. *Construction and Building Materials*，2004，18 (6)：461-468.

[3-19] 叶静辉，张丽兰. 再生混凝土技术研究发展现状 [J]. 中外公路，2008，28 (5)：232-234.

[3-20] 李秋义，朱亚光，高嵩. 我国高品质再生骨料制备技术及质量评定方法 [J]. 青岛理工大学学报，2009，30 (4)：1-4.

[3-21] 王凤. 再生混凝土制备技术及主要性能试验研究 [D]. 东北石油大学硕士论文，2010.

[3-22] 陈惠苏，孙伟，Stroeven P. 水泥基复合材料界面对材料宏观性能的影响 [J]. 建筑材料学报，2005，8 (1)：51-62.

[3-23] 董淑慧，张宝生，葛勇. 轻骨料-水泥石界面区微观结构特征 [J]. 建筑材料学报，2009，12 (6)：737-740.

[3-24] Ann K Y，Moon H Y，Kim Y B，et al. Durability of recycled aggregate concrete using pozzolanic materials [J]. *Waste Management*，2007 (8)：1-7.

[3-25] Escadeillas G，Maso J C. Approach of the initial state in cement paste，mortar，and concrete. In：Mindess S，editor. *Advances in cement materials*，*Cermic Transactions*，vol 16. American Ceramic Society，1991：169-84.

[3-26] Vivian W Y，Tarna，Tamb C M，Lea K N. Removal of cement mortar remains from recycled aggregate using pre-soaking approaches [J]. *Resources*，*Conservation and Recycling*，2007 (50)：82-101.

[3-27] 祁景玉，高燕萍等. 混合型粗集料轻混凝土的微观结构（Ⅱ）[J]. 同济大学学报，2001，29 (8)：946-953.

[3-28] 张海英，祁景玉. 混合型集料优质轻混凝土的微观结构 [J]. 山东建筑工程学报，2003，18 (4)：18-23.

[3-29] 刘海峰，高建明，王边，周典生，须熙元. 掺矿渣微粉混凝土的微细观性能试验研究 [J]. 混凝土与水泥制品，2003 (6)：16-18.

[3-30] 连丽，印海春，廖卫东. 混凝土界面区的显微硬度研究 [J]. 国外建材科技，2005，26 (2)：8-11.

[3-31] 李福海，叶跃忠，赵人达. 再生集料混凝土微观结构分析 [J]. 混凝土，2008 (5)：30-33.

# 第4章　再生混凝土耐久性

## 4.1　再生粗骨料品质对再生混凝土耐久性能的影响

参照《再生骨料应用技术规程》JGJ/T 240—2011 和再生骨料的实际使用现状可以发现，再生粗骨料或再生粗骨料混凝土的相关水泥制品主要应用于低强度等级的非承重结构中，如围护结构、非机动车道路面等。因此，现有的工程实例中多数是对再生粗骨料混凝土的工作性能和力学性能有较低的要求，较少对再生粗骨料混凝土的耐久性能[1] 有所要求。另外，考虑到再生粗骨料混凝土的耐久性能试验量大且耗时长等问题，本书针对再生粗骨料混凝土的耐久性能试验方案设计进行缩减调整，参照《普通混凝土长期性能和耐久性能试验方法标准》GB/T 50082—2009，重点研究再生粗骨料的品质差异和取代率变化对再生粗骨料混凝土的抗氯离子渗透、碳化、抗冻和收缩等耐久性能的影响。调整后的再生粗骨料混凝土试验方案所考虑的变量因素为：

(1) 再生粗骨料的品质：分别为 SC-RCA（简单破碎再生粗骨料）、OP-RCA（一次物理强化再生粗骨料）和 DP-RCA（二次物理强化再生粗骨料）；

(2) 再生粗骨料的取代率：分别取代天然粗骨料的 0、50%和 100%，以质量计；

(3) 胶凝材料体系：选用Ⅱ级粉煤灰和 S95 级矿粉 1∶1 复掺，总掺量为胶凝材料用量的 30%，水泥用量为胶凝材料用量的 70%；

(4) 胶凝材料用量：分别取 300kg/m$^3$、350kg/m$^3$ 和 400kg/m$^3$；

(5) 外加剂的用量为水泥用量的 1.2%，砂率统一确定为 38%，通过控制再生粗骨料混凝土拌合物坍落度在 160～200mm 范围内来确定其用水量。试验配合比见表 4-1。

**再生粗骨料混凝土与普通混凝土试验方案设计**　　**表 4-1**

| 编号 | 水泥用量 (kg/m$^3$) | 再生粗骨料 | | 天然碎石 (kg/m$^3$) | 天然砂 (kg/m$^3$) | 减水剂 (kg/m$^3$) |
|---|---|---|---|---|---|---|
| | | 取代率(%) | 用量(kg/m$^3$) | | | |
| A300-0 | 300 | 0 | 0 | 1166 | 714 | 3.6 |
| A300-20 | 300 | 20 | 233 | 933 | 714 | 3.6 |
| A300-40 | 300 | 40 | 466 | 700 | 714 | 3.6 |
| A300-60 | 300 | 60 | 700 | 466 | 714 | 3.6 |
| A300-80 | 300 | 80 | 933 | 233 | 714 | 3.6 |
| A300-100 | 300 | 100 | 1166 | 0 | 714 | 3.6 |
| A350-0 | 350 | 0 | 0 | 1150 | 705 | 4.2 |
| A350-20 | 350 | 20 | 230 | 920 | 705 | 4.2 |
| A350-40 | 350 | 40 | 460 | 690 | 705 | 4.2 |

续表

| 编号 | 水泥用量（kg/m³） | 再生粗骨料 | | 天然碎石（kg/m³） | 天然砂（kg/m³） | 减水剂（kg/m³） |
|---|---|---|---|---|---|---|
| | | 取代率（%） | 用量（kg/m³） | | | |
| A350-60 | 350 | 60 | 690 | 460 | 705 | 4.2 |
| A350-80 | 350 | 80 | 920 | 230 | 705 | 4.2 |
| A350-100 | 350 | 100 | 1150 | 0 | 705 | 4.2 |
| A400-0 | 400 | 0 | 0 | 1136 | 696 | 4.8 |
| A400-20 | 400 | 20 | 227 | 909 | 696 | 4.8 |
| A400-40 | 400 | 40 | 454 | 682 | 696 | 4.8 |
| A400-60 | 400 | 60 | 682 | 454 | 696 | 4.8 |
| A400-80 | 400 | 80 | 909 | 227 | 696 | 4.8 |
| A400-100 | 400 | 100 | 1136 | 0 | 696 | 4.8 |

注：表中编号以字母 A 开头表示 SC-RCA 系列的再生粗骨料混凝土，OP-RCA 和 DP-RCA 系列的再生粗骨料混凝土分别以字母 B 和 C 来表示。如 A300-20 表示使用 SC-RCA 制备的再生粗骨料混凝土，其中水泥用量为 300kg/m³，SC-RCA 的取代率为 20%。

### 4.1.1　再生混凝土收缩性能

干燥收缩是指混凝土停止正常标准养护后，在不饱和的空气中失去内部毛细孔和胶凝孔的吸附水而发生的不可逆收缩，它不同于干湿交替引起的可逆收缩，简称干缩。干缩是混凝土的一个重要的性能指标，它关系到混凝土的强度、体积稳定性、耐久性等性能。

混凝土干燥收缩本质上是水化相的收缩，骨料及未水化胶凝材料则起到约束收缩的作用。对于一般工程环境（相对湿度大于 40%），水化相孔隙失水是收缩的主要原因，因此，一定龄期下，水化相的数量及其微观孔隙结构决定了混凝土收缩的大小。由于再生粗骨料较高的吸水率特征，使得再生粗骨料混凝土的干缩变形较为显著，已经引起有关方面的重视。所以几乎所有研究再生骨料混凝土的国内外专家学者都无一例外地提及再生混凝土的干缩变形。

试验采用《普通混凝土长期性能和耐久性能试验方法标准》GB/T 50082—2009 收缩试验中的接触法进行，再生混凝土试件的尺寸为 100mm×100mm×515mm，且试件两端预埋测头，在标准养护室养护 3d 后取出移入温度在 20±2℃，相对湿度保持在 60±5%的恒温恒湿室，并测定其初始长度，然后在达到相应龄期后依次测定 1d、3d、7d、14d、28d、56d 和 90d 的收缩变化量。混凝土收缩率应按下式计算：

$$\varepsilon_{st}=\frac{L_0-L_t}{L_b} \tag{4-1}$$

式中：$\varepsilon_{st}$——试验期为 t（d）的混凝土收缩率，t 从测定初始长度时算起；

$L_b$——试件的测量标距，用混凝土收缩仪测量时应等于两测头内侧的距离，即等于混凝土试件长度（不计测头凸出部分）减去两个测头埋入深度之和（mm）。采用接触法引伸仪时，即为仪器的测量标距；

$L_0$——试件长度的初始读数，单位为 mm；

$L_t$——试件在试验期为 t（d）时测得的长度读数，单位为 mm。

为了对比再生混凝土与普通混凝土的收缩性能差异，在不同水泥用量条件下，重点研究再生粗骨料品质和取代率对再生混凝土收缩率的影响规律，具体试验结果见图 4-1～图 4-3 所示。

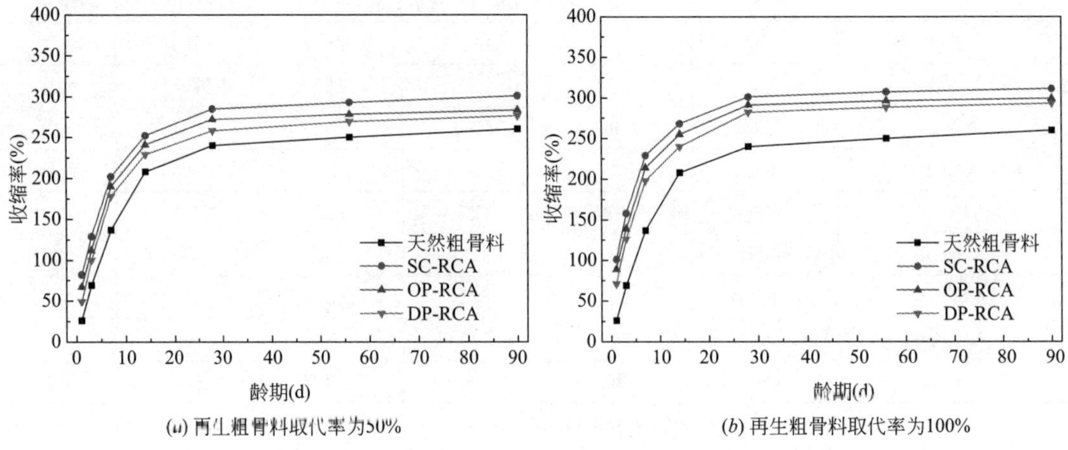


(*a*) 再生粗骨料取代率为50%　　(*b*) 再生粗骨料取代率为100%

图 4-1　胶凝材料用量为 300kg/m³ 时再生粗骨料混凝土的收缩率

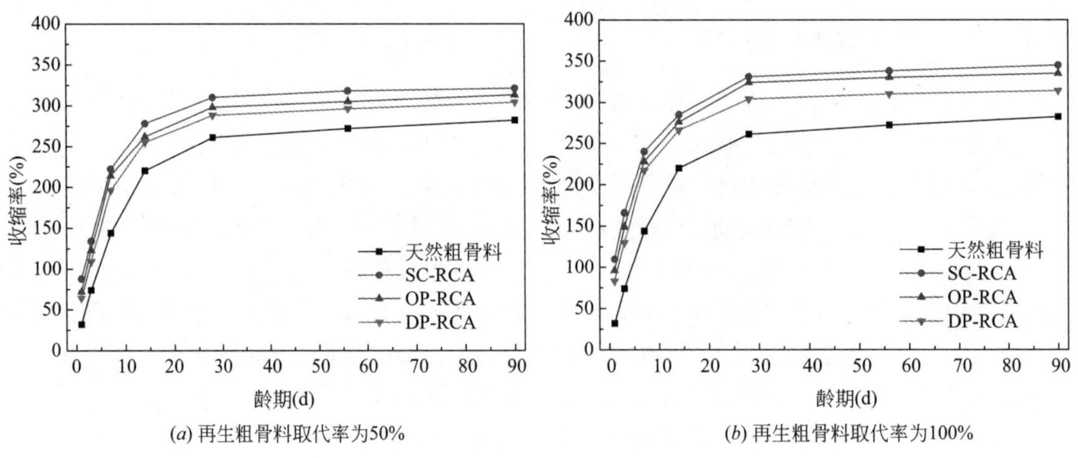


(*a*) 再生粗骨料取代率为50%　　(*b*) 再生粗骨料取代率为100%

图 4-2　胶凝材料用量为 350kg/m³ 时再生粗骨料混凝土的收缩率

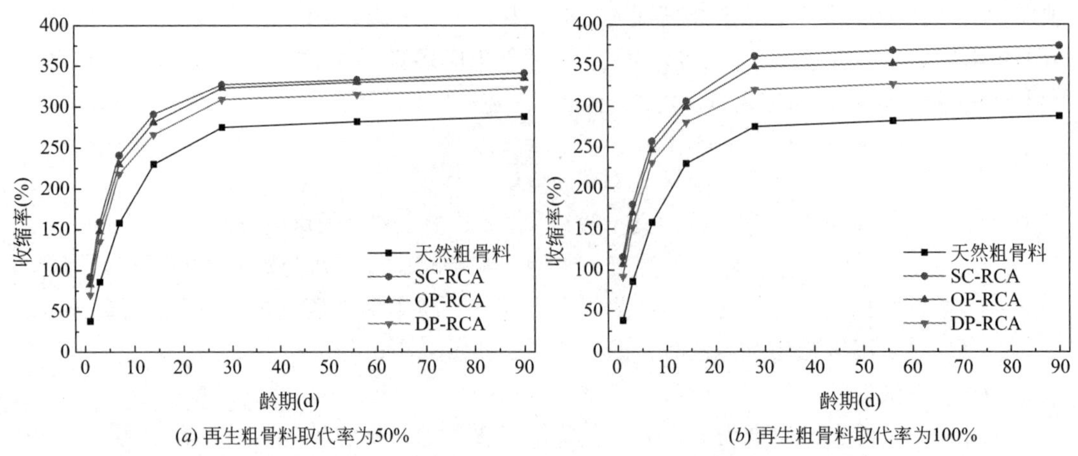


(*a*) 再生粗骨料取代率为50%　　(*b*) 再生粗骨料取代率为100%

图 4-3　胶凝材料用量为 400kg/m³ 时再生粗骨料混凝土的收缩率

由图 4-1～图 4-3 分析可知：随着再生粗骨料品质的提升，再生粗骨料混凝土的 28d 收缩率逐渐减小，收缩性能得到增强，且由二次物理强化后的 DP-RCA 所制备的再生粗骨料混凝土的收缩性能最优。另外，再生粗骨料混凝土的收缩率要显著大于普通混凝土，这与再生粗骨料较低的弹性模量有关，不能有效约束水泥浆体的收缩。

由不同品质的再生粗骨料所制备的再生粗骨料混凝土的收缩性能均随着再生粗骨料取代率的增大而呈现出减小的趋势。这是因为随着再生粗骨料取代率的增加，再生粗骨料混凝土内部的孔隙数量有所增多，从而增加了再生粗骨料混凝土的空隙率和失水通道，也相应加剧了再生粗骨料混凝土的碳化收缩和干燥收缩。随着胶凝材料用量的增加，再生粗骨料混凝土的 28d 收缩率显著增大，这是因为再生粗骨料混凝土中水泥浆体数量增多会加大对再生粗骨料的约束，但再生粗骨料的基本性能指标要差于天然粗骨料，故而再生粗骨料混凝土的收缩性能逐渐变差。

综上，与普通混凝土相比，再生粗骨料混凝土的早期（1d、3d、7d 和 14d）收缩变化量增长较快，其各龄期的收缩性能均要低于普通混凝土。再生粗骨料的品质和取代率，以及胶凝材料用量均是影响再生粗骨料混凝土收缩性能的关键因素。随着胶凝材料用量的增加，再生混凝土的 28d 收缩率显著增大，这是因为再生混凝土中水泥浆体数量增多会加大对再生粗骨料的约束，但再生粗骨料的基本性能指标要差于天然粗骨料，故而再生混凝土的收缩性能逐渐变差。

### 4.1.2　再生混凝土碳化性能

由于再生骨料来源广泛，品质差异较大，这就导致再生混凝土的碳化性能往往差异较大，且再生混凝土的微观结构较为复杂，致使再生混凝土的碳化过程更加多样化。因此，只有保证再生骨料品质，才能使得再生混凝土广泛应用于土木工程。空气中的 $CO_2$ 与混凝土中的水化产物 $Ca(OH)_2$ 发生反应，生成 $CaCO_3$ 和 $H_2O$，混凝土的碳化是由外逐渐向内渗透的反应过程，温度、湿度及 $CO_2$ 浓度决定了混凝土碳化的速率，主要原理是混凝土的密实程度决定了碳化深度，$CO_2$ 的进入使得混凝土内部的水化产物发生了变化，界面结构及孔隙率也会产生相应的改变，随着碳化反应的深入进行，降低了混凝土内部及钢筋表面的碱度，当碳化发展至钢筋表面时，碳化破坏了钢筋表面的钝化膜，导致钢筋发生锈蚀。

混凝土碳化试验应按下列步骤进行：

（1）试验采用 100mm×100mm×400mm 棱柱体试件，采用标准养护，在试验前 2d 从标准养护室取出，然后应在 60℃下烘 48h。经烘干处理后的试件，除两个侧面外，其余表面应采用加热的石蜡予以密封。

（2）试件放入碳化箱后，应将碳化箱密封。调节二氧化碳的流量，使箱内的二氧化碳浓度保持在（20±3）%。在整个试验期间箱内的相对湿度控制在（70±5）%，温度应控制在 20±2℃的范围内。

（3）应在碳化到 3d、7d、14d 和 28d 时，分别取出试件，随后应将其劈裂，然后喷上浓度为 1%的酚酞酒精溶液（酒精溶液含 20%的蒸馏水）。约经 30s 后测试碳化深度。当测点处刚好嵌有粗骨料颗粒，可取该颗粒两侧处碳化深度的算术平均值作为该点的深度值。

（4）混凝土在各实验龄期时的平均碳化深度应按下式计算：

$$\overline{d_t}=\frac{1}{n}\sum_{i=1}^{n}d_i \tag{4-2}$$

式中：$\overline{d_t}$——试件碳化 t（d）后的平均碳化深度，单位为 mm，精确到 0.1mm；

$d_i$——各测点的碳化深度，单位为 mm；

$n$——测点总数。

再生粗骨料混凝土的碳化性能试验中，当再生粗骨料混凝土试件在碳化试验箱分别达到相应龄期后测试其碳化深度，随再生粗骨料品质和取代率的变化情况如图 4-4～图 4-6 所示。

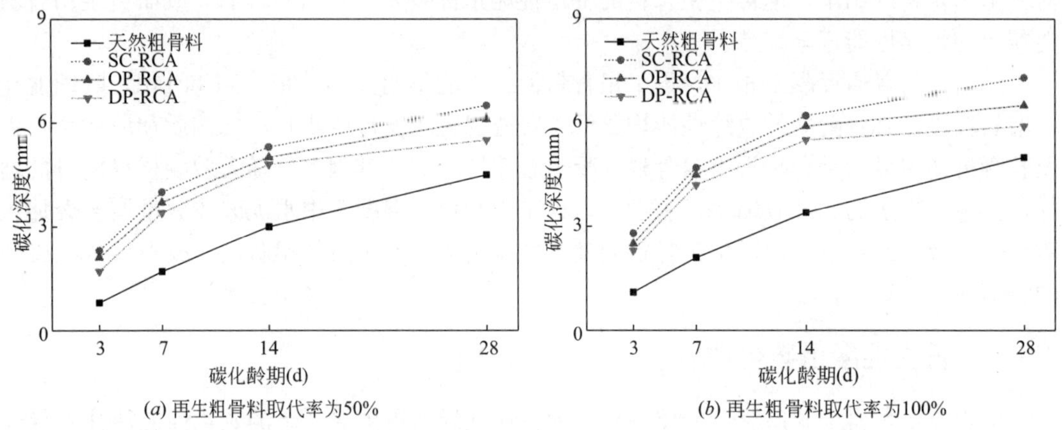


(*a*) 再生粗骨料取代率为50%　　(*b*) 再生粗骨料取代率为100%

图 4-4　胶凝材料用量为 300kg/m³ 时再生粗骨料混凝土的碳化深度

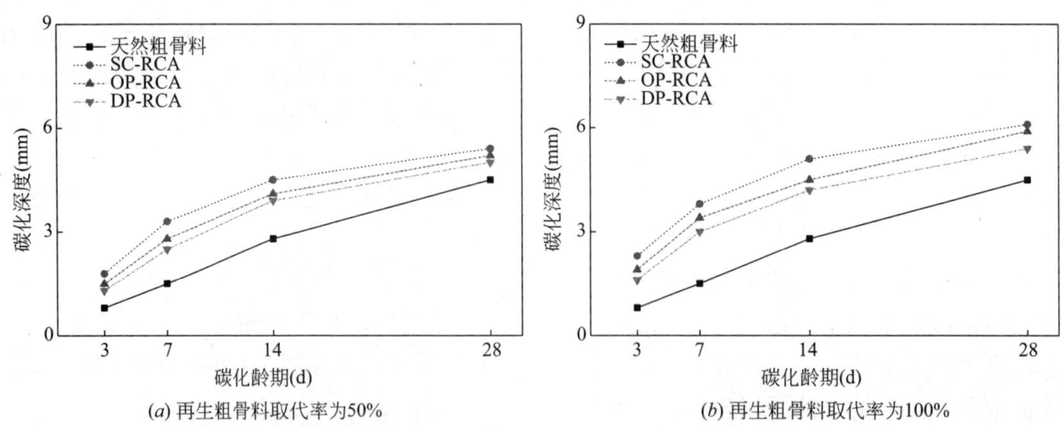


(*a*) 再生粗骨料取代率为50%　　(*b*) 再生粗骨料取代率为100%

图 4-5　胶凝材料用量为 350kg/m³ 时再生粗骨料混凝土的碳化深度

由图 4-4～图 4-6 分析可知：随着再生粗骨料品质的提升，再生粗骨料混凝土的碳化性能逐渐增强，以二次物理强化效果最为显著。这是因为由品质较低的再生粗骨料制备的再生粗骨料混凝土的密实性较低，为 $CO_2$ 的扩散侵入提供了通道，故而再生粗骨料混凝土的 28d 碳化深度较大。随着再生粗骨料取代率的增大，由不同品质的再生粗骨料所制备的再生粗骨料混凝土的碳化性能均有不同程度的降低。这是因为再生粗骨料的掺加使得再

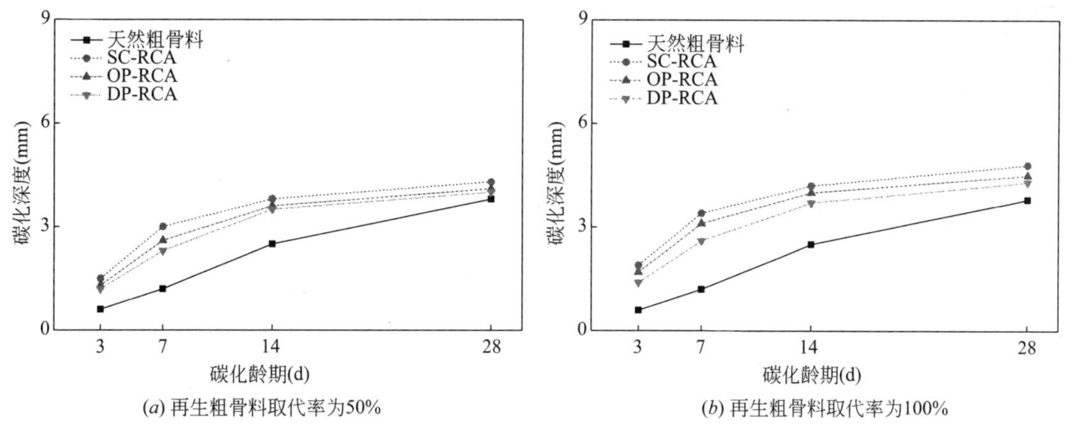


(*a*) 再生粗骨料取代率为50%　　(*b*) 再生粗骨料取代率为100%

图 4-6　胶凝材料用量为 400kg/m³ 时再生粗骨料混凝土的碳化深度

生粗骨料混凝土内部的界面区产生一定数量的孔隙，加快了 $CO_2$ 的扩散速度，因此再生粗骨料混凝土的碳化性能随着再生粗骨料取代率的增大而逐渐减弱。随着胶凝材料用量的增加，再生粗骨料混凝土的 28d 碳化深度显著减小，其碳化性能得到提升，在一定程度上改善了再生粗骨料混凝土中再生粗骨料掺加所带来的弱化作用。

对于低强度等级再生混凝土，由于水泥用量少，混凝土密实性相对较差，并且低品质再生粗骨料表面的附着砂浆含量高，附着砂浆和老界面存有较多的微细裂缝及连通孔隙，这些因素为二氧化碳的进入提供便利通道，致使低强度等级再生混凝土抗碳化性能较差。由于Ⅲ类再生粗骨料经过物理强化处理后，得到Ⅰ类的再生骨料表面的附着废旧砂浆及内部缺陷明显减少，用其制备的高品质再生粗骨料混凝土的微观结构及密实性得到明显改善，减少了二氧化碳进入混凝土内部的途径[2-3]，抗碳化性能优于低品质再生粗骨料混凝土。与普通混凝土相比，再生粗骨料混凝土的早期（3d 和 7d）碳化深度增幅较大，其各龄期的碳化性能均要低于普通混凝土。再生粗骨料的品质和取代率，以及胶凝材料用量均是影响再生粗骨料混凝土碳化性能的关键因素。

### 4.1.3　再生混凝土渗透性能

环境水、土中的氯离子因浓度差会影响其在混凝土中的扩散及渗透，当氯离子扩散渗透至混凝土结构中钢筋表面并达到一定浓度后，将导致钢筋很快锈蚀，严重影响混凝土结构的耐久性。海洋和近海地区接触海水氯化物、降雪地区接触除冰盐的钢筋混凝土结构的混凝土应有较高的抗氯离子渗透性。[4] 在混凝土中氯离子主要是通过水泥石中的孔隙和砂浆与骨料之间的界面薄弱区域进行扩散渗透。

氯离子渗透性试验采用《普通混凝土长期性能和耐久性能试验方法标准》GB/T 50082—2009 快速氯离子迁移系数法（RCM 法）进行测定，用氯离子迁移系数 $D_{RCM}$ 表示。具体步骤如下：

将尺寸为 ϕ100mm×200mm 的圆柱体试件养护在温度为 20±2℃水中，试件养护龄期至 28d 后，切割成 ϕ100mm、高度为 50±2mm 的待测试件，并将其侧面密封，阳极橡胶筒内的溶液为 0.3mol/L 的 NaOH 溶液，阴极水槽中为质量浓度 10%的 NaCl 溶液，直流电压为 30±0.2V，测定初始电流后确定实际电压，并根据新测定的电量大小确定试验持续时间，试验结束后，在试件断面上喷洒 0.1mol/L 的 $AgNO_3$ 溶液，根据颜色变化测量氯离子的渗透深度。混凝土氯离子迁移系数按式 4-3 计算：

$$D_{RCM}=\frac{0.0239\times(273+T)L}{(U-2)t}\left(X_d-0.0238\sqrt{\frac{(273+T)LX_d}{U-2}}\right) \tag{4-3}$$

式中：$D_{RCM}$——非稳态氯离子迁移系数（$0.1\times10^{-12}m^2/s$）；

U——电压（V）；

T——温度平均值（℃）；

L——圆柱体试件高度（0.1mm）；

$X_d$——$Cl^-$ 的渗透深度（0.1mm）；

t——通电时间（h）。

根据上述公式计算再生混凝土的 $Cl^-$ 迁移系数，在不同的胶凝材料用量条件下，再生粗骨料混凝土试件的非稳态氯离子迁移系数（$D_{RCM}$）随再生粗骨料品质和取代率的变化情况如图 4-7 所示。

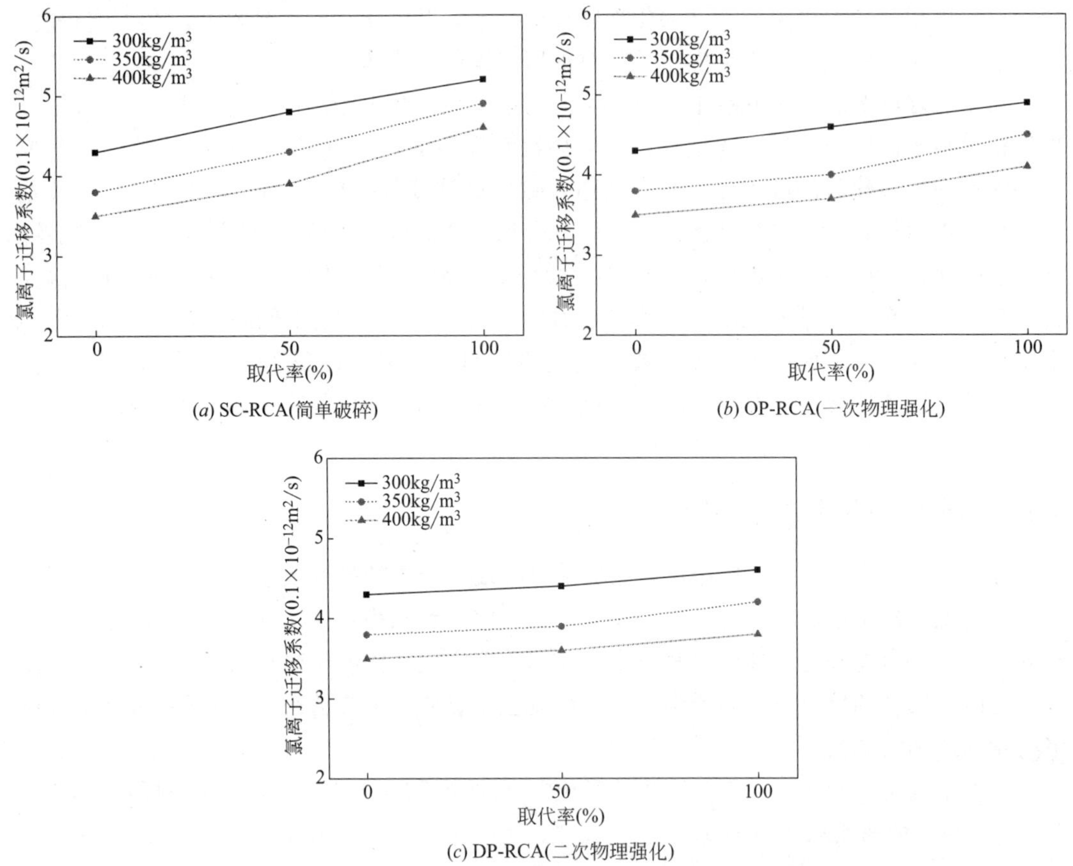


图 4-7　再生粗骨料混凝土的非稳态氯离子迁移系数（$D_{RCM}$）

由图 4-7 分析可知：随着再生粗骨料品质的提升，再生粗骨料混凝土的 $D_{RCM}$ 逐渐减小，其抗氯离子渗透性能得到增强，且当再生粗骨料混凝土的胶凝材料用量和再生粗骨料取代率相同时，由 DP-RCA 制备的再生粗骨料混凝土的 $D_{RCM}$ 最小。随着再生粗骨料取代率的增大，由不同品质的再生粗骨料所制备的再生粗骨料混凝土的抗氯离子渗透性能均有不同程度的降低。这是因为，即使经过强化处理的再生粗骨料，其各项基本性能指标也要略差于天然粗骨料，这种差异必然导致再生粗骨料混凝土的抗氯离子渗透性能较差，且受再生粗骨料用量影响显著。

再生粗骨料混凝土中水泥浆体的增多显著改善了再生粗骨料表面所存在的薄弱界面结构，胶凝材料用量的增加可以显著减小再生粗骨料混凝土试件的氯离子迁移系数，从而提高其抗氯离子渗透性能。综上，再生粗骨料混凝土的抗氯离子渗透性能要低于普通混凝土，再生粗骨料的品质和取代率，以及胶凝材料用量均是影响再生粗骨料混凝土抗氯离子渗透性能的关键因素。经过物理强化处理得到的高品质再生粗骨料，主要是其表面的附着砂浆含量低，基本性能与天然粗骨料接近，其抗氯离子渗透性能明显得到改善。

### 4.1.4　再生混凝土的抗冻性能

混凝土冻融循环破坏的主要原因是由于水泥浆中毛细孔内的水受冻膨胀，当膨胀后的体积大于所容许的空间时空隙中多余的水被膨胀压力排出。这一毛细孔水压的大小，取决于水分的饱和程度、水泥浆的渗透度和最近气孔的距离、冷却速度以及保持在冰冻温度的时间多少；当该压力超过任何一点水泥浆的抗拉强度时，就会出现局部开裂。在冻融循环期间，融化时进入孔隙的水将再被冰冻，因而混凝土被连续地破坏。[5] 为此，对当前制备的混凝土进行在水中的冻融试验，测定混凝土经冻融试验后的相对动弹性模量和重量损失，评价研制的混凝土在水中的抗冻融能力。

根据《普通混凝土长期性能和耐久性能试验方法标准》GB/T 50082—2009 对海水冷却塔混凝土进行抗冻性试验。在标准养护室内养护龄期为 24d 时提前将冻融试验的试件放在 20±2℃水中浸泡，在水中浸泡时间应为 4d，试件应在 28d 龄期时开始在混凝土快速冻融循环试验箱内进行抗冻融试验。混凝土冻融实验步骤：

（1）在标准养护室内养护的试件在养护龄期为 24d 时，将冻融试验的试件从养护室内取出，放在 20±2℃水中浸泡 4d，试件应在 28d 龄期时开始进行冻融试验；

（2）当试件养护龄期达到 28d 时应及时取出，用湿布擦除表面水分后应对外观尺寸进行测量，试件的外观尺寸应满足本标准要求，并应编号、称量试件初始质量 $W$；然后应按本标准规定测定其横向基频的初始值 $f$；

（3）将试件放入试件盒内注入清水。在整个验过程中，盒内水位高度应始终保持至少高出试件顶面 5mm。每次冻融循环应在 2h～4h 内完成，试件中心最低和最高温度应分别控制在－18±2℃和 5±2℃内。在任意时刻，试件中心温度不得高于 7℃，且不得低于－20℃；

（4）将试件盒放入冻融箱内开始冻融实验，每隔 25 次冻融循环测量试件的横向基频，测量前将试件表面浮渣清洗干净并擦干表面水分，检查其外部损伤并称量试件的质量。随后应按本标准规定的方法测量横向基频。

测定混凝土的相对动弹性模量和重量损失，其中混凝土动弹性模量采用基于共振原理的动弹性模量测定仪测得试件的基频振动周期，并通过下公式计算其相对动弹性模量：

（1）相对动弹性模量应按下式计算：

$$P_i=\frac{f_{ni}^2}{f_{0i}^2}\times 100\% \tag{4-4}$$

式中：$P_i$——经N次冻融循环后第i个混凝土试件的相对动弹性模量，%；

$f_{ni}$——经N次冻融循环后第i个混凝土试件的横向基频，单位为Hz；

$f_{0i}$——冻融循环试验前第i个混凝土试件横向基频初始值，单位为Hz。

$$P=\frac{1}{3}\sum_{i=1}^{3}P_i \tag{4-5}$$

式中：$P$——经N次冻融循环后一组混凝土试件的相对动弹性模量，%。

相对动弹性模量$P$应以三个试件试验结果的算术平均值作为测定值。当最大值或最小值，与中间值之差超过中间值的15%时，应剔除此值，并应取其余两值的算术平均值作为测定值；当最大值和最小值与中间值之差均超过中间值的15%时，应取中间值作为测定值。

（2）单个试件的质量损失率应按下式计算

$$\Delta W_{ni}=\frac{W_{0i}-W_{ni}}{W_{0i}}\times 100\% \tag{4-6}$$

式中：$\Delta W_{ni}$——N次冻融循环后第i个混凝土试件的质量损失率，%；

$W_{0i}$——冻融循环试验前第i个混凝土试件的质量，单位为g；

$W_{ni}$——N次冻融循环后第i个混凝土试件的质量，单位为g。

（3）一组试件的平均质量损失率应按下式计算：

$$\Delta W_n=\frac{\sum_{i=1}^{3}\Delta W_{ni}}{3}\times 100\% \tag{4-7}$$

式中：$\Delta W_n$——N次冻融循环后一组混凝土试件的平均质量损失率，%。

通过快速冻融试验方法测试得出，当再生混凝土试件的冻融循环次数达到150次或相对动弹性模量低于60%时，再生混凝土的质量损失率并未超过5%。因此，为了对比再生混凝土与普通混凝土的抗冻性能差异，试验方案中无掺加引气剂，重点研究再生粗骨料的取代率及品质性能对再生混凝土相对动弹性模量和质量损失率的影响规律。具体变化情况分别如图4-8～图4-13所示。

由图4-8～图4-13再生粗骨料混凝土相对动弹性模量及质量损失率变化规律分析可知：随着再生粗骨料品质的提升，再生粗骨料混凝土的抗冻性能逐渐增强。这是因为SC-RCA表面存在较弱的界面结构，且再生粗骨料的冻胀效应大于天然粗骨料，在冻融循环过程中极易发生破坏，导致由SC-RCA制备的再生粗骨料混凝土抗冻性能较低。

由不同品质的再生粗骨料所制备的再生粗骨料混凝土的抗冻性能均随着再生粗骨料取代率的增大而呈现出减小的趋势。这是因为，再生粗骨料的吸水率要显著高于天然粗骨料，其骨料内部含有大量的自由水，当再生粗骨料混凝土试件所处环境低于0℃时，内部水分结冰后体积发生膨胀，从而破坏了再生粗骨料与水泥浆体之间的薄弱界面结构，导致再生粗骨料混凝土的质量损失率逐渐增大，而相对动弹性模量逐渐减小。胶凝材料用量的增加可以弥补再生粗骨料与水泥浆体之间的界面缺陷问题，故而随着胶凝材料用量的增

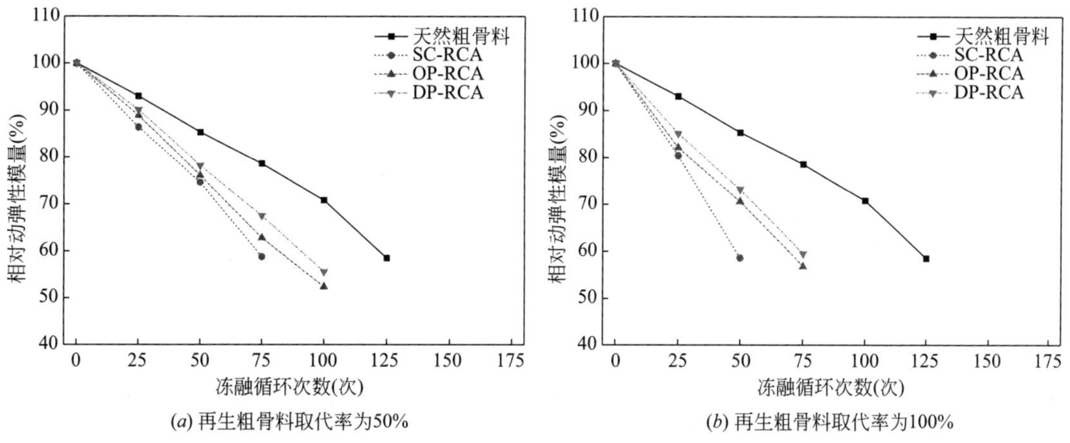


(a) 再生粗骨料取代率为50%　　(b) 再生粗骨料取代率为100%

图 4-8　胶凝材料用量为 300kg/m$^3$ 时再生粗骨料混凝土的相对动弹性模量

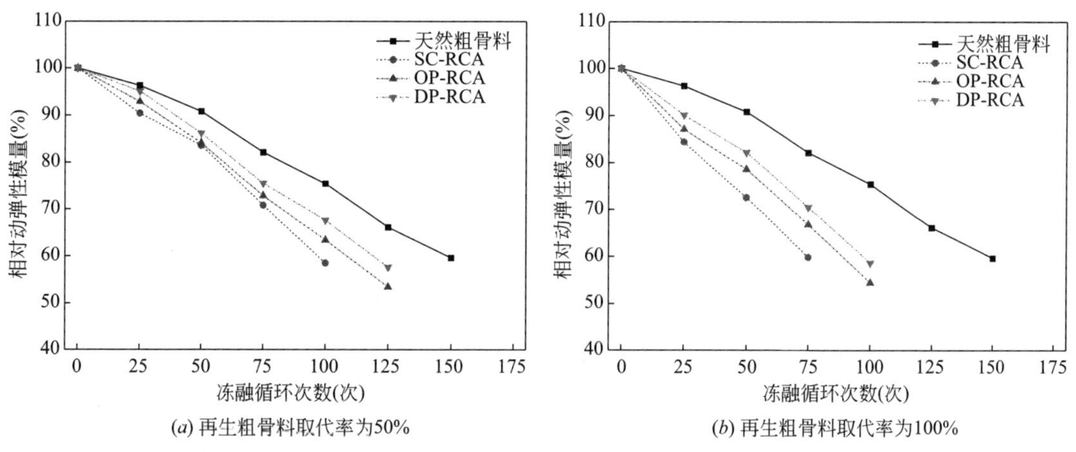


(a) 再生粗骨料取代率为50%　　(b) 再生粗骨料取代率为100%

图 4-9　胶凝材料用量为 350kg/m$^3$ 时再生粗骨料混凝上的相对动弹性模量

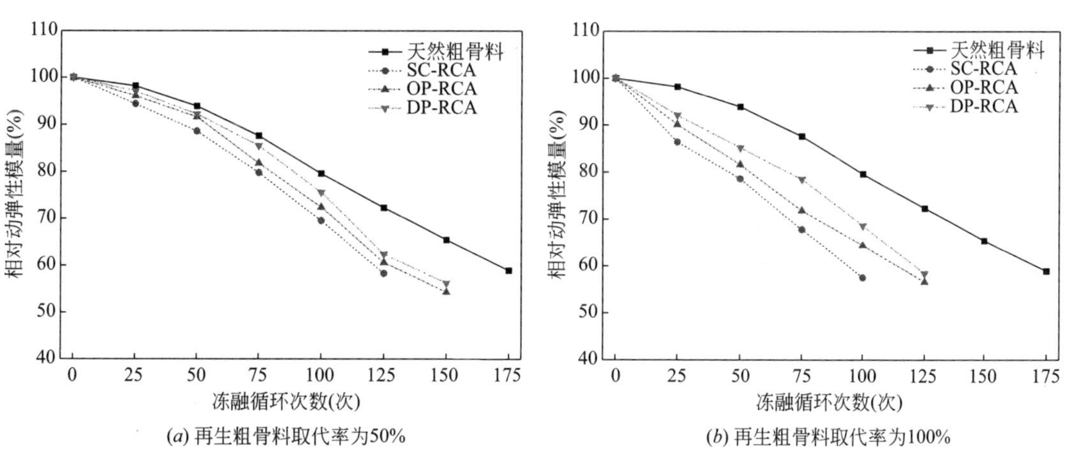


(a) 再生粗骨料取代率为50%　　(b) 再生粗骨料取代率为100%

图 4-10　胶凝材料用量为 400kg/m$^3$ 时再生粗骨料混凝土的相对动弹性模量

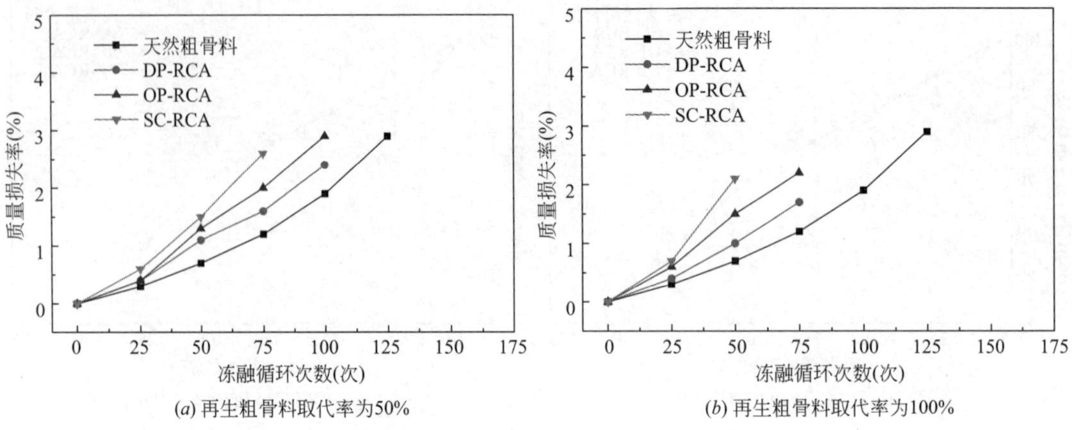


(a) 再生粗骨料取代率为50%　　(b) 再生粗骨料取代率为100%

图 4-11　胶凝材料用量为 300kg/m³ 时再生粗骨料混凝土的质量损失率

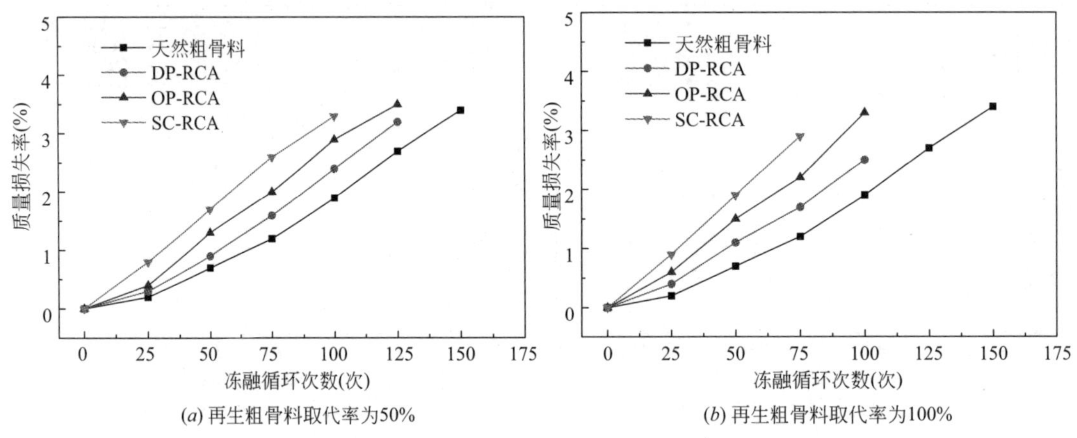


(a) 再生粗骨料取代率为50%　　(b) 再生粗骨料取代率为100%

图 4-12　胶凝材料用量为 350kg/m³ 时再生粗骨料混凝土的质量损失率

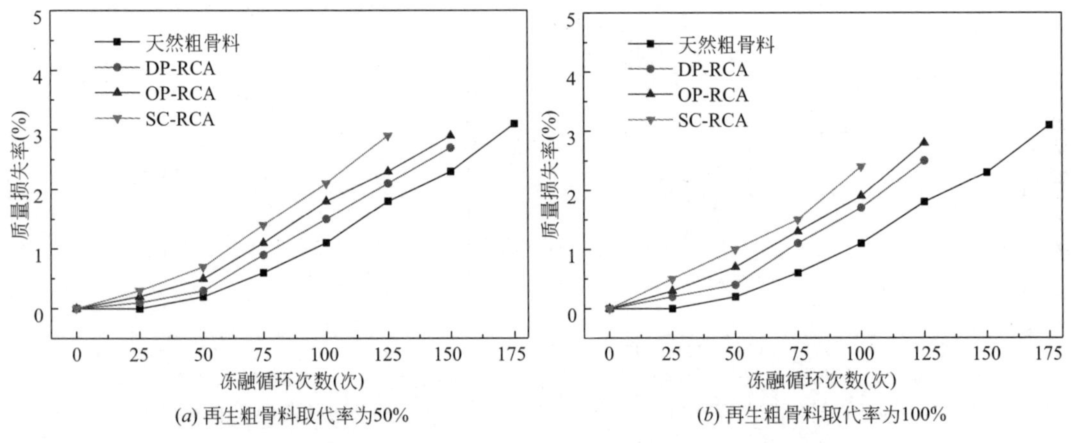


(a) 再生粗骨料取代率为50%　　(b) 再生粗骨料取代率为100%

图 4-13　胶凝材料用量为 400kg/m³ 时再生粗骨料混凝土的质量损失率

加，再生粗骨料混凝土的抗冻性能逐渐增强。

低品质再生粗骨料混凝土的抗冻性能明显差于高品质再生粗骨料混凝土，随着再生粗骨料品质的提升，再生混凝土的抗冻性能逐渐增强。这是因为简单破碎的低品质RCA中老骨料与旧水泥浆体之间存在较弱的界面结构，且旧砂浆基体空隙率高、吸水率大，使得RCA的冻胀效应大于天然粗骨料，在冻融循环过程中极易发生破坏，导致再生混凝土的抗冻性能较差；再生粗骨料混凝土的抗冻性能要低于普通混凝土，再生粗骨料的品质和取代率，以及胶凝材料用量均是影响再生粗骨料混凝土抗冻性能的关键因素。

## 4.2　再生细骨料品质对再生混凝土耐久性能的影响

参照《再生骨料应用技术规程》JGJ/T 240—2011和再生骨料的实际使用现状可以发现，再生细骨料或再生细骨料混凝土的相关水泥制品的实际工程应用较少，并且少有的工程实例中也是对再生细骨料混凝土的工作性能和力学性能有较低的要求，极少对再生细骨料混凝土的耐久性能[6-8] 有所要求。因此，针对再生细骨料混凝土的耐久性能试验方案进行缩减调整，参照《普通混凝土长期性能和耐久性能试验方法标准》GB/T 50082—2009，重点研究再生细骨料的品质差异和取代率变化对再生细骨料混凝土的抗氯离子渗透、碳化、抗冻和收缩等耐久性能的影响。调整后的再生细骨料混凝土试验方案所考虑的变量因素为：

（1）再生细骨料的品质：分别为SC-RFA（简单破碎再生细骨料）、OP-RFA（一次物理强化再生细骨料）和DP-RFA（二次物理强化再生细骨料）；

（2）再生细骨料的取代率：分别取代天然细骨料的0、50%和100%，以质量计；

（3）胶凝材料体系：选用Ⅱ级粉煤灰和S95级矿粉1∶1复掺，总掺量为胶凝材料用量的30%，水泥用量为胶凝材料用量的70%；

（4）胶凝材料用量：300kg/m$^3$ 和400kg/m$^3$。

### 4.2.1　再生混凝土收缩性能

再生细骨料混凝土的收缩性能选用接触法来进行测定，在达到相应龄期后依次测定1d、3d、7d、14d和28d的收缩变化量。再生细骨料品质和取代率对再生细骨料混凝土试件收缩率的影响情况如图4-14和图4-15所示。

由图4-14和图4-15分析可知，再生细骨料混凝土的早期（1d、3d和7d）收缩率较大，其收缩性能较低。在不同胶凝材料用量条件下，再生细骨料混凝土的28d收缩率随着再生细骨料品质的降低和取代率的增大而逐渐升高，其收缩性能逐渐变差。另外，再生细骨料混凝土中胶凝材料用量的增多加剧了其收缩变化。相比较普通混凝土，由SC-RFA制备的再生细骨料混凝土的28d收缩量最大，由OP-RFA制备的再生细骨料混凝土的28d收缩量最小。这是因为再生细骨料混凝土的收缩变化主要是由干燥收缩引起的，SC-RFA表面粗糙降低了再生细骨料混凝土的密实度，从而间接增加了其内部的输水通道，加大了毛细孔失水的速率，故而其28d收缩率要大于普通混凝土。

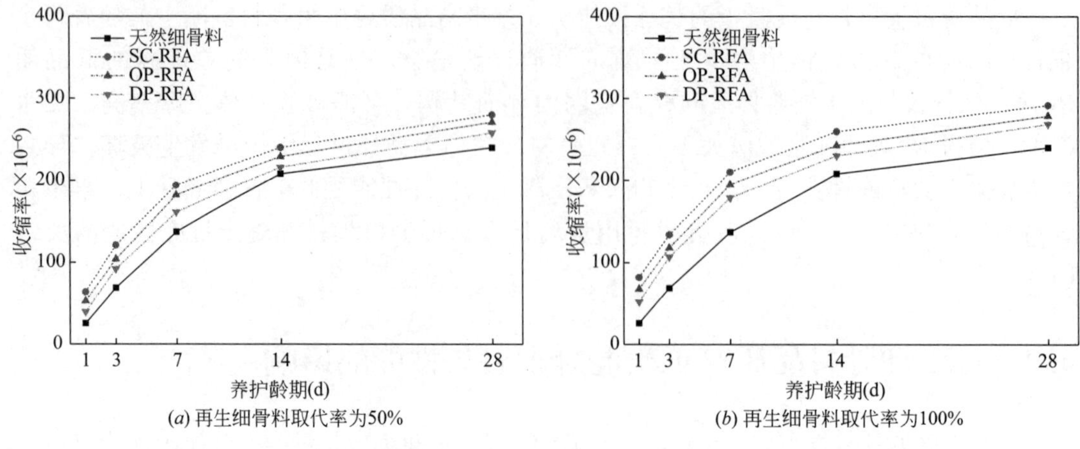

(a) 再生细骨料取代率为50%　　(b) 再生细骨料取代率为100%

图 4-14　胶凝材料用量为 300kg/m³ 时再生细骨料混凝土收缩率

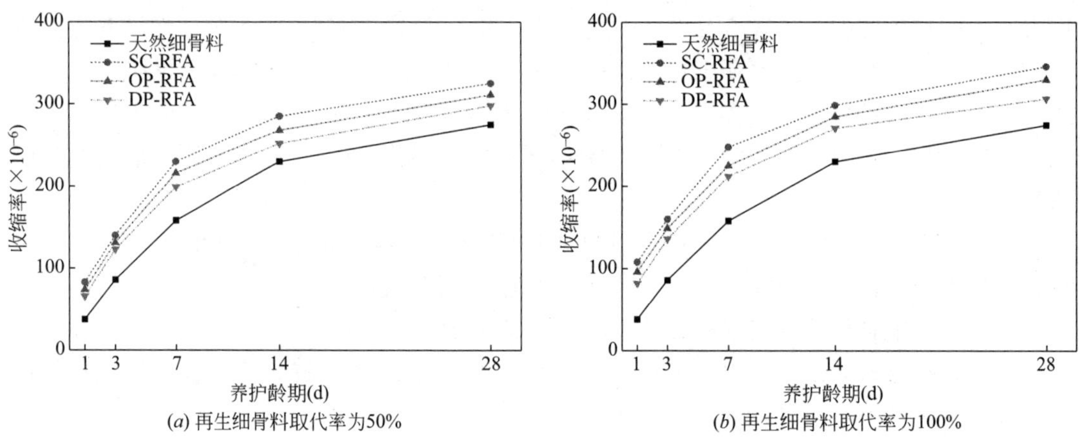

(a) 再生细骨料取代率为50%　　(b) 再生细骨料取代率为100%

图 4-15　胶凝材料用量为 400kg/m³ 时再生细骨料混凝土的收缩率

### 4.2.2　再生混凝土碳化性能

再生细骨料混凝土的碳化性能试验中，当试件在碳化试验箱分别达到 3d、7d、14d 和 28d 龄期后测试其碳化深度。在不同胶凝材料用量条件下，再生细骨料品质和取代率对再生细骨料混凝土试件碳化深度的影响情况如图 4-16 和图 4-17 所示。

由图 4-16 和图 4-17 分析可知，相比普通混凝土，再生细骨料混凝土的早期（3d 和 7d）碳化深度较大，其碳化性能较低。随着再生细骨料品质的提升、再生细骨料取代率的减小和胶凝材料用量的增多，再生细骨料混凝土的碳化深度均逐渐减小。相比较普通混凝土，当再生细骨料的取代率为 50%时，由 DP-RFA 制备的再生细骨料混凝土的 28d 碳化深度分别增加了 0.2%、2.9%，对再生细骨料混凝土的碳化性能影响较小。这是因为 SC-RFA 在二次物理强化后，间接消除了再生细骨料混凝土内部疏松多孔的界面结构，使其密实度得以增大，从而显著提升了再生细骨料混凝土的碳化性能。

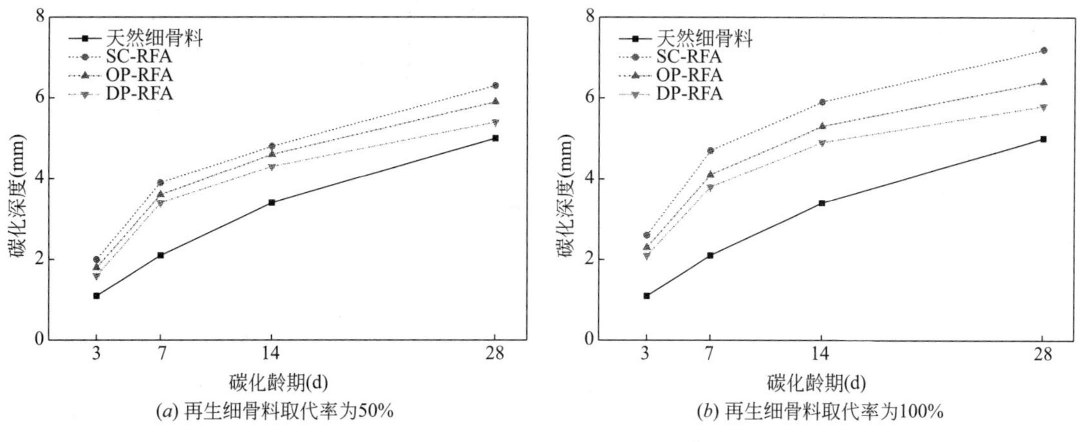


图 4-16 胶凝材料用量为 300kg/m³ 时再生细骨料混凝土的碳化深度

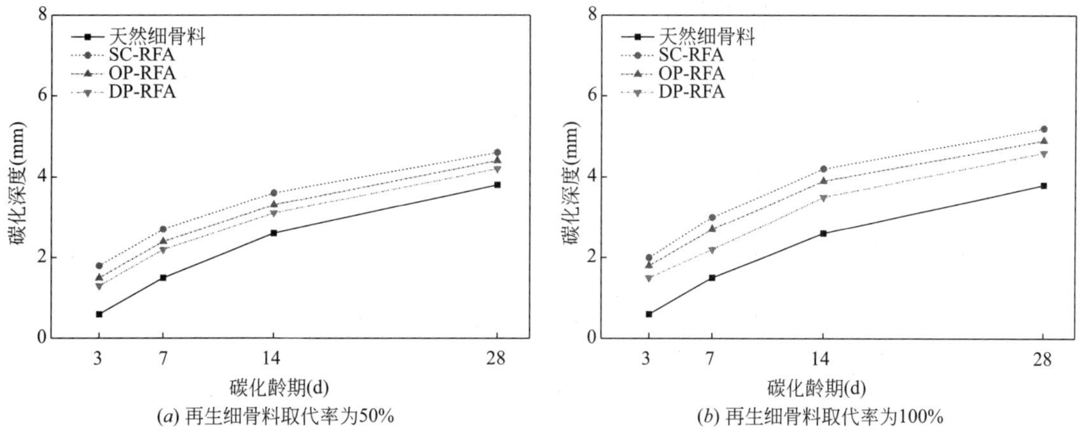


图 4-17 胶凝材料用量为 400kg/m³ 时再生细骨料混凝土的碳化深度

### 4.2.3 再生混凝土渗透性能

再生细骨料混凝土的抗氯离子渗透性能选用 RCM 法来进行测定。当再生细骨料混凝土的胶凝材料用量不同时，再生细骨料混凝土试件的 $D_{RCM}$ 随再生细骨料品质和取代率的变化情况如图 4-18 所示。

由图 4-18 分析可知，再生细骨料混凝土的 $D_{RCM}$ 随着再生细骨料品质的提升和胶凝材料用量的增加而逐渐降低，随着再生细骨料取代率的增大而逐渐升高。当再生细骨料混凝土的胶凝材料用量相同时，由 SC-RFA 制备的再生细骨料混凝土的 $D_{RCM}$ 最大，在 SC-RFA 的取代率为 100%时，相比普通混凝土分别增加了 19.0%、23.5%，而 DP-RFA 的 $D_{RCM}$ 增幅仅为 7.1%、5.9%，二次物理强化后的再生细骨料所制备的再生细骨料混凝土抗氯离子渗透性能显著增强。究其原因是品质较低的 SC-RFA 在再生细骨料混凝土拌合过程中与新砂浆之间存在显微硬度较低的界面区，且具有较高的空隙率，这些缺陷的存在为氯离子侵入再生细骨料混凝土内部提供了渗透通道，从而导致其抗氯离子渗透性能较低。

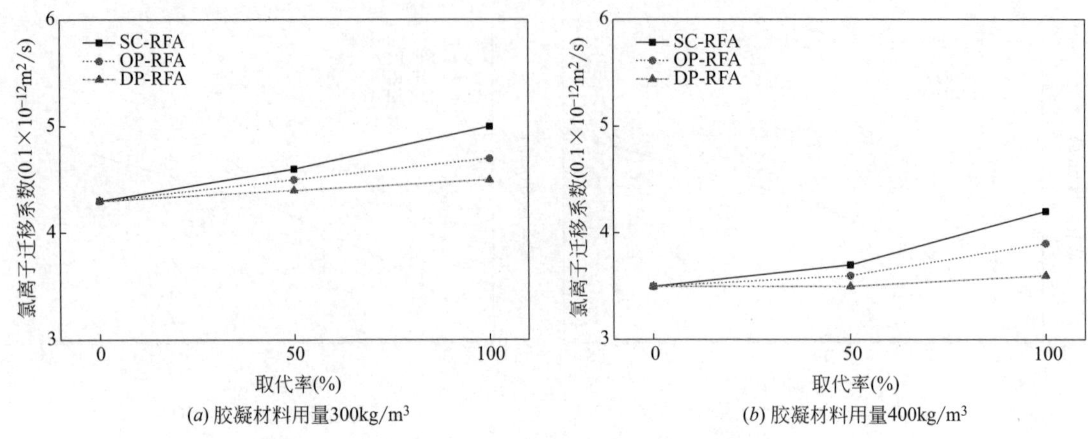


图 4-18　再生细骨料混凝土的非稳态氯离子迁移系数（$D_{RCM}$）

### 4.2.4　再生混凝土的抗冻性能

再生细骨料混凝土的抗冻性能选用快速冻融法来进行测定。再生细骨料混凝土所有试件中的最大冻融循环次数为 175 次，此时其相对动弹性模量低于 60%。由于试验过程中，所有试件的质量损失率最大值为 3.7%（满足质量损失率不大于 5%的规定），为了对比再生细骨料混凝土与普通混凝土的抗冻性能差异，系统研究再生细骨料的品质和取代率对再生细骨料混凝土相对动弹性模量及质量损失率的影响，其变化情况如图 4-19～图 4-22 所示。

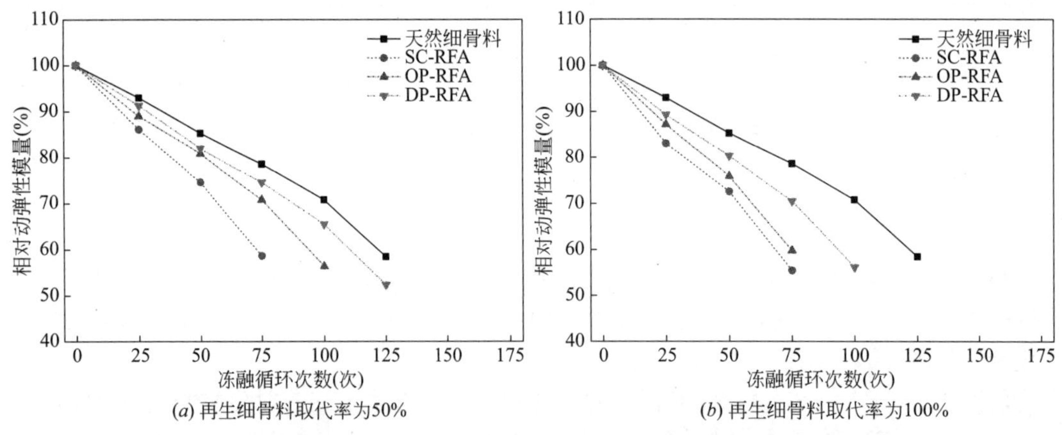


图 4-19　胶凝材料用量为 300kg/m$^3$ 时再生细骨料混凝土的相对动弹性模量

由图 4-19～图 4-22 分析可知，再生细骨料混凝土的抗冻性能要低于普通混凝土，随着再生细骨料品质的提升，再生细骨料混凝土的冻融循环次数逐渐增多，且相对动弹性模量也逐渐增大；当再生细骨料的取代率由 50%增大到 100%，再生细骨料混凝土的抗冻性能显著降低；当再生细骨料混凝土的胶凝材料用量由 300kg/m$^3$ 增加到 400kg/m$^3$ 时，其冻融循环次数最多增加了 50 次，显著提升了再生细骨料混凝土的抗冻性能。总之，再生细骨料的品质和取代率，以及胶凝材料用量均是影响再生细骨料混凝土抗冻性能的主要因

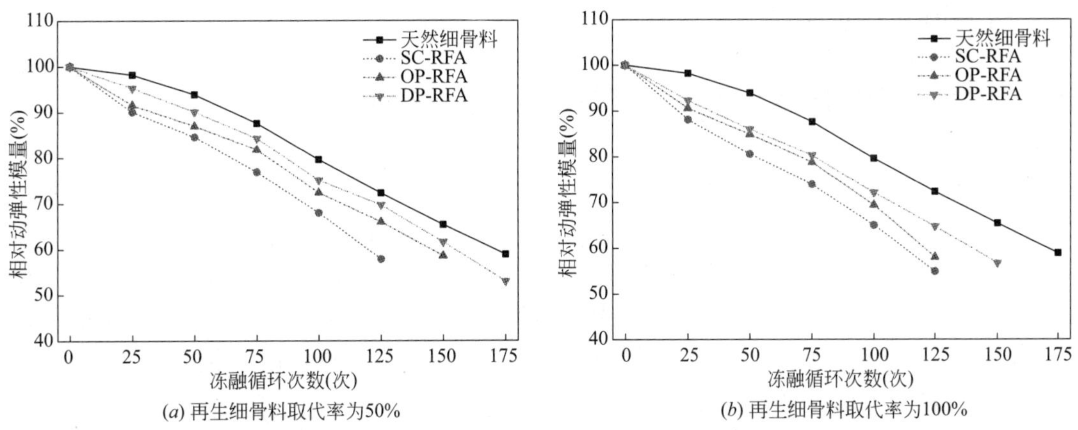

(a) 再生细骨料取代率为50%　　(b) 再生细骨料取代率为100%

图 4-20　胶凝材料用量为 400kg/m³ 时再生细骨料混凝土的相对动弹性模量

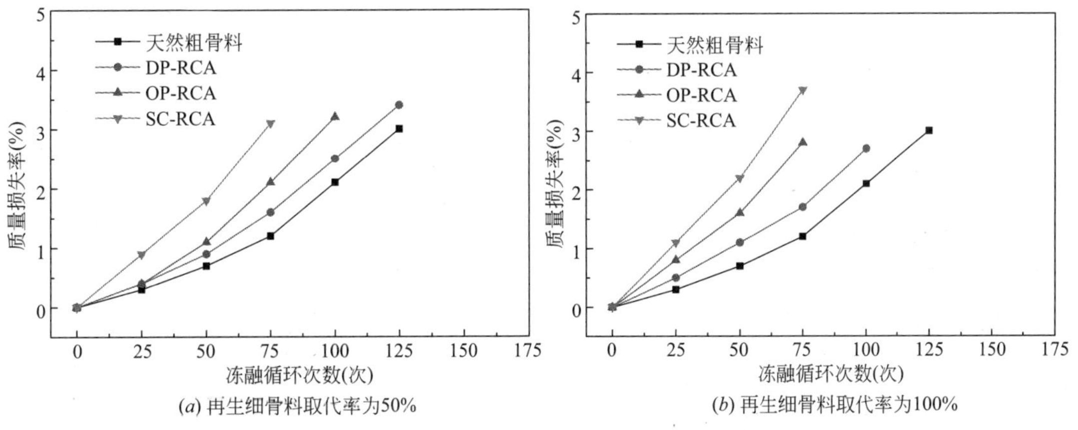

(a) 再生细骨料取代率为50%　　(b) 再生细骨料取代率为100%

图 4-21　胶凝材料用量为 300kg/m³ 时再生细骨料混凝土的质量损失率

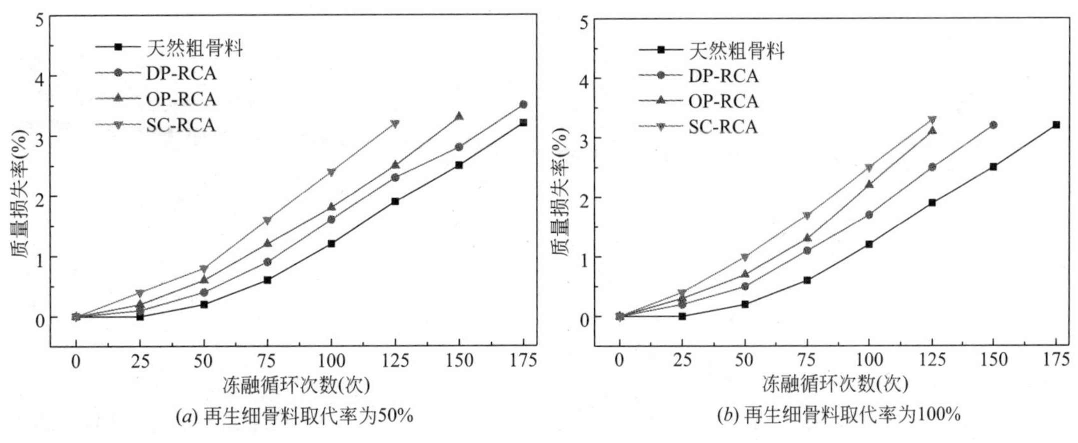

(a) 再生细骨料取代率为50%　　(b) 再生细骨料取代率为100%

图 4-22　胶凝材料用量为 400kg/m³ 时再生细骨料混凝土的质量损失率

素，相比较 3 种不同品质的再生细骨料所制备的再生细骨料混凝土的抗冻性能，其优劣顺序为：DP-RFA>OP-RFA>SC-RFA。

## 4.3 碳化环境对再生混凝土界面性能的影响

水泥在水化过程中生成大量的 $Ca(OH)_2$，使再生混凝土的孔隙中充满了饱和 $Ca(OH)_2$ 溶液，其碱性介质对钢筋有良好的保护作用，使钢筋表面生成难溶的 $Fe_2O_3$ 和 $Fe_3O_4$ 钝化膜。当空气中的 $CO_2$ 渗透到再生混凝土的内部时，与水泥的水化产物 $Ca(OH)_2$ 和 C-S-H 发生反应，使再生混凝土的碱度降低。当碳化超过再生混凝土的保护层且在水与空气存在的条件下，就会使混凝土失去对钢筋的保护作用，钢筋开始生锈，因而影响再生混凝土结构的耐久性。

### 4.3.1 试验方法设计

（1）试验所用原材料及切片制备依照第 3 章再生混凝土多重界面结构模型试件及研究方法，试件的尺寸为 100mm×100mm×60mm。对照组试件置于在无水乙醇中终止水化；碳化组参照《普通混凝土长期性能和耐久性能试验方法标准》GB/T 50082—2009 规定的温度、湿度和 $CO_2$ 浓度，进行快速碳化试验。

（2）将快速碳化龄期至 28d 的试件取出，沿碳化方向进行纵向切片，切片尺寸 100mm×100mm×20mm。将对照组及快速碳化 28d 试件分别以不同粒度模数的金相砂纸依次进行研磨，并抛光至满足显微硬度测试要求，定量测试分析碳化作用对再生混凝土三种界面结构显微硬度的影响规律。

（3）将快速碳化和对照试件采用精密切割机将待测试样加工成尺寸为 10mm×10mm×10mm 的 SEM 待测试样，观测碳化作用下再生混凝土界面结构微观形貌的变化。

### 4.3.2 碳化环境下再生混凝土界面力学性能

利用显微硬度仪测量混凝土的显微硬度，现已成为研究混凝土微观结构变化的方法之一，这种方法能够简单、形象、直观的反应碳化作用前后再生混凝土界面的微观结构变

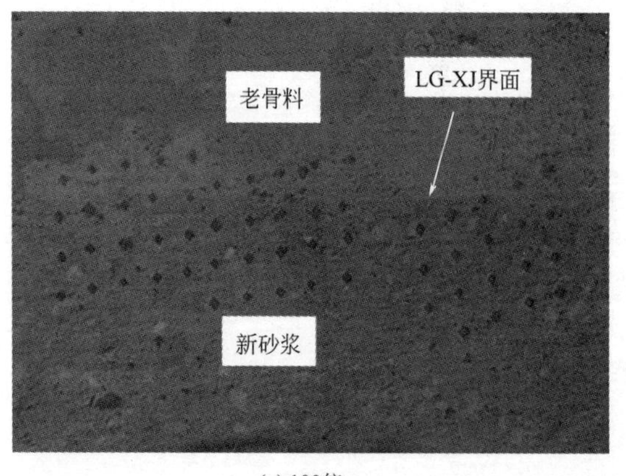


(a) 100倍

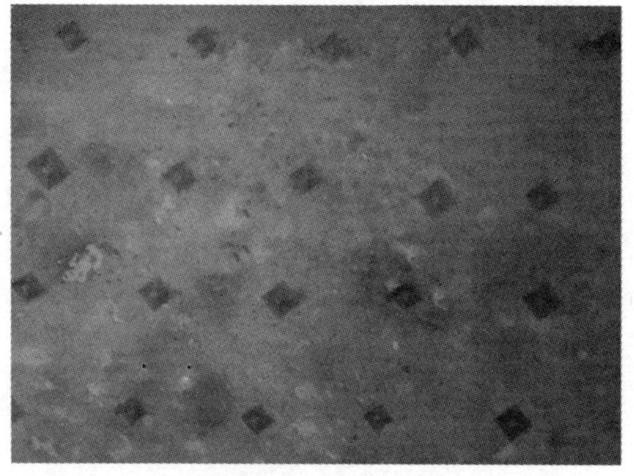

(b) 400倍

图 4-23 再生混凝土骨料新界面显微硬度的光学显微照片

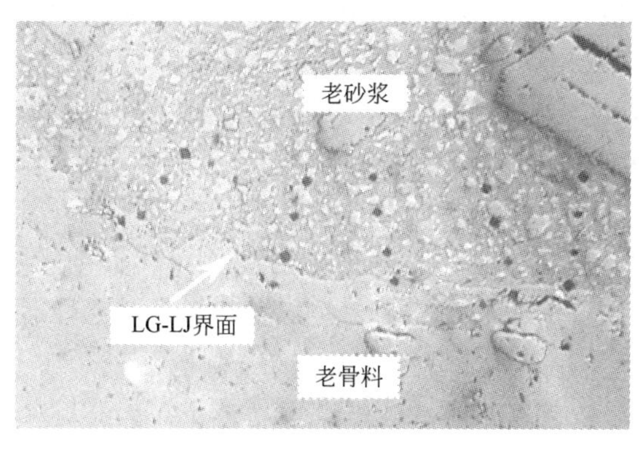


(*a*) 100倍

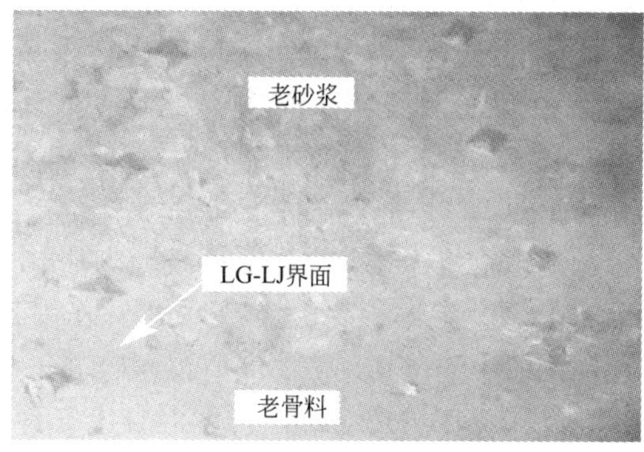


(*b*) 400倍

图 4-24　再生混凝土老界面显微硬度的光学显微照片

化。虽然制样过程较为烦琐，并且再生混凝土本身的离散性使得打点工作量较大，但经济成本较低，能更为合理可行地获取准确试验数据。

#### 4.3.2.1　骨料界面结构变化规律

由图 4-25（*a*）、（*b*）和（*c*）可知，与碳化前相比，DC40-FC30 骨料新界面过渡区宽

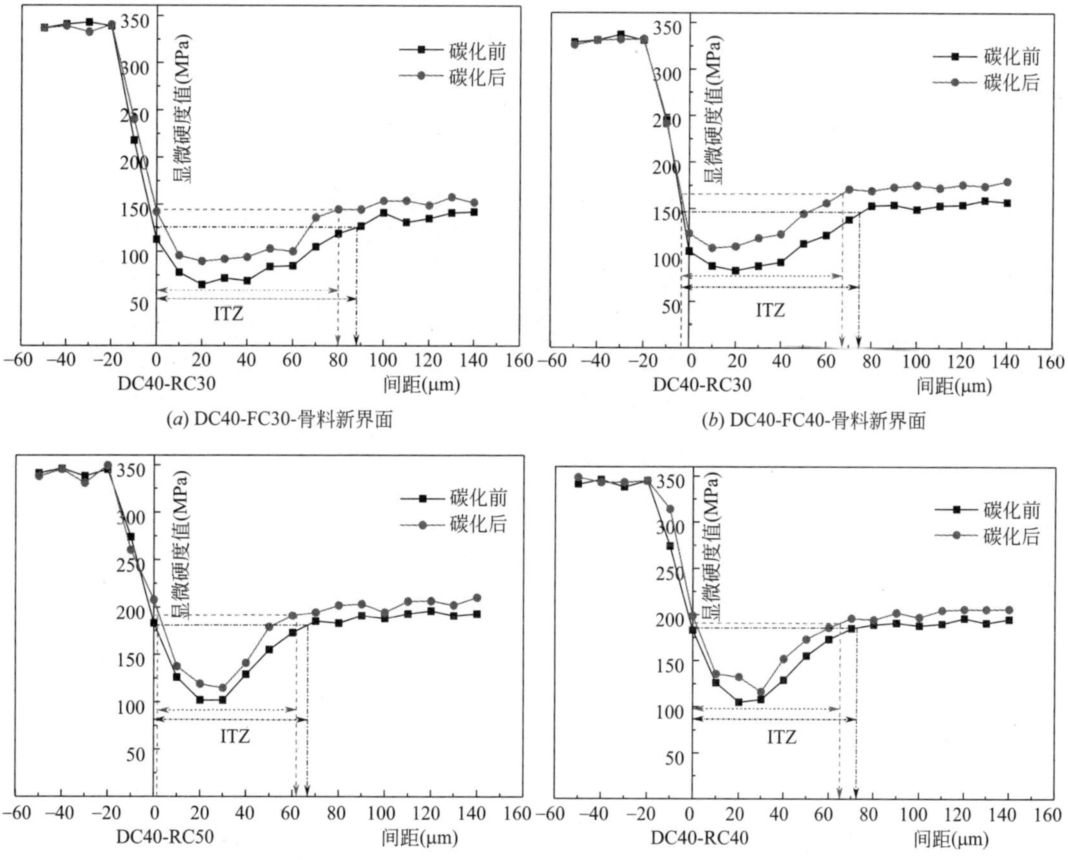

(*a*) DC40-FC30-骨料新界面

(*b*) DC40-FC40-骨料新界面

(*c*) DC40-FC50-骨料新界面

(*d*) DC40-老界面

图 4-25　碳化作用下骨料界面的显微硬度

度减小了 10μm，ITZ 及砂浆基体的显微硬度值分别增大了 50MPa 左右，由于碳化前的 DC40-FC40 骨料新界面过渡区结构较为密实，碳化作用影响相对较小，其 ITZ 宽度减小了 7μm，ITZ 及砂浆基体的显微硬度值分别增大了 45MPa 左右；FC50 砂浆中水泥用量大、强度高，其抗碳化性能较好，使得 DC40-FC50 骨料新界面过渡区宽度仅减小了 5μm，ITZ 及砂浆基体的显微硬度值分别增大了 30MPa 左右；由图 4-25（*d*）发现，老界面过渡区与老砂浆基体在碳化前后显微硬度值差别相对较小，由于 DC40 的老界面水化龄期长，水泥水化程度高，密实性较好，碳化作用对其硬度值影响相对较小；粗骨料本身不会受碳化作用的影响，其显微硬度值较为稳定。

经碳化作用 28d 后，再生混凝土三种 ITZ 及砂浆基体显微硬度值增大，ITZ 宽度减小，而低强度等级再生混凝土界面过渡区受碳化作用影响较大。这是由于低强度等级再生混凝土强度低、抗碳化性能较差，另外在骨料新界面过渡区存在边壁效应，导致 $Ca^{2+}$、$Al^{3+}$ 和 $SO_4^{2-}$ 等离子随水分子迁移至骨料新界面处并产生富集，使得界面过渡区空隙率增大，导致界面过渡区处的 $Ca(OH)_2$ 数量增多[9]，因此骨料新界面受碳化作用影响较为明显。

#### 4.3.2.2 砂浆新界面结构变化规律

图 4-26 为再生混凝土砂浆新界面显微硬度测点分布情况，图 4-27 为快速碳化作用下再生混凝土砂浆新界面显微硬度及 ITZ 宽度变化规律，经碳化作用 28d 后，低强度等级再生混凝土砂浆新界面显微硬度值的受碳化影响较为明显，DC40-FC30 砂浆新界面过渡区显微硬度提高了 42MPa，ITZ 宽度减小了 6μm，老砂浆基体硬度值变化相对较小，随着再生混凝土强度等级的提高，砂浆新界面的显微硬度及 ITZ 过渡区宽度变化相对较小。

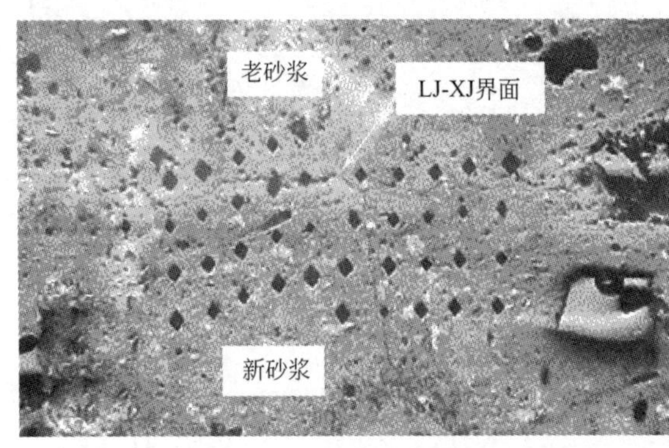

(*a*) 100倍

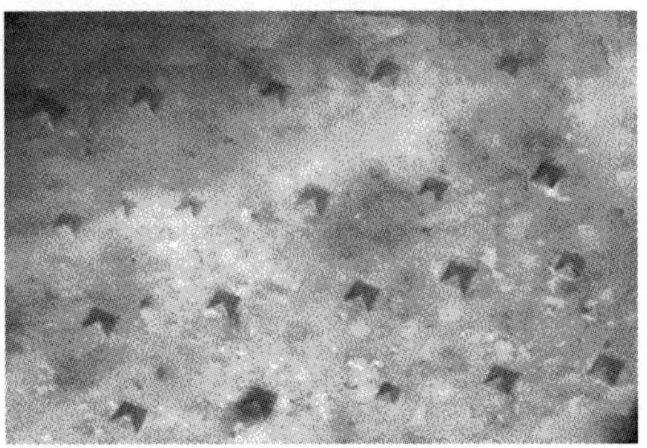
(*b*) 400倍

图 4-26 再生混凝土砂浆新界面显微硬度的光学显微照片

这是由于砂浆新界面空隙率小、ITZ 结构较为密实，老砂浆表面的空隙能够吸收新砂浆中的水分及水泥颗粒，在水化前期能够减小 ITZ 附近的水灰比，不会出现界面连接处的充水空间，水化后期多余的水分逐渐释放出来，保证了 ITZ 水泥颗粒的水化用水，水化产物较为丰富，提高了砂浆新界面过渡区显微结构的密实程度，使得 $Ca(OH)_2$ 在砂浆新界面过渡区处不能充分生长，薄弱区域相对减少[10]，这也是碳化作用效果不明显的重要原因。

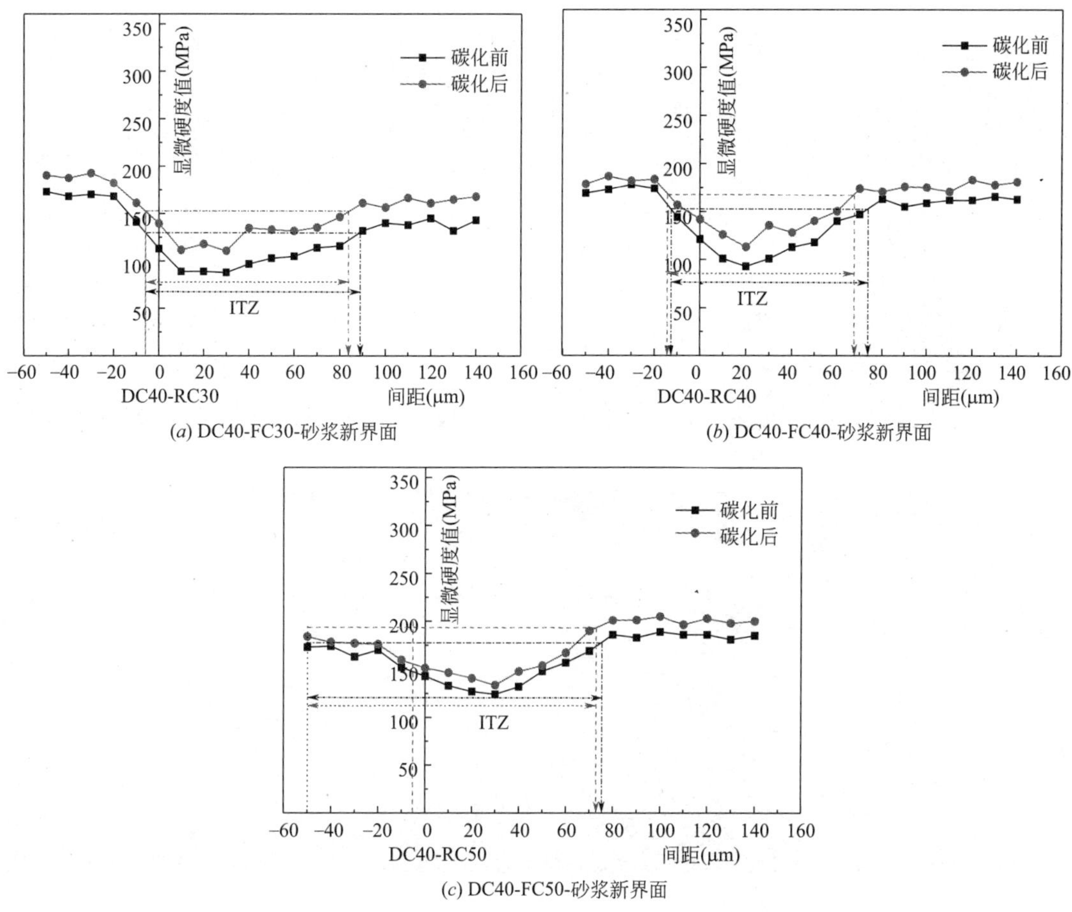


(a) DC40-FC30-砂浆新界面

(b) DC40-FC40-砂浆新界面

(c) DC40-FC50-砂浆新界面

图 4-27 碳化作用下砂浆新界面显微硬度

### 4.3.3 界面过渡区微观结构特征

图 4-28 为不同界面过渡区碳化前后的 SEM 图像。由图 4-28（a）和图 4-28（c）对比老界面和骨料新界面发现，两者微观形貌较为相似。碳化前骨料新界面存有微细裂缝，孔隙率较高，界面结构疏松，在 ITZ 处富集大量的 $Ca(OH)_2$ 晶体。[11] 图 4-28（b）和图 4-28（d）显示，经碳化作用 28d 后，ITZ 薄弱区域为 $CO_2$ 的进入提供了便利的通道，使得通过薄弱区域的 $Ca(OH)_2$ 与 $CO_2$ 反应生成 $CaCO_3$，这些碳酸钙颗粒紧密堆积并填充了部分孔隙，在一定程度上改善了 ITZ 微结构，降低了孔隙率，但反应过程中生成 $H_2O$，挥发后留下细小的孔洞，并引起水泥石收缩，导致 ITZ 产生微小裂纹及孔洞。[12-13] 由于老界面水化龄期长，水化产物丰富，界面过渡区较为密实，界面过渡区 $Ca(OH)_2$ 数量较少，碳化作用对其影响较小。

由图 4-29 所示板状体 1 的主要元素为 Ca、O，其中两种元素的原子质量比：n(Ca)/n(O) 为 58.50/41.25，该晶体是 $Ca(OH)_2$（简称 CH）。

由图 4-30 所示板状体 2 的主要元素为 Ca、O、Si，其中原子质量比：n(Ca)/n(Si) 为 32.94/46.32，该晶体是水化硅酸钙（C-S-H 凝胶）。

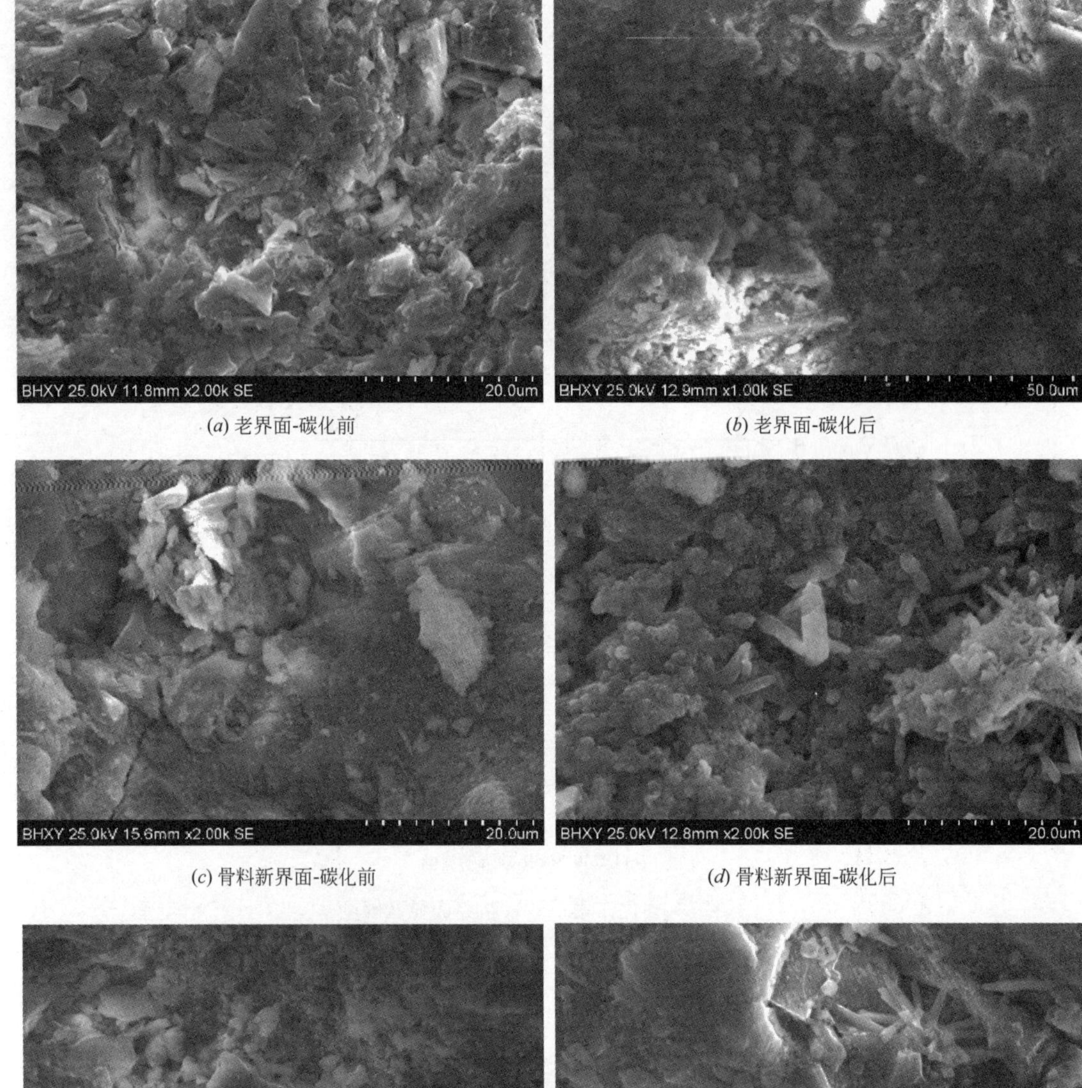


(*a*) 老界面-碳化前　　(*b*) 老界面-碳化后

(*c*) 骨料新界面-碳化前　　(*d*) 骨料新界面-碳化后

(*e*) 砂浆新界面-碳化前　　(*f*) 砂浆新界面-碳化后

图 4-28　不同界面过渡区碳化前后微观形貌

由图 4-31 所示板状体 3 的主要元素为 Ca、S、Al、O、C，其中原子质量比：n（Al）/n（S）为 5.83/4.23，该晶体是钙矾石（AFt）。

由图 4-32 所示针状体 4 的主要元素为 Ca、O、C，其中原子质量比：n(Ca)/n(O) 为 26.32/68.94，该晶体是碳酸钙。

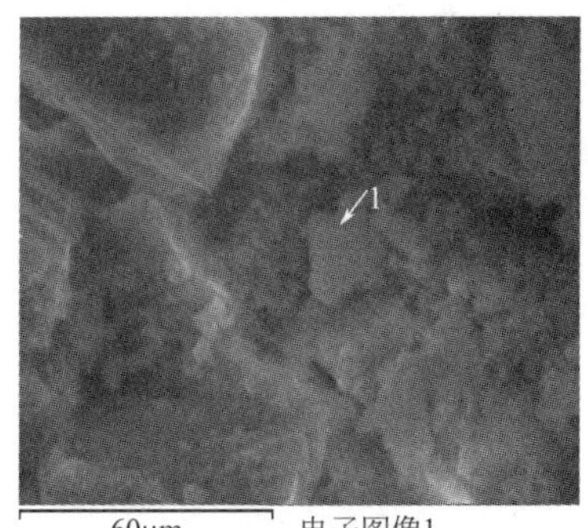


Ca
谱图1
O
C
Ca
0 2 4 6 8 10 12 14 16
满量程4296cts光标：0.000 keV

图 4-29　板状体 1 的点扫描

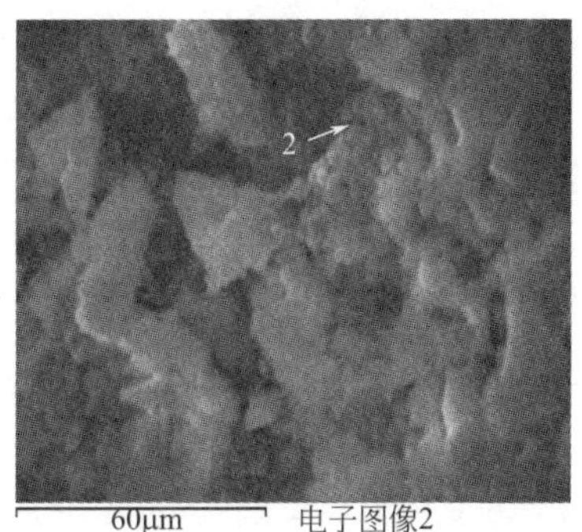


谱图2
Si
O
Ca
Ca
0 2 4 6 8 10 12 14 16
满量程4296cts光标：0.000 keV

图 4-30　板状体 2 的点扫描

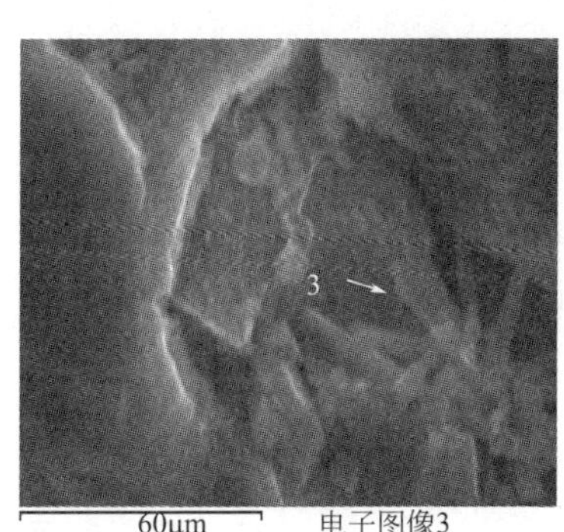


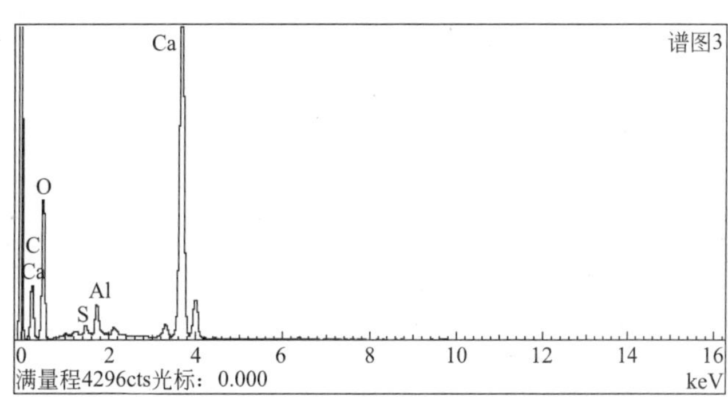


图 4-31　板状体 3 的点扫描

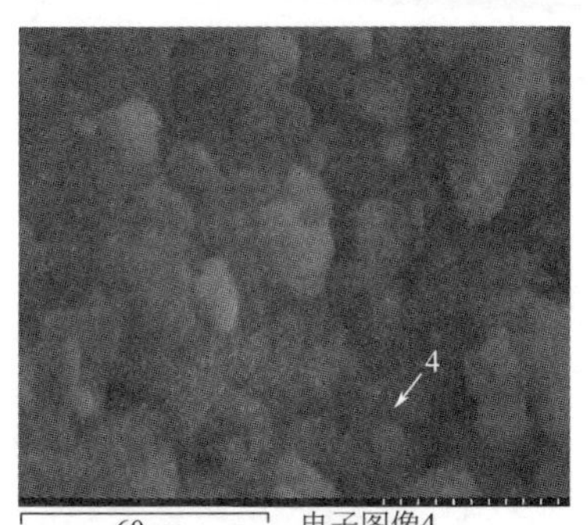


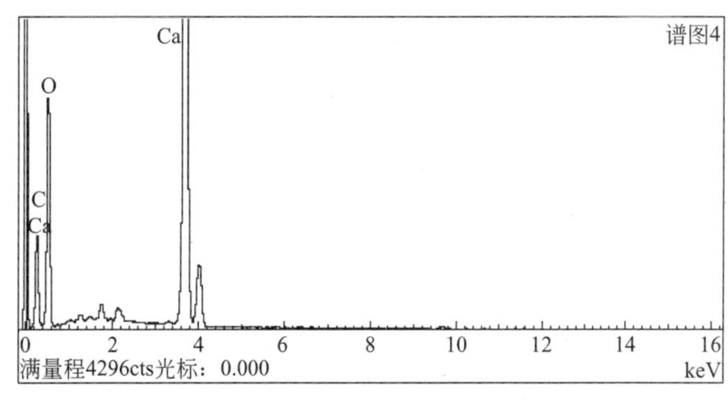


图 4-32　针状体 4 点扫描

## 4.4 氯盐侵蚀对再生混凝土界面性能的影响

氯离子渗入到再生混凝土内部不仅使再生混凝土自身的结构发生破坏，而且氯离子本身作为很强的去钝化剂，导致再生混凝土中钢筋表面的钝化膜发生破坏，使钢筋表面微区形成腐蚀电池，导致钢筋锈蚀，影响结构的承载力。界面过渡区作为再生混凝土中的薄弱环节成为氯离子渗透的便捷通道，使得再生混凝土的多重界面受到氯盐的严重侵蚀，从而影响再生混凝土结构的耐久性能。

### 4.4.1 试验设计方案

（1）将再生混凝土多重界面结构模型试件经标准养护 28d 后，切割成尺寸为 100mm×100mm×60mm 试件，并放置于质量分数为 3.5%的 NaCl 溶液中长期浸泡，为保持 NaCl 溶液 PH 值的恒定，每隔 15d 更换一次同浓度的 NaCl 溶液。

（2）将对比试件和 NaCl 溶液长期浸泡相应龄期的试件取出（30d、60d 和 90d），沿 NaCl 溶液侵蚀方向进行纵向切片（100mm×100mm×20mm），将切片分别按不同粒度模数的金相砂纸依次进行研磨抛光，直至满足显微硬度测试要求，分别测试侵蚀龄期分别为 30d、60d 和 90d 的再生混凝土三种界面的显微硬度值。

（3）将浸泡至相应龄期的待测试件制成尺寸为 10mm×10mm×10mm 的 SEM 待测试样，观测再生混凝土内三种界面结构在不同 NaCl 溶液侵蚀龄期（30d、60d 和 90d）纵向剖切面的微观形貌变化。

### 4.4.2 不同侵蚀龄期再生混凝土界面力学性能

#### 4.4.2.1 DC40-FC30 界面结构变化规律

由图 4-33 所示，经过不同龄期的 NaCl 溶液侵蚀，DC40-FC30 中骨料新界面和砂浆新界面的显微硬度及界面过渡区宽度发生了相应的变化，其变化规律与 $Na_2SO_4$ 溶液侵蚀规律不同，随着氯盐侵蚀时间的延长，骨料新界面和砂浆新界面 ITZ 显微硬度减小，ITZ 宽度出现不同程度的增大，新、旧砂浆基体的显微硬度也相应的降低。

从图 4-33（*a*）发现在标准养护条件下，DC40-FC30 中的骨料新界面 ITZ 宽度约为

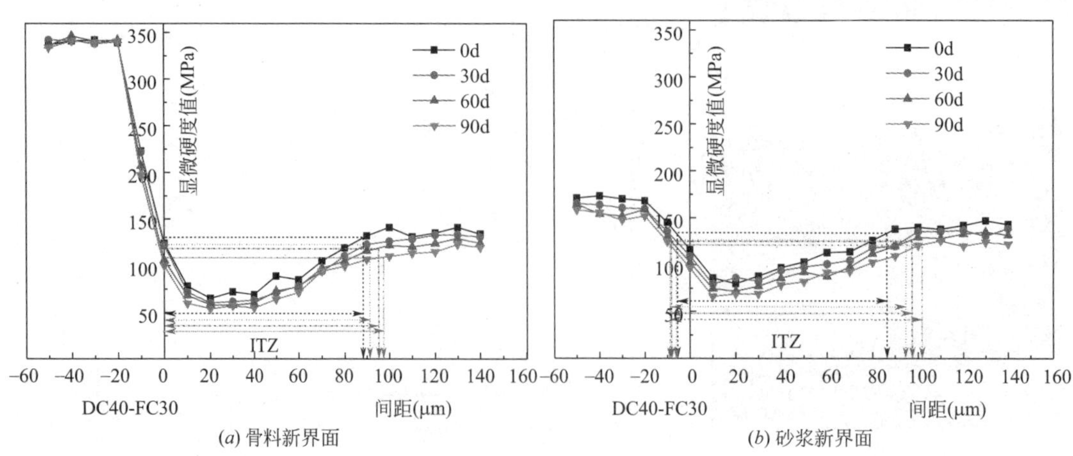


(*a*) 骨料新界面　　(*b*) 砂浆新界面

图 4-33　DC40-FC30 界面过渡区显微硬度

88$\mu$m，ITZ 显微硬度范围为 65～130MPa；在 NaCl 溶液中浸泡 30d 后，骨料的显微硬度值没有发生变化，ITZ 显微硬度值减小至 60～120MPa，ITZ 宽度增加至 92$\mu$m；在 NaCl 溶液侵蚀 60d 时，测得 ITZ 显微硬度值范围是 58～117MPa，与标准条件下的试件相比，其 ITZ 宽度增大了 7$\mu$m；当 NaCl 溶液继续侵蚀至龄期 90d 时，ITZ 宽度增加至 97$\mu$m，ITZ 显微硬度范围降低至 55～110MPa。

图 4-33（*b*）为 DC40-FC30 砂浆新界面显微硬度，在标准养护条件下，砂浆新界面 ITZ 宽度约为 86$\mu$m，ITZ 显微硬度范围为 80～135MPa，由此可以看出砂浆新界面 ITZ 硬度值高于骨料新界面 ITZ 硬度值，原因将在 5.2.2 章节作出详细说明。经过 NaCl 溶液中浸泡 30d 后，ITZ 显微硬度值减小至 80～126MPa，ITZ 宽度增加至 94$\mu$m；在 NaCl 溶液侵蚀 60d 时，测得 ITZ 显微硬度值范围是 75～125MPa，与标准条件下的试件相比，其 ITZ 宽度增大了 12$\mu$m；当 NaCl 溶液继续侵蚀至龄期 90d 时，ITZ 宽度增加至 102$\mu$m，ITZ 显微硬度范围降低至 68～121MPa，经过相应龄期氯盐侵蚀后，老砂浆受 NaCl 溶液侵蚀影响要小于新砂浆。

界面过渡区的高空隙率为 $Cl^-$ 渗透到再生混凝土的内部提供了便利通道，渗透到再生混凝土内部的 $Cl^-$ 与界面处大量富集的水化铝酸钙发生反应，生成 Friedel 盐（单氯型氯铝酸钙，氯铝酸钙分为单氯和三氯型，化学式分别表示为 $3CaO \cdot Al_2O_3 \cdot CaCl_2 \cdot 10H_2O$ 和 $3CaO \cdot Al_2O_3 \cdot 3CaCl_2 \cdot 32H_2O$）[14－16]，而 $Cl^-$ 与水化铝酸盐反应生成的 Friedel 盐还会与水泥的水化产物 $Ca(OH)_2$ 发生化学结合形成具有扩散溶出性的络合物 $CaCl_2$，使得界面处的水泥浆体发生软化，降低了过渡区的密实度。[17-18]

#### 4.4.2.2　DC40-FC40 界面结构变化规律

由图 4-34 所示，随着氯盐侵蚀时间的延长，骨料新界面和砂浆新界面 ITZ 显微硬度减小，ITZ 宽度出现不同程度的增大，新、旧砂浆基体的显微硬度也相应的降低。从图 4-34（*a*）可以看出，在标准养护条件下，DC40-FC40 中的骨料新界面 ITZ 宽度约为 77$\mu$m，ITZ 显微硬度范围为 85～149MPa；在 NaCl 溶液中浸泡 30d 后，ITZ 显微硬度值减小至 78～146MPa，ITZ 宽度仅增长了 1$\mu$m；在 NaCl 溶液侵蚀 60d 时，测得 ITZ 显微硬度值范围是 72～142MPa，其 ITZ 宽度增大至 88$\mu$m；当 NaCl 溶液继续侵蚀至龄期 90d 时，ITZ 宽度增加至 93$\mu$m，ITZ 显微硬度范围降低至 69～134MPa，与 DC40-FC30 相比，

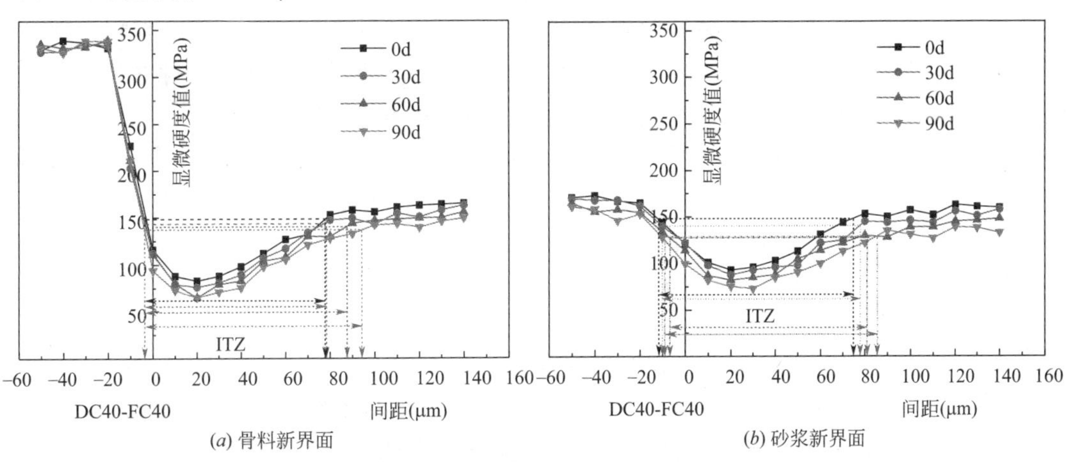

(*a*) 骨料新界面　(*b*) 砂浆新界面

图 4-34　DC40-FC40 界面过渡区显微硬度的变化规律

骨料新界面受氯盐侵蚀影响相对较小。

从图 4-34（*b*）可以看出，标准养护条件 28d 后，DC40-FC40 砂浆新界面 ITZ 宽度约为 74μm，ITZ 显微硬度范围为 93～149MPa，由此可以看出砂浆新界面 ITZ 硬度值相同强度等级的高于骨料新界面 ITZ 硬度值，并且 ITZ 宽度也相应减小；经过 NaCl 溶液中浸泡 30d 后，ITZ 显微硬度值减小至 86～141MPa，ITZ 宽度增加至 78μm；在 NaCl 溶液侵蚀 60d 时，测得 ITZ 显微硬度值范围是 80～130MPa，与标准条件下的试件相比，其 ITZ 宽度增大了 7μm；当 NaCl 溶液继续侵蚀至龄期 90d 时，ITZ 宽度增加至 86μm，ITZ 显微硬度范围降低至 74～127MPa，经过相应龄期氯盐侵蚀后，可能是由于老砂浆水化时间较长，界面结构较为密实，空隙率低，减少了 $Cl^-$ 的侵入通道，使得老砂浆受侵蚀性能影响要小于新砂浆。

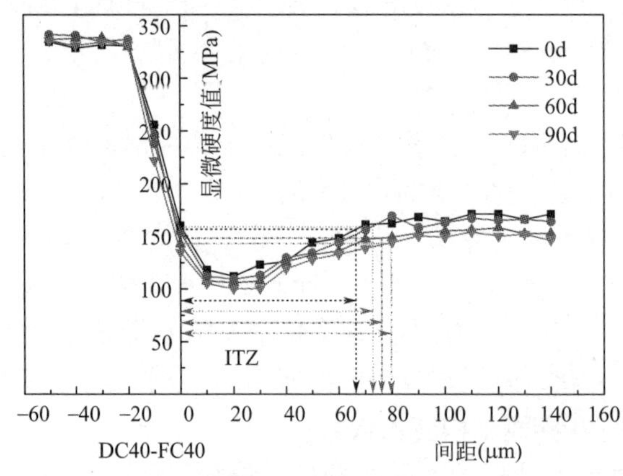


图 4-35　DC40 老界面过渡区显微硬度的变化规律

由图 4-35 可知，由于废弃混凝土服役时间长，密实程度较高，使得老界面受 NaCl 溶液侵蚀影响较小，正常环境下的老界面 ITZ 宽度约为 67μm，ITZ 显微硬度范围为 115～159MPa；经过 NaCl 溶液中浸泡 30d 后，ITZ 显微硬度值减小至 109～158MPa，ITZ 宽度增加至 73μm；在 NaCl 溶液侵蚀 60d 时，测得 ITZ 显微硬度值范围是 106～149MPa，与标准条件下的试件相比，其 ITZ 宽度增大了 9μm；当 NaCl 溶液继续侵蚀至龄期 90d 时，ITZ 宽度增加至 80μm，ITZ 显微硬度范围降低至 99～141MPa。由此可以判断，DC40-FC40 再生混凝土在氯盐侵蚀环境下，骨料新界面易受氯盐侵蚀，并且经过 90d 侵蚀后，界面过渡区宽度增长了 19.2%，砂浆新界面和老界面受氯盐侵蚀影响相对较小。

氯离子渗入再生混凝土的界面处，与大量富集的 $Ca(OH)_2$ 反应生成具有膨胀性的复盐（$CaCl_2 \cdot Ca(OH)_2 \cdot H_2O$），增大了再生混凝土过渡区的孔隙连通性，同时使 $OH^-$ 不断被消耗降低了孔隙溶液的 PH 值，使得界面过渡区主要的强度来源 C-S-H 凝胶发生相应的分解，过渡区的结构变得更为疏松，随着氯盐侵蚀龄期的增长，此过程的循环交替进行，加快了界面过渡区性能劣化速率。[19]

#### 4.4.2.3　DC40-FC50 界面结构变化规律

图 4-36 为氯盐侵蚀环境对 DC40-FC50 骨料新界面与砂浆新界面显微硬度值及宽度变化规律的影响，研究结果发现，骨料新界面受氯盐侵蚀的影响与 DC40-FC40 中骨料新界面变化规律大体相同，但由于 FC50 水泥用量高，强度等较好且结构较为密实，其受侵蚀

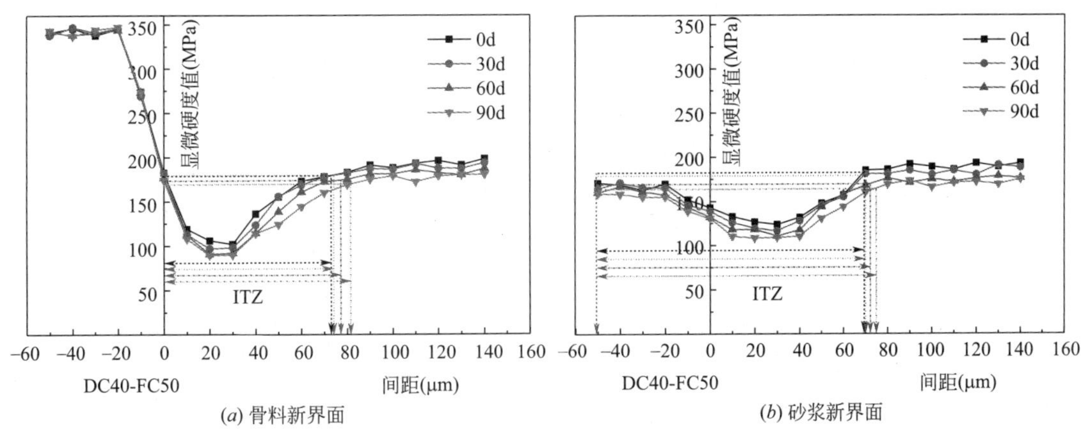

(a) 骨料新界面　(b) 砂浆新界面

图 4-36　6-21 DC40-FC50 界面过渡区显微硬度

性破坏影响较小。而由于粗骨料不受侵蚀影响，其显微硬度值不变。

由图 4-36（a）显示，经过 NaCl 溶液侵蚀 30d 后，与同龄期的正常环境相比，DC40-FC50 中骨料新界面 ITZ 显微硬度值与 ITZ 宽度变化幅度很小，显微硬度值仅降低了 6MPa，ITZ 宽度仅减小了 1μm，砂浆基体显微硬度保持不变；经过 $Na_2SO_4$ 溶液侵蚀 60d 后，ITZ 显微硬度范围为 114～120MPa，ITZ 宽度为 77μm，ITZ 显微硬度及宽度均降低了 7.8%和 5.5%；侵蚀 90d 后，ITZ 宽度增大至 82μm，显微硬度值减小至 92～172MPa。FC50 新砂浆基体显微硬度值变化幅度较小，$Cl^-$ 盐侵蚀 90d 后新砂浆基体显微值仅减小了 6MPa，ITZ 宽度增大了 9μm。

从图 4-36（b）可以看出，由于 DC40-FC50 老砂浆基体的显微硬度值低于新砂浆基体的显微硬度标准区域值，因此老砂浆基体也是 DC40-FC50 中砂浆新界面的薄弱区域。未受 NaCl 溶液侵蚀的砂浆新界面 ITZ 宽度约为 70μm，ITZ 显微硬度值最低值约为 125MPa；当 NaCl 溶液侵蚀龄期达到 30d 时，砂浆新界面 ITZ 宽度约为 71μm，ITZ 显微硬度值最低值减小至 119MPa，变化幅度很小；当侵蚀龄期为 60d 时，砂浆新界面 ITZ 宽度约为 73μm，ITZ 显微硬度值与 0d 相比减小了约为 11MPa；当 NaCl 溶液侵蚀龄期达到 90d 时，砂浆新界面 ITZ 宽度延长至 75μm，ITZ 显微硬度值约为 113MPa，与未受 NaCl 溶液侵蚀相比，ITZ 宽度增加了约 7.2%，显微硬度值降低了约 12%。

随着氯盐侵蚀龄期的增长，在 DC40-FC50 再生混凝土中砂浆新界面的 ITZ 宽度及显微硬度值的变化幅度都不明显。这是由于老浆体吸收新浆体中的水泥颗粒之后，与其发生水化作用后能够牢固咬合，从而降低了过渡区的空隙率，并且细化了孔径，有效防止了氯离子的渗入。

## 4.4.3　界面过渡区微观结构特征

### 4.4.3.1　再生混凝土骨料新界面的微观形貌

由图 4-37 和图 4-38 对比可知，当氯盐侵蚀龄期为 90d 时，骨料新界面的分界线较为明显，且该界面的微观形貌也发生了很明显的改变，孔洞和空隙率增大，过渡区内大量存在的絮团状 C-S-H 凝胶和片状的 $Ca(OH)_2$ 数量大幅度减少，且基本看不到规则的 $Ca(OH)_2$ 晶体，伴有一定量的六方片状单硫型水化硫铝酸钙（AFm）晶体和大量的块状或六角形的晶体堆积分布在界面处。[20] 出现以上现象主要是因为$Cl^-$通过骨料新界面的疏松多孔结构渗入ITZ内部，与水泥水化产物中的水化铝酸钙和铝酸三钙（$C_3A$）反应生成难溶性的块状或六角形状的单氯铝酸钙晶体（$3CaO \cdot Al_2O_3 \cdot CaCl_2 \cdot 10H_2O$），而该晶体粒径粗大，相互交错重叠堆积，使得界面区产生较多的孔隙。[21-22]

(a) 100倍　(b) 2000倍　(c) 4000倍

图 4-37　自然条件下骨料新界面

(a) 100倍　(b) 2000倍　(c) 4000倍

图 4-38　氯盐侵蚀 90d 骨料新界面

#### 4.4.3.2　砂浆新界面的微观形貌

由图 4-39 发现在氯盐侵蚀之前，砂浆新界面材料属性等因素在界面处相互紧密咬合，水泥颗粒之间的相互粘结聚集，有利于水泥水化反应的充分进行，使得再生混凝土界面过渡区的空隙率降低，相对地提高了界面过渡区的密实度。随着氯盐侵蚀龄期的增加，砂浆新界面的部分水泥浆体脱落，界面过渡区的孔隙数量增多且孔径相对增大，结构变得较为松散。界面过渡区存在少量絮团状结构的C-S-H凝胶及$Ca(OH)_2$晶体。

渗入过渡区内的氯离子与C-S-H凝胶反应，生成具有微膨胀性的复盐，使得界面产生

(a) 100倍　(b) 2000倍　(c) 4000倍

图 4-39　标准养护条件砂浆新界面

(*a*) 100倍　(*b*) 2000倍　(*c*) 4000倍

图 4-40　氯盐侵蚀 90d-砂浆新界面

微裂缝，加速了氯离子的渗入。[23-24] 同时 $Ca(OH)_2$ 含量的减少使得与 C-S-H 凝胶之间的平衡存在状态被打破，导致 C-S-H 凝胶不断的分解及溶出，过渡区内的浆体变得松散脱落，该界面处还伴有堆积状态分布的大体积块状的单氯铝酸钙生成。[25]

#### 4.4.3.3　老界面的微观形貌

由图 4-41 和图 4-42 可以看出，由于废弃混凝土的养护龄期较长，其界面过渡区的密实程度要优于骨料新界面结构。老界面过渡区的水化产物为主要以絮团状 C-S-H 凝胶和片状的 $Ca(OH)_2$ 晶体，这些凝胶水化产物填充在过渡区的孔隙中，减少了界面的孔隙数量。该老界面处的片状的 $Ca(OH)_2$ 晶体虽然能填充孔隙，但由于其层状重叠排列使其比表面积小，相应的范德华分子结合力也较小，从而导致黏结力也相应降低；另一方面因 $Ca(OH)_2$ 晶体的定向排列使之更倾向于开裂，这些特性也使得老界面成为再生混凝土中的薄弱界面。

(*a*) 100倍　(*b*) 2000倍　(*c*) 4000倍

图 4-41　标准养护条件下再生混凝土老界面

(*a*) 100倍　(*b*) 2000倍　(*c*) 4000倍

图 4-42　氯盐侵蚀 90d 再生混凝土老界面

当氯盐的侵蚀龄期为90d时，老界面结构变得疏松，空隙率明显增大，老浆体也出现部分脱离剥落现象。过渡区内的$Ca(OH)_2$呈零星分布，絮团状的C-S-H凝胶含量也大幅度减少，过渡区富集的水化产物的粒径也由小变为粒径较大的块状单氯铝酸钙晶体[26]，ITZ过渡区的孔洞与孔隙的大小并没有得到较好的改善。

## 4.5 硫酸盐侵蚀对再生混凝土界面性能的影响

### 4.5.1 试验方法设计

（1）将再生混凝土多重界面结构模型试件经标准养护28d后制样，尺寸为100mm×100mm×60mm。对照组经无水乙醇终止水化，侵蚀试件放入质量分数为5%的$Na_2SO_4$溶液中，并保持$Na_2SO_4$溶液PH值恒定。

（2）将硫酸盐侵蚀（30d、60d和90d）后的试件，沿硫酸盐侵蚀方向进行纵向切片，将切片试件分别按不同粒度模数的砂纸依次进行研磨抛光，直至满足显微硬度测试要求，分别测试标准养护28d及硫酸盐侵蚀30d、60d和90d的再生混凝土骨料新界面、砂浆新界面和老界面显微硬度值。

（3）将侵蚀至相应龄期的试件沿硫酸盐侵蚀方向纵向切割，样品尺寸为10mm×10mm×10mm，进行SEM及EDS扫描测试，观测不同硫酸盐侵蚀龄期（0d、30d、60d和90d）再生混凝土三种界面结构纵向剖切面的微观形貌变化。

### 4.5.2 不同侵蚀龄期RCA界面力学性能

#### 4.5.2.1 DC40-FC30界面结构变化规律

DC40-FC30界面过渡区显微硬度变化规律如图4-43所示，与标准养护试件相比，$Na_2SO_4$溶液侵蚀30d后，骨料新界面及砂浆新界面ITZ及砂浆基体显微硬度值均有小幅度提高，骨料新界面ITZ硬度值提高了9%，相应的界面过渡区宽度减小了9μm，随着$Na_2SO_4$溶液侵蚀的继续进行，三种ITZ及砂浆基体显微硬度值逐渐减小，相应的ITZ宽度随之增长，骨料新界面过渡区显微硬度值及ITZ宽度受硫酸盐侵蚀影响幅度较大，当侵蚀龄期为60d时，ITZ硬度值范围在55～110MPa，ITZ宽度增大至88μm；当时侵蚀龄期延长至90d时，ITZ及砂浆基体显微硬度值继续减小，骨料新界面ITZ宽度增大至96μm，砂浆新界面ITZ宽度增大至99μm，两者相差较小，ITZ显微硬度值分别降低至50MPa和70MPa。

对于砂浆新界面如图4-43（*b*）所示，当硫酸盐的侵蚀龄期30d时，ITZ和FC30砂浆基体显微硬度值较标准养护28d略有增大，ITZ宽度变化不明显，随着硫酸盐侵蚀龄期的延长，ITZ及砂浆显微硬度值变化规律与骨料新界面类似，对比图4-43（*a*）和（*b*）可以看出，DC40-FC30混凝土骨料新界面显微硬度值及ITZ宽度变化比砂浆新界面变化明显，砂浆新界面性能优于骨料新界面。这是由于骨料新界面内部结构相对疏松且缺陷较多，容易被硫酸盐侵蚀，而砂浆新界面中的老浆体-新浆体有着相同的材料属性，能更好地镶嵌咬合，与骨料-浆体两种不同材料属性的界面相比，砂浆新界面过渡区水化产物丰富且界面结构较为密实，宽度较好，因此抗硫酸盐侵蚀性能优于骨料新界面。

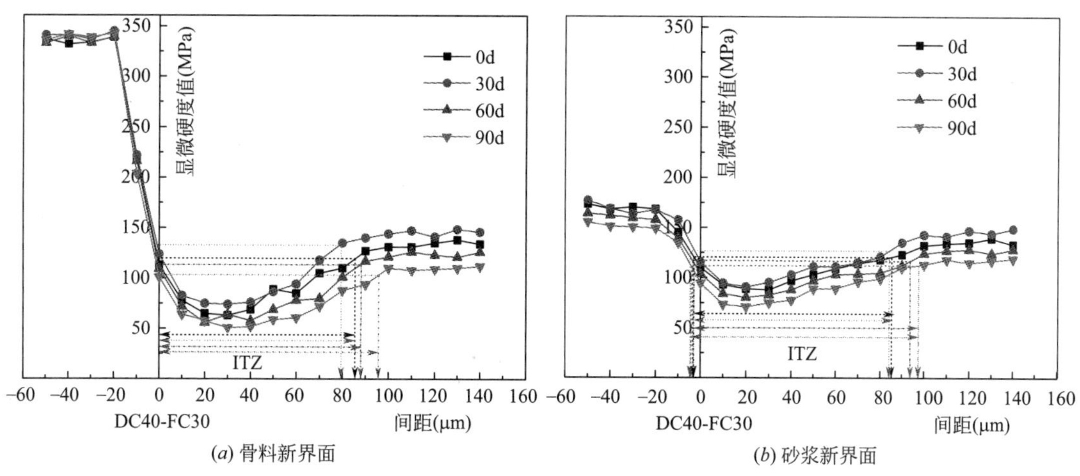


图 4-43　DC40-FC30 界面过渡区显微硬度

侵蚀性溶液中的 $SO_4^{2-}$ 容易与水泥水化产物中的 $Ca(OH)_2$ 及絮凝状的 C-S-H 凝胶体反应，生成具有一定膨胀性的钙矾石（AFt）和石膏（$CaSO_4$）等产物。在硫酸盐侵蚀初期，反应生成的膨胀性产物对 ITZ 内部及砂浆基体的微细孔隙起到填充的作用，因此在侵蚀龄期为 30d 时，ITZ 及砂浆基体的显微硬度值都有所增大，并且 ITZ 宽度略有减小。

随着侵蚀龄期延长达到 90d 时，ITZ 及砂浆基体中的 $SO_4^{2-}$ 含量增加，与水泥水化产物中的水化铝酸钙持续反应生成具有膨胀性的 Aft，并与结晶水结合，使体积增大至原来的 1.4 倍，最终使得再生混凝土因体积增大而发生胀裂破坏。与此同时，膨胀产物的生成主要消耗水泥水化产物中的 C-S-H 凝胶，导致水泥石中的凝胶体变软且无胶结力，使水泥基材料失去胶凝性，显微硬度值降低，最后导致再生混凝土发生软化破坏。[27]

#### 4.5.2.2　DC40-FC40 界面结构变化规律

图 4-44 为 DC40-FC40 界面过渡区显微硬度测试结果，发现 DC40-FC40 再生混凝土中骨料新界面与老界面变化规律基本一致，经不同龄期的硫酸盐侵蚀后，ITZ 及新砂浆基体显微硬度值及 ITZ 宽度均发生变化。当硫酸盐的侵蚀龄期为 30d 时，骨料新界面 ITZ 宽度减小至 64μm，显微硬度值范围约为 123～162MPa 之间，与标准养护的骨料新界面相比，ITZ 宽度减小了 11%，显微硬度值提高了约 10MPa；当硫酸盐的侵蚀龄期为 60d 时，骨料新界面的 ITZ 宽度增大至 79μm，ITZ 显微硬度值范围为 110～155MPa，过渡区宽度增加了 14.5%；当硫酸盐的侵蚀龄期为 90d 时，ITZ 宽度比同龄期标准养护骨料新界面增加了 20.8%，ITZ 显微硬度值降低了 15.6%，新砂浆新界面硬度值受硫酸盐侵蚀影响降低速率加快。

图 4-44（*b*）显示 DC40-FC40 砂浆新界面 ITZ 及砂浆基体随 $Na_2SO_4$ 溶液侵蚀 30d、60d 和 90d 后，其 ITZ 显微硬度值及宽度与骨料新界面相比，变化幅度较小，并且新砂浆基体与老砂浆基体变化基本相同。当 $Na_2SO_4$ 溶液侵蚀龄期为 30d 时，ITZ 宽度约为 63μm，显微硬度值范围约为 103～152MPa，与标准养护砂浆新界面相比，ITZ 宽度基本相同，显微硬度值提高了约 8MPa；当硫酸盐的侵蚀龄期为 60d 时，砂浆新界面的 ITZ 宽度增大至 70μm，显微硬度值约为 90～150MPa；当硫酸盐的侵蚀龄期为 90d 时，砂浆新

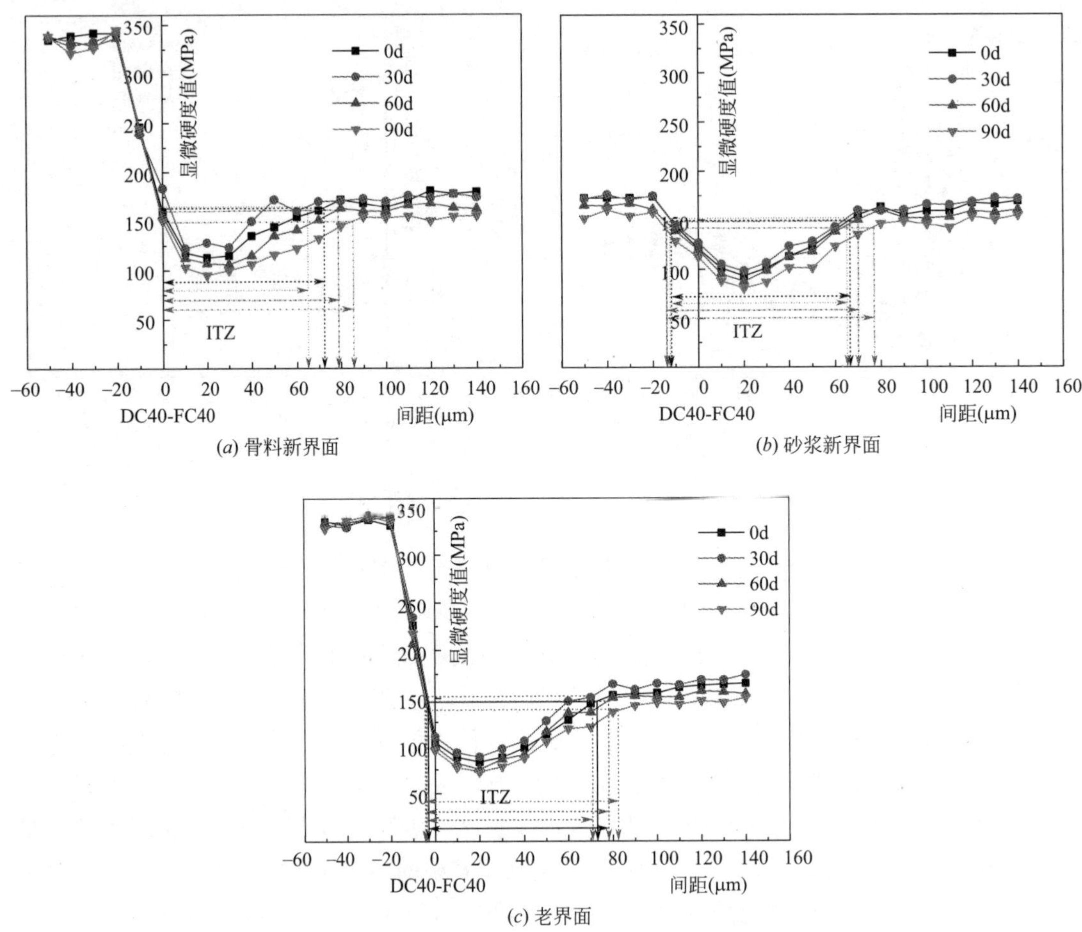

(a) 骨料新界面

(b) 砂浆新界面

(c) 老界面

图 4-44 DC40-FC40 界面过渡区显微硬度

界面的 ITZ 宽度继续增大至 78μm，ITZ 显微硬度值减小至 68～130MPa，与同龄期标准养护砂浆新界面相比，ITZ 宽度增加了约 23.8%，ITZ 显微硬度值降低了约 19.4%。

由于骨料与砂浆新界面连接处结构较为疏松，且 ITZ 内部存有较多的微细裂缝及孔隙，这些微细裂缝和孔隙为侵蚀性溶液中 $SO_4^{2-}$ 离子进入混凝土内部提供了便利通道，致使 $SO_4^{2-}$ 与 ITZ 及砂浆基体中的 C-S-H 凝胶、$Ca(OH)_2$ 等水化产物反应生成具有膨胀性的 Aft 等产物。[28-30] 随着硫酸盐侵蚀龄期的继续增长，AFt 等膨胀产物积累的数量越多，此时会在再生混凝土内部孔隙及微细裂缝中结晶并逐渐产生应力集中，当膨胀应力超过了再生混凝土内部所能承受的极限拉应力时，就会在混凝土内部薄弱区域产生极限破坏，导致界面过渡区及砂浆基体微观结构疏松，空隙率变大，显微硬度值降低，ITZ 宽度逐渐增大。与此同时，硫酸盐会通过界面过渡区的膨胀裂缝继续渗入到再生混凝土内部，加速再生混凝土内部产生更多的裂缝，单一孔隙逐渐相互连通，为硫酸盐的侵入提供了更便利的通道，这种循环交替进行，导致混凝土遭受硫酸盐侵蚀性破坏加快。[31] 在硫酸盐侵蚀 90d 时，骨料新界面、砂浆新界面和老界面与侵蚀性介质接触的表面结构粗糙，界面位置及分布更加明显。

#### 4.5.2.3　DC40-FC50 界面结构变化规律

图 4-45 所示为 DC40-FC50 骨料新界面及砂浆新界面显微硬度变化规律，经测试得出骨料新界面受硫酸盐侵蚀影响，但是由于 FC50 水泥用量高，强度等较好且结构较为密实，其受侵蚀性破坏影响较小。[32-33] 经过 $Na_2SO_4$ 溶液侵蚀 30d 后，与同龄期标准养护试件相比，DC40-FC50 中骨料新界面 ITZ 显微硬度值提高了 38MPa，ITZ 宽度仅减小了 2μm；经过 $Na_2SO_4$ 溶液侵蚀 60d 后，ITZ 显微硬度基本没有发生变化；$Na_2SO_4$ 溶液侵蚀 90d 后，ITZ 宽度增大至 79μm，显微硬度值减小至 100～160MPa。由于 FC50 新砂浆基体结构密实，受 $Na_2SO_4$ 溶液侵蚀影响较小。

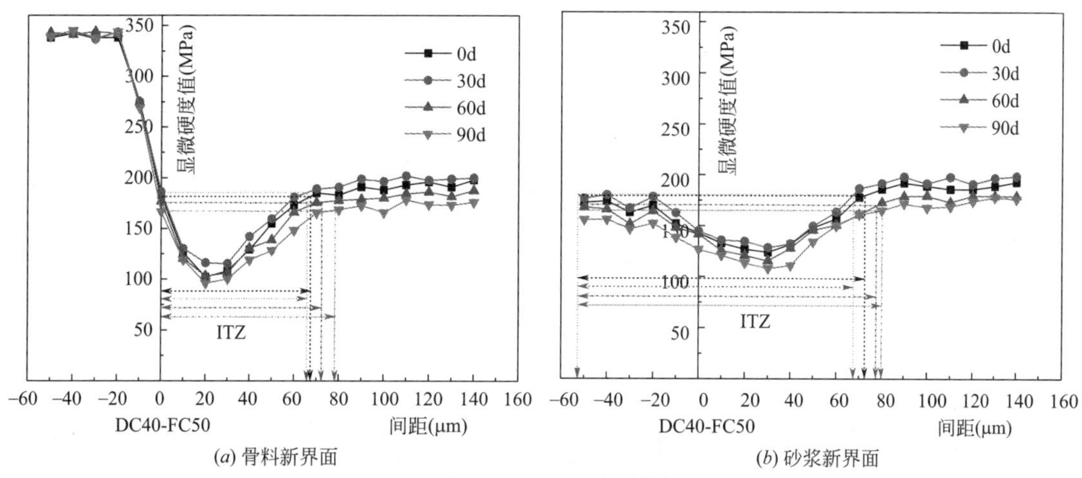


图 4-45　DC40-FC50 界面过渡区显微硬度

由于 DC40-FC50 中的砂浆新界面的薄弱区域包含两个部分，一部分为砂浆新界面过渡区，另外一部分为 DC40 老砂浆基体，由于老砂浆基体的显微硬度值低于新砂浆基体的显微硬度标准区域值，因此老砂浆基体也是 DC40-FC50 中砂浆新界面的薄弱区域。图 4-45（*b*）砂浆新界面在硫酸盐侵蚀作用下显微硬度变化规律，未受 $Na_2SO_4$ 溶液侵蚀的砂浆新界面 ITZ 宽度约为 73μm，当 $Na_2SO_4$ 溶液侵蚀龄期达到 30d 时，砂浆新界面 ITZ 宽度减小至 68μm，ITZ 显微硬度值增加了 5～10MPa；当硫酸盐的侵蚀龄期为 60d 时，砂浆新界面 ITZ 宽度约为 78μm，ITZ 显微硬度值与 0d 相比减小了约为 10MPa；当 $Na_2SO_4$ 溶液侵蚀龄期达到 90d 时，砂浆新界面 ITZ 宽度延长至 80μm，ITZ 显微硬度值约为 105MPa，与相应的标准养护砂浆新界面相比，ITZ 宽度增加了约 8.7%，显微硬度值降低了约 20%。

DC40-FC50 骨料新界面、砂浆新界面和老界面在 $Na_2SO_4$ 溶液侵蚀前期 ITZ 宽度略有减小，ITZ 及砂浆基体硬度值增大，随着 $Na_2SO_4$ 溶液侵蚀龄期的增长，RCA 内部三种界面过渡区宽度逐渐增大，ITZ 及砂浆基体显微硬度值减小。由于再生混凝土的强度等级大于废弃混凝土的强度等级，与老砂浆接触的界面（老界面和砂浆新界面）是 DC40-FC50 再生混凝土内部的薄弱环节，易受硫酸盐侵蚀破坏。

### 4.5.3　界面过渡区微观结构特征

#### 4.5.3.1　骨料新界面的微观形貌

由图 4-46 可以看出骨料新界面的分界线较为清晰，老骨料表面的微观形貌致密均匀，

(a) 100倍 (b) 2000倍 (c) 4000倍

图 4-46 标准养护条件骨料新界面

而新浆体区域水化产物丰富，结构密实性比骨料差。骨料新界面过渡区的结构表现为疏松粗糙，孔隙较多但分布较为均匀。过渡区内存在大量的具有取向生长的片状 $Ca(OH)_2$，以及较多的无定形态的胶凝物质，主要填充于界面过渡区的孔隙和微细裂缝中[34]。

由图 4-47 可知，当硫酸盐的侵蚀龄期为 30d 时，界面过渡区内的 $Ca(OH)_2$ 含量减少，且伴有大量的 C—S—H 凝胶和少量针棒状的 AFt，因为硫酸盐的侵蚀环境以及 AFt 本身的不稳定性，使得大量的 AFt 逐渐分解为块状或六边形的过硫酸盐。由于 AFt 和过硫酸盐等产物具有膨胀性，能够很好地填充界面过渡区疏松多孔的结构，使得硫酸盐在侵蚀 30d 时，改善了 ITZ 结构密实程度。

(a) 100倍 (b) 2000倍 (c) 4000倍

图 4-47 硫酸盐侵蚀 30d 骨料新界面

由图 4-48 显示，硫酸盐的侵蚀龄期达到 90d 时，骨料新界面出现了垂直于界面的横向微细裂缝，出现以上现象主要是因为随着硫酸盐侵蚀龄期的增长，骨料新界面的过渡区

(a) 100倍 (b) 2000倍 (c) 4000倍

图 4-48 硫酸盐侵蚀 90d 骨料新界面

内继续反应生成具有膨胀性的 AFt 以及 $CaSO_4$ 等产物。当膨胀性产物不断积累所产生的膨胀应力大于再生混凝土本身的抗拉强度时就会产生膨胀性裂缝，而裂缝的膨胀开裂又使得硫酸盐更容易渗透到界面过渡区的内部，又会继续累积膨胀性产物，这种循环往复进行[35]，使得骨料新界面的侵蚀程度更加严重。

**4.5.3.2　砂浆新界面的微观形貌**

图 4-49 为标准养护条件先砂浆新界面微观形貌，砂浆新界面的分界线在低倍镜并不明显，这主要是因为老浆体吸收新浆体中的水泥颗粒之后，降低了砂浆新界面的空隙率；另外老浆体能够适当的吸收过渡区的水分，既能降低过渡区内的水胶比，又能保证过渡区内的水泥颗粒的水化，提高界面过渡区的密实度[36-38]，再加上二者的材料属性相同，使得砂浆新界面能够牢固咬合，水化产物相互交错且分布均匀。

(*a*) 100倍　(*b*) 2000倍　(c) 4000倍

图 4-49　标准养护条件下砂浆新界面

由图 4-50 看出，当硫酸盐的侵蚀龄期为 30d 时，砂浆新界面已经不容易分辨。由于 $CaSO_4$ 和 AFt 等膨胀性侵蚀产物填充到过渡区的孔隙中，再加上大量富集的 $Ca(OH)_2$ 和水化生成的 C-S-H 凝胶分布在过渡区内，使得过渡区的结构变得更为密实，片状的 $Ca(OH)_2$ 和絮团状的 C-S-H 凝胶与微膨胀产物紧密的分布于过渡区内，改善了 ITZ 与砂浆基体的微观结构。

(*a*) 100倍　(*b*) 2000倍　(c) 4000倍

图 4-50　硫酸盐侵蚀 30d 砂浆新界面

图 4-51 为硫酸盐侵蚀龄期达到 90d 微观形貌，ITZ 的孔隙数量明显增多，孔洞的尺寸面积增大，几乎已经找不到片状的 $Ca(OH)_2$ 和絮团状的 C-S-H 凝胶体，取而代之的是块状的过硫酸盐，再加上 $CaSO_4$ 在硫酸盐侵蚀过程中不断的生成与溶出[39]，使得砂浆新界面在 90d 时整个 ITZ 结构较为疏松，再生混凝土的界面性能变差。

(a) 100倍　　(b) 2000倍　　(c) 4000倍

图 4-51　硫酸盐侵蚀 90d 砂浆新界面

#### 4.5.3.3　老界面的微观形貌

由图 4-52 对比可以看出，由于废弃混凝土的养护龄期较长，水泥水化充分，老界面过渡区及砂浆基体微观结构空隙率小，密实程度高，所以老界面相比于骨料新界面的过渡区结构要更为致密。图 4-53 为硫酸盐侵蚀龄期为 30d 时老界面形貌，产生的膨胀产物使得老界面的总空隙率减少，过渡区结构变得更加密实。图 4-54 为硫酸盐的侵蚀龄期达到 90d 时老界面形貌，界面过渡区变得较为疏松，在硫酸盐侵蚀的环境下，大量的 AFt 因为其本身的不稳定性而分解为块状的过硫酸盐，只有少量的 AFt 零星分布在产物的空隙之中，同时膨胀性产物的累积作用，使得老界面处出现较多的蜂窝状孔洞及微细裂缝[40-48]，并且伴随着侵蚀龄期的增长，膨胀性产物不断地生成及溶出，导致 ITZ 处的结构疏松、空隙率增大。

(a) 100倍　　(b) 2000倍　　(c) 4000倍

图 4-52　标准养护条件老界面

(a) 100倍　　(b) 2000倍　　(c) 4000倍

图 4-53　硫酸盐侵蚀 30d 老界面

(*a*) 100倍

(*b*) 2000倍

(*c*) 4000倍

图 4-54　硫酸盐侵蚀 90d 老界面

## 4.6　小结

通过系统研究再生混凝土的耐久性能，对比分析环境作用对再生混凝土性能的影响规律，探讨了再生混凝土性能损伤机制，建立了科学反应再生混凝土多重界面结构耐久性的研究方法，主要研究结论如下：

（1）相比普通混凝土的耐久性能，再生粗骨料混凝土的抗氯离子渗透、碳化、抗冻和收缩性能均较低，主要体现在再生粗骨料的低品质和高取代率方面，其中耐久性能最优时是使用二次物理强化处理后的再生粗骨料；物理强化技术对再生粗骨料品质的提升，再生粗骨料混凝土的氯离子迁移系数和碳化深度逐渐减小，提高再生混凝土的耐久性能。

（2）随着再生细骨料品质的提升和取代率的减小，再生细骨料混凝土的氯离子迁移系数、碳化深度和收缩率逐渐减小、冻融循环次数和相对动弹性模量逐渐增大，其耐久性能得到增强，以 DP-RFA 制备的再生混凝土的耐久性能为最优；再生细骨料混凝土中胶凝材料用量的增多可以显著改善其抗氯离子渗透、碳化和抗冻性能，但对其收缩性能产生不利影响。

（3）碳化反应产生大量的粒状 $CaCO_3$，改善了界面过渡的微观结构，降低了空隙率，但生成的水分蒸发会引起水泥石收缩产生裂纹，导致孔隙的连通性提高；随着再生混土强度等级的提高，骨料新界面和砂浆新界面过渡区及新砂浆基体显微硬度增大，ITZ 宽度减小，低强度等级再生混凝土中新砂浆新界面过渡区受碳化作用影响较为明显；碳化后骨料新界面过渡区及砂浆基体显微硬度提高了 20MPa 左右，ITZ 宽度减小了 20$\mu$m，而老界面及砂浆新界面变化相对较小。

（4）硫酸盐侵蚀龄期为 30d 时，生成的 Aft 和石膏等晶体，填充在界面过渡区及砂浆基体的微细裂缝和孔洞中，密实度相对提高，显微硬度值增大，界面过渡区宽度减小，随着侵蚀龄期的增长，Aft 及二水石膏产生体积膨胀，导致 ITZ 及砂浆基体破坏。侵蚀龄期为 90d 时，DC40-FC30 和 DC40-FC40 再生混凝土骨料新界面过渡区破坏最为严重，与标准养护试件相比，显微硬度值分别减小了 19.1％和 15.6％，ITZ 宽度也相应增大，而 DC40-FC50 中骨料新界面和砂浆新界面破坏较为明显。

（5）通过 SEM 观测氯盐侵蚀环境下再生混凝土界面过渡区形貌，侵蚀龄期为 90d 时 C-S-H 凝胶及 $Ca(OH)_2$ 晶体数量大幅度减少，产生大量的块状或六角形状难溶性的

$3CaO \cdot Al_2O_3 \cdot CaCl_2 \cdot 10H_2O$ 和微膨胀性复盐，使得界面产生微裂缝且空隙率增大。随着侵蚀龄期的增长，界面过渡区及砂浆基体显微硬度值逐渐减小，侵蚀后期变化规律与硫酸盐侵蚀大致相同。

## 参考文献

[4-1] 申健，牛荻涛，王艳，等.再生混凝土耐久性能研究进展 [J].材料导报A：综述篇，2016，30 (3)：89-100.

[4-2] Farran J. Introduction：The Transition Zone-Discovery and Development [C]. In：Interfacial Transition Zone in Concerte，RILEM Reoprt Ⅱ，London：E&FNS PON，1996，xiii-xv.

[4-3] Abbas A，Fathifazl G，Isgor O B，Razaqpur G，Fournier B，Foo S. Durability of recycled aggregate concrete designed with equivalent mortar volume method [J]. *Cem Concr Compos*，2009，31 (8)：555-563.

[4-4] 李秋义，韩帅，莫建，张修勤，孔哲.物理化学强化对再生混凝土抗氯离子渗透性能的影响 [J].混凝土与水泥制品，2016，34 (3)：432-437.

[4-5] 林跃忠，鲍鹏.海水侵蚀混凝土抗冻强度的预测研究 [J].河南大学学报，2007，37 (2)：210-213.

[4-6] 朱平华，陈凯.氯离子侵蚀下循环再生细骨料混凝土碳化性能研究 [J].混凝土，2017 (2)：32-41.

[4-7] 李滢，代大虎，龚志起.再生骨料浸渍处理对再生混凝土抗碳化性能影响 [J].混凝土，2017 (2)：84-86.

[4-8] 郝彤，赵文兰.不同再生细骨料取代率混凝土的抗压及干燥收缩试验研究 [J].新型建筑材料，2011 (2)：29-31.

[4-9] X M Wu，Y Li，Z F Guan. Tube ceramic waste regeneration of concrete and interfacial energy [J]. *Journal of Zhengzhou University*，2010，31 (2)：35-38.

[4-10] X G Wang，B G Ma，H B Fu. Inte 再生细骨料混凝土 ial mechanical properties and microstructure of gradient structure concrete [J]. *Journal of Building Materials*，2010，13 (1)：101-104.

[4-11] J Geng，J Y Sun，L W Mo，G L Zhang，Microstructure characteristics of recycled fine aggregate and concrete [J]. *Civil Engineering and Environmental Engineering*，2013，35 (2)：135-140.

[4-12] W B Xu，Z H Shui，J T Ma，W Chen. Study on carbonation performance of fly ash concrete based on micro hardness analysis [J]. *Bulletin of Silicate*，2011，30 (1)：7-12.

[4-13] C F Yuan，Z Luo，T F Ding，et al. Orthogonal test on carbonation behavior of recycled concrete [J]. *Wuhan University of Technology*，2010，32 (21)：9-12.

[4-14] YAO Y，WU H，WANG L. The microstructure research on interfacial transition zone of filling material containing FA and coal gangue [J]. *Advanced Materials Research*，2011，287：1125-1129.

[4-15] Limbachiya M C，Lee Lawat T，Dhir R K. Use of recycled concrete aggregate in highstrength concrete [J]. Matercial and structures，2000，33 (9)：574-580.

[4-16] Otsuki N，Miyazato S，Yodsudjai W. Influence of recycled aggregate on interfacial transition zone，strength，chloride peneration and carbonation [J]. *Journal of Materials in Civil Engineering*，2003，15 (5)：443-451.

[4-17] 魏宏云，周卫峰，李源渊.掺加矿粉和粉煤灰的混凝土渗透性能分析 [J].公路工程，2015，40 (5)：150-154.

[4-18] 王忠星，李秋义，岳公冰，曹瑜斌.氯盐侵蚀对再生混凝土多重界面显微结构的影响 [J].硅酸盐通报，2017，36 (1)：27-32.

[4-19] Gilpin Robinson JR R，Menzie D W，Hyun H. Recycling of construction debris as aggregate in the Mid-Atlantic Region [J]. *Resource Conserv Recucl*，2004，42 (3)：275-278.

[4-20] Richardson I G. The calcium silicate hydrates [J]. *Cement and Concrete Research*，2008，38 (2)：137-158.

[4-21] G Liu，P Stavem，O E Gjory. Effect of surface hydrophobation for protection of early age concrete against chloride penetration [J]. *Hydrophobe*，*Water Repellent Treatment of Building Materials*，2005 (3)：93-104.

[4-22] 张高展，丁庆军，李栋才. 海水侵蚀环境下混凝土材料微观结构分析 [J]. 功能材料，2015，46 (4)：107-112.

[4-23] 胡谨，阎培渝，董树国. 提高中等强度等级混凝土抗氯离子渗透性能的研究 [J]. 硅酸盐通报，2014，33 (4)：913-917.

[4-24] 叶腾，徐毅慧，张锦. C25 再生骨料混凝土抗氯离子渗透性能试验研究 [J]. 硅酸盐通报，2014，32 (12)：3261-3264.

[4-25] 覃荷瑛. 再生混凝土氯离子渗透性试验研究及细观数值模拟 [D]. 南宁：广西大学硕士学位论文，2012.

[4-26] 殷惠光，张连英，李雁. 氯盐侵蚀后含掺合料混凝土微观形貌特征试验研究 [J]. 混凝土，2014，17 (1)：27-29.

[4-27] Deyu Kong，Ting Lei，Jianjun Zheng. Effect and mechanism of surface-coating pozzalanics materials around aggregate on properties and ITZ microstructure of recycled aggregate concrete [J]. *Construction and Building Materials*，2010 (24)：701-708.

[4-28] Bing QI，Jianming GAO，Fei CHEN，et al. Evaluation of the damage process of recycled aggregate concrete undersulfate attack and wetting-drying cycles [J]. *Construction and Building Materials*，2017，138：254-262.

[4-29] 万惠文，徐金龙，水中和. 再生混凝土 ITZ 结构与性质的研究 [J]. 武汉理工大学学报，2004，26 (11)：29-32.

[4-30] 耿健，孙家瑛，莫立伟，张国良. 再生细骨料及其混凝土的微观结构特征 [J]. 土木工程与环境工程，2013，35 (2)：135-140.

[4-31] Gongbing YUE，Peng ZHANG，Qiuyi LI，Qianqian LI. Performance analysis of a recycled concrete interfacial transition zone in a rapid carbonization environment [J]. *Advances in Materials Science and Engineering*，2018 (2018)：1-8.

[4-32] 魏国强，詹炳根，孙道胜. 混凝土集料-砂浆新界面过渡区微观结构表征技术综述 [J]. 安徽建筑工业学院学报，2008，16 (4)：80-85.

[4-33] 水中和，潘智生，朱文琪. 再生集料混凝土的微观结构特征 [J]. 武汉理工大学学报，2003，25 (12)：99-102.

[4-34] 水中和，万惠文. 老混凝土中骨料-水泥界面过渡区 (ITZ) (Ⅰ) -元素与化合物在 ITZ 的富集现象 [J]. 武汉理工大学学报，2002，24 (4)：21-23.

[4-35] 水中和，万惠文. 老混凝土中骨料-水泥界面过渡区 (ITZ) (Ⅱ) -元素在界面区的分布特征 [J]. 武汉理工大学学报，2002，24 (5)：22-25.

[4-36] 熊光晶，姜浩. 新老混凝土修补界面过渡区微细观结构改善方法的研究 [J]. 硅酸盐学报，2002，30 (2)：263-266.

[4-37] Li X P. Recycling and reuse of waste concrete in China：Part II. Structural behaviour of recycled aggregate concrete and engineering applications [J]. *Conserv Recy*，2009，53 (3)：107-112.

[4-38] 陈惠苏，孙伟，Piet S. 水泥基复合材料集料与砂浆新界面研究综述 (二)：界面微观结构的形成-

劣化机理及其影响因 [J]. 硅酸盐学报，2004，32（1）：70-79.

[4-39] 姜磊，牛荻涛. 硫酸盐侵蚀作用下混凝土损伤层与微观研究 [J]. 硅酸盐通报，2015，34（12）：462-467.

[4-40] 高润东. 复杂环境下混凝土硫酸盐侵蚀微-宏观劣化规律研究 [D]. 北京：清华大学博士学位论文，2010.

[4-41] 孙迎召，牛荻涛，姜磊等. 干湿循环条件混凝土硫酸盐侵蚀损伤分析 [J]. 硅酸盐通报，2013，32（7）：1405-1409.

[4-42] 崔正龙，大芳贺義喜，北迁政文. 再生混凝土耐久性能的试验研究 [J]. 硅酸盐通报，2007，26（6）：1107-1111.

[4-43] B Standke，Rene Schafroth，A Germann. Concrete protection via internal hydropho -bization [J]. *Materials Science and Restoration*，2003（8）：213-220.

[4-44] 胡谨，阎培渝，董树国. 提高中等强度等级混凝土抗氯离子渗透性能的研究 [J]. 硅酸盐通报，2014，33（4）：913-917.

[4-45] 苑立冬，牛荻涛，姜磊. 硫酸盐侵蚀与冻融循环共同作用下混凝土损伤研究 [J]. 硅酸盐通报，2013，32（6）：1171-1176.

[4-46] 董宜森. 硫酸盐侵蚀环境下混凝土耐久性能试验研究 [D]. 杭州：浙江大学硕士学位论文，2011.

[4-47] 邢志水，邓敏，王爱国等. 含石膏骨料引起的混凝土内部硫酸盐侵蚀 [J]. 建筑材料学报，2014，17（1）：30-34.

[4-48] 王忠星，李秋义，曹瑜斌，刘海宝. 硫酸盐侵蚀对再生混凝土多重界面显微结构的影响 [J]. 硅酸盐通报，2017，36（2）：443-448.

# 第 5 章　再生粗骨料混凝土配合比设计方法

## 5.1　再生粗骨料混凝土配合比设计的复杂性和必要性

### 5.1.1　再生粗骨料混凝土配合比设计的复杂性

再生粗骨料中存在着性能较差且情况复杂的界面结构问题（旧骨料-旧浆体、旧骨料-新浆体、旧浆体-新浆体等），导致其基本性能指标与天然粗骨料差异较大，当用其制备再生粗骨料混凝土时，由于再生粗骨料品质的多样性（分为Ⅰ类、Ⅱ类、Ⅲ类）和使用的复杂性（部分取代、全部取代等），其配合比设计所考虑的影响因素比普通混凝土复杂得多，如图 5-1 所示。因此，为了推动我国建筑垃圾资源化的循环再利用，再生粗骨料混凝土的配合比设计要在普通混凝土配合比设计方法的基础上进行调节与整合，其设计方法的建立必须基于再生粗骨料性能差异的原则。

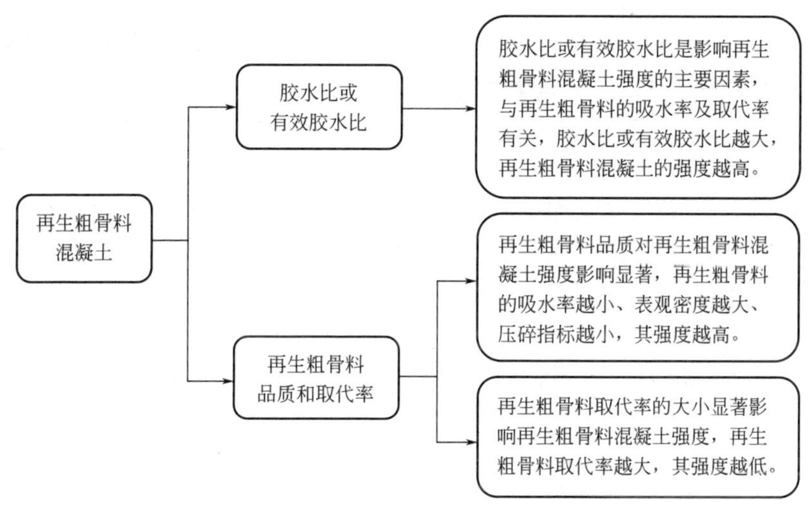


图 5-1　再生粗骨料混凝土配合比设计的复杂性

### 5.1.2　再生粗骨料混凝土配合比设计的必要性

相比较天然碎石，传统工艺所生产的再生粗骨料存在吸水率高、表观密度小、压碎指标大等缺陷，由其制备的再生粗骨料混凝土的各方面性能也将低于普通混凝土[1-3]，且影响再生粗骨料混凝土性能的因素也明显要多于普通混凝土，其中再生粗骨料的掺加为最主要的影响因素之一。[4-5]

关于再生粗骨料混凝土性能以及配合比设计方法的研究，国内外专家和学者已经做了大量的工作，并且取得了一定的科研成果。如 Murat Tuyan 等[6] 在不同的水胶比条件下制备自密实再生粗骨料混凝土，并系统分析了再生粗骨料取代率对其施工泵送性能和力学性能的影响；Auxi Barbudo 等[7] 采用两种减水剂来改善再生粗骨料混凝土的密实度，并研究了其工作性能和力学性能；王晓飞[8] 虽然研究了多种再生粗骨料对再生混凝土力学性能的影响，但只给出了单一品质骨料的强度公式，应用时存在一定的局限性；王磊[9] 和王亮[10] 等分别在再生粗骨料混凝土的力学性能、变形性能和耐久性能方面进行了详细的研究；张喜民[11]、卜贵贤[12] 等分别对公路工程用再生混凝土和再生碎砖骨料混凝土的配合比设计方法进行了试验研究与分析，均具有较好的实用效果；吴瑾等[13] 研究了采用100%再生粗骨料所配制的再生混凝土强度与水胶比之间的关系；高丹盈等[14] 通过试验研究建立了水灰比、单方用水量和砂率等设计参数的计算公式；汪振双等[15] 基于水胶比和粉煤灰取代率来计算再生粗骨料混凝土的抗压强度；王彦等[16] 通过系列的试验研究结果提出了适用于再生粗骨料多孔混凝土的配合比设计方法；李瑞鸽等[17] 基于 BP 神经网络对再生粗骨料混凝土的配合比设计进行了优化。

在再生粗骨料混凝土的性能或配合比设计研究方面，多数情况下仅是针对特定的再生粗骨料或再生混凝土而进行的有限研究[18-21]，并没有全面的、系统地研究再生粗骨料混凝土的工作性能、力学性能和耐久性能，也没有建立全部考虑再生粗骨料的品质、取代方式以及取代率的再生粗骨料混凝土用水量或强度关系式，故而也无法形成再生粗骨料混凝土的配合比设计方法。另外，《再生骨料应用技术规程》JGJ/T 240-2011 中并没有给出如同普通混凝土那样方便简捷的配合比设计方法，而是只给出了再生混凝土的配制原则，导致再生混凝土的配合比设计耗时长、劳动量大、所需试验多、数据离散性大，这些问题的存在都不利于引导再生骨料和再生混凝土的大量生产与广泛应用。

因此，为了全面探究再生粗骨料混凝土的性能[22-32] 变化规律和配合比设计方法，本章试验的研究对象为物理强化技术处理后的再生粗骨料，在系统研究其品质和取代率对再生粗骨料混凝土性能的影响后，将再生混凝土视为一种复合材料，在普通混凝土的基础上建立基于再生粗骨料品质和取代率等多重影响因素的用水量公式和强度公式，为再生粗骨料混凝土配合比设计方法的提出提供理论依据。

## 5.2 配合比设计的基本原则与思路

### 5.2.1 基本原则

再生粗骨料混凝土配合比设计时所考虑的影响因素较多，且需要确定的设计参数也要多于普通混凝土。但普通混凝土应用技术的发展要早于再生粗骨料混凝土，且相应的标准体系已非常成熟。故而在确定再生粗骨料混凝土配合比设计的基本原则时，需要以普通混凝土为基准，参照其配合比设计时所遵循的基本原则和要求[33]：

（1）用水量原则：混凝土拌合物的用水量主要与所用粗骨料的最大粒径和工程需求的工作性有关；

（2）胶水比原则：胶水比直接影响混凝土内部硬化水泥石的孔结构，是影响混凝土强度的主要因素，其实质是有效胶水比的影响作用；

（3）耐久性要求：保证混凝土具有良好的耐久性，满足抗渗、抗冻、抗腐蚀等要求，使混凝土达到经久耐用的使用目的；

（4）经济性要求：在施工方便和保证混凝土质量的基础上，合理选择和分配原材料，在可控范围内适当降低水泥用量，从而减少工程的成本，取得良好的经济效益。

目前再生粗骨料的实际工程应用中，再生粗骨料混凝土的适用范围还仅限于非承重结构的低强度等级的水泥制品，主要限制其工作性和力学性能[34-35]两方面，其耐久性能可暂不做要求或根据再生粗骨料混凝土的耐久性能来限制再生粗骨料的应用领域。另外，近几年国家发布的众多政策也在大力加强建筑垃圾的处置，对建筑垃圾处理免征增值税，对已投产的再生资源企业进行补助或扩大产能贷款贴息，满足相应的经济性要求。因此，本文的再生粗骨料混凝土在配合比设计时主要考虑再生粗骨料混凝土的工作性和强度两个因素，但由于再生粗骨料工程应用时所存在的特殊性，需要根据已有的试验数据对需水量原则和强度公式进行最终确定。

### 5.2.2　设计的思路

在普通混凝土配合比设计时，首要规定是对所用粗骨料的基本性能指标进行限定，《普通混凝土配合比设计规程》JGJ 55-2011 主要控制粗骨料的含水率应小于 0.2%。但再生粗骨料的原材料来源复杂且制备工艺繁杂，导致其品质较差且波动性大，主要表现在再生粗骨料的高吸水率。因此，在使用再生粗骨料制备再生粗骨料混凝土时，可使再生粗骨料接近于饱和面干状态，控制再生粗骨料吸水率与含水率之差应小于 0.5%。

考虑到再生粗骨料的特殊性和再生粗骨料混凝土的性能影响因素众多，本书在建立再生粗骨料混凝土的配合比设计方法时，以普通混凝土的配合比设计方法为基础，分别提出再生粗骨料混凝土的简易配合比设计方法和精确配合比设计方法。其中，简易配合比设计方法基于确定的用水量原则和胶水比原则；精确配合比设计方法基于建立的再生粗骨料混凝土绝对用水量公式和强度公式。再生粗骨料混凝土配合比设计方法的建立为再生粗骨料混凝土的推广应用奠定了坚实的理论基础，加快了建筑垃圾资源化再利用的步伐，也为我国的再生混凝土配制技术实现“从盲目的试配到计算配合比指导下的快速配制”带来一次质的转变。

## 5.3　配合比设计的试验研究

### 5.3.1　试验原材料

再生粗骨料混凝土配合比试验中所用原材料为水泥、天然砂、天然碎石、再生粗骨料、外加剂、水等。

水泥：P. O 42. 5 水泥，其物理力学性能指标与 XRF 分析结果见表 5-1 和表 5-2；

水泥物理力学性能指标　　表 5-1

| 水泥品种 | 细度（%） | 初凝时间（min） | 终凝时间（min） | 抗压强度/MPa | | 抗折强度/MPa | | 安定性（沸煮法） |
|---|---|---|---|---|---|---|---|---|
| | | | | 3d | 28d | 3d | 28d | |
| P. O 42. 5 | 2. 3 | 165 | 260 | 18. 5 | 46. 8 | 4. 6 | 7. 0 | 合格 |

水泥的 XRF 分析结果（%） 表 5-2

| 化学组成 | CaO | $SiO_2$ | $Al_2O_3$ | $Fe_2O_3$ | $SO_3$ | MnO | $Na_2O$ | $K_2O$ | $TiO_2$ | LOSS |
|---|---|---|---|---|---|---|---|---|---|---|
| 质量分数 | 62.73 | 17.80 | 6.38 | 5.83 | 2.98 | 1.94 | 0.86 | 0.58 | 0.52 | 0.38 |

天然砂：河砂，Ⅱ级砂，级配良好，其性能指标见表 5-3；

天然砂性能指标 表 5-3

| 细度模数 | 规格 | 堆积密度 ($kg/m^3$) | 表观密度 ($kg/m^3$) | 空隙率 (%) | 微粉含量 (%) | 泥块含量 (%) | 压碎指标 (%) |
|---|---|---|---|---|---|---|---|
| 2.4 | 中砂 | 1450 | 2590 | 40 | 1.0 | 0.7 | 13 |

天然碎石：花岗岩碎石，5～25mm 连续级配，其性能指标见表 5-4；

天然碎石性能指标 表 5-4

| 吸水率 (%) | 含水率 (%) | 针片状颗粒含量 (%) | 压碎指标 (%) | 堆积密度 ($kg/m^3$) | 表观密度 ($kg/m^3$) |
|---|---|---|---|---|---|
| 1.7 | 0.42 | 4.05 | 11.2 | 1460 | 2510 |

外加剂：青岛某建材公司生产的聚羧酸系高性能减水剂；

水：市政饮用水；

再生粗骨料：原料来源于青岛某施工单位负责的居民住宅小区拆迁现场，人工挑选出长度约为 100～300mm 的废弃混凝土碎块，强度等级为 C20～C40。首先使用小型颚式破碎机对废弃混凝土进行简单破碎处理，然后使用颗粒整形设备分别进行一次和二次强化处理，最后将物理强化过程中制得的 3 类再生骨料分别进行筛分处理（粒径范围要求为 4.75～31.5mm），即得到 3 类再生粗骨料：简单破碎再生粗骨料、一次物理强化再生粗骨料和二次物理强化再生粗骨料。参照《混凝土用再生粗骨料》GB/T 25177-2010，按照相应试验方法测试其性能指标。本章中再生粗骨料的物理强化技术具体流程如图 5-2 所示，3 类再生粗骨料的基本性能指标见表 5-5。

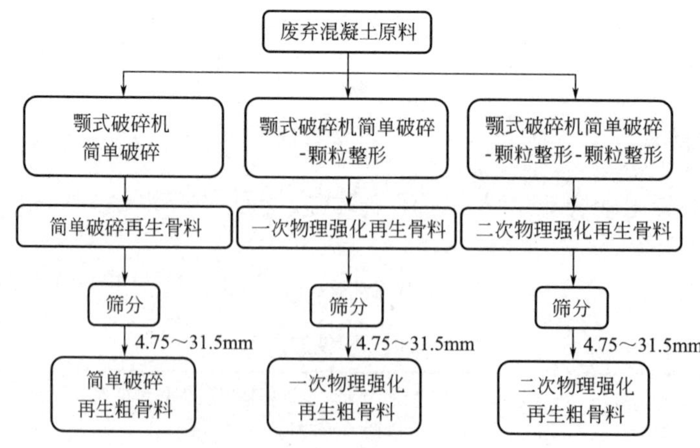


图 5-2 再生粗骨料物理强化技术流程图

再生粗骨料的基本性能指标　　表5-5

<table>
<tr><th colspan="2">项目</th><th>简单破碎</th><th>一次物理强化</th><th>二次物理强化</th></tr>
<tr><td colspan="2">微粉含量(%)</td><td>1.9</td><td>1.1</td><td>0.8</td></tr>
<tr><td colspan="2">泥块含量(%)</td><td>0.6</td><td>0.2</td><td>0.1</td></tr>
<tr><td colspan="2">表观密度(kg/m³)</td><td>2430</td><td>2470</td><td>2480</td></tr>
<tr><td rowspan="2">堆积密度(kg/m³)</td><td>松散堆积密度</td><td>1360</td><td>1390</td><td>1410</td></tr>
<tr><td>紧密堆积密度</td><td>1380</td><td>1530</td><td>1590</td></tr>
<tr><td colspan="2">空隙率(%)</td><td>44</td><td>44</td><td>43</td></tr>
<tr><td colspan="2">针片状颗粒含量(%)</td><td>6</td><td>4</td><td>1</td></tr>
<tr><td colspan="2">坚固性(以质量损失计)(%)</td><td>8.9</td><td>5.7</td><td>3.1</td></tr>
<tr><td colspan="2">压碎指标(%)</td><td>18</td><td>15</td><td>9</td></tr>
<tr><td rowspan="2">吸水率(%)</td><td>1h</td><td>2.3</td><td>1.7</td><td>1.0</td></tr>
<tr><td>24h</td><td>3.7</td><td>2.3</td><td>1.7</td></tr>
<tr><td rowspan="3">有害物质含量</td><td>有机物含量</td><td>合格</td><td>合格</td><td>合格</td></tr>
<tr><td>硫化物及硫酸盐含量(%)</td><td>1.4</td><td>0.9</td><td>0.4</td></tr>
<tr><td>氯化物含量(%)</td><td>0.05</td><td>0.03</td><td>0.02</td></tr>
<tr><td colspan="2">杂物含量(%)</td><td>0.8</td><td>0.5</td><td>0.1</td></tr>
<tr><td rowspan="3">碱集料反应膨胀率(%)</td><td>碱-硅酸反应</td><td>0.036</td><td>0.029</td><td>0.022</td></tr>
<tr><td>快速碱-硅酸反应</td><td>0.044</td><td>0.039</td><td>0.031</td></tr>
<tr><td>碱-碳酸盐反应</td><td>0.067</td><td>0.051</td><td>0.038</td></tr>
</table>

## 5.3.2　试验方案设计

在再生粗骨料混凝土配合比的试验方案中，外加剂的用量为水泥用量的1.2%，砂率统一确定为38%，通过控制再生粗骨料混凝土拌合物坍落度在160～200mm范围内来确定其用水量。试验中所考虑的主要影响因素为：

① 再生粗骨料的品质：分别为简单破碎再生粗骨料、一次物理强化再生粗骨料和二次物理强化再生粗骨料；

② 再生粗骨料的取代率：分别取代天然粗骨料的0、20%、40%、60%、80%和100%，以质量计；

③ 水泥用量：分别取300kg/m³、350kg/m³、400kg/m³、450kg/m³和500kg/m³。

本试验中共设计了75组再生粗骨料混凝土，另有5组普通混凝土作为对照组试验，具体情况见表5-6。

再生粗骨料混凝土试验方案设计　　表5-6

<table>
<tr><th rowspan="2">编号</th><th rowspan="2">水泥用量(kg/m³)</th><th colspan="2">再生粗骨料</th><th rowspan="2">天然碎石(kg/m³)</th><th rowspan="2">天然砂(kg/m³)</th><th rowspan="2">减水剂(kg/m³)</th></tr>
<tr><th>取代率(%)</th><th>用量(kg/m³)</th></tr>
<tr><td>A300-0</td><td>300</td><td>0</td><td>0</td><td>1166</td><td>714</td><td>3.6</td></tr>
<tr><td>A300-20</td><td>300</td><td>20</td><td>233</td><td>933</td><td>714</td><td>3.6</td></tr>
</table>

续表

| 编号 | 水泥用量(kg/m³) | 再生粗骨料 | | 天然碎石(kg/m³) | 天然砂(kg/m³) | 减水剂(kg/m³) |
|---|---|---|---|---|---|---|
| | | 取代率(%) | 用量(kg/m³) | | | |
| A300-40 | 300 | 40 | 466 | 700 | 714 | 3.6 |
| A300-60 | 300 | 60 | 700 | 466 | 714 | 3.6 |
| A300-80 | 300 | 80 | 933 | 233 | 714 | 3.6 |
| A300-100 | 300 | 100 | 1166 | 0 | 714 | 3.6 |
| A350-0 | 350 | 0 | 0 | 1150 | 705 | 4.2 |
| A350-20 | 350 | 20 | 230 | 920 | 705 | 4.2 |
| A350-40 | 350 | 40 | 460 | 690 | 705 | 4.2 |
| A350-60 | 350 | 60 | 690 | 460 | 705 | 4.2 |
| A350-80 | 350 | 80 | 920 | 230 | 705 | 4.2 |
| A350-100 | 350 | 100 | 1150 | 0 | 705 | 4.2 |
| A400-0 | 400 | 0 | 0 | 1136 | 696 | 4.8 |
| A400-20 | 400 | 20 | 227 | 909 | 696 | 4.8 |
| A400-40 | 400 | 40 | 454 | 682 | 696 | 4.8 |
| A400-60 | 400 | 60 | 682 | 454 | 696 | 4.8 |
| A400-80 | 400 | 80 | 909 | 227 | 696 | 4.8 |
| A400-100 | 400 | 100 | 1136 | 0 | 696 | 4.8 |
| A450-0 | 450 | 0 | 0 | 1121 | 687 | 5.4 |
| A450-20 | 450 | 20 | 224 | 897 | 687 | 5.4 |
| A450-40 | 450 | 40 | 448 | 673 | 687 | 5.4 |
| A450-60 | 450 | 60 | 673 | 448 | 687 | 5.4 |
| A450-80 | 450 | 80 | 897 | 224 | 687 | 5.4 |
| A450-100 | 450 | 100 | 1121 | 0 | 687 | 5.4 |
| A500-0 | 500 | 0 | 0 | 1106 | 678 | 6.0 |
| A500-20 | 500 | 20 | 221 | 885 | 678 | 6.0 |
| A500-40 | 500 | 40 | 442 | 664 | 678 | 6.0 |
| A500-60 | 500 | 60 | 664 | 442 | 678 | 6.0 |
| A500-80 | 500 | 80 | 885 | 221 | 678 | 6.0 |
| A500-100 | 500 | 100 | 1106 | 0 | 678 | 6.0 |
| B300-0 | 300 | 0 | 0 | 1166 | 714 | 3.6 |
| B300-20 | 300 | 20 | 233 | 933 | 714 | 3.6 |
| B300-40 | 300 | 40 | 466 | 700 | 714 | 3.6 |
| B300-60 | 300 | 60 | 700 | 466 | 714 | 3.6 |

续表

| 编号 | 水泥用量（kg/m³） | 再生粗骨料 | | 天然碎石（kg/m³） | 天然砂（kg/m³） | 减水剂（kg/m³） |
|---|---|---|---|---|---|---|
| | | 取代率（%） | 用量（kg/m³） | | | |
| B300-80 | 300 | 80 | 933 | 233 | 714 | 3.6 |
| B300-100 | 300 | 100 | 1166 | 0 | 714 | 3.6 |
| B350-0 | 350 | 0 | 0 | 1150 | 705 | 4.2 |
| B350-20 | 350 | 20 | 230 | 920 | 705 | 4.2 |
| B350-40 | 350 | 40 | 460 | 690 | 705 | 4.2 |
| B350-60 | 350 | 60 | 690 | 460 | 705 | 4.2 |
| B350-80 | 350 | 80 | 920 | 230 | 705 | 4.2 |
| B350-100 | 350 | 100 | 1150 | 0 | 705 | 4.2 |
| B400-0 | 400 | 0 | 0 | 1136 | 696 | 4.8 |
| B400-20 | 400 | 20 | 227 | 909 | 696 | 4.8 |
| B400-40 | 400 | 40 | 454 | 682 | 696 | 4.8 |
| B400-60 | 400 | 60 | 682 | 454 | 696 | 4.8 |
| B400-80 | 400 | 80 | 909 | 227 | 696 | 4.8 |
| B400-100 | 400 | 100 | 1136 | 0 | 696 | 4.8 |
| B450-0 | 450 | 0 | 0 | 1121 | 687 | 5.4 |
| B450-20 | 450 | 20 | 224 | 897 | 687 | 5.4 |
| B450-40 | 450 | 40 | 448 | 673 | 687 | 5.4 |
| B450-60 | 450 | 60 | 673 | 448 | 687 | 5.4 |
| B450-80 | 450 | 80 | 897 | 224 | 687 | 5.4 |
| B450-100 | 450 | 100 | 1121 | 0 | 687 | 5.4 |
| B500-0 | 500 | 0 | 0 | 1106 | 678 | 6.0 |
| B500-20 | 500 | 20 | 221 | 885 | 678 | 6.0 |
| B500-40 | 500 | 40 | 442 | 664 | 678 | 6.0 |
| B500-60 | 500 | 60 | 664 | 442 | 678 | 6.0 |
| B500-80 | 500 | 80 | 885 | 221 | 678 | 6.0 |
| B500-100 | 500 | 100 | 1106 | 0 | 678 | 6.0 |
| C300-0 | 300 | 0 | 0 | 1166 | 714 | 3.6 |
| C300-20 | 300 | 20 | 233 | 933 | 714 | 3.6 |
| C300-40 | 300 | 40 | 466 | 700 | 714 | 3.6 |

续表

| 编号 | 水泥用量（kg/m³） | 再生粗骨料 | | 天然碎石（kg/m³） | 天然砂（kg/m³） | 减水剂（kg/m³） |
|---|---|---|---|---|---|---|
| | | 取代率（%） | 用量（kg/m³） | | | |
| C300-60 | 300 | 60 | 700 | 466 | 714 | 3.6 |
| C300-80 | 300 | 80 | 933 | 233 | 714 | 3.6 |
| C300-100 | 300 | 100 | 1166 | 0 | 714 | 3.6 |
| C350-0 | 350 | 0 | 0 | 1150 | 705 | 4.2 |
| C350-20 | 350 | 20 | 230 | 920 | 705 | 4.2 |
| C350-40 | 350 | 40 | 460 | 690 | 705 | 4.2 |
| C350-60 | 350 | 60 | 690 | 460 | 705 | 4.2 |
| C350-80 | 350 | 80 | 920 | 230 | 705 | 4.2 |
| C350-100 | 350 | 100 | 1150 | 0 | 705 | 4.2 |
| C400-0 | 400 | 0 | 0 | 1136 | 696 | 4.8 |
| C400-20 | 400 | 20 | 227 | 909 | 696 | 4.8 |
| C400-40 | 400 | 40 | 454 | 682 | 696 | 4.8 |
| C400-60 | 400 | 60 | 682 | 454 | 696 | 4.8 |
| C400-80 | 400 | 80 | 909 | 227 | 696 | 4.8 |
| C400-100 | 400 | 100 | 1136 | 0 | 696 | 4.8 |
| C450-0 | 450 | 0 | 0 | 1121 | 687 | 5.4 |
| C450-20 | 450 | 20 | 224 | 897 | 687 | 5.4 |
| C450-40 | 450 | 40 | 448 | 673 | 687 | 5.4 |
| C450-60 | 450 | 60 | 673 | 448 | 687 | 5.4 |
| C450-80 | 450 | 80 | 897 | 224 | 687 | 5.4 |
| C450-100 | 450 | 100 | 1121 | 0 | 687 | 5.4 |
| C500-0 | 500 | 0 | 0 | 1106 | 678 | 6.0 |
| C500-20 | 500 | 20 | 221 | 885 | 678 | 6.0 |
| C500-40 | 500 | 40 | 442 | 664 | 678 | 6.0 |
| C500-60 | 500 | 60 | 664 | 442 | 678 | 6.0 |
| C500-80 | 500 | 80 | 885 | 221 | 678 | 6.0 |
| C500-100 | 500 | 100 | 1106 | 0 | 678 | 6.0 |

注：表中编号以字母 A 开头表示简单破碎再生粗骨料系列的再生粗骨料混凝土，一次物理强化再生粗骨料和二次物理强化再生粗骨料系列的再生粗骨料混凝土分别以字母 B 和 C 来表示。如 A300-20 表示使用简单破碎再生粗骨料制备的再生粗骨料混凝土，其中水泥用量为 300kg/m³，简单破碎再生粗骨料的取代率为 20%。

# 5.4　简易配合比设计方法

## 5.4.1　用水量原则的确定

在再生粗骨料混凝土的工作性能研究中，再生粗骨料混凝土拌合物用水量与普通混凝土的最大差别在于再生粗骨料掺加所引起的大量吸水。在制备再生粗骨料混凝土时再生粗骨料的使用状态对再生粗骨料混凝土拌合物的用水量影响较大。一般情况下，再生粗骨料的使用状态可分为：自然环境状态、饱和面干状态和绝干状态，相对应的将再生粗骨料混凝土拌合物的用水量定义为以下 3 种情况：

（1）实际用水量 $W_g$

在实际工程应用中，再生粗骨料处于自然环境状态是最为常见的情况，此时再生粗骨料内部或表面均可能含有部分水分。当用其制备再生粗骨料混凝土时，再生粗骨料混凝土拌合物的用水量与大气环境中的温湿度有较大关系，即与再生粗骨料的吸水率和含水率之差密切相关，故而再生粗骨料混凝土拌合物的实际用水量 $W_g$ 与普通混凝土之间的关系表达式如式 5-1 所示。

$$W_g = W + m_{Rg}\omega_a - m_{Rg}\omega_c \tag{5-1}$$

式中：$W_g$——再生粗骨料混凝土的实际用水量，单位为 kg/m³；

$W$——普通混凝土的用水量，单位为 kg/m³；

$m_{Rg}$——再生粗骨料的用量，单位为 kg/m³；

$\omega_a$——再生粗骨料的吸水率，以小数计；

$\omega_c$——再生粗骨料的含水率，以小数计。

在再生粗骨料不同品质条件下，再生粗骨料混凝土工作性能试验中所测得的实际用水量 $W_g$ 随再生粗骨料取代率（以 $\lambda_g$ 表示）的变化情况如图 5-3 所示。可知，再生粗骨料的品质和取代率均对再生粗骨料混凝土的实际用水量 $W_g$ 产生一定的影响，且再生粗骨料混凝土的实际用水量 $W_g$ 与再生粗骨料取代率 $\lambda_g$ 之间呈现出较好的线性关系。然而，在制备再生粗骨料混凝土试样时，其拌合物的实际用水量 $W_g$ 计算麻烦且难以准确控制，所产生的试验误差较大。

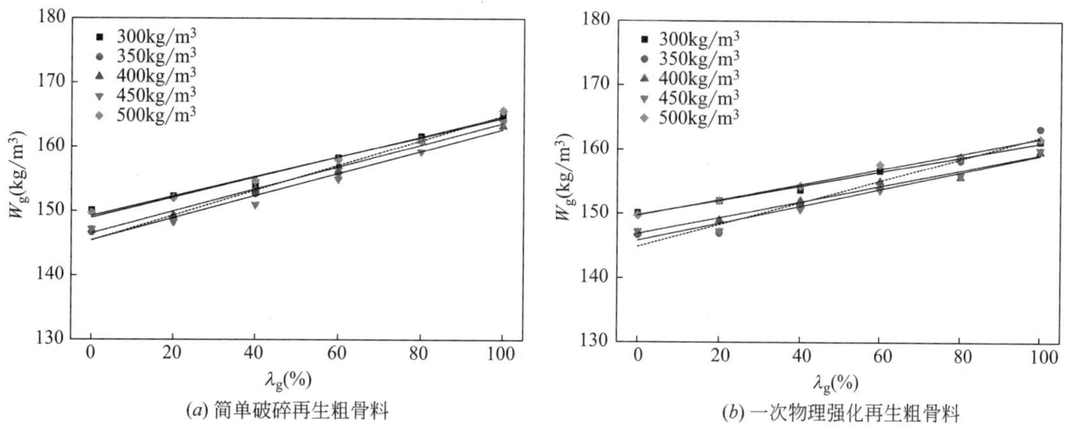


(a) 简单破碎再生粗骨料　　(b) 一次物理强化再生粗骨料

图 5-3　再生粗骨料混凝土的实际用水量与再生粗骨料取代率的关系（一）

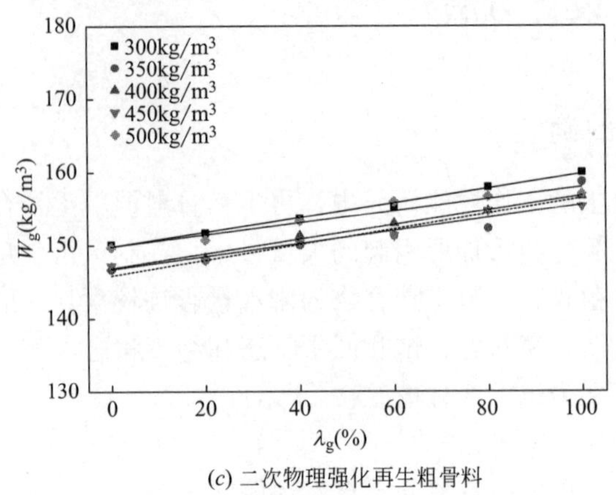


(c) 二次物理强化再生粗骨料

图 5-3　再生粗骨料混凝土的实际用水量与再生粗骨料取代率的关系（二）

（2）有效用水量 $W_{g0}$

当配制再生粗骨料混凝土所使用的再生粗骨料接近饱和面干状态时，再生粗骨料并不再过多吸收外部的自由水分，其内部含水基本达到饱和量。此时，再生粗骨料混凝土拌合物用水量与普通混凝土的用水量基本一致，故而再生粗骨料混凝土拌合物的有效用水量 $W_{g0}$ 与普通混凝土之间的关系表达式如式 5-2 所示。

$$W_{g0}=W \tag{5-2}$$

式中：$W_{g0}$——再生粗骨料混凝土的有效用水量，单位为 kg/m³；

$W$——普通混凝土的用水量，单位为 kg/m³。

在再生粗骨料不同品质条件下，再生粗骨料混凝土工作性能试验中所得的 $W_{g0}$ 随 $\lambda_g$ 的变化情况如图 5-4 所示。可知，再生粗骨料的品质和取代率均对再生粗骨料混凝土的有效用水量 $W_{g0}$ 产生较小的影响，且有效用水量 $W_{g0}$ 与再生粗骨料取代率 $\lambda_g$ 之间呈现出较好的线性关系。随着再生粗骨料混凝土所用再生粗骨料品质的提升，其有效用水量 $W_{g0}$ 趋近于普通混凝土，可以使得再生粗骨料混凝土的配合比设计简单化。

（3）绝对用水量 $W_{Rg}$

再生粗骨料达到绝干状态，其骨料内部和表面均不含有任何水分。当使用处于此状态的再生粗骨料制备再生粗骨料混凝土时，其拌合物的绝对用水量可以最大化反映出再生粗骨料混凝土与普通混凝土用水量之间的差别。故而再生粗骨料混凝土拌合物的绝对用水量 $W_{Rg}$ 与普通混凝土之间的关系表达式如式 5-3 所示。

$$W_{Rg}=W+m_{Rg}\omega_a \tag{5-3}$$

式中：$W_{Rg}$——再生粗骨料混凝土的绝对用水量，单位为 kg/m³；

$W$——普通混凝土的用水量，单位为 kg/m³；

$m_{Rg}$——再生粗骨料的用量，单位为 kg/m³；

$\omega_a$——再生粗骨料的吸水率，以小数计。

在再生粗骨料不同品质条件下，再生粗骨料混凝土工作性能试验中所计算的绝对用水量 $W_{Rg}$ 随再生粗骨料取代率 $\lambda_g$ 的变化情况如图 5-5 所示。可知，再生粗骨料的品质和取代率均对再生粗骨料混凝土的绝对用水量 $W_{Rg}$ 产生较大的影响，且绝对用水

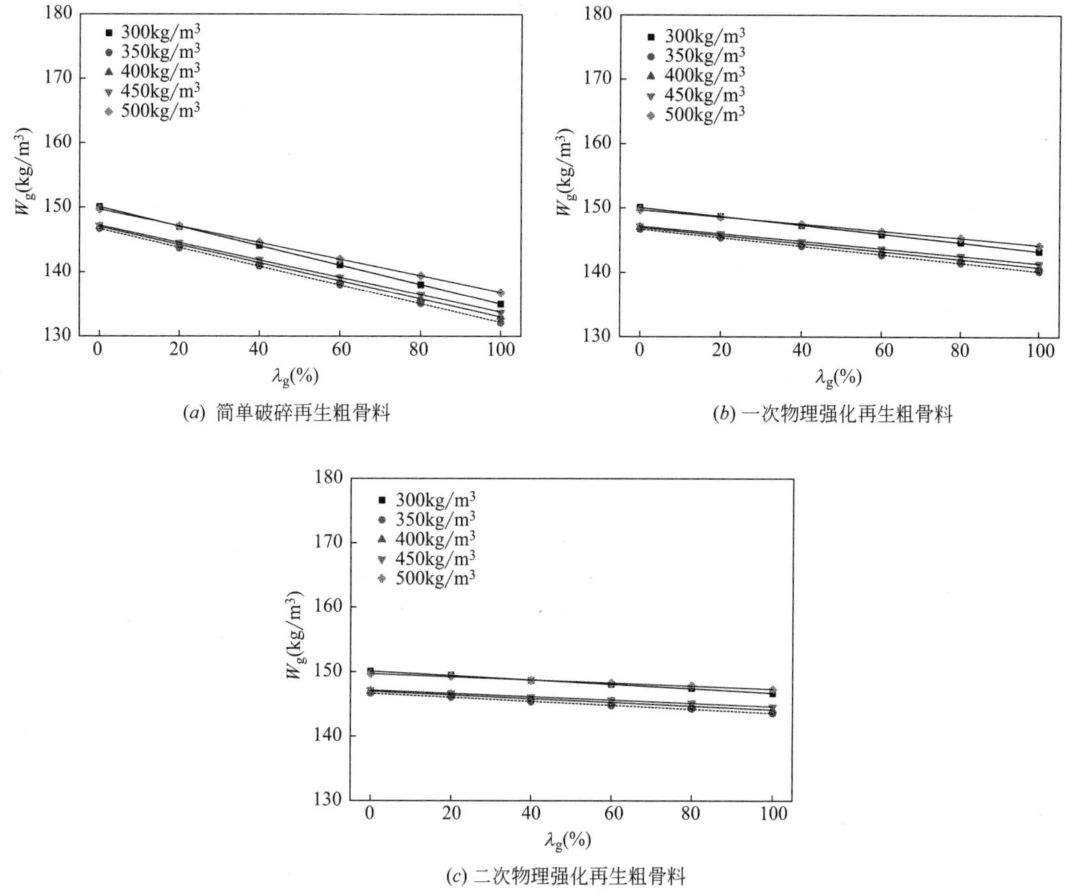


(*a*) 简单破碎再生粗骨料

(*b*) 一次物理强化再生粗骨料

(*c*) 二次物理强化再生粗骨料

图 5-4　再生粗骨料混凝土的有效用水量与再生粗骨料取代率的关系

量 $W_{Rg}$ 与再生粗骨料取代率 $\lambda_g$ 之间呈现出较好的线性关系。但考虑到再生粗骨料混凝土制备过程中所带来的试验误差，很难控制其绝对用水量 $W_{Rg}$ 与适宜的工作性能之间的平衡。

综上，再生粗骨料混凝土拌合物的实际用水量 $W_g$、有效用水量 $W_{g0}$ 和绝对用水量 $W_{Rg}$ 均与再生粗骨料取代率 $\lambda_g$ 之间具有较高的线性相关度。但考虑到再生粗骨料混凝土配合比设计时所考虑的因素要多于普通混凝土，为了简化这一设计过程且精确控制再生粗骨料混凝土的工作性能，再生粗骨料混凝土的配合比简易设计时需要考虑有效用水量原则，这也与配制再生粗骨料混凝土时所限定的再生粗骨料的使用状态相一致。

## 5.4.2　胶水比原则的确定

针对再生粗骨料的不同使用状态：自然环境状态、饱和面干状态和绝干状态，再生粗骨料混凝土拌合物的用水量分为实际用水量 $W_g$、有效用水量 $W_{g0}$ 和绝对用水量 $W_{Rg}$，相对应的再生粗骨料混凝土的胶水比也分为 3 种情况：

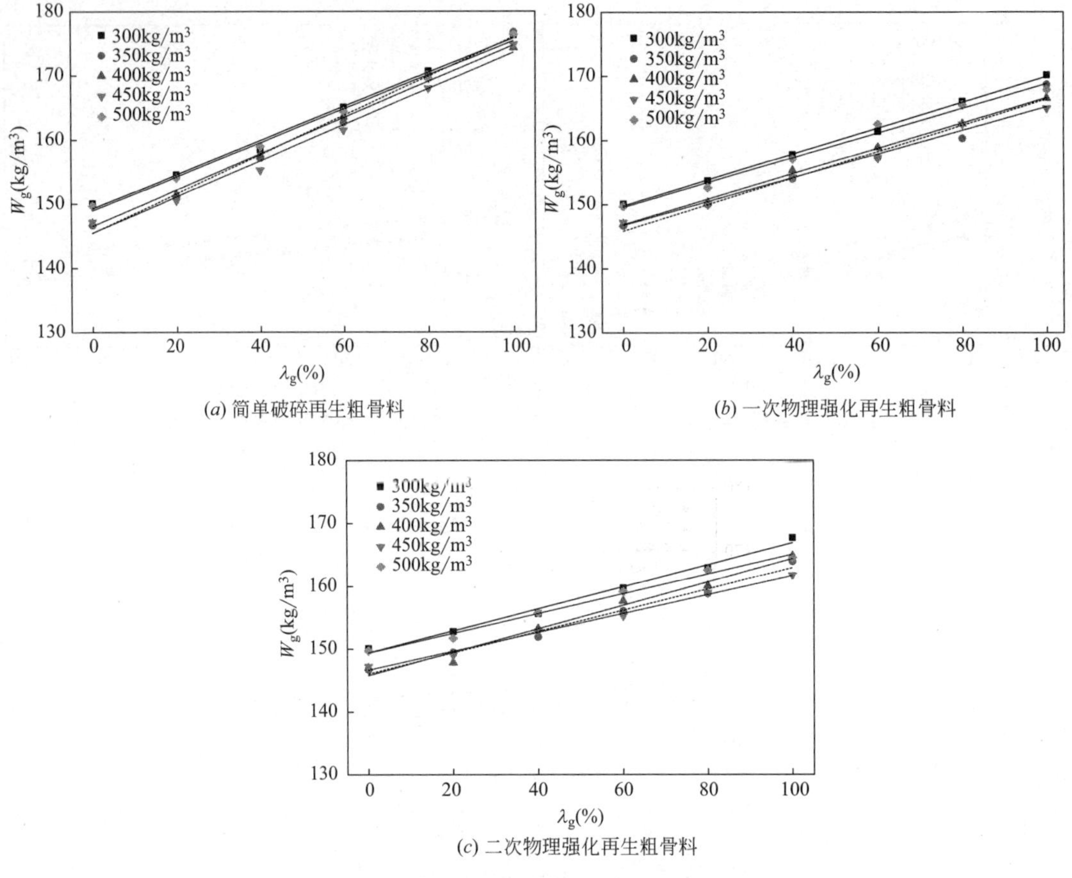

(a) 简单破碎再生粗骨料

(b) 一次物理强化再生粗骨料

(c) 二次物理强化再生粗骨料

图 5-5　再生粗骨料混凝土的绝对用水量与再生粗骨料取代率的关系

(1) 实际胶水比 $B/W_g$

对应再生粗骨料混凝土的实际用水量 $W_g$，再生粗骨料混凝土的胶水比定义为实际胶水比，以 $B/W_g$ 来表示。当再生粗骨料的品质发生变化时，再生粗骨料混凝土的 28d 抗压强度（以下简称为强度，以 $f_{Rg}$ 表示）与实际胶水比 $B/W_g$ 之间的关系如图 5-6 所示。可知，再生粗骨料混凝土的强度 $f_{Rg}$ 随着实际胶水比 $B/W_g$ 的增大而显著增加，线性相关度较高，其相关系数 $R^2$ 为 0.961～0.996。但再生粗骨料的品质和取代率 $\lambda_g$ 对再生粗骨料混凝土的强度 $f_{Rg}$ 影响较大，即再生粗骨料品质越低，再生粗骨料取代率 $\lambda_g$ 的影响就越大，这给再生粗骨料混凝土的简易配合比设计带来了难点。

(2) 有效胶水比 $B/W_{g0}$

对应再生粗骨料混凝土的有效用水量 $W_{g0}$，再生粗骨料混凝土的胶水比定义为有效胶水比，以 $B/W_{g0}$ 来表示。当再生粗骨料的品质发生变化时，再生粗骨料混凝土的强度 $f_{Rg}$ 与有效胶水比 $B/W_{g0}$ 之间的关系如图 5-7 所示。可知，再生粗骨料混凝土的强度 $f_{Rg}$ 随着有效胶水比 $B/W_{g0}$ 的增大而显著增加，两者之间线性相关度较高，其相关系数 $R^2$ 为 0.963～0.996。但再生粗骨料的品质和取代率 $\lambda_g$ 对再生粗骨料混凝土的强度 $f_{Rg}$ 影响更加显著，对再生粗骨料混凝土配合比的简易设计起到副作用，有效胶水比并不能实际反映出对再生粗骨料混凝土强度的影响规律。

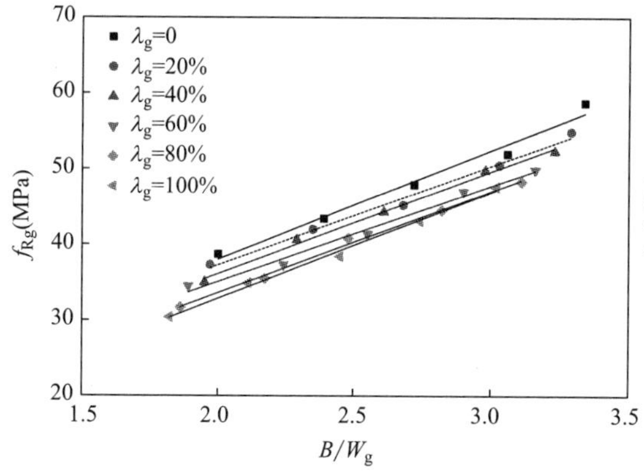

(a) 简单破碎再生粗骨料

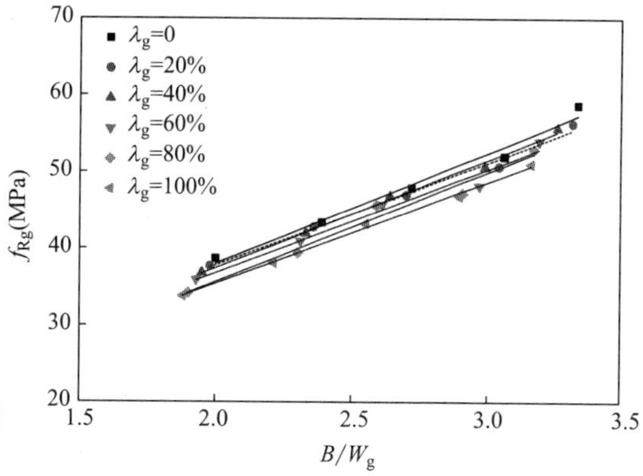

(b) 一次物理强化再生粗骨料

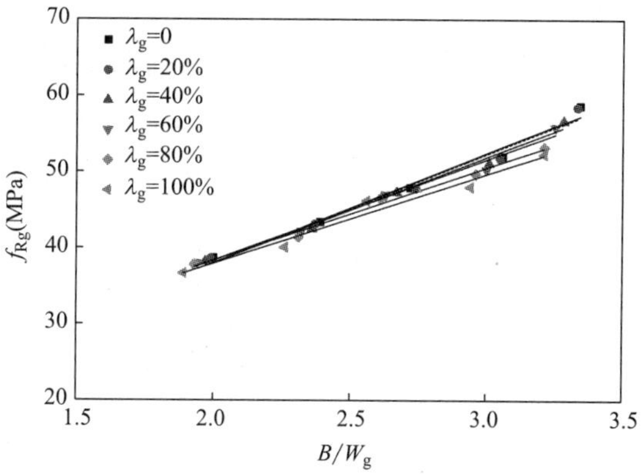

(c) 二次物理强化再生粗骨料

图 5-6　再生粗骨料混凝土的强度与实际胶水比的关系

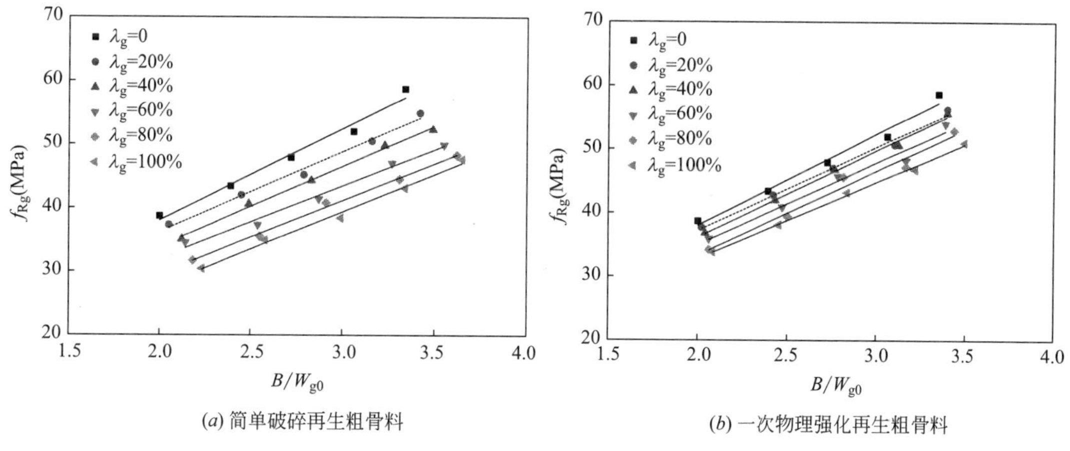


(a) 简单破碎再生粗骨料

(b) 一次物理强化再生粗骨料

图 5-7　再生粗骨料混凝土的强度与有效胶水比的关系（一）

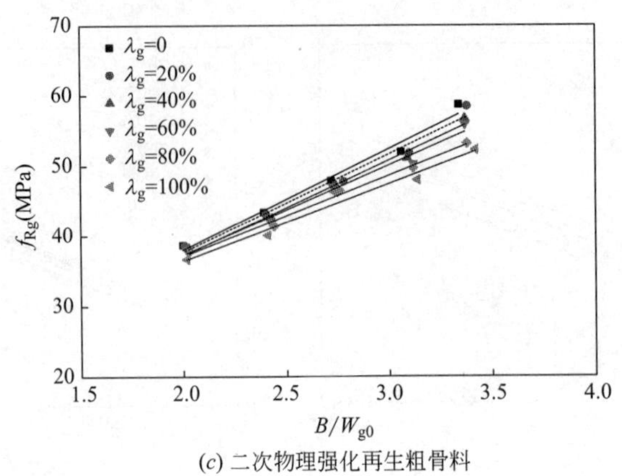


(c) 二次物理强化再生粗骨料

图 5-7　再生粗骨料混凝土的强度与有效胶水比的关系（二）

（3）绝对胶水比 $B/W_{Rg}$

对应再生粗骨料混凝土的绝对用水量 $W_{Rg}$，再生粗骨料混凝土的胶水比定义为绝对胶水比，以 $B/W_{Rg}$ 来表示。当再生粗骨料的品质发生变化时，再生粗骨料混凝土的强度 $f_{Rg}$ 与绝对胶水比 $B/W_{Rg}$ 之间的关系如图 5-8 所示。可知，再生粗骨料混凝土的强度 $f_{Rg}$ 随着

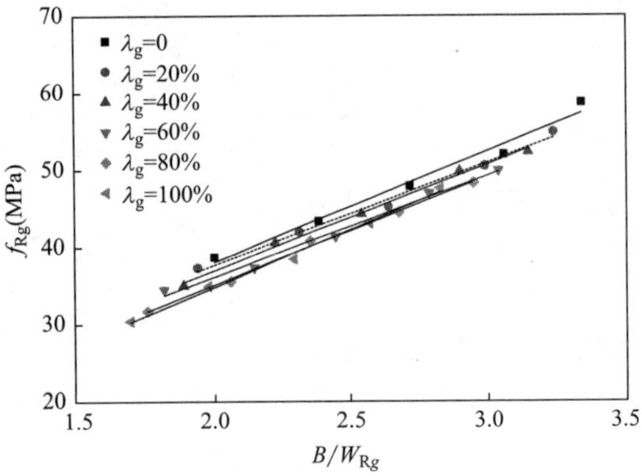

(a) 简单破碎再生粗骨料

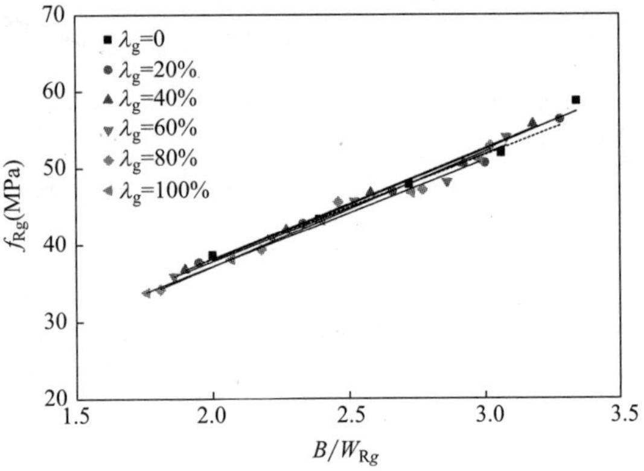

(b) 一次物理强化再生粗骨料

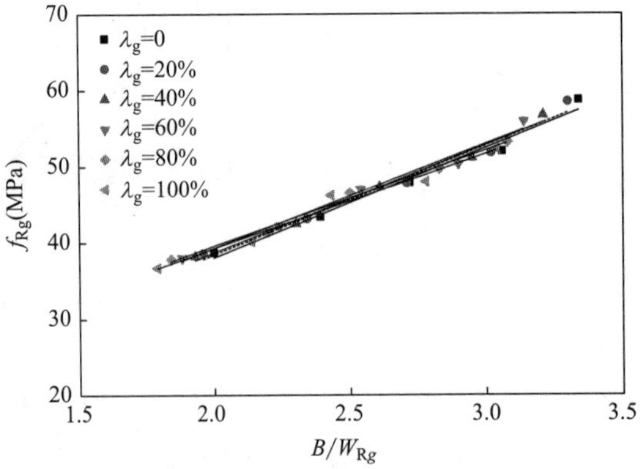

(c) 二次物理强化再生粗骨料

图 5-8　再生粗骨料混凝土的强度与绝对胶水比的关系

绝对胶水比 $B/W_{Rg}$ 的增大而显著增加，两者之间线性相关度较高，其相关系数 $R^2$ 为0.963～0.996。此时，再生粗骨料的品质和取代率 $\lambda_g$ 对再生粗骨料混凝土的强度 $f_{Rg}$ 影响较小，故可以使用绝对胶水比 $B/W_{Rg}$ 这一定义来对再生粗骨料混凝土的配合比进行简易设计，即为反映再生粗骨料混凝土强度的绝对胶水比原则。

综上，再生粗骨料混凝土的强度 $f_{Rg}$ 与其实际胶水比 $B/W_g$、有效胶水比 $B/W_{g0}$ 和绝对胶水比 $C/W_{Rg}$ 之间均具有较高的线性相关度，由此表明再生粗骨料混凝土的胶水比是影响其强度 $f_{Rg}$ 的主要因素，这一结论与普通混凝土的 Bolomey 公式相符合，其表达形式如式 5-4 所示。

$$f_{cu,0}=\mathrm{a}f_{ce}(B/W-\mathrm{b}) \tag{5-4}$$

式中：$f_{cu,0}$——混凝土的 28d 抗压强度，单位为 MPa；

$f_{ce}$——胶凝材料的实测 28d 抗压强度，单位为 MPa；

$B$——胶凝材料用量，单位为 kg/m³；

$W$——对应不同再生粗骨料使用状态的拌合物用水量，单位为 kg/m³；

a、b——线性回归系数，无量纲。

本章基于普通混凝土 Bolomey 公式的形式对再生粗骨料混凝土的强度 $f_{Rg}$ 进行计算，并将计算值与试验实测值进行误差对比，根据 3 种不同的胶水比所带来的计算误差进一步确认再生粗骨料混凝土的胶水比原则。在不同的再生粗骨料品质条件下，由 3 种胶水比计算得到的强度 $f_{Rg}$ 的误差分布情况分别如图 5-9～图 5-11 所示。

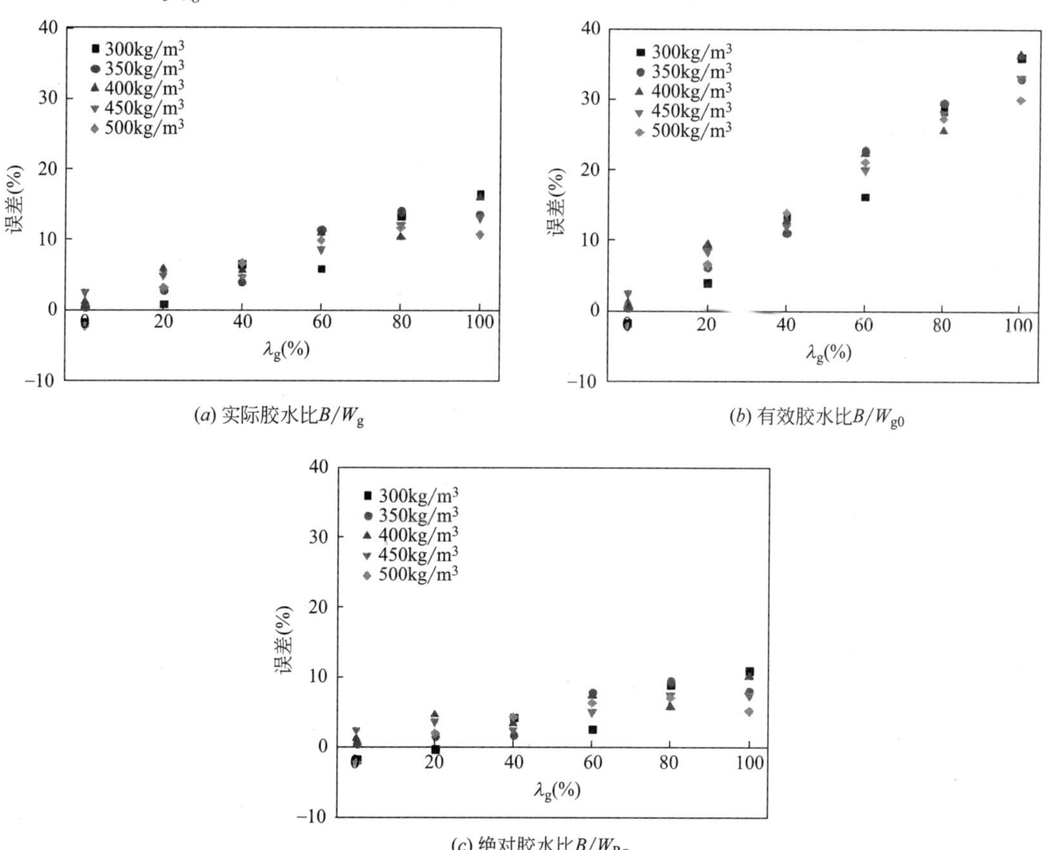


(a) 实际胶水比 $B/W_g$

(b) 有效胶水比 $B/W_{g0}$

(c) 绝对胶水比 $B/W_{Rg}$

图 5-9 简单破碎再生粗骨料制备的再生粗骨料混凝土的计算强度误差分布

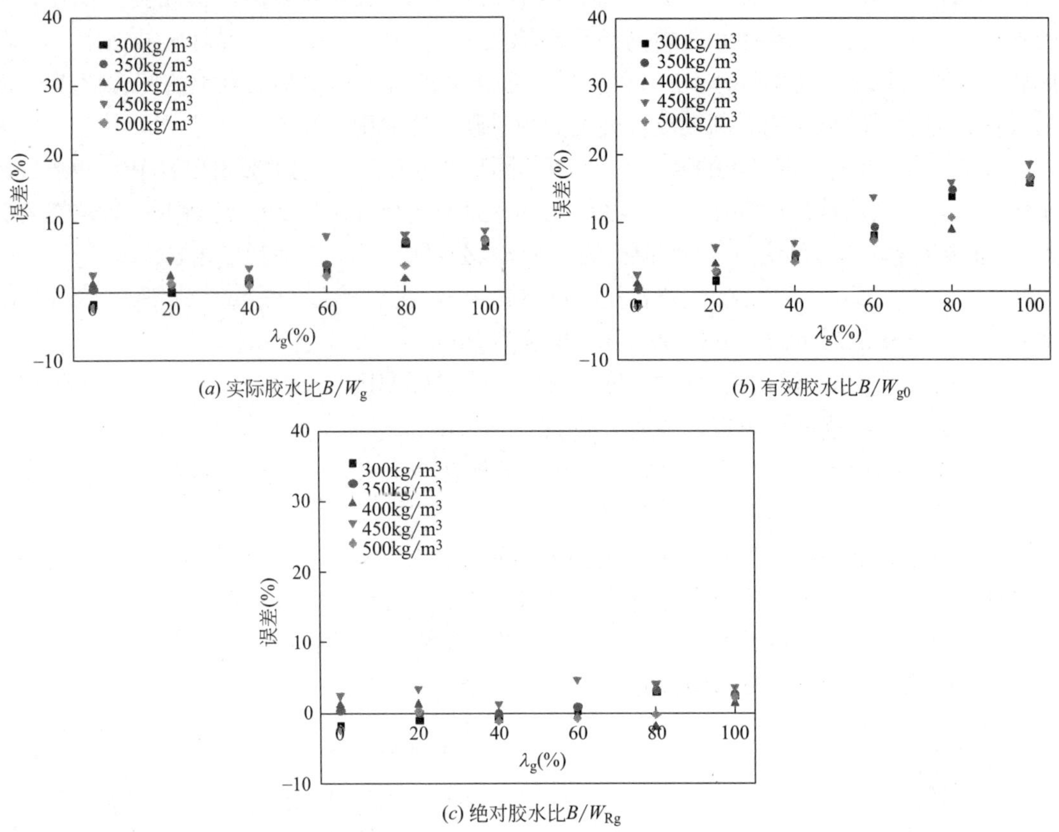


(a) 实际胶水比$B/W_g$　(b) 有效胶水比$B/W_{g0}$　(c) 绝对胶水比$B/W_{Rg}$

图 5-10　一次物理强化再生粗骨料制备的再生粗骨料混凝土的计算强度误差分布

由图 5-9～图 5-11 分析可知，由 3 种不同品质的再生粗骨料所制备的再生粗骨料混凝土，当分别使用其实际胶水比 $B/W_g$、有效胶水比 $B/W_{g0}$ 和绝对胶水比 $B/W_{Rg}$ 计算再生粗骨料混凝土的 $f_{Rg}$ 时，均会产生一定的计算误差，且误差的大小与再生粗骨料的品质、取代率 $\lambda_g$ 有较大的关系。统计 3 种再生粗骨料混凝土的强度计算误差后，由实际胶水比 $B/W_g$ 计算的再生粗骨料混凝土的强度 $f_{Rg}$ 误差总范围为：（−2.29%，16.51%）、由有效胶水比 $B/W_{g0}$ 计算的再生粗骨料混凝土的强度 $f_{Rg}$ 误差总范围为：（−2.29%，36.33%）、由绝对胶水比 $B/W_{Rg}$ 计算的再生粗骨料混凝土的强度 $f_{Rg}$ 误差总范围为：（−5.41%，10.99%），即由不同胶水比计算再生粗骨料混凝土的强度 $f_{Rg}$ 的精度高低顺序为：绝对胶水比 $B/W_{Rg}$，实际胶水比 $B/W_g$，有效胶水比 $B/W_{g0}$。由此进一步表明，再生粗骨料混凝土的配合比在简易设计时需要考虑绝对胶水比原则。

### 5.4.3　简易配合比设计步骤

（1）根据再生粗骨料混凝土的性能要求和相关标准体系的规定，确定再生粗骨料的取代率 $\lambda_g$。

（2）确定再生粗骨料混凝土的强度标准差 σ，当仅使用Ⅰ类再生粗骨料或Ⅱ类、Ⅲ类再生粗骨料的取代率 $\lambda_g$＜30%时，再生粗骨料混凝土的强度标准差 σ 可按《普通混凝土配合比设计规程》JGJ 55-2011 的规定取值；当Ⅱ类、Ⅲ类再生粗骨料的取代率 $\lambda_g$≥30%时，

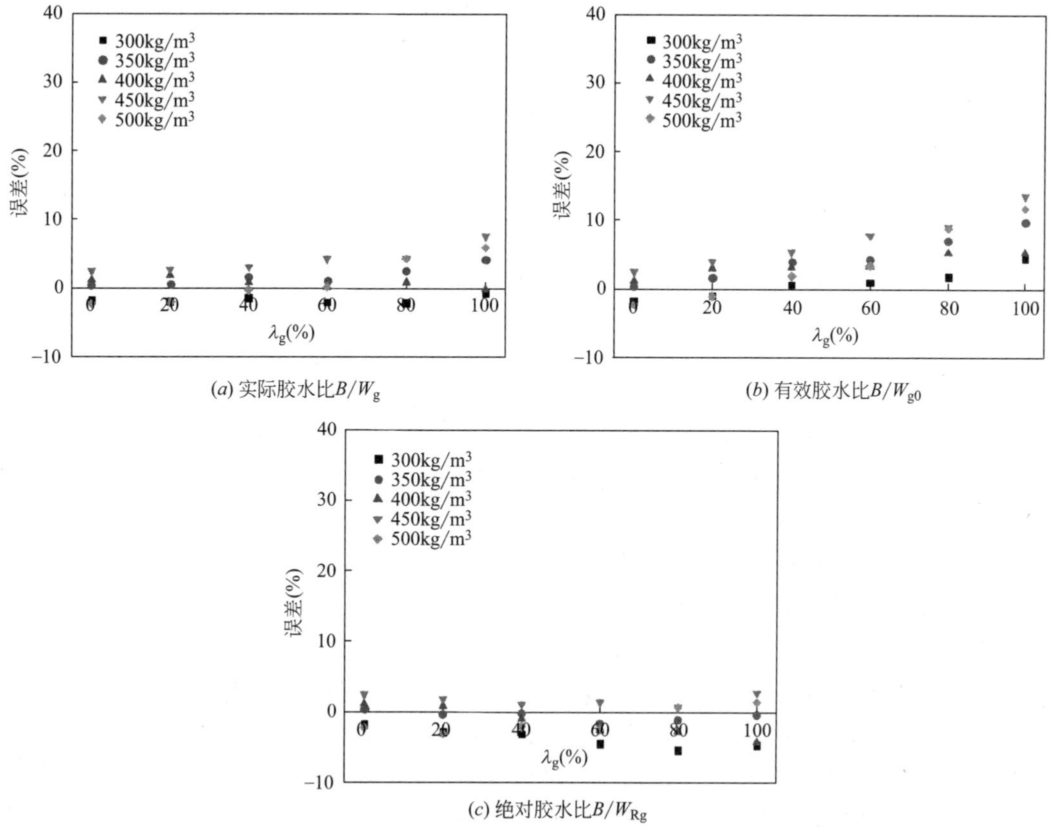


图 5-11　二次物理强化再生粗骨料制备的再生粗骨料混凝土的计算强度误差分布

再生粗骨料混凝土的强度标准差 $\sigma$ 可按《再生骨料应用技术规程》JGJ/T 240-2011 的规定取值。

（3）确定再生粗骨料混凝土的配制强度 $f_{Rg}$，按式 5-5 来计算。

$$f_{Rg} \geqslant f_{cu,k} + 1.645\sigma \tag{5-5}$$

式中：$f_{Rg}$——再生粗骨料混凝土的配制强度，单位为 MPa；

$f_{cu,k}$——再生粗骨料混凝土的立方体抗压强度标准值，取再生粗骨料混凝土的设计强度等级值，单位为 MPa；

$\sigma$——再生粗骨料混凝土的强度标准差，单位为 MPa。

（4）确定再生粗骨料混凝土的绝对胶水比 $B/W_{Rg}$，按式 5-6 来计算。

$$B/W_{Rg} = f_{Rg}/(af_{ce}) + b \tag{5-6}$$

式中：$B/W_{Rg}$——再生粗骨料混凝土的绝对胶水比，无量纲；

$B$——再生粗骨料混凝土拌合物的胶凝材料用量，单位为 $kg/m^3$；

$W_{Rg}$——再生粗骨料混凝土的绝对用水量，单位为 $kg/m^3$；

$f_{Rg}$——再生粗骨料混凝土的配制强度，单位为 MPa；

$f_{ce}$——胶凝材料的实测 28d 抗压强度，单位为 MPa；

a、b——线性回归系数，无量纲。

(5) 确定普通混凝土拌合物的用水量 $W$，根据实际工程的需求，通过调整用水量来控制拌合物的坍落度，调整后的用水量即为普通混凝土拌合物的用水量 $W$。

(6) 确定再生粗骨料混凝土拌合物的用水量，其有效用水量 $W_{R0}$ 应按照普通混凝土拌合物用水量 $W$ 来确定，并根据再生粗骨料的使用状态、用量进一步计算出再生粗骨料混凝土的绝对用水量 $W_{Rg}$。

(7) 确定再生粗骨料混凝土的胶凝材料总量 $B$，按再生粗骨料混凝土的绝对胶水比 $B/W_{Rg}$ 与绝对用水量 $W_{Rg}$ 的乘积来计算。

(8) 确定再生粗骨料混凝土的矿物掺合料用量，按矿物掺合料的掺量与胶凝材料总量的乘积来计算。

(9) 确定再生粗骨料混凝土的水泥用量，按胶凝材料总量与矿物掺合料用量之差来计算。

(10) 确定再生粗骨料混凝土的砂率，根据再生粗骨料混凝土的施工要求，同时考虑再生粗骨料的基本性能指标和再生粗骨料混凝土的工作性能来确定，宜选用较低砂率。

(11) 确定再生粗骨料的用量，参照普通混凝土配合比中的粗骨料用量，按再生粗骨料取代率 $\lambda_g$ 与粗骨料用量的乘积来计算。

(12) 确定天然粗骨料的用量，按粗骨料总量与再生粗骨料用量之差来计算。

(13) 再生粗骨料混凝土配合比的试配：参照再生粗骨料混凝土的计算配合比，试拌时再生粗骨料混凝土的绝对胶水比 $B/W_{Rg}$ 宜保持不变，调整其他设计参数来满足再生粗骨料混凝土的施工要求，修正后得到再生粗骨料混凝土的试拌配合比。

(14) 再生粗骨料混凝土配合比的调整与确定：在试拌配合比的基础上，根据确定的再生粗骨料混凝土的绝对胶水比 $B/W_{Rg}$ 调整外加剂用量和绝对用水量 $W_{Rg}$，相应调整其他设计参数，确定再生粗骨料混凝土的最终配合比。需要注意的是，在实际工程应用时必须采取措施控制再生粗骨料混凝土的坍落度损失。

## 5.5 再生粗骨料混凝土配合比精确设计方法

### 5.5.1 设计原则（复合法则）

在再生粗骨料混凝土简易配合比设计方法中，虽然所考虑的有效用水量原则和绝对胶水比原则可以给再生粗骨料混凝土的拌合用水量、强度计算带来较小的误差，但在实际工程应用时建筑垃圾的来源复杂、再生骨料的品质波动性大、再生粗骨料混凝土的配制技术复杂、再生粗骨料混凝土的试验操作要求高，以及其他人为原因等因素的影响，均会导致使用简易配合比设计方法计算的再生粗骨料混凝土的强度要低于其配制强度等级，也会给工程带来质量问题和潜在风险。故而，提出一个精度高、适用范围广的再生粗骨料混凝土精确配合比设计方法成为亟须解决关键问题。为此，本章以普通混凝土为基准，同时简化对再生粗骨料含水率的调整，即根据再生粗骨料的含水率状况，通过再生粗骨料混凝土的绝对用水量中再生粗骨料的实际含水率来计算再生粗骨料混凝土的实际用水量，分别建立多种影响因素下的再生粗骨料混凝土的绝对用水量公式和强度公式，为再生粗骨料混凝土精确配合比设计方法的提出奠定理论基础。

### 5.5.2 绝对用水量公式的建立

（1）公式的理论基础

在再生粗骨料混凝土的工作性能指标中，表征再生粗骨料掺加所引起再生粗骨料混凝土拌合物用水量发生较大变化的是其绝对用水量。与普通混凝土相比，再生粗骨料混凝土绝对用水量的增加主要与再生粗骨料的品质和取代率有关，并且与再生粗骨料的取代率呈现出较好的线性关系。故在此将普通混凝土的用水量为基准，引入再生粗骨料混凝土绝对用水量影响系数 $\beta_g$ 来反映再生粗骨料的掺加对再生粗骨料混凝土绝对用水量 $W_{Rg}$ 的影响。

（2）公式预期形式的提出

根据复合材料理论，再生粗骨料混凝土的绝对用水量公式的预期形式如式5-7所示。

$$W_{Rg}=W+\beta_g\lambda_g \tag{5-7}$$

式中：$W_{Rg}$——再生粗骨料混凝土的绝对用水量，单位为 $kg/m^3$；

$W$——普通混凝土的用水量，单位为 $kg/m^3$；

$\beta_g$——再生粗骨料混凝土的绝对用水量影响系数，无量纲；

$\lambda_g$——再生粗骨料的取代率，以小数计。

（3）绝对用水量影响系数 $\beta_g$ 的计算

随着再生粗骨料品质的提升，当再生粗骨料混凝土的绝对用水量与再生粗骨料取代率的线性回归方程式零点归一后，两者之间的线性回归方程式的斜率逐渐减小，即再生粗骨料的品质越高，再生粗骨料的掺加对再生粗骨料混凝土绝对用水量的影响越小，故可将该斜率定义为各类再生粗骨料混凝土的绝对用水量影响系数 $\beta_g$。

考虑到再生粗骨料混凝土试验的离散性较大，采用平均绝对用水量法（即在相同再生粗骨料取代率时，5种胶凝材料用量体系下所对应的再生粗骨料混凝土绝对用水量的平均值），得到再生粗骨料混凝土平均绝对用水量与再生粗骨料取代率的线性回归关系，如图5-12所示。通过线性转化计算处理后，即得到3种再生粗骨料混凝土的绝对用水量影响系数 $\beta_g$ 分别为26.62、19.18和15.76。

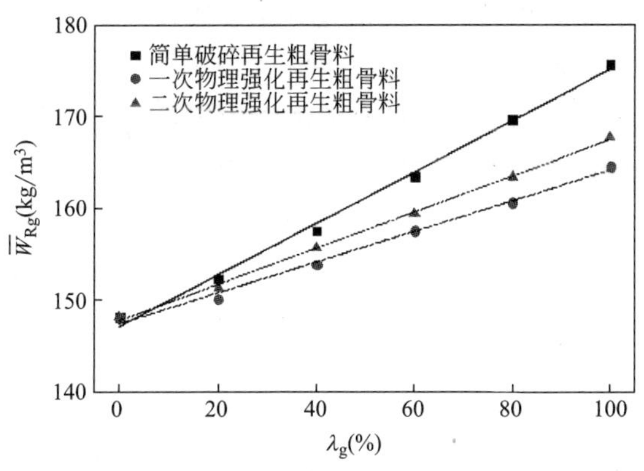


图5-12　再生粗骨料混凝土平均绝对用水量与再生粗骨料取代率的关系

（4）绝对用水量影响系数 $\beta_g$ 的表达式

再生粗骨料混凝土的绝对用水量影响系数 $\beta_g$ 随着再生粗骨料品质的提升而逐渐较小，故而再生粗骨料混凝土的绝对用水量影响系数 $\beta_g$ 与再生粗骨料的品质密切相关，主要体现在表观密度、吸水率和压碎指标等主要性能指标，再生粗骨料混凝土的绝对用水量影响系数 $\beta_g$ 与再生粗骨料的主要性能指标之间的线性回归结果见表 5-7。可知，再生粗骨料混凝土的绝对用水量影响系数 $\beta_g$ 均与再生粗骨料的主要性能指标之间均表现出一定的相关性，且相关性由大到小为：吸水率 $\omega_a$，表观密度 $\rho_0$，压碎指标 $Q_e$，故可选用相关性最大的再生粗骨料吸水率 $\omega_a$ 来表示再生粗骨料混凝土的绝对用水量影响系数 $\beta_g$。

**再生粗骨料混凝土绝对用水量影响系数 $\beta_g$ 与再生粗骨料主要性能指标之间的关系 表 5-7**

| 项目 | 线性回归表达式 | 相关系数 $R^2$ |
|---|---|---|
| $\rho_0$ | $\beta_g=-0.238\rho_0+604.5$ | 0.949 |
| $\omega_a$ | $\beta_g=540.9\omega_a+6.635$ | 0.999 |
| $Q_e$ | $\beta_g=111.6Q_e+4.900$ | 0.696 |

注：$\rho_0$ 表示再生粗骨料的表观密度，单位为 $kg/m^3$；$\omega_a$ 表示再生粗骨料的吸水率，以小数计；$Q_e$ 表示再生粗骨料的压碎指标，以小数计。

（5）建立再生粗骨料混凝土的绝对用水量公式

将再生粗骨料混凝土绝对用水量影响系数 $\beta_g$ 与再生粗骨料吸水率 $\omega_a$ 之间的函数表达式代入式 5-7，即可得到再生粗骨料混凝土的绝对用水量公式，如式 5-8 所示，适用于单掺再生粗骨料的再生混凝土拌合时绝对用水量的确定。

$$W_{Rg}=W+(540.9\omega_a+6.635)\lambda_g \tag{5-8}$$

式中：$W_{Rg}$——再生粗骨料混凝土的绝对用水量，单位为 $kg/m^3$；

$W$——普通混凝土的用水量，单位为 $kg/m^3$；

$\omega_a$——再生粗骨料的吸水率，以小数计；

$\lambda_g$——再生粗骨料的取代率，以小数计。

（6）再生粗骨料混凝土绝对用水量公式的计算误差对比

为了验证再生粗骨料混凝土绝对用水量公式的精确度，基于原试验中的工作性数据进行误差对比。将原试验的绝对用水量实测值与公式计算值作比较，再生粗骨料混凝土绝对用水量公式的计算误差分布情况如图 5-13～图 5-17 所示。可知，原试验中再生粗骨料混凝土的工作性数据在计算处理后，由不同品质的再生粗骨料所制备的再生粗骨料混凝土绝对用水量的公式计算值与试验实测值之间均存在着较小的误差，且受再生粗骨料品质和取代率的影响较大。对照原试验数据，再生粗骨料混凝土绝对用水量公式的误差总范围为：（−1.97％，1.63％），可以表明基于再生粗骨料品质特征和取代率所建立的再生粗骨料混凝土绝对用水量公式具有较高的精确度。

为了验证再生粗骨料混凝土绝对用水量公式的适用性，再基于验证试验中的工作性数据进行误差对比。其中，验证试验中所用再生粗骨料的品质为Ⅰ类、Ⅱ类和Ⅲ类（基本性能指标见表 5-8），再生粗骨料的取代率 $\lambda_g$ 分别取 0、25％、50％、75％和 100％，胶凝材料体系调整为 70％水泥、15％粉煤灰和 15％矿粉（其 XRF 分析结果见表 5-9），其余原材料同再生粗骨料混凝土原试验。

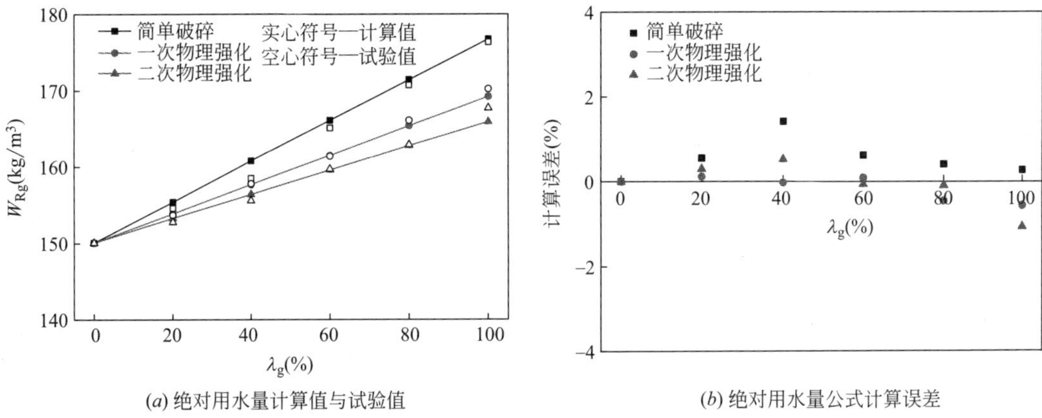


(a) 绝对用水量计算值与试验值　　(b) 绝对用水量公式计算误差

图 5-13　胶凝材料用量 300kg/m³ 时再生粗骨料混凝土的绝对用水量及公式计算误差

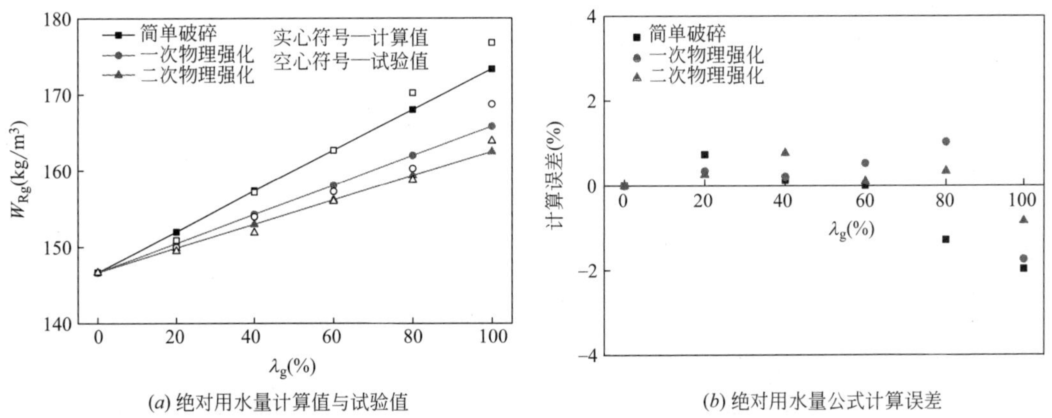


(a) 绝对用水量计算值与试验值　　(b) 绝对用水量公式计算误差

图 5-14　胶凝材料用量 350kg/m³ 时再生粗骨料混凝土的绝对用水量及公式计算误差

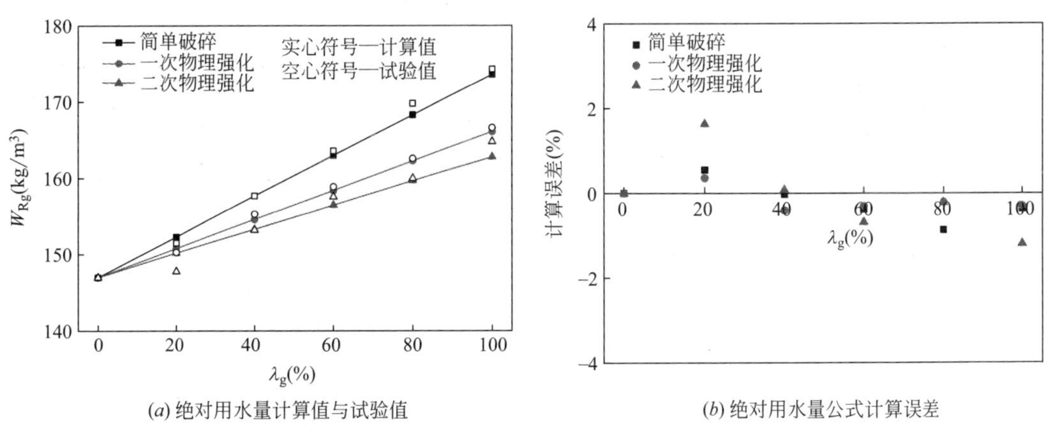


(a) 绝对用水量计算值与试验值　　(b) 绝对用水量公式计算误差

图 5-15　胶凝材料用量 400kg/m³ 时再生粗骨料混凝土的绝对用水量及公式计算误差

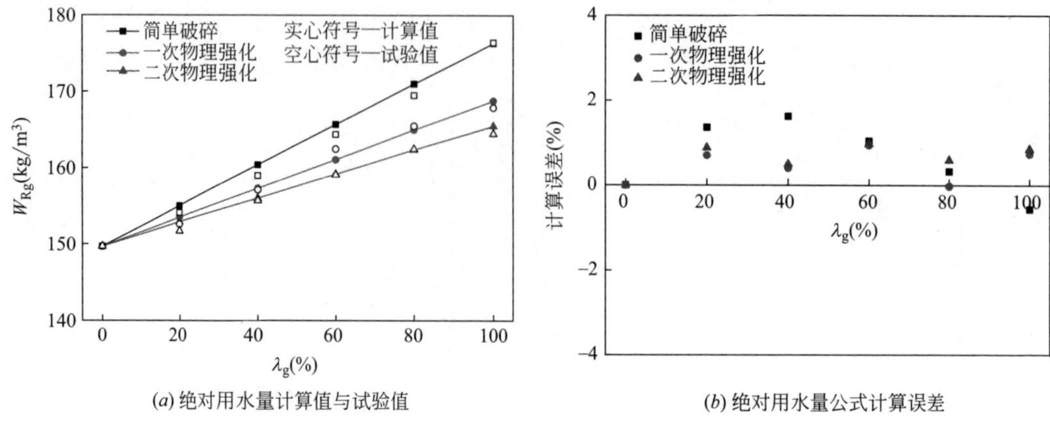


(a) 绝对用水量计算值与试验值

(b) 绝对用水量公式计算误差

图 5-16 胶凝材料用量 450kg/m³ 时再生粗骨料混凝土的绝对用水量及公式计算误差

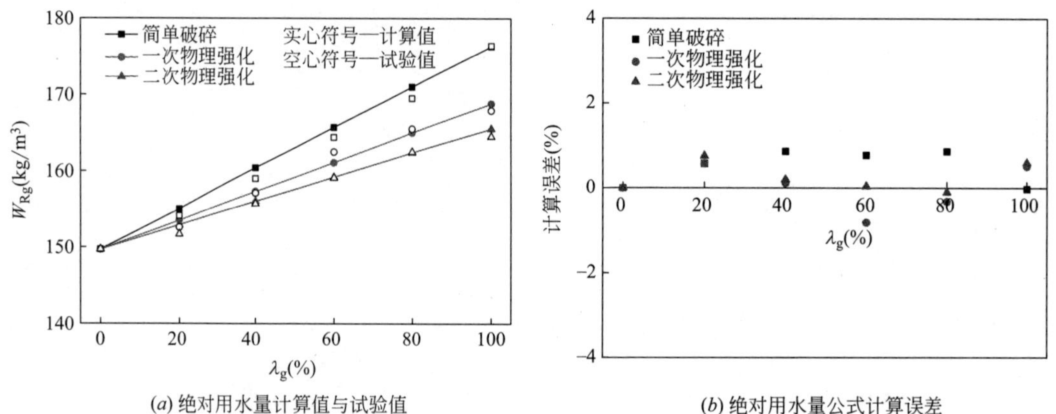


(a) 绝对用水量计算值与试验值

(b) 绝对用水量公式计算误差

图 5-17 胶凝材料用量 500kg/m³ 时再生粗骨料混凝土的绝对用水量及公式计算误差

**再生粗骨料的基本性能指标** **表 5-8**

| 项目 | | Ⅰ类 | Ⅱ类 | Ⅲ类 |
|---|---|---|---|---|
| 微粉含量(%) | | 0.8 | 1.3 | 2.1 |
| 泥块含量(%) | | 0.1 | 0.3 | 0.7 |
| 表观密度($kg/m^3$) | | 2590 | 2440 | 2330 |
| 堆积密度($kg/m^3$) | 松散堆积密度 | 1420 | 1280 | 1210 |
| | 紧密堆积密度 | 1590 | 1390 | 1300 |
| 空隙率(%) | | 45 | 48 | 48 |
| 针片状颗粒含量(%) | | 2 | 4 | 5 |
| 坚固性(以质量损失计)(%) | | 3.5 | 6.7 | 11.1 |
| 压碎指标(%) | | 10 | 17 | 21 |
| 吸水率(%) | 1h | 0.8 | 1.8 | 3.0 |
| | 24h | 1.4 | 3.4 | 5.2 |

续表

| 项目 | | Ⅰ类 | Ⅱ类 | Ⅲ类 |
|---|---|---|---|---|
| 有害物质含量 | 有机物含量 | 合格 | 合格 | 合格 |
| | 硫化物及硫酸盐含量(%) | 0.6 | 1.1 | 1.5 |
| | 氯化物含量(%) | 0.02 | 0.03 | 0.05 |
| 杂物含量(%) | | 0.2 | 0.3 | 0.5 |
| 碱集料反应膨胀率(%) | 碱-硅酸反应 | 0.024 | 0.039 | 0.046 |
| | 快速碱-硅酸反应 | 0.034 | 0.048 | 0.063 |
| | 碱-碳酸盐反应 | 0.037 | 0.061 | 0.078 |

**水泥、粉煤灰和矿粉的 XRF 分析结果（%）　　表 5-9**

| 化学组成 | CaO | $SiO_2$ | $Al_2O_3$ | $Fe_2O_3$ | $SO_3$ | MnO | $Na_2O$ | $K_2O$ | $TiO_2$ | LOSS |
|---|---|---|---|---|---|---|---|---|---|---|
| 水泥 | 62.73 | 17.80 | 6.38 | 5.83 | 2.98 | 1.94 | 0.86 | 0.58 | 0.52 | 0.38 |
| 粉煤灰 | 5.23 | 53.87 | 21.09 | 11.14 | 1.98 | 1.66 | 0.78 | 2.54 | 0.87 | 0.84 |
| 矿粉 | 36.89 | 32.56 | 15.12 | 1.54 | 2.28 | 8.32 | 0.48 | 0.77 | 0.81 | 1.23 |

将验证试验的绝对用水量实测值与公式计算值分别作比较，再生粗骨料混凝土绝对用水量公式的计算误差分布情况如图 5-18～图 5-22 所示。可知，验证试验中再生粗骨料混凝土的工作性数据在计算处理后，由不同品质的再生粗骨料所制备的再生粗骨料混凝土绝对用水量的公式计算值与试验实测值之间均存在着较小的误差，且受再生粗骨料品质和取代率的影响较大。对照验证试验数据，再生粗骨料混凝土绝对用水量公式的误差总范围为：(−3.05%，3.76%)，故而基于再生粗骨料品质特征和取代率所建立的再生粗骨料混凝土绝对用水量公式具有较好的适用性，可用于指导再生粗骨料混凝土精确配合比设计方法的提出。

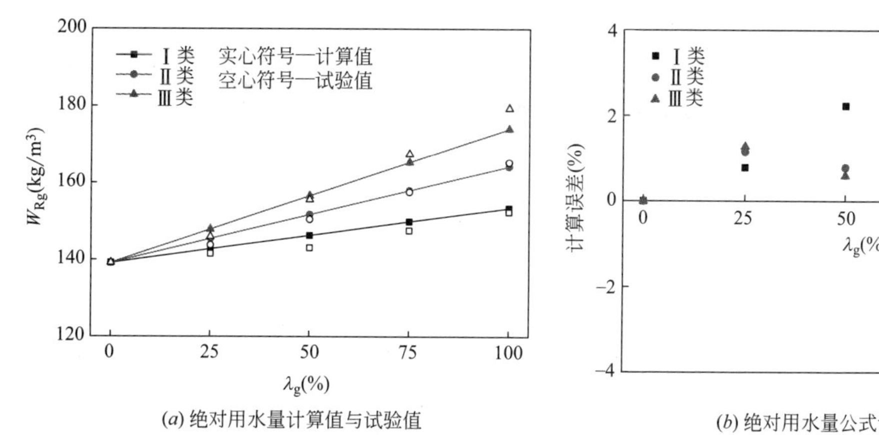


(*a*) 绝对用水量计算值与试验值　　(*b*) 绝对用水量公式计算误差

图 5-18　胶凝材料用量 300kg/m³ 时再生粗骨料混凝土的绝对用水量及公式计算误差

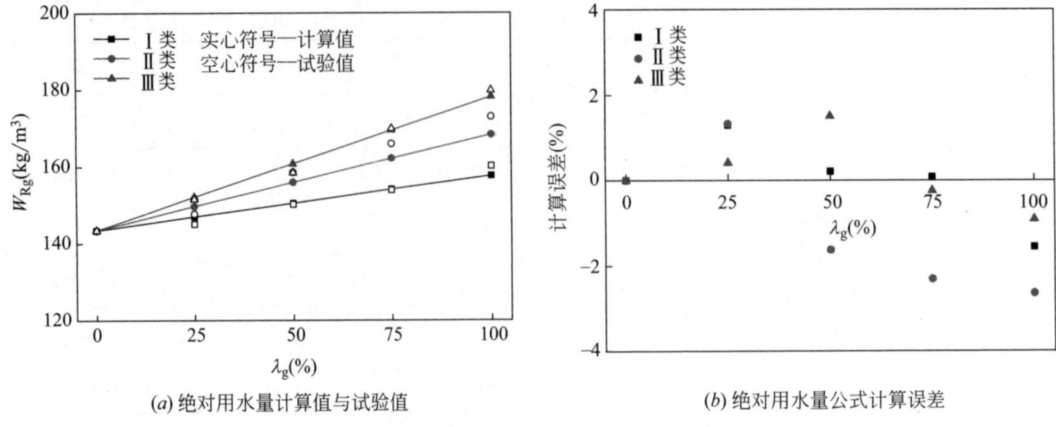

(a) 绝对用水量计算值与试验值

(b) 绝对用水量公式计算误差

图 5-19 胶凝材料用量 350kg/m³ 时再生粗骨料混凝土的绝对用水量及公式计算误差

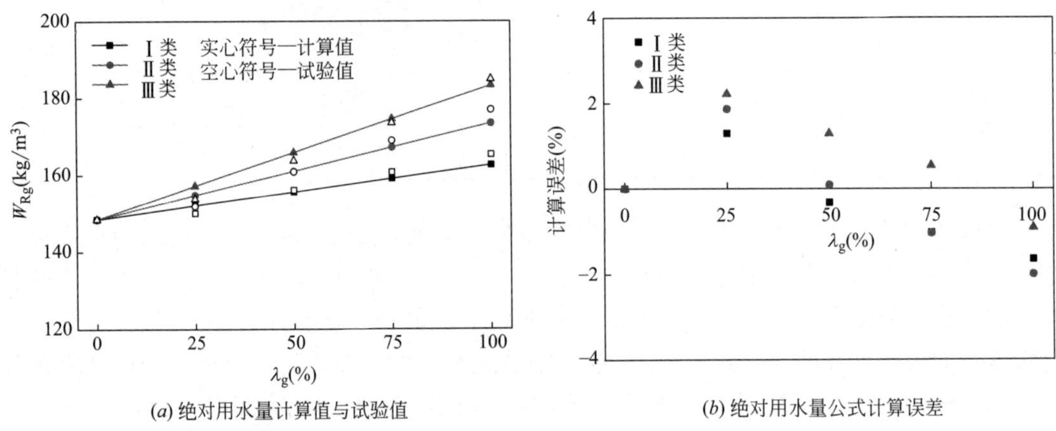

(a) 绝对用水量计算值与试验值

(b) 绝对用水量公式计算误差

图 5-20 胶凝材料用量 400kg/m³ 时再生粗骨料混凝土的绝对用水量及公式计算误差

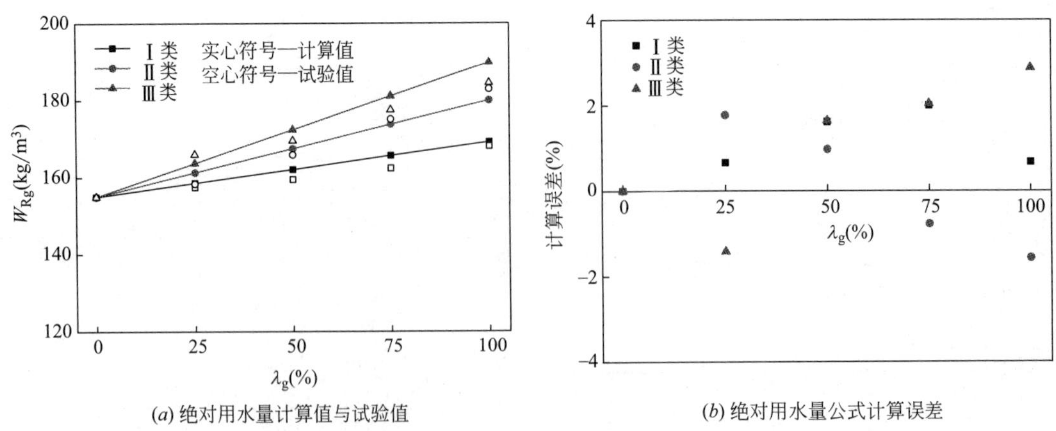

(a) 绝对用水量计算值与试验值

(b) 绝对用水量公式计算误差

图 5-21 胶凝材料用量 450kg/m³ 时再生粗骨料混凝土的绝对用水量及公式计算误差

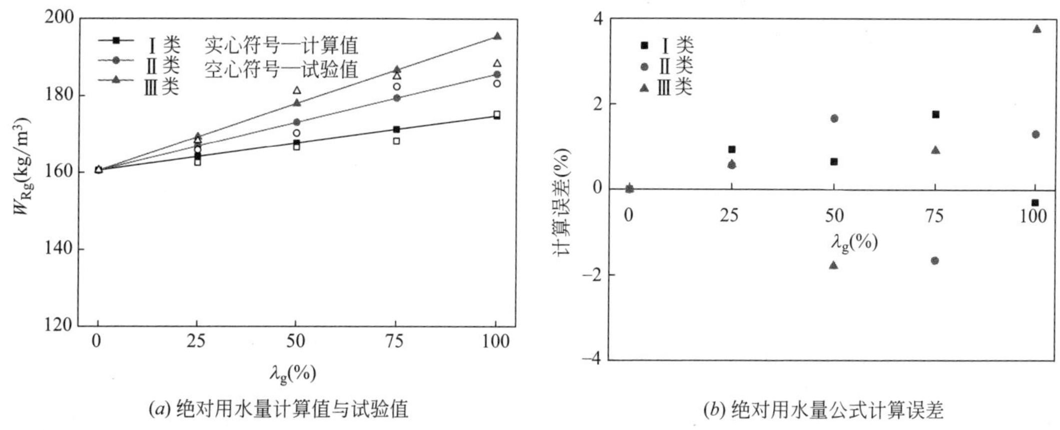


(*a*) 绝对用水量计算值与试验值　　(*b*) 绝对用水量公式计算误差

图5-22　胶凝材料用量500kg/m$^3$时再生粗骨料混凝土的绝对用水量及公式计算误差

## 5.5.3　强度公式的建立

（1）公式的理论基础

根据再生粗骨料混凝土的力学性能变化规律，可以将再生粗骨料混凝土视为一种复合材料，其中普通混凝土为基相，再生粗骨料为负增强相，引入再生粗骨料强度影响因子 $\alpha_g$ 来反映再生粗骨料的掺加对再生粗骨料混凝土力学性能的影响。

（2）公式预期形式的提出

根据复合材料理论，再生粗骨料混凝土强度公式的预期形式如式5-9所示。

$$f_{Rg}=f_0(1-\alpha_g\lambda_g)^n=\mathrm{a}f_{ce}(B/W-\mathrm{b})(1-\alpha_g\lambda_g)^n \tag{5-9}$$

式中：$f_{Rg}$——再生粗骨料混凝土的28d抗压强度，单位为MPa；

$f_0$——普通混凝土的28d抗压强度，单位为MPa；

$\alpha_g$——再生粗骨料强度影响因子，无量纲；

$\lambda_g$——再生粗骨料的取代率，以小数计；

$n$——再生粗骨料强度影响指数；

$f_{ce}$——胶凝材料的实测28d抗压强度，单位为MPa；

$B$——再生粗骨料混凝土拌合物的胶凝材料用量，单位为kg/m$^3$；

$W$——普通混凝土拌合物的用水量，单位为kg/m$^3$；

a、b——线性回归系数，无量纲。

（3）公式的线性化处理

在再生粗骨料混凝土的力学性能试验中，再生粗骨料混凝土的强度 $f_{Rg}$ 与再生粗骨料取代率 $\lambda_g$ 之间呈现较好的线性关系，且线性相关度较高，为了简化再生粗骨料混凝土强度公式的计算形式，式5-9中的再生粗骨料强度影响指数 $n$ 可以取值为1，简化后的表达式如式5-10所示。

$$f_{Rg}=f_0(1-\alpha_g\lambda_g)=\mathrm{a}f_{ce}(B/W-\mathrm{b})(1-\alpha_g\lambda_g) \tag{5-10}$$

式中：$f_{Rg}$——再生粗骨料混凝土的28d抗压强度，单位为MPa；

$f_0$——普通混凝土的28d抗压强度，单位为MPa；

$\alpha_g$——再生粗骨料强度影响因子，无量纲；

$\lambda_g$——再生粗骨料的取代率，以小数计；

$f_{ce}$——胶凝材料的实测 28d 抗压强度，单位为 MPa；

$B$——再生粗骨料混凝土拌合物的胶凝材料用量，单位为 kg/m$^3$；

$W$——普通混凝土拌合物的用水量，单位为 kg/m$^3$；

a、b——线性回归系数，无量纲。

（4）再生粗骨料强度影响因子 $\alpha_g$ 的计算

当再生粗骨料的取代率 $\lambda_g$ 为 0 时，即为普通混凝土，根据其强度与胶水比的线性关系可以计算出 Bolomey 公式中的回归系数 a、b。此时，当再生粗骨料的取代率 $\lambda_g$ 一定时，再生粗骨料混凝土的强度 $f_{Rg}$ 和普通混凝土的强度 $f_0$ 均已知，可以计算出不同试验配合比的再生粗骨料强度影响因子 $\alpha_g$。考虑到再生粗骨料较大的品质波动性将给再生粗骨料混凝土的力学性能数据带来较大的离散性，在此对同品质再生粗骨料的强度影响因子 $\alpha_g$ 进行算术平均处理，计算后得到简单破碎再生粗骨料、一次物理强化再生粗骨料和二次物理强化再生粗骨料的强度影响因子分别为 0.204、0.110 和 0.048。

（5）再生粗骨料强度影响因子 $\alpha_g$ 的表达式

再生粗骨料的强度影响因子 $\alpha_g$ 随着再生粗骨料品质的提升而逐渐较小，在此同样考虑以再生粗骨料的主要性能指标来表示其强度影响因子，再生粗骨料的强度影响因子 $\alpha_g$ 与其主要性能指标之间的线性回归结果见表 5-10。可知，再生粗骨料的强度影响因子 $\alpha_g$ 与再生粗骨料的主要性能指标之间均表现出一定的相关性，且相关性由大到小为：吸水率 $\omega_a$，表观密度 $\rho_0$，压碎指标 $Q_e$，故可选用相关性最大的再生粗骨料吸水率 $\omega_a$ 来表示其强度影响因子 $\alpha_g$。

**再生粗骨料的强度影响因子 $\alpha_g$ 与其主要性能指标之间的关系** **表 5-10**

| 项目 | 线性回归表达式 | 相关系数 $R^2$ |
| --- | --- | --- |
| $\rho_0$ | $\alpha_g=-0.003\rho_0+8.222$ | 0.874 |
| $\omega_a$ | $\alpha_g=7.607\omega_a-0.074$ | 0.976 |
| $Q_e$ | $\alpha_g=1.633Q_e-0.108$ | 0.816 |

注：$\rho_0$ 表示再生粗骨料的表观密度，单位为 kg/m$^3$；$\omega_a$ 表示再生粗骨料的吸水率，以小数计；$Q_e$ 表示再生粗骨料的压碎指标，以小数计。

（6）建立再生粗骨料混凝土的强度公式

将再生粗骨料强度影响因子 $\alpha_g$ 与再生粗骨料吸水率 $\omega_a$ 之间的函数表达式代入式 5-10，即可得到再生粗骨料混凝土的强度公式，如式 5-11 所示，适用于单掺再生粗骨料的再生混凝土 28d 立方体抗压强度的预算，但使用憎水性化学试剂溶液对再生粗骨料进行强化处理的除外。

$$f_{Rg}=af_{ce}(B/W-b)[1-(7.607\omega_a-0.074)\lambda_g] \tag{5-11}$$

式中：$f_{Rg}$——再生粗骨料混凝土的 28d 抗压强度，单位为 MPa；

$f_{ce}$——胶凝材料的实测 28d 抗压强度，单位为 MPa；

$B$——再生粗骨料混凝土拌合物的胶凝材料用量，单位为 kg/m$^3$；

$W$——普通混凝土的用水量，单位为 kg/m$^3$；

$\omega_a$——再生粗骨料的吸水率，以小数计；

$\lambda_g$——再生粗骨料的取代率，以小数计；

a、b——线性回归系数，无量纲。

（7）再生粗骨料混凝土强度公式的计算误差对比

为了验证再生粗骨料混凝土强度公式的精确度，基于原试验中的力学性能数据进行误差对比。将原试验的强度实测值与公式计算值分别作比较，再生粗骨料混凝土强度公式的计算误差分布情况如图 5-23～图 5-27 所示。可知，在再生粗骨料混凝土的原试验中，再生粗骨料混凝土强度公式均存在着一定的计算误差，但要远小于利用 Bolomey 公式基于绝对胶水比所计算的强度误差，且对照原试验数据，再生粗骨料混凝土强度公式的误差总范围为：（−4.43%，4.90%）。由此表明，基于再生粗骨料品质特征和取代率所建立的再生粗骨料混凝土强度公式具有较高的精确度。

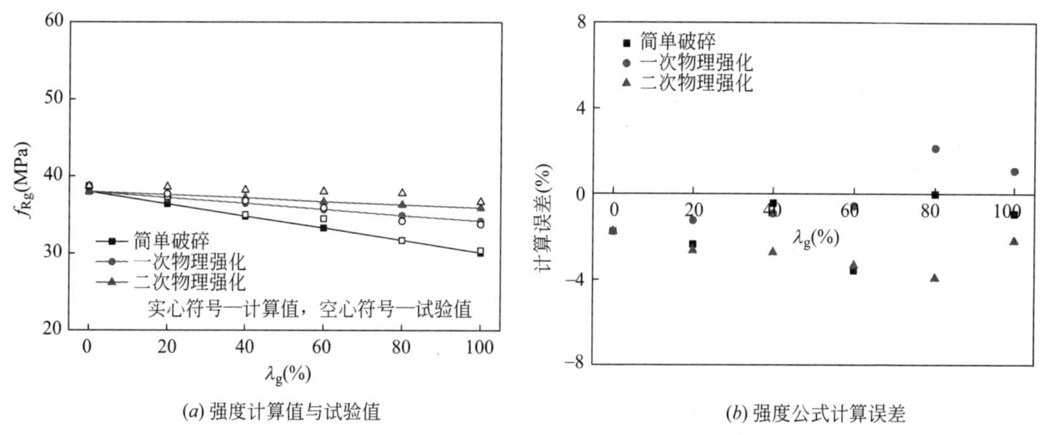


(a) 强度计算值与试验值　　(b) 强度公式计算误差

图 5-23　胶凝材料用量 300kg/m³ 时再生粗骨料混凝土的强度及公式计算误差

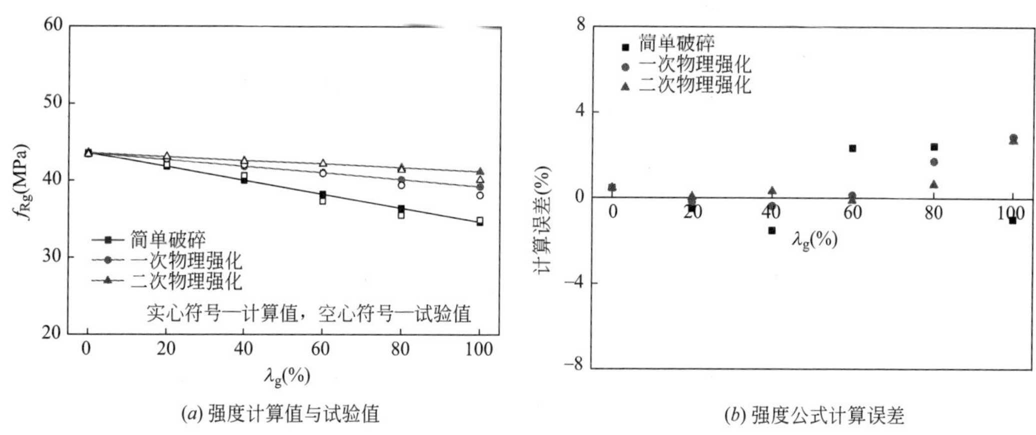


(a) 强度计算值与试验值　　(b) 强度公式计算误差

图 5-24　胶凝材料用量 350kg/m³ 时再生粗骨料混凝土的强度及公式计算误差

为了验证再生粗骨料混凝土强度公式的适用性，同样基于验证试验中的力学性能数据进行误差对比。其中，验证试验中所用再生粗骨料的品质为Ⅰ类、Ⅱ类和Ⅲ类（基本性能指标见表 5-11），再生粗骨料的取代率 $\lambda_g$ 分别取 0、25%、50%、75%和 100%，胶凝材

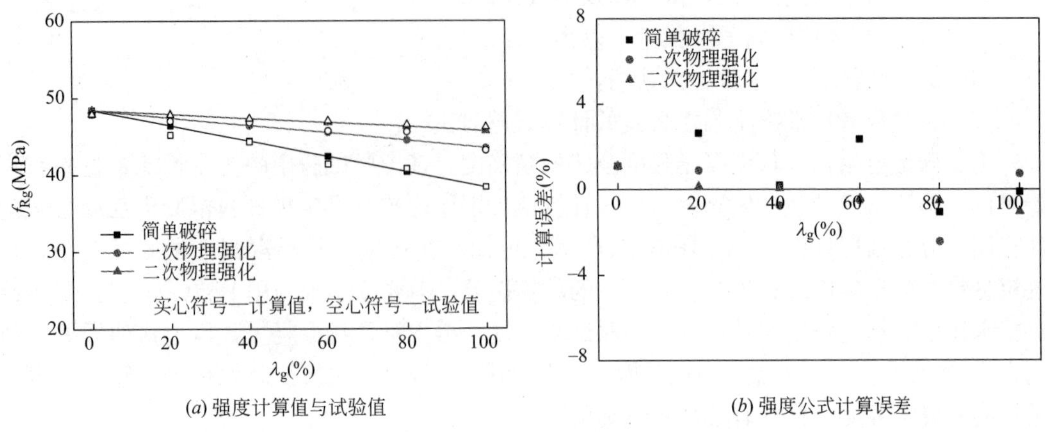


(a) 强度计算值与试验值　　(b) 强度公式计算误差

图 5-25　胶凝材料用量 400kg/m³ 时再生粗骨料混凝土的强度及公式计算误差

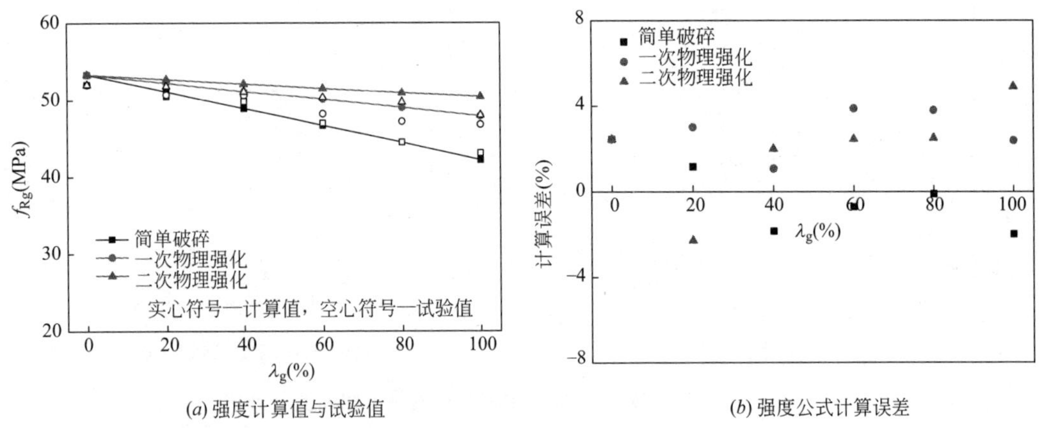


(a) 强度计算值与试验值　　(b) 强度公式计算误差

图 5-26　胶凝材料用量 450kg/m³ 时再生粗骨料混凝土的强度及公式计算误差

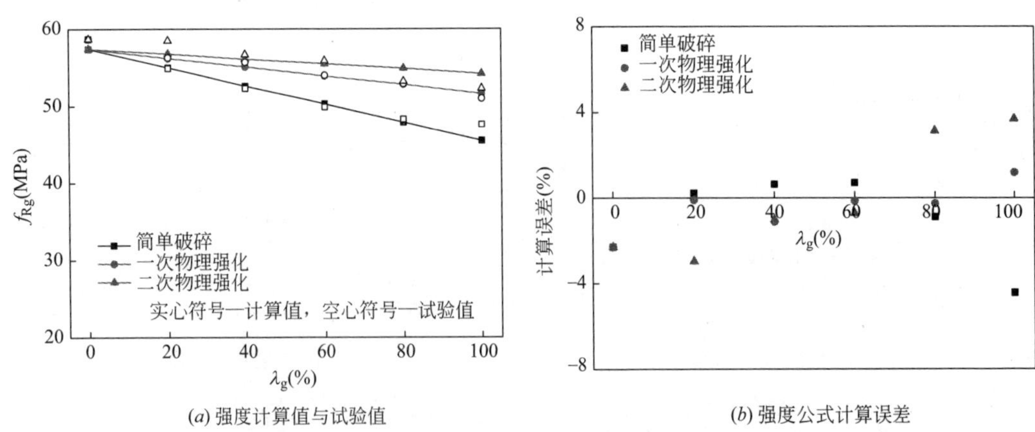


(a) 强度计算值与试验值　　(b) 强度公式计算误差

图 5-27　胶凝材料用量 500kg/m³ 时再生粗骨料混凝土的强度及公式计算误差

料体系调整为 70％水泥、15％粉煤灰和 15％矿粉（其 XRF 分析结果见表 5-12），其余原材料同再生粗骨料混凝土原试验。

**再生粗骨料的基本性能指标** **表 5-11**

| 项目 | | Ⅰ类 | Ⅱ类 | Ⅲ类 |
|---|---|---|---|---|
| 微粉含量(%) | | 0.8 | 1.3 | 2.1 |
| 泥块含量(%) | | 0.1 | 0.3 | 0.7 |
| 表观密度($kg/m^3$) | | 2590 | 2440 | 2330 |
| 堆积密度($kg/m^3$) | 松散堆积密度 | 1420 | 1280 | 1210 |
| | 紧密堆积密度 | 1590 | 1390 | 1300 |
| 空隙率(%) | | 45 | 48 | 48 |
| 针片状颗粒含量(%) | | 2 | 4 | 5 |
| 坚固性(以质量损失计)(%) | | 3.5 | 6.7 | 11.1 |
| 压碎指标(%) | | 10 | 17 | 21 |
| 吸水率(%) | 1h | 0.8 | 1.8 | 3.0 |
| | 24h | 1.4 | 3.4 | 5.2 |
| 有害物质含量 | 有机物含量 | 合格 | 合格 | 合格 |
| | 硫化物及硫酸盐含量(%) | 0.6 | 1.1 | 1.5 |
| | 氯化物含量(%) | 0.02 | 0.03 | 0.05 |
| 杂物含量(%) | | 0.2 | 0.3 | 0.5 |
| 碱集料反应膨胀率(%) | 碱-硅酸反应 | 0.024 | 0.039 | 0.046 |
| | 快速碱-硅酸反应 | 0.034 | 0.048 | 0.063 |
| | 碱-碳酸盐反应 | 0.037 | 0.061 | 0.078 |

**水泥、粉煤灰和矿粉的 XRF 分析结果/%** **表 5-12**

| 化学组成 | CaO | $SiO_2$ | $Al_2O_3$ | $Fe_2O_3$ | $SO_3$ | MnO | $Na_2O$ | $K_2O$ | $TiO_2$ | LOSS |
|---|---|---|---|---|---|---|---|---|---|---|
| 水泥 | 62.73 | 17.80 | 6.38 | 5.83 | 2.98 | 1.94 | 0.86 | 0.58 | 0.52 | 0.38 |
| 粉煤灰 | 5.23 | 53.87 | 21.09 | 11.14 | 1.98 | 1.66 | 0.78 | 2.54 | 0.87 | 0.84 |
| 矿粉 | 36.89 | 32.56 | 15.12 | 1.54 | 2.28 | 8.32 | 0.48 | 0.77 | 0.81 | 1.23 |

将验证试验的强度实测值与公式计算值分别作比较，再生粗骨料混凝土强度公式的计算误差分布情况如图 5-28～图 5-32 所示。可知，在再生粗骨料混凝土的验证试验中，再生粗骨料混凝土强度公式均存在着一定的计算误差，且对照验证试验数据再生粗骨料混凝土强度公式的误差总范围为：(−5.12%，6.01%)。故而，基于再生粗骨料品质特征和取代率所建立的再生粗骨料混凝土强度公式具有较好的适用性，可用于指导再生粗骨料混凝土精确配合比设计方法的提出。

### 5.5.4　精确配合比设计步骤

(1) 根据再生粗骨料混凝土的性能要求和相关标准体系的规定，确定再生粗骨料的取代率 $\lambda_g$。

(2) 确定再生粗骨料混凝土的强度标准差 $\sigma$，当仅使用Ⅰ类再生粗骨料或Ⅱ类、Ⅲ类再生粗骨料的取代率 $\lambda_g<30\%$时，再生粗骨料混凝土的强度标准差 $\sigma$ 可按《普通混凝土配

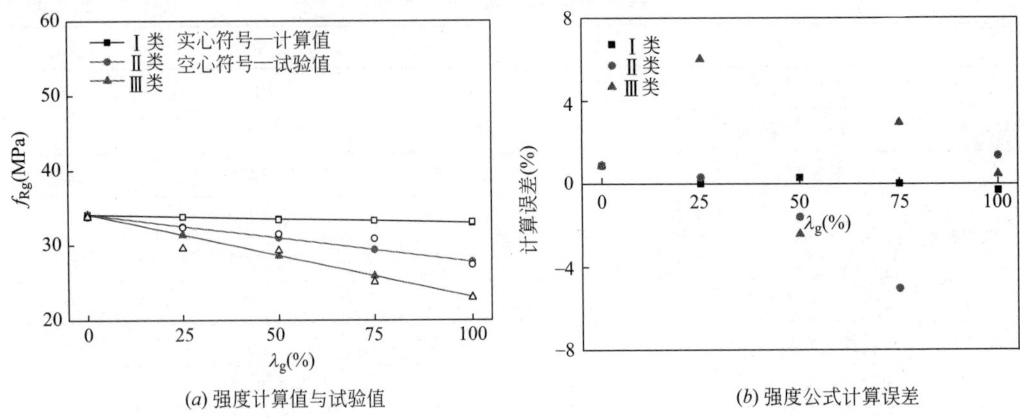


(a) 强度计算值与试验值　　(b) 强度公式计算误差

图 5-28　胶凝材料用量 300kg/m³ 时再生粗骨料混凝土的强度及公式计算误差

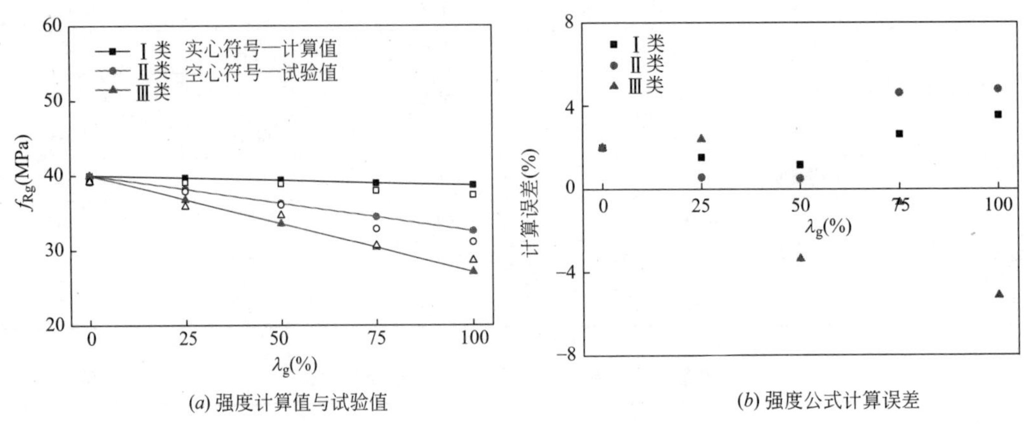


(a) 强度计算值与试验值　　(b) 强度公式计算误差

图 5-29　胶凝材料用量 350kg/m³ 时再生粗骨料混凝土的强度及公式计算误差

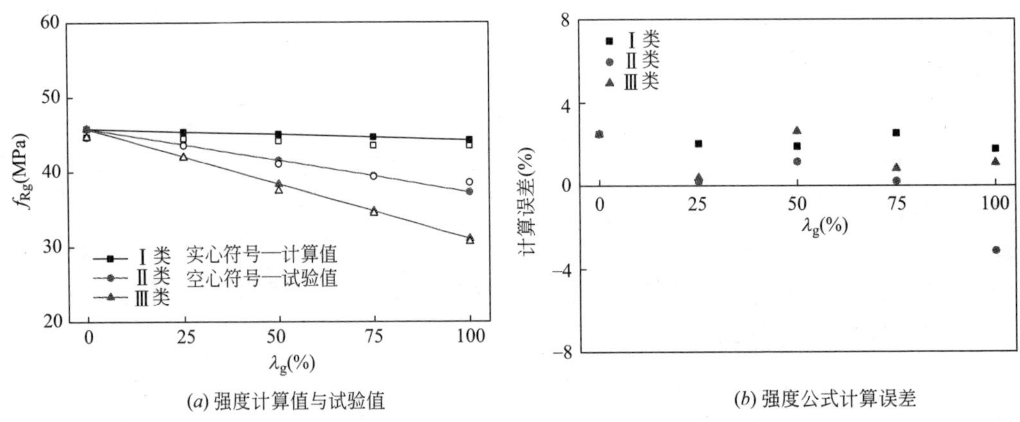


(a) 强度计算值与试验值　　(b) 强度公式计算误差

图 5-30　胶凝材料用量 400kg/m³ 时再生粗骨料混凝土的强度及公式计算误差

合比设计规程》JGJ 55-2011 的规定取值；当Ⅱ类、Ⅲ类再生粗骨料的取代率 $\lambda_g \geqslant 30\%$时，再生粗骨料混凝土的强度标准差 σ 可按《再生骨料应用技术规程》JGJ/T 240-2011 的规定取值。

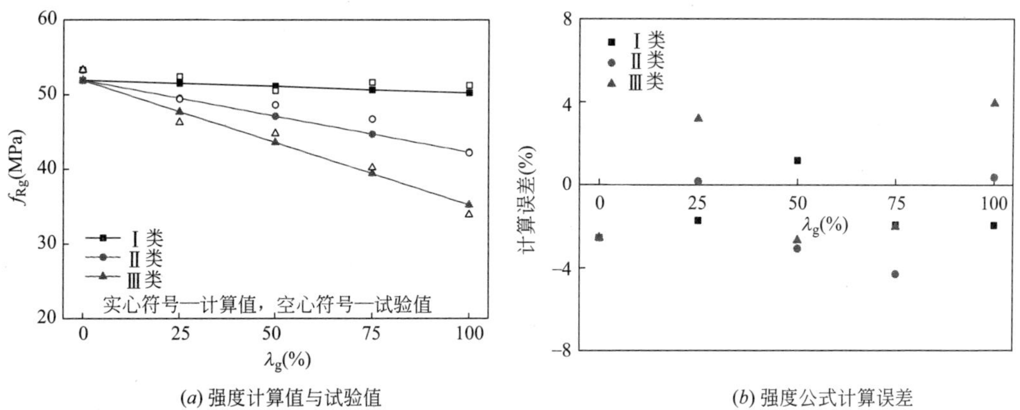

(a) 强度计算值与试验值　　(b) 强度公式计算误差

图 5-31　胶凝材料用量 450kg/m³ 时再生粗骨料混凝土的强度及公式计算误差

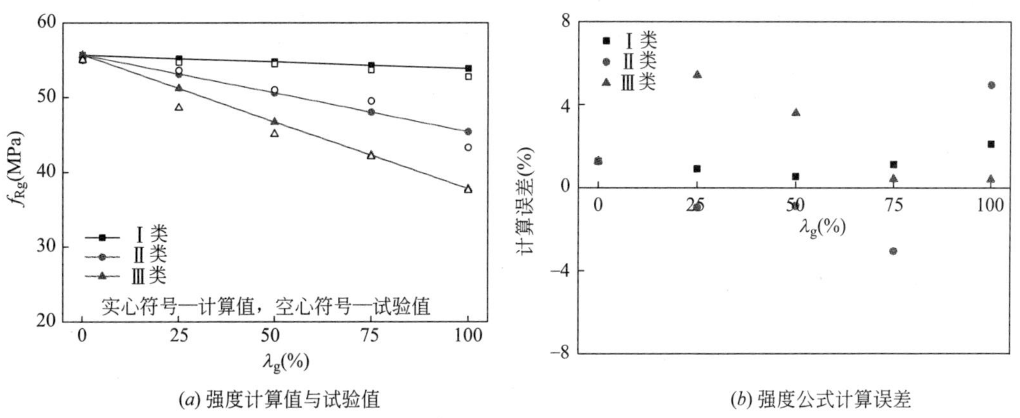

(a) 强度计算值与试验值　　(b) 强度公式计算误差

图 5-32　胶凝材料用量 500kg/m³ 时再生粗骨料混凝土的强度及公式计算误差

(3) 确定再生粗骨料混凝土的配制强度 $f_{Rg}$，按式 5-12 来计算。

$$f_{Rg} \geqslant f_{cu,k} + 1.645\sigma \tag{5-12}$$

式中：$f_{Rg}$——再生粗骨料混凝土的配制强度，单位为 MPa；

$f_{cu,k}$——再生粗骨料混凝土的立方体抗压强度标准值，取再生粗骨料混凝土的设计强度等级值，单位为 MPa；

$\sigma$——再生粗骨料混凝土的强度标准差，单位为 MPa。

(4) 确定普通混凝土的胶水比 $B/W$，按式 5-13 来计算。

$$f_{Rg} = af_{ce}(B/W - b)[1-(7.607\omega_a - 0.074)\lambda_g] \tag{5-13}$$

式中：$f_{Rg}$——再生粗骨料混凝土的配制强度，单位为 MPa；

$f_{ce}$——胶凝材料的实测 28d 抗压强度，单位为 MPa；

$B$——再生粗骨料混凝土拌合物的胶凝材料用量，单位为 kg/m³；

$W$——普通混凝土的用水量，单位为 kg/m³；

$\omega_a$——再生粗骨料的吸水率，以小数计；

$\lambda_g$——再生粗骨料的取代率，以小数计；

a、b —线性回归系数，无量纲。

（5）确定普通混凝土拌合物的用水量 $W$，根据实际工程的需求，通过调整用水量来控制拌合物的坍落度，调整后的用水量即为普通混凝土拌合物的用水量 $W$。

（6）确定再生粗骨料混凝土拌合物的绝对用水量 $W_{Rg}$，按式 5-14 来计算，同时考虑再生粗骨料使用状态的影响。

$$W_{Rg}=W+(540.9\omega_a+6.635)\lambda_g \tag{5-14}$$

式中：$W_{Rg}$——再生粗骨料混凝土的绝对用水量，单位为 kg/m$^3$；

$W$——普通混凝土的用水量，单位为 kg/m$^3$；

$\omega_a$——再生粗骨料的吸水率，以小数计；

$\lambda_g$——再生粗骨料的取代率，以小数计。

（7）确定再生粗骨料混凝土的胶凝材料总量 $B$，按普通混凝土的胶水比 $B/W$ 与其用水量 $W$ 的乘积来计算。

（8）确定再生粗骨料混凝土的矿物掺合料用量，按矿物掺合料的掺量与胶凝材料总量的乘积来计算。

（9）确定再生粗骨料混凝土的水泥用量，按胶凝材料总量与矿物掺合料用量之差来计算。

（10）确定再生粗骨料混凝土的砂率，根据再生粗骨料混凝土的施工要求，同时考虑再生粗骨料的基本性能指标和再生粗骨料混凝土的工作性能来确定，宜选用较低砂率。

（11）确定再生粗骨料的用量，参照普通混凝土配合比中的粗骨料用量，按再生粗骨料取代率 $\lambda_g$ 与粗骨料用量的乘积来计算。

（12）确定天然粗骨料的用量，按粗骨料总量与再生粗骨料用量之差来计算。

（13）再生粗骨料混凝土配合比的试配：参照再生粗骨料混凝土的计算配合比，试拌时再生粗骨料混凝土的绝对胶水比 $B/W_{Rg}$ 宜保持不变，调整其他设计参数来满足再生粗骨料混凝土的施工要求，修正后得到再生粗骨料混凝土的试拌配合比。

（14）再生粗骨料混凝土配合比的调整与确定：在试拌配合比的基础上，根据确定的再生粗骨料混凝土的绝对胶水比 $B/W_{Rg}$ 调整外加剂用量和绝对用水量 $W_{Rg}$，相应调整其他设计参数，确定再生粗骨料混凝土的最终配合比。需要注意的是，在实际工程应用时必须采取措施控制再生粗骨料混凝土的坍落度损失。

## 5.6 小结

再生粗骨料混凝土的配合比设计方法是指导再生粗骨料混凝土工程应用的重要的理论基础，但现有的标准体系中并没有系统且全面地对再生粗骨料混凝土的配合比设计进行规定。因此，参照普通混凝土的评价标准《普通混凝土拌合物性能试验方法标准》GB/T 50080-2016、《普通混凝土力学性能试验方法标准》GB/T 50081-2016 和《普通混凝土长期性能和耐久性能试验方法标准》GB/T 50082-2009，在全面研究了再生粗骨料的品质、取代率以及胶凝材料用量等因素对再生粗骨料混凝土性能的影响后，针对再生粗骨料混凝土配合比设计的复杂性和普通混凝土配合比设计的基本原则、基本要求，参照《普通混凝土配合比设计规程》JGJ 55-2011 和《再生骨料应用技术规程》JGJ/T 240-2011，分别提出了再生粗骨料混凝土的简易配合比设计方法和精确配合比设计方法。本章所得到的主要结论为：

（1）再生粗骨料混凝土配合比设计基本原则与思路的确定。与普通混凝土相比，再生粗骨料混凝土较差的性能限制了其广泛的工程应用与发展，并且制备再生粗骨料混凝土所使用的再生粗骨料品质波动性大，故而再生粗骨料混凝土在配合比设计时需要适量放宽对再生粗骨料基本性能指标的限制，并且降低对再生粗骨料混凝土性能的要求。对于再生粗骨料而言，需要精确掌控其使用状态，准确测定其含水率和吸水率等主要性能指标；对于再生粗骨料混凝土而言，需要确定其用水量原则和胶水比原则，在满足经济性的要求下，降低对其耐久性的要求。

（2）再生粗骨料混凝土简易配合比设计方法的建立。根据再生粗骨料的不同使用状态，分别研究再生粗骨料混凝土的实际用水量、有效用水量、绝对用水量与再生粗骨料取代率之间的关系，对比分析各类用水量对再生粗骨料混凝土配合比简易设计的影响差异，并择优选出了再生粗骨料混凝土的有效用水量原则。对应再生粗骨料混凝土的不同用水量，研究再生粗骨料混凝土的强度与各类胶水比之间的关系，并对使用普通混凝土 Bolomey 公式计算得到的再生粗骨料混凝土强度进行误差比较，基于两方面的考虑确定了再生粗骨料混凝土的绝对胶水比原则。最后，以普通混凝土的配合比设计步骤为基准，建立了再生粗骨料混凝土的简易配合比设计方法，可用于单掺再生粗骨料的再生混凝土配合比计算。

（3）再生粗骨料混凝土绝对用水量公式和强度公式的建立。考虑到再生粗骨料混凝土简易配合比设计方法中所使用的用水量和胶水比给其配制强度带来较大的差异，以普通混凝土的用水量和强度为基相，将再生粗骨料的品质特征和取代率引入到公式中，基于多重影响因素分别建立了具有较高精度和较好适用性的绝对用水量公式和强度公式，其中在原试验和验证试验中绝对用水量公式的最大计算误差仅为 3.76%、强度公式的最大计算误差为 6.01%，远小于其他计算方式所带来的误差，可以为再生粗骨料混凝土精确配合比设计的提出奠定理论基础。

## 参考文献

[5-1] 李涛，王社良. 不同服役年限再生粗骨料对混凝土抗压性能影响的试验研究 [J]. 混凝土，2017 (8)：62-65.

[5-2] 张海燕，胡忠豪，吴波. 粗骨料的分类及对再生混凝土抗压强度的影响 [J]. 工业建筑，2018，48 (1)：138-144.

[5-3] 陈宗平，占东辉，徐金俊. 再生粗骨料含量对再生混凝土力学性能的影响分析 [J]. 工业建筑，2015，45 (1)：130-135.

[5-4] GonzalezAndreu，Etxeberria Miren. Experimental analysis of properties of high performance recycled aggregate concrete [J]. *Construction and Building Materials*，2014，52：227-235.

[5-5] Çakir Ö. Experimental analysis of properties of recycled coarse aggregate (RCA) concrete with mineral additives [J]. *Construction and Building Materials*，2014，68：17-25.

[5-6] Murat Tuyan，Ali Mardani-Aghabaglou，Kambiz Ramyar. Freeze - thaw resistance，mechanical and transport properties of self-consolidating concrete incorporating coarse recycled concrete aggregate [J]. *Materials and Design*，2014，53：983-991.

[5-7] Auxi Barbudo，Jorge de Brito，Luís Evangelista，et al. Influence of water-reducing admixtures on the mechanical performance of recycled concrete [J]. *Journal of Cleaner Production*，2013，59：93-98.

[5-8] 王晓飞. 再生粗骨料品质和取代率对再生混凝土力学性能的影响 [D]. 青岛：青岛理工大学，2015.

[5-9] 王磊，李泉龙，陈杏. 再生粗骨料混凝土的变形性能及影响因素分析 [J]. 建筑结构，2016，46 (2)：30-34.

[5-10] 王亮. 高品质再生骨料制备技术及其对再生混凝土性能的影响 [D]. 青岛：青岛理工大学，2013.

[5-11] 张喜民，田寅. 建筑垃圾再生骨料混凝土配合比设计方法研究 [J]. 交通节能与环保，2018，14 (65)：44-48.

[5-12] 卜贵贤，杜旭斌，杨川，等. 再生碎砖骨料混凝土性能与配合比的试验研究 [J]. 河南科学，2018，36 (9)：1426-1432.

[5-13] 吴瑾，蒋叶浩，王浩，等. 再生混凝土配合比设计试验研究 [J]. 低温建筑技术，2009 (2)：13-15.

[5-14] 高丹盈，张丽娟，芦静云，等. 再生骨料混凝土配合比设计参数研究 [J]. 建筑科学与工程学报，2016，33 (1)：8-14.

[5-15] 汪振双，崔正龙. 再生粗集料混凝土双变量强度公式研究 [J]. 沈阳建筑大学学报（自然科学版），2013，25 (1)：69-71.

[5-16] 王彦，李传军，董波，等. 基于骨架原则的再生骨料多孔混凝土配合比设计方法探讨 [J]. 中外公路，2017，37 (2)：246-250.

[5-17] 李瑞鸽，杨国立. 基于神经网络的再生混凝土配合比设计优化 [J]. 混凝土，2009 (7)：117-122.

[5-18] 侯永利，郑刚，梁青. 大流动性再生粗集料混凝土配合比设计方法 [J]. 建筑材料学报，2016，19 (2)：364-368.

[5-19] 雷斌，徐原威，熊进刚. 道路面层用建筑垃圾再生混凝土配合比设计分析 [J]. 硅酸盐通报，2016，35 (12)：3931-3935.

[5-20] 郭远新，李秋义，李倩倩，等. 高品质再生粗骨料混凝土配合比优化 [J]. 沈阳建筑大学学报（自然科学版），2017，33 (1)：19-25.

[5-21] 张松涛，贾欣悦，宋卓，等. 无砂再生透水混凝土配合比设计 [J]. 混凝土与水泥制品，2016 (12)：6-12.

[5-22] 韩帅. 再生粗骨料品质和取代率对再生混凝土耐久性能的影响 [D]. 青岛：青岛理工大学，2015.

[5-23] Dilbas H，Simsek M，Çakır Ö. An investigation on mechanical and physical properties of recycled aggregate concrete (RAC) with and without silica fume [J]. *Construction and Building Materials*，2014，61：50-59.

[5-24] Sumaiya Binte Huda，Shahria Alam M. Mechanical behavior of three generations of 100% repeated recycled coarse aggregate concrete [J]. *Construction and Building Materials*，2014，65：574-582.

[5-25] Patrícia S. Lovato，Edna Possan，Denise Carpena Coitinho Dal Molin，et al. Modeling of mechanical properties and durability of recycled aggregate concretes [J]. *Construction and Building Materials*，2012，26：437-447.

[5-26] Shicong Kou，Chi Sun Poon. Long-term mechanical and durability properties of recycled aggregate concrete prepared with the incorporation of fly ash [J]. *Cement & Concrete Composites*，2013，37：12-19.

[5-27] S C Kou，C S Poon. Enhancing the durability properties of concrete prepared with coarse recycled aggregate [J]. *Construction and Building Materials*，2012，35：69-76.

[5-28] Casuccio M，Torrijos M C，Giaccio G，et al. Failure mechanism of recycled aggregate concrete [J]. *Construction and building materials*，2008，22 (7)：1500-1506.

[5-29] 冯超. 再生粗骨料分类对混凝土力学性能影响的对比试验研究 [D]. 南宁：广西大学，2016.

[5-30] 王晓飞，李秋义，罗健林，等. 不同品质再生粗骨料混凝土的力学性能及鲍罗米公式拟合 [J]. 混凝土，2016 (3)：60-64.

[5-31] Pinghua Zhu，Xinxin Zhang，Junyong Wu，et al. Performance degradation of the repeated recycled aggregate concrete with 70% replacement of three-generation recycled coarse aggregate [J]. *Journal of Wuhan University of Technology-Mater. Sci. Ed*，2016，31 (5)：989-995.

[5-32] 申健，牛荻涛，王艳，等. 再生混凝土耐久性能研究进展 [J]. 材料导报 A：综述篇，2016，30 (3)：89-100.

[5-33] 郭远新，李秋义，单体庆，等. 再生粗骨料混凝土配合比简易设计方法 [J]. 沈阳建筑大学学报（自然科学版），2017，33 (6)：1029-1038.

[5-34] Rahal K. Mechanical properties of concrete with recycled coarse aggregate [J]. *Building and Environment*，2007，42：407-415.

[5-35] Corinaldesi V. Mechanical and elastic behavior of concretes made of recycled-concrete coarse aggregates [J]. Construction and building materials，2010，24：1616-1620.

# 第 6 章　再生细骨料混凝土配合比设计方法

## 6.1　再生细骨料混凝土配合比设计的复杂性和必要性

### 6.1.1　再生细骨料混凝土配合比设计的复杂性

再生细骨料的掺加给再生细骨料混凝土的性能带来较大影响，主要与再生细骨料品质的多样性（分为Ⅰ类、Ⅱ类、Ⅲ类）和使用的复杂性（部分取代、全部取代等）有关，故而再生细骨料混凝土在进行配合比设计时所考虑的影响因素比普通混凝土要复杂得多，如图 6-1 所示。因此，为了推动我国建筑垃圾资源化的循环再利用，再生细骨料混凝土的配合比设计要在普通混凝土配合比设计方法的基础上进行调节与整合，其设计方法的建立必须重点考虑再生细骨料品质差异所带来的不利影响。

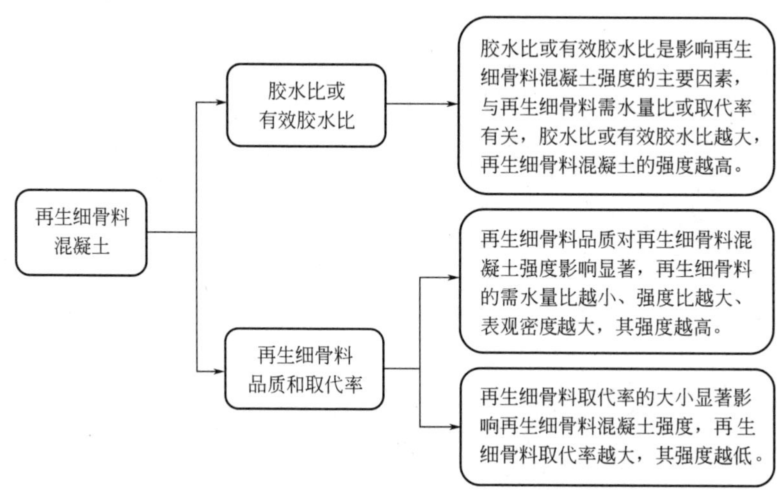

图 6-1　再生细骨料混凝土配合比设计的复杂性

### 6.1.2　再生细骨料混凝土配合比设计的必要性

与天然细骨料相比，再生细骨料因颗粒级配较差、表观密度小、需水量大，且骨料内部存在一定数量的微细裂纹[1]，由其制备的再生细骨料混凝土的各方面性能也将低于普通混凝土[2-3]，这主要与再生细骨料的掺加导致再生细骨料混凝土存在较大的界面缺陷有关，也由此导致再生细骨料的工程应用领域要小于再生粗骨料。[4]

国内外关于再生细骨料混凝土性能和配合比设计方法的研究相对要少[5-6]，这主要与再生细骨料的再利用率较低有直接关系[7-9]，但也取得了一定的科研成果。如 Cartuxo F

等[10] 使用两种不同的减水剂掺加到由不同再生细骨料取代率制备的再生细骨料混凝土中，研究了再生细骨料混凝土的流变性能和收缩性能；李秋义[11] 和张秋美[12] 等分别在再生细骨料混凝土的工作性能、基本力学性能、干缩和抗冻性能等方面进行了相应的研究；莫建[13] 研究了多种再生细骨料在不同取代率时下所制备的再生混凝土的力学性能，并且给出了对应不同再生细骨料品质的强度公式，但并不利于公式的应用与推广；郭樟根等[14-16] 针对再生细骨料分别应用于多孔砖和空心砌块中，并分别测试其试件的抗震性能和受压性能等；Alexandre Bogas J. 等[17] 利用再生细骨料部分或全部取代天然细骨料分别制备了普通强度的再生细骨料混凝土和高强度的再生细骨料混凝土，并系统研究了再生细骨料混凝土的抗冻性能等；白国良等[18] 将再生细骨料用于制备单排孔小型空心砌块，并对其配合比设计进行了优化；宋少民等[19] 通过单因素法研究了再生骨料的掺量对再生混凝土性能的影响，建议少量掺加再生细骨料，并且在研究基础上优化了再生混凝土的配合比设计；张会芝等[20-21] 分别在强度、导热系数和总功效系数法等方面优化了自保温再生混凝土的配合比，所制备的产品表现出较好的性能指标。

相对于再生粗骨料混凝土的大量应用研究，再生细骨料混凝土相对较少的研究成果在更大程度上限制了再生细骨料的工程应用与发展领域[22-28]，并且《再生骨料应用技术规程》JGJ/T 240-2011 中对再生细骨料的取代率也有较大的限制，也只是给出了简单的配制原则，由此导致再生混凝土的配合比设计消耗时间长，严重制约了再生骨料的广泛推广与工程应用。

因此，为了全面探究再生细骨料混凝土的性能变化规律[29-34] 和配合比设计方法，本章试验的研究对象为物理强化技术处理后的再生细骨料，在系统研究再生细骨料品质和取代率对再生细骨料混凝土性能的影响后[35]，将再生混凝土视为一种复合材料，在普通混凝土的基础上建立基于再生细骨料品质和取代率等多重影响因素的用水量公式和强度公式，并参照再生粗骨料混凝土的配合比设计方法提出了适用于再生细骨料混凝土的简易配合比设计方法和精确配合比设计方法。

## 6.2　配合比设计的基本原则与思路

### 6.2.1　基本原则

再生细骨料混凝土配合比设计时所考虑的影响因素较多，且需要确定的设计参数也要多于普通混凝土。但普通混凝土应用技术的发展要早于再生细骨料混凝土，且相应的标准体系非常成熟。故而在确定再生细骨料混凝土配合比设计的基本原则时，需要以普通混凝土为基准，参照其配合比设计时所遵循的基本原则和要求：

（1）用水量原则：混凝土拌合物的用水量主要与所用粗骨料的最大粒径和工程需求的工作性有关；

（2）胶水比原则：胶水比直接影响混凝土内部硬化水泥石的孔结构，是影响混凝土强度的主要因素，其实质是有效胶水比的影响作用；

（3）耐久性要求：保证混凝土具有良好的耐久性，满足抗渗、抗冻、抗腐蚀等要求，使混凝土达到经久耐用的使用目的；

（4）经济性要求：在施工方便和保证混凝土质量的基础上，合理选择和分配原材料，在可控范围内适当降低水泥用量，从而减少工程的成本，取得良好的经济效益。

但在实际工程应用时，再生细骨料和再生细骨料混凝土的相关水泥制品应用实例较少，其中多数仅在其工作性能和力学性能两方面做出宽松的要求，同时参照再生粗骨料混凝土配合比设计时的基本原则，所以在此也主要考虑再生细骨料混凝土的工作性和强度两个因素，同样仅考虑再生细骨料混凝土的用水量原则和胶水比原则。

### 6.2.2 设计的思路

参照《普通混凝土配合比设计规程》JGJ 55-2011，普通混凝土配合比设计时限定所用细骨料的含水率应小于 0.5%。但考虑到再生细骨料的性能指标[36-37]受外界环境因素的影响较大，并且与再生粗骨料所不同的是其吸水率难以准确测定，故而所采用的再生细骨料宜为绝干状态，且控制其含水率宜小于 0.5%。

考虑到再生细骨料的特殊性和再生细骨料混凝土的性能影响因素众多[38-40]，本章在建立再生细骨料混凝土的配合比设计方法时，以普通混凝土的配合比设计方法为基础，分别对再生细骨料混凝土提出基于用水量原则和胶水比原则的简易配合比设计方法以及基于绝对用水量公式和强度公式的精确配合比设计方法。

## 6.3 配合比设计的试验研究

### 6.3.1 试验原材料

再生细骨料混凝土配合比试验中所用原材料为水泥、天然砂、天然碎石、再生细骨料、外加剂、水等。

水泥：P. O 42.5 水泥，其物理力学性能指标与 XRF 分析结果见表 6-1 和表 6-2；

水泥物理力学性能指标　　表 6-1

| 水泥品种 | 细度（%） | 初凝时间（min） | 终凝时间（min） | 抗压强度（MPa） | | 抗折强度（MPa） | | 安定性（沸煮法） |
|---|---|---|---|---|---|---|---|---|
| | | | | 3d | 28d | 3d | 28d | |
| P. O 42.5 | 2.3 | 165 | 260 | 18.5 | 46.8 | 4.6 | 7.0 | 合格 |

水泥的 XRF 分析结果/%　　表 6-2

| 化学组成 | CaO | $SiO_2$ | $Al_2O_3$ | $Fe_2O_3$ | $SO_3$ | MnO | $Na_2O$ | $K_2O$ | $TiO_2$ | LOSS |
|---|---|---|---|---|---|---|---|---|---|---|
| 质量分数 | 62.73 | 17.80 | 6.38 | 5.83 | 2.98 | 1.94 | 0.86 | 0.58 | 0.52 | 0.38 |

天然砂：河砂，Ⅱ级砂，级配良好，其性能指标见表 6-3；

天然砂性能指标　　表 6-3

| 细度模数 | 规格 | 堆积密度（$kg/m^3$） | 表观密度（$kg/m^3$） | 空隙率（%） | 微粉含量（%） | 泥块含量（%） | 压碎指标（%） |
|---|---|---|---|---|---|---|---|
| 2.4 | 中砂 | 1450 | 2590 | 40 | 1.0 | 0.7 | 13 |

天然碎石：花岗岩碎石，5～25mm 连续级配，其性能指标见表 6-4；

**天然碎石性能指标**　　**表 6-4**

| 吸水率（%） | 含水率（%） | 针片状颗粒含量（%） | 压碎指标（%） | 堆积密度（kg/m$^3$） | 表观密度（kg/m$^3$） |
|---|---|---|---|---|---|
| 1.7 | 0.42 | 4.05 | 11.2 | 1460 | 2510 |

外加剂：青岛某建材公司生产的聚羧酸系高性能减水剂；

水：市政饮用水；

再生细骨料：原料来源于青岛某施工单位负责的居民住宅小区拆迁现场，人工挑选出长度约为 100～300mm 的废弃混凝土碎块，强度等级为 C20～C40。首先使用小型颚式破碎机对废弃混凝土进行简单破碎处理，然后使用颗粒整形设备分别进行一次和二次强化处理，最后将物理强化过程中制得的 3 类再生骨料分别进行筛分处理（粒径范围要求为 0.15～4.75mm），即得到 3 类再生细骨料：简单破碎再生细骨料、一次物理强化再生细骨料和二次物理强化再生细骨料。参照《混凝土和砂浆用再生细骨料》GB/T 25176-2010，按照相应试验方法测试其性能指标。本章中再生细骨料的物理强化技术具体流程如图 6-2 所示，3 类再生细骨料的基本性能指标见表 6-5。

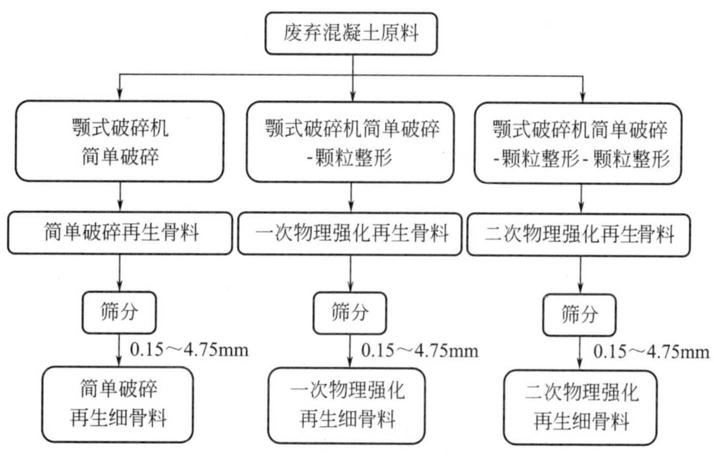


图 6-2　再生细骨料物理强化技术流程图

**再生细骨料的基本性能指标**　　**表 6-5**

| 项目 | | 简单破碎 | 一次物理强化 | 二次物理强化 |
|---|---|---|---|---|
| 微粉含量(%) | | 1.8 | 3.2 | 3.6 |
| 泥块含量(%) | | 1.4 | 0.8 | 0.2 |
| 表观密度(kg/m$^3$) | | 2360 | 2440 | 2540 |
| 堆积密度(kg/m$^3$) | 松散堆积密度 | 1310 | 1380 | 1480 |
| | 紧密堆积密度 | 1470 | 1580 | 1640 |
| 空隙率(%) | | 44 | 43 | 42 |
| 坚固性(以质量损失计)(%) | | 9.4 | 8.9 | 5.9 |

续表

| 项目 | | 简单破碎 | 一次物理强化 | 二次物理强化 |
|---|---|---|---|---|
| 压碎指标(%) | | 24 | 22 | 17 |
| 再生胶砂需水量比 | | 1.31 | 1.27 | 1.25 |
| 再生胶砂强度比 | | 0.96 | 0.87 | 0.93 |
| 有害物质含量 | 云母含量(%) | 1.6 | 1.0 | 0.5 |
| | 轻物质含量(%) | 0.6 | 0.4 | 0.1 |
| | 有机物含量 | 合格 | 合格 | 合格 |
| | 硫化物及硫酸盐含量(%) | 1.6 | 1.1 | 0.4 |
| | 氯化物含量(%) | 0.04 | 0.03 | 0.01 |
| 碱集料反应膨胀率(%) | 碱-硅酸反应 | 0.047 | 0.032 | 0.015 |
| | 快速碱-硅酸反应 | 0.064 | 0.041 | 0.027 |

### 6.3.2 试验方案设计

在再生细骨料混凝土配合比的试验方案中，外加剂的用量为水泥用量的1.2%，砂率统一确定为38%，通过控制再生细骨料混凝土拌合物坍落度在160～200mm范围内来确定其用水量。试验中所考虑的主要影响因素为：

① 再生细骨料的品质：分别为简单破碎再生细骨料、一次物理强化再生细骨料和二次物理强化再生细骨料；

② 再生细骨料的取代率：分别取代天然细骨料的0、25%、50%、75%和100%，以质量计；

③ 水泥用量：分别取300kg/m$^3$、350kg/m$^3$、400kg/m$^3$、450kg/m$^3$ 和500kg/m$^3$。

本试验中共设计了60组再生粗骨料混凝土，另有5组普通混凝土作为对照组试验，具体情况见表6-6。

**再生细骨料混凝土试验方案设计** **表6-6**

| 编号 | 水泥用量(kg/m$^3$) | 天然碎石(kg/m$^3$) | 天然砂(kg/m$^3$) | 再生细骨料 | | 减水剂(kg/m$^3$) |
|---|---|---|---|---|---|---|
| | | | | 取代率(%) | 用量(kg/m$^3$) | |
| a300-0 | 300 | 1166 | 714 | 0 | 0 | 3.6 |
| a300-25 | 300 | 1166 | 535 | 25 | 179 | 3.6 |
| a300-50 | 300 | 1166 | 357 | 50 | 357 | 3.6 |
| a300-75 | 300 | 1166 | 178 | 75 | 536 | 3.6 |
| a300-100 | 300 | 1166 | 0 | 100 | 714 | 3.6 |
| a350-0 | 350 | 1150 | 705 | 0 | 0 | 4.2 |
| a350-25 | 350 | 1150 | 529 | 25 | 176 | 4.2 |
| a350-50 | 350 | 1150 | 352 | 50 | 353 | 4.2 |
| a350-75 | 350 | 1150 | 176 | 75 | 529 | 4.2 |

续表

| 编号 | 水泥用量(kg/m³) | 天然碎石(kg/m³) | 天然砂(kg/m³) | 再生细骨料 | | 减水剂(kg/m³) |
|---|---|---|---|---|---|---|
| | | | | 取代率(%) | 用量(kg/m³) | |
| a350-100 | 350 | 1150 | 0 | 100 | 705 | 4.2 |
| a400-0 | 400 | 1136 | 696 | 0 | 0 | 4.8 |
| a400-25 | 400 | 1136 | 522 | 25 | 174 | 4.8 |
| a400-50 | 400 | 1136 | 348 | 50 | 348 | 4.8 |
| a400-75 | 400 | 1136 | 174 | 75 | 522 | 4.8 |
| a400-100 | 400 | 1136 | 0 | 100 | 696 | 4.8 |
| a450-0 | 450 | 1121 | 687 | 0 | 0 | 5.4 |
| a450-25 | 450 | 1121 | 515 | 25 | 172 | 5.4 |
| a450-50 | 450 | 1121 | 343 | 50 | 344 | 5.4 |
| a450-75 | 450 | 1121 | 172 | 75 | 515 | 5.4 |
| a450-100 | 450 | 1121 | 0 | 100 | 687 | 5.4 |
| a500-0 | 500 | 1106 | 678 | 0 | 0 | 6.0 |
| a500-25 | 500 | 1106 | 508 | 25 | 170 | 6.0 |
| a500-50 | 500 | 1106 | 339 | 50 | 339 | 6.0 |
| a500-75 | 500 | 1106 | 169 | 75 | 509 | 6.0 |
| a500-100 | 500 | 1106 | 0 | 100 | 678 | 6.0 |
| b300-0 | 300 | 1166 | 714 | 0 | 0 | 3.6 |
| b300-25 | 300 | 1166 | 535 | 25 | 179 | 3.6 |
| b300-50 | 300 | 1166 | 357 | 50 | 357 | 3.6 |
| b300-75 | 300 | 1166 | 178 | 75 | 536 | 3.6 |
| b300-100 | 300 | 1166 | 0 | 100 | 714 | 3.6 |
| b350-0 | 350 | 1150 | 705 | 0 | 0 | 4.2 |
| b350-25 | 350 | 1150 | 529 | 25 | 176 | 4.2 |
| b350-50 | 350 | 1150 | 352 | 50 | 353 | 4.2 |
| b350-75 | 350 | 1150 | 176 | 75 | 529 | 4.2 |
| b350-100 | 350 | 1150 | 0 | 100 | 705 | 4.2 |
| b400-0 | 400 | 1136 | 696 | 0 | 0 | 4.8 |
| b400-25 | 400 | 1136 | 522 | 25 | 174 | 4.8 |

续表

| 编号 | 水泥用量（kg/m³） | 天然碎石（kg/m³） | 天然砂（kg/m³） | 再生细骨料 | | 减水剂（kg/m³） |
|---|---|---|---|---|---|---|
| | | | | 取代率(%) | 用量(kg/m³) | |
| b400-50 | 400 | 1136 | 348 | 50 | 348 | 4.8 |
| b400-75 | 400 | 1136 | 174 | 75 | 522 | 4.8 |
| b400-100 | 400 | 1136 | 0 | 100 | 696 | 4.8 |
| b450-0 | 450 | 1121 | 687 | 0 | 0 | 5.4 |
| b450-25 | 450 | 1121 | 515 | 25 | 172 | 5.4 |
| b450-50 | 450 | 1121 | 343 | 50 | 344 | 5.4 |
| b450-75 | 450 | 1121 | 172 | 75 | 515 | 5.4 |
| b450-100 | 450 | 1121 | 0 | 100 | 687 | 5.4 |
| b500-0 | 500 | 1106 | 678 | 0 | 0 | 6.0 |
| b500-25 | 500 | 1106 | 508 | 25 | 170 | 6.0 |
| b500-50 | 500 | 1106 | 339 | 50 | 339 | 6.0 |
| b500-75 | 500 | 1106 | 169 | 75 | 509 | 6.0 |
| b500-100 | 500 | 1106 | 0 | 100 | 678 | 6.0 |
| c300-0 | 300 | 1166 | 714 | 0 | 0 | 3.6 |
| c300-25 | 300 | 1166 | 535 | 25 | 179 | 3.6 |
| c300-50 | 300 | 1166 | 357 | 50 | 357 | 3.6 |
| c300-75 | 300 | 1166 | 178 | 75 | 536 | 3.6 |
| c300-100 | 300 | 1166 | 0 | 100 | 714 | 3.6 |
| c350-0 | 350 | 1150 | 705 | 0 | 0 | 4.2 |
| c350-25 | 350 | 1150 | 529 | 25 | 176 | 4.2 |
| c350-50 | 350 | 1150 | 352 | 50 | 353 | 4.2 |
| c350-75 | 350 | 1150 | 176 | 75 | 529 | 4.2 |
| c350-100 | 350 | 1150 | 0 | 100 | 705 | 4.2 |
| c400-0 | 400 | 1136 | 696 | 0 | 0 | 4.8 |
| c400-25 | 400 | 1136 | 522 | 25 | 174 | 4.8 |
| c400-50 | 400 | 1136 | 348 | 50 | 348 | 4.8 |
| c400-75 | 400 | 1136 | 174 | 75 | 522 | 4.8 |
| c400-100 | 400 | 1136 | 0 | 100 | 696 | 4.8 |

续表

| 编号 | 水泥用量 ($kg/m^3$) | 天然碎石 ($kg/m^3$) | 天然砂 ($kg/m^3$) | 再生细骨料 | | 减水剂 ($kg/m^3$) |
|---|---|---|---|---|---|---|
| | | | | 取代率(%) | 用量($kg/m^3$) | |
| c450-0 | 450 | 1121 | 687 | 0 | 0 | 5.4 |
| c450-25 | 450 | 1121 | 515 | 25 | 172 | 5.4 |
| c450-50 | 450 | 1121 | 343 | 50 | 344 | 5.4 |
| c450-75 | 450 | 1121 | 172 | 75 | 515 | 5.4 |
| c450-100 | 450 | 1121 | 0 | 100 | 687 | 5.4 |
| c500-0 | 500 | 1106 | 678 | 0 | 0 | 6.0 |
| c500-25 | 500 | 1106 | 508 | 25 | 170 | 6.0 |
| c500-50 | 500 | 1106 | 339 | 50 | 339 | 6.0 |
| c500-75 | 500 | 1106 | 169 | 75 | 509 | 6.0 |
| c500-100 | 500 | 1106 | 0 | 100 | 678 | 6.0 |

注：表中编号以字母 a 开头表示简单破碎再生细骨料系列的再生细骨料混凝土，一次物理强化再生细骨料和二次物理强化再生细骨料系列的再生细骨料混凝土分别以字母 b 和 c 来表示。如 a300-20 表示使用简单破碎再生细骨料制备的再生细骨料混凝土，其中水泥用量为 300kg/$m^3$，简单破碎再生细骨料的取代率为 20%。

## 6.4　再生细骨料混凝土简易配合比设计方法

### 6.4.1　用水量原则的确定

在再生细骨料混凝土的工作性能研究中，再生细骨料的再生胶砂需水量比对再生细骨料混凝土拌合物的用水量有较大影响，这也与再生细骨料的使用状态密切相关。但再生细骨料的饱和面干状态难以准确表征，无法准确测定其吸水率。因此，可以将再生细骨料的使用状态分为：自然环境状态和绝干状态，相对应地将再生细骨料混凝土拌合物的用水量定义为两种情况：

（1）实际用水量 $W_s$

处于自然环境状态的再生细骨料内部或表面均可能含有部分水分，再生细骨料混凝土拌合物的用水量主要与大气环境中的温湿度均有较大关系，即与再生细骨料的需水量比和含水率密切相关。在再生细骨料不同品质条件下，再生细骨料混凝土工作性能试验中所测得的实际用水量 $W_s$ 随再生细骨料取代率（以 $\lambda_s$ 表示）的变化情况如图 6-3 所示。可知，再生细骨料混凝土的实际用水量 $W_s$ 随着再生细骨料取代率 $\lambda_s$ 的增大而逐渐增加，但随着再生细骨料品质的提升其增加幅度有所减缓，且实际用水量 $W_s$ 与再生细骨料取代率 $\lambda_s$ 之间呈现出较好的线性关系，再生细骨料的品质差异和取代率变化对再生细骨料混凝土的实际用水量 $W_s$ 产生一定的影响。

（2）绝对用水量 $W_{Rs}$

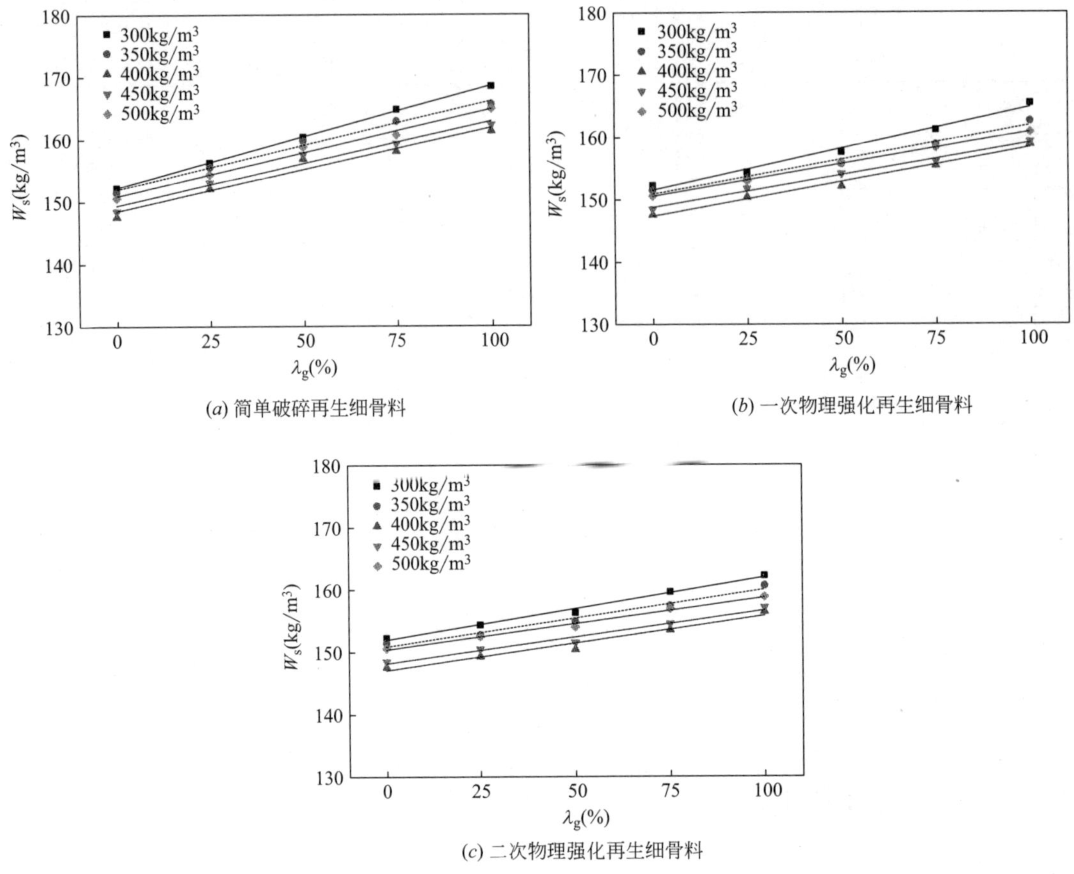


(a) 简单破碎再生细骨料

(b) 一次物理强化再生细骨料

(c) 二次物理强化再生细骨料

图 6-3　再生细骨料混凝土的实际用水量与再生细骨料取代率的关系

达到绝干状态的再生细骨料内部和表面均不含有任何水分，此时再生细骨料混凝土拌合物的绝对用水量可以最大化反映出再生细骨料混凝土与普通混凝土用水量之间的差别，再生细骨料混凝土的绝对用水量 $W_{Rs}$ 与再生细骨料混凝土的实际用水量 $W_s$ 之间关系表达式如式 6-1 所示。

$$W_{Rs}=W_s+m_{Rs}\omega_x \tag{6-1}$$

式中：$W_{Rs}$——再生细骨料混凝土的绝对用水量，单位为 kg/m³；

$W_s$——再生细骨料混凝土的实际用水量，单位为 kg/m³；

$m_{Rs}$——再生细骨料的用量，单位为 kg/m³；

$\omega_x$——再生细骨料的含水率，以小数计。

在再生细骨料不同品质条件下，再生细骨料混凝土工作性能试验中所计算的再生细骨料混凝土绝对用水量 $W_{Rs}$ 随再生细骨料取代率 $\lambda_s$ 的变化情况如图 6-4 所示。可知，再生细骨料混凝土的绝对用水量 $W_{Rs}$ 随着再生细骨料取代率 $\lambda_s$ 的增大而逐渐增加，但随着再生细骨料品质的提升其增加幅度略有减缓，且绝对用水量 $W_{Rs}$ 与再生细骨料取代率 $\lambda_s$ 之间呈现出较好的线性关系，再生细骨料的品质差异和取代率变化对再生细骨料混凝土的绝对用水量 $W_{Rs}$ 产生较大的影响。

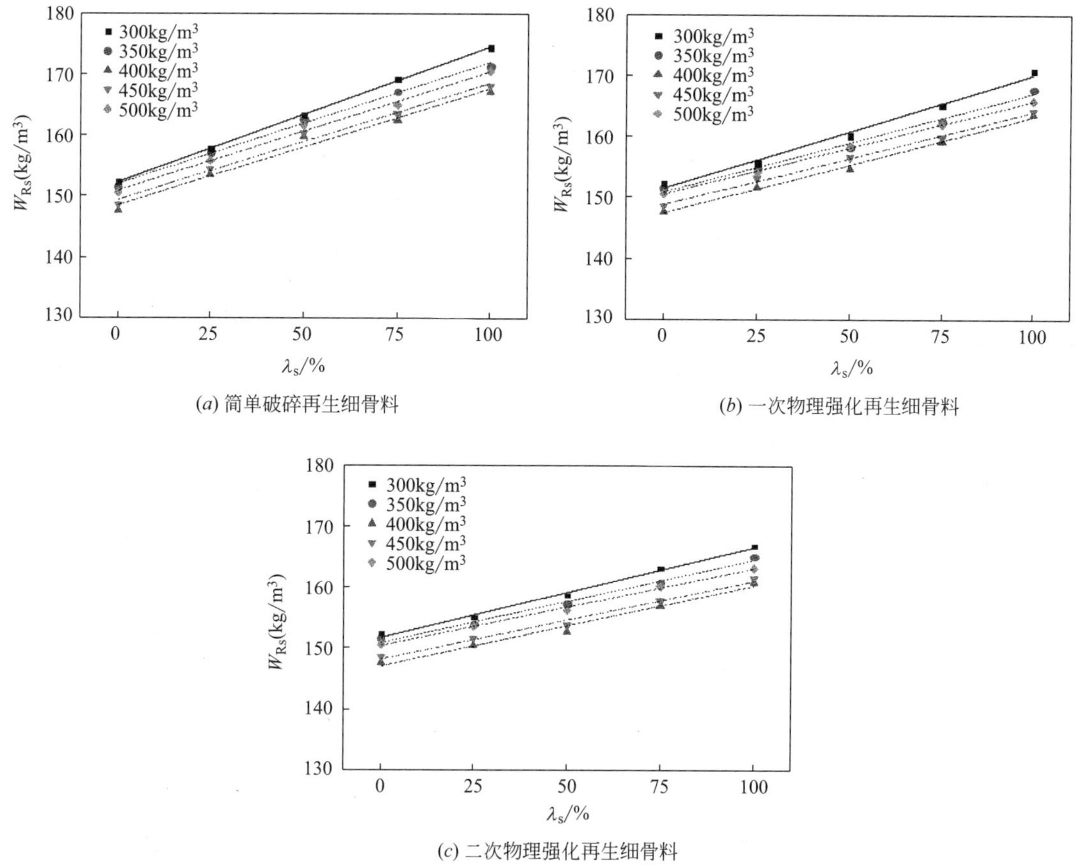


(a) 简单破碎再生细骨料　　(b) 一次物理强化再生细骨料

(c) 二次物理强化再生细骨料

图 6-4　再生细骨料混凝土的绝对用水量与再生细骨料取代率的关系

综上，再生细骨料混凝土拌合物的实际用水量 $W_s$ 和绝对用水量 $W_{Rs}$ 均与再生细骨料取代率 $\lambda_s$ 之间具有较高的线性相关度。虽然在拌合再生细骨料混凝土过程中，实际用水量 $W_s$ 和绝对用水量 $W_{Rs}$ 都无法精确控制再生细骨料混凝土的工作性能，但再生细骨料混凝土绝对用水量 $W_{Rs}$ 的使用可以有效避免人为因素所产生的试验误差，故而再生细骨料混凝土的配合比简易设计时可以考虑绝对用水量原则，这也与配制再生细骨料混凝土时所限定的再生细骨料的使用状态一致。

### 6.4.2　胶水比原则的确定

针对再生细骨料的不同使用状态：自然环境状态和绝干状态，再生细骨料混凝土拌合物的用水量分为实际用水量 $W_s$ 和绝对用水量 $W_{Rs}$，相应的再生细骨料混凝土的胶水比也分为两种情况：

（1）实际胶水比 $B/W_s$

对应再生细骨料混凝土的实际用水量 $W_s$，再生细骨料混凝土的胶水比定义为实际胶水比，以 $B/W_s$ 来表示。当再生细骨料的品质发生变化时，再生细骨料混凝土的 28d 抗压强度（以下简称为强度，以 $f_{Rs}$ 表示）与实际胶水比 $B/W_s$ 之间的关系如图 6-5 所示。可知，再生细骨料混凝土的强度 $f_{Rs}$ 随着实际胶水比 $B/W_s$ 的增大而显著增加，两者之间线性相关度较高，其相关系数 $R^2$ 为 0.975～0.994。但再生细骨料的品质和取代率 $\lambda_s$ 对再生细骨料混凝土的强度 $f_{Rs}$ 影响较大，随着再生细骨料品质的降低或取代率 $\lambda_s$ 的增大其强度 $f_{Rs}$ 有所降低，不利于再生细骨料混凝土配合比的简易设计。

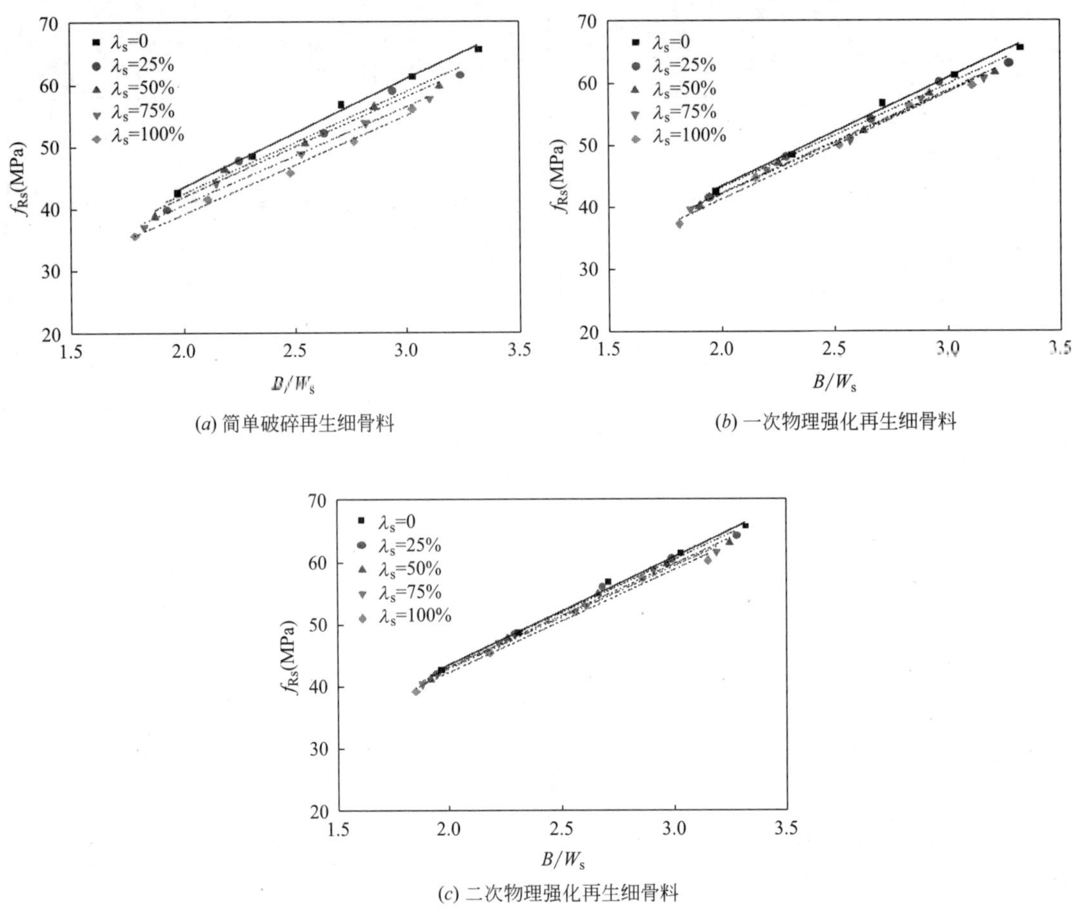


(a) 简单破碎再生细骨料　(b) 一次物理强化再生细骨料

(c) 二次物理强化再生细骨料

图 6-5　再生细骨料混凝土的强度与实际胶水比的关系

（2）绝对胶水比 $B/W_{Rs}$

对应再生细骨料混凝土的绝对用水量 $B_{Rs}$，再生细骨料混凝土的胶水比定义为绝对胶水比，以 $B/W_{Rs}$ 来表示。当再生细骨料的品质发生变化时，再生细骨料混凝土的强度 $f_{Rs}$ 与绝对胶水比 $B/W_{Rs}$ 之间的关系如图 6-6 所示。可知，再生细骨料混凝土的强度 $f_{Rs}$ 随着绝对胶水比 $B/W_{Rs}$ 的增大而显著增加，两者之间线性相关度较高，其相关系数 $R^2$ 为 0.975～0.994。此时，再生细骨料混凝土的强度 $f_{Rs}$ 受再生细骨料品质和取代率 $\lambda_s$ 的影响较小，即当再生细骨料的品质和取代率 $\lambda_s$ 发生变化时再生细骨料混凝土的强度 $f_{Rs}$ 波动变化较小。故而再生细骨料混凝土的配合比在简易设计时可以选用绝对胶水比 $B/W_{Rs}$。

综上，再生细骨料混凝土的强度 $f_{Rs}$ 与其实际胶水比 $B/W_s$ 和绝对胶水比 $B/W_{Rs}$ 之间均具有较高的线性相关度，再生细骨料混凝土的胶水比是影响其强度 $f_{Rs}$ 的主要因素，这一结论与普通混凝土的 Bolomey 公式相符合，其表达形式如式 6-2 所示。

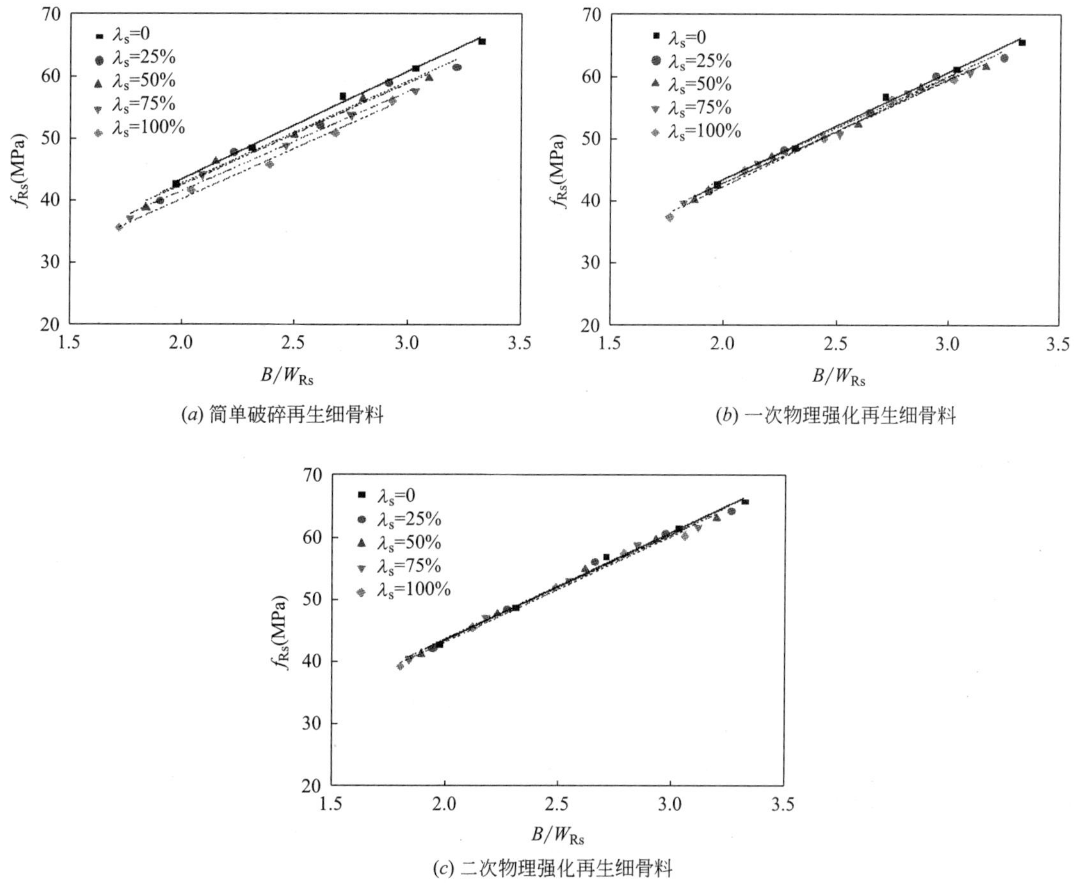


(*a*) 简单破碎再生细骨料

(*b*) 一次物理强化再生细骨料

(*c*) 二次物理强化再生细骨料

图 6-6　再生细骨料混凝土的强度与绝对胶水比的关系

$$f_{cu,0}=\mathrm{a}f_{ce}(B/W-\mathrm{b}) \tag{6-2}$$

式中：$f_{cu,0}$——混凝土的 28d 抗压强度，单位为 MPa；

$f_{ce}$——胶凝材料的实测 28d 抗压强度，单位为 MPa；

$B$——胶凝材料用量，单位为 kg/m$^3$；

$W$——对应不同再生细骨料使用状态的拌合物用水量，单位为 kg/m$^3$；

a、b——线性回归系数，无量纲。

因此，本章基于普通混凝土 Bolomey 公式的形式对再生细骨料混凝土的强度 $f_{Rs}$ 进行计算，并将计算值与试验实测值进行误差对比，根据两种不同的胶水比所带来的计算误差进一步确认再生细骨料混凝土的胶水比原则。当再生细骨料品质不同时，由两种胶水比计算得到的强度 $f_{Rs}$ 的误差分布情况分别如图 6-7～图 6-9 所示。

由图 6-7～图 6-9 分析可知，由 3 种不同品质的再生细骨料所制备的再生细骨料混凝土，当分别使用实际胶水比 $B/W_s$ 和绝对胶水比 $B/W_{Rs}$ 计算再生细骨料混凝土的强度 $f_{Rs}$ 时，均会产生一定的计算误差，且误差的大小与再生细骨料的品质、取代率 $\lambda_s$ 有较大的关系。统一统计 3 种再生细骨料混凝土的强度计算误差后，由实际胶水比 $B/W_s$ 计算的再生细骨料混凝土的强度 $f_{Rs}$ 误差总范围为：（−1.83%，13.29%）、由绝对胶水比 $B/W_{Rs}$ 计算的再生细骨料混凝土的强度 $f_{Rs}$ 误差总范围为：（−2.00%，10.05%），即由不同胶

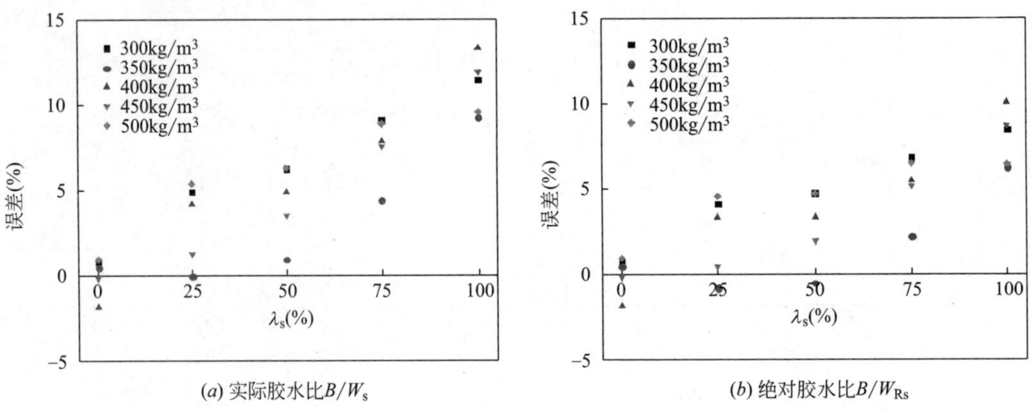


(a) 实际胶水比$B/W_s$　　(b) 绝对胶水比$B/W_{Rs}$

图 6-7　简单破碎再生细骨料制备的再生细骨料混凝土的计算强度误差分布

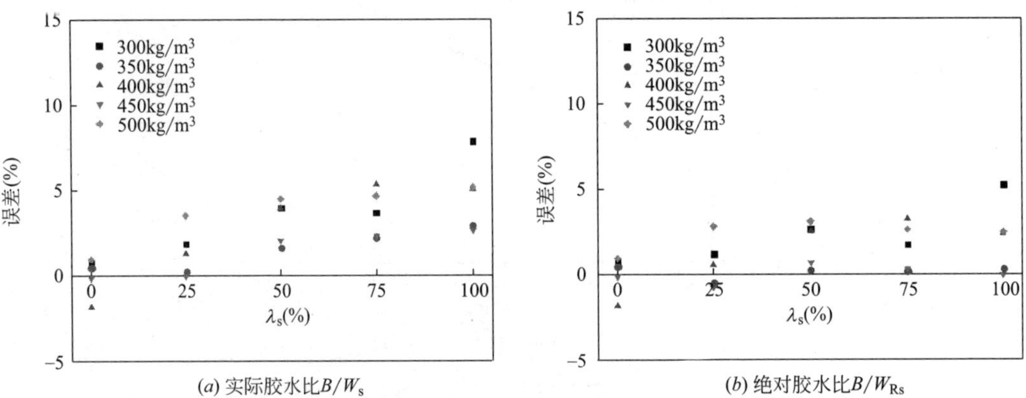


(a) 实际胶水比$B/W_s$　　(b) 绝对胶水比$B/W_{Rs}$

图 6-8　一次物理强化再生细骨料制备的再生细骨料混凝土的计算强度误差分布

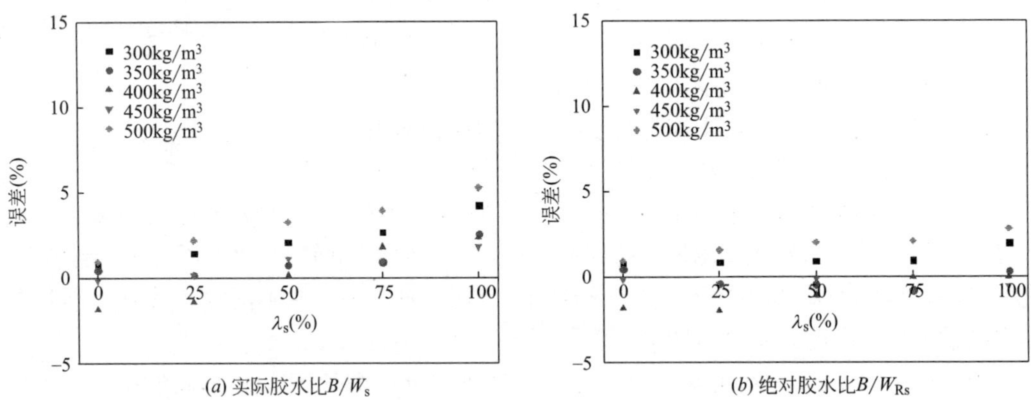


(a) 实际胶水比$B/W_s$　　(b) 绝对胶水比$B/W_{Rs}$

图 6-9　二次物理强化再生细骨料制备的再生细骨料混凝土的计算强度误差分布

水比计算再生细骨料混凝土的强度 $f_{Rs}$ 的精度高低顺序为：绝对胶水比 $B/W_{Rs}$，实际胶水比 $B/W_s$。由此进一步表明，再生细骨料混凝土的配合比在简易设计时需要考虑绝对胶水比原则。

### 6.4.3 简易配合比设计步骤

（1）根据再生细骨料混凝土的性能要求和相关标准体系的规定，确定再生细骨料的取代率 $\lambda_s$。

（2）确定再生细骨料混凝土的强度标准差 $\sigma$，按《再生骨料应用技术规程》JGJ/T 240-2011 的规定取值。

（3）确定再生细骨料混凝土的配制强度 $f_{Rs}$，按式 6-3 来计算。

$$f_{Rs} \geqslant f_{cu,k} + 1.645\sigma \tag{6-3}$$

式中：$f_{Rs}$——再生细骨料混凝土的配制强度，单位为 MPa；

$f_{cu,k}$——再生细骨料混凝土的立方体抗压强度标准值，取再生细骨料混凝土的设计强度等级值，单位为 MPa；

$\sigma$——再生细骨料混凝土的强度标准差，单位为 MPa。

（4）确定再生细骨料混凝土的绝对胶水比 $B/W_{Rs}$，按式 6-4 来计算。

$$B/W_{Rs} = f_{Rs}/(\mathrm{a}f_{ce}) + \mathrm{b} \tag{6-4}$$

式中：$B/W_{Rs}$——再生细骨料混凝土的绝对胶水比，无量纲；

$B$——再生细骨料混凝土拌合物的胶凝材料用量，单位为 $kg/m^3$；

$W_{Rs}$——再生细骨料混凝土的绝对用水量，单位为 $kg/m^3$；

$f_{Rs}$——再生细骨料混凝土的配制强度，单位为 MPa；

$f_{ce}$——胶凝材料的实测 28d 抗压强度，单位为 MPa；

a、b——线性回归系数，无量纲。

（5）确定普通混凝土拌合物的用水量 $W$，根据实际工程的需求，通过调整用水量来控制拌合物的坍落度，调整后的用水量即为普通混凝土的用水量 $W$。

（6）确定再生细骨料混凝土拌合物的绝对用水量 $W_{Rs}$，按照普通混凝土拌合物用水量 $W$，通过调整用水量来控制再生细骨料混凝土拌合物的坍落度，调整后的用水量即为再生细骨料混凝土的实际用水量 $W_s$，并基于再生细骨料的含水率、用量进一步计算出再生细骨料混凝土的绝对用水量 $W_{Rs}$。

（7）确定再生细骨料混凝土的胶凝材料总量 $B$，按其绝对胶水比 $B/W_{Rs}$ 与绝对用水量 $W_{Rs}$ 的乘积来计算。

（8）确定再生细骨料混凝土的矿物掺合料用量，按矿物掺合料的掺量与胶凝材料总量的乘积来计算。

（9）确定再生细骨料混凝土的水泥用量，按胶凝材料总量与矿物掺合料用量之差来计算。

（10）确定再生细骨料混凝土的砂率，根据再生细骨料混凝土的施工要求，同时考虑再生细骨料的基本性能指标和再生细骨料混凝土的工作性能来确定，建议选用较低砂率。

（11）确定再生细骨料的用量，参照普通混凝土配合比中的细骨料用量，按再生细骨料的取代率 $\lambda_s$ 与细骨料用量的乘积来计算。

（12）确定天然细骨料的用量，按细骨料总量与再生细骨料用量之差来计算。

（13）再生细骨料混凝土配合比的试配：参照再生细骨料混凝土的计算配合比，试拌时再生细骨料混凝土的绝对胶水比 $B/W_{Rs}$ 宜保持不变，调整其他设计参数来满足再生细骨料混凝土的施工要求，修正后得到试拌配合比。

（14）再生细骨料混凝土配合比的调整与确定：在试拌配合比的基础上，根据确定的再生细骨料混凝土的绝对胶水比 $B/W_{Rs}$ 调整外加剂用量和绝对用水量 $W_{Rs}$，相应调整其他设计参数，确定再生细骨料混凝土的最终配合比。同样需要注意的是，在实际工程应用时必须采取措施控制再生细骨料混凝土的坍落度损失。

## 6.5 再生细骨料混凝土配合比精确设计方法

### 6.5.1 设计原则（复合法则）

在再生细骨料混凝土简易配合比设计方法中，虽然所考虑的绝对用水量原则和绝对胶水比原则可以使得再生细骨料混凝土的拌合用水量、强度计算误差有所减小，但在实际工程应用时建筑垃圾的来源复杂、再生细骨料的品质波动性大、再生细骨料混凝土的配制技术复杂、再生细骨料混凝土的试验操作要求高，以及其他人为原因等因素的影响，均会导致使用简易配合比设计方法计算的再生细骨料混凝土的强度要低于其配制强度等级，也会给工程带来质量问题和潜在风险。故而，提出一个精度高、适用范围广的再生细骨料混凝土精确配合比设计方法成为亟需解决的关键问题。为此，本章以普通混凝土为基准，并参考再生粗骨料混凝土的精确配合比设计方法，同时简化对再生细骨料含水率的调整，即根据再生细骨料的含水率状况，通过再生细骨料混凝土的绝对用水量中再生细骨料的实际含水率来计算再生细骨料混凝土的实际用水量，分别建立多重影响因素下的再生细骨料混凝土的绝对用水量公式和强度公式，将其应用于再生细骨料混凝土精确配合比设计方法的提出。

### 6.5.2 绝对用水量公式的建立

（1）公式的理论基础

在再生细骨料混凝土的工作性能指标中，表征再生细骨料掺加所引起再生细骨料混凝土拌合物用水量发生较大变化的是其绝对用水量。与普通混凝土相比，再生细骨料混凝土绝对用水量的增加主要与再生细骨料的品质和取代率有关，并且与再生细骨料的取代率之间呈现出较好的线性关系。故在此以普通混凝土的用水量为基准，并且参考再生粗骨料混凝土绝对用水量公式的理论基础，引入再生细骨料混凝土的绝对用水量影响系数 $\beta_s$ 来反映再生细骨料的掺加对再生细骨料混凝土绝对用水量 $W_{Rs}$ 的影响。

（2）公式预期形式的提出

以复合材料理论为指导，再生细骨料混凝土的绝对用水量公式的预期形式如式 6-5 所示。

$$W_{Rs}=W+\beta_s\lambda_s \tag{6-5}$$

式中：$W_{Rs}$——再生细骨料混凝土的绝对用水量，单位为 $kg/m^3$；

$W$——普通混凝土的用水量，单位为 $kg/m^3$；

$\beta_s$——再生细骨料混凝土的绝对用水量影响系数，无量纲；

$\lambda_s$——再生细骨料的取代率，以小数计。

（3）绝对用水量影响系数 $\beta_s$ 的计算

随着再生细骨料品质的提升，再生细骨料混凝土的强度 $W_{Rs}$ 受再生细骨料取代率 $\lambda_s$

的影响逐渐减小，这一结论与再生粗骨料混凝土相一致，故再生细骨料混凝土的绝对用水量影响系数 $\beta_s$ 计算方式可参照再生粗骨料混凝土。再生细骨料混凝土的平均绝对用水量与再生细骨料取代率 $\lambda_s$ 之间的线性回归关系如图 6-10 所示。通过线性转化计算处理后，得到 3 种再生细骨料混凝土的绝对用水量影响系数 $\beta_s$ 分别为 20.75、15.88 和 12.85。

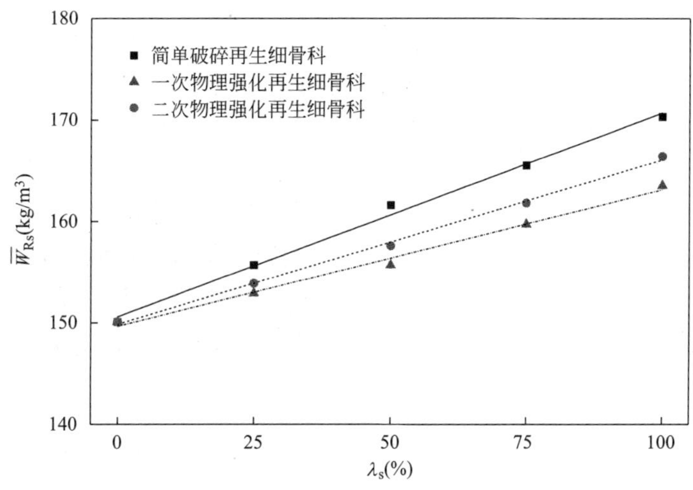


图 6-10　再生细骨料混凝土平均绝对用水量与再生细骨料取代率的关系

(4) 绝对用水量影响系数 $\beta_s$ 的表达式

再生细骨料混凝土的绝对用水量影响系数 $\beta_s$ 随着再生细骨料品质的提升而逐渐较小，故可以选用再生细骨料的表观密度、再生胶砂需水量比和再生胶砂强度比等某一主要性能指标来表示再生细骨料混凝土的绝对用水量影响系数 $\beta_s$，再生细骨料混凝土的绝对用水量影响系数 $\beta_s$ 与再生细骨料主要性能指标之间的线性回归结果见表 6-7。可知，再生细骨料混凝土的绝对用水量影响系数 $\beta_s$ 与再生细骨料的主要性能指标之间均表现出一定的相关性，且相关性由大到小为：再生胶砂需水量比 $\beta_w$，表观密度 $\rho_0$，再生胶砂强度比 $\beta_f$，故可选用相关性最大的再生细骨料的再生胶砂需水量比 $\beta_w$ 来表示再生细骨料混凝土的绝对用水量影响系数 $\beta_s$。

**再生细骨料混凝土绝对用水量影响系数 $\beta_s$ 与再生细骨料主要性能指标之间的关系　表 6-7**

| 项目 | 线性回归表达式 | 相关系数 $R^2$ |
|---|---|---|
| $\rho_0$ | $\beta_s=-0.043\rho_0+122.5$ | 0.923 |
| $\beta_w$ | $\beta_s=130.3\beta_w-149.8$ | 0.994 |
| $\beta_f$ | $\beta_s=39.17\beta_f-19.54$ | 0.594 |

注：$\rho_0$ 表示再生细骨料的表观密度，单位为 kg/m³；$\beta_w$ 表示再生细骨料的再生胶砂需水量比，以小数计；$\beta_f$ 表示再生细骨料的再生胶砂强度比，以小数计。

(5) 建立再生细骨料混凝土绝对用水量公式

将再生细骨料混凝土绝对用水量影响系数 $\beta_s$ 与再生细骨料的再生胶砂需水量比 $\beta_w$ 之间的函数表达式代入式 6-5，即可得到再生细骨料混凝土的绝对用水量公式，如式 6-6 所示，适用于单掺再生细骨料的再生混凝土拌合时绝对用水量的确定。

$$W_{Rs}=W+(130.3\beta_w-149.8)\lambda_s \qquad (6\text{-}6)$$

式中：$W_{Rs}$——再生细骨料混凝土的绝对用水量，单位为 $kg/m^3$；

$W$——普通混凝土的用水量，单位为 $kg/m^3$；

$\beta_w$——再生细骨料的再生胶砂需水量比；

$\lambda_s$——再生细骨料的取代率，以小数计。

（6）绝对用水量公式的计算误差分析

为了验证再生细骨料混凝土绝对用水量公式的精确度，基于原试验中的工作性数据进行误差对比。将原试验的绝对用水量实测值与公式计算值分别作比较，再生细骨料混凝土绝对用水量公式的计算误差分布情况如图 6-11～图 6-15 所示。可知，在再生细骨料混凝土的原试验中，由不同品质的再生细骨料所制备的再生细骨料混凝土绝对用水量的公式计算值与试验实测值之间均存在着较小的误差，且受再生细骨料品质和取代率的影响较大。对照原试验数据，再生细骨料混凝土绝对用水量公式的误差总范围为：(−1.63%，0.98%)，可以表明基于再生细骨料品质特征和取代率所建立的再生细骨料混凝土绝对用水量公式具有较高的精确度。

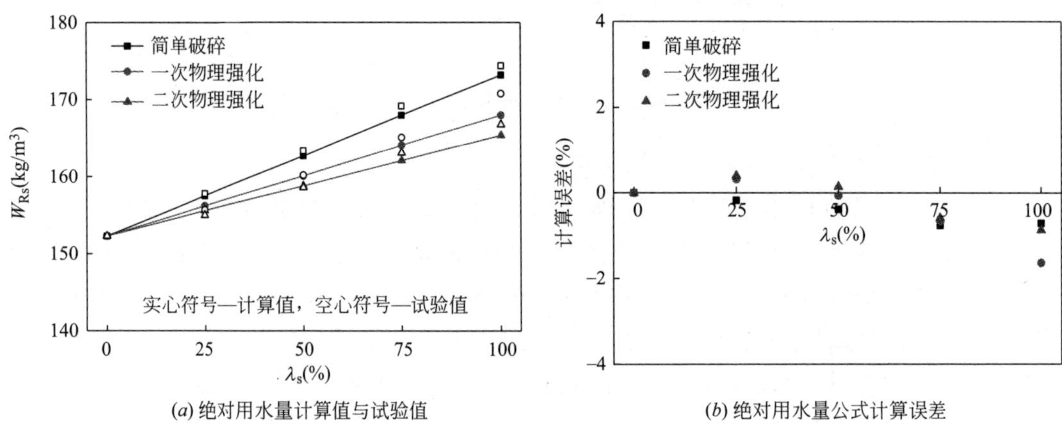


(a) 绝对用水量计算值与试验值　　(b) 绝对用水量公式计算误差

图 6-11　胶凝材料用量 300kg/m³ 时再生细骨料混凝土的绝对用水量及公式计算误差

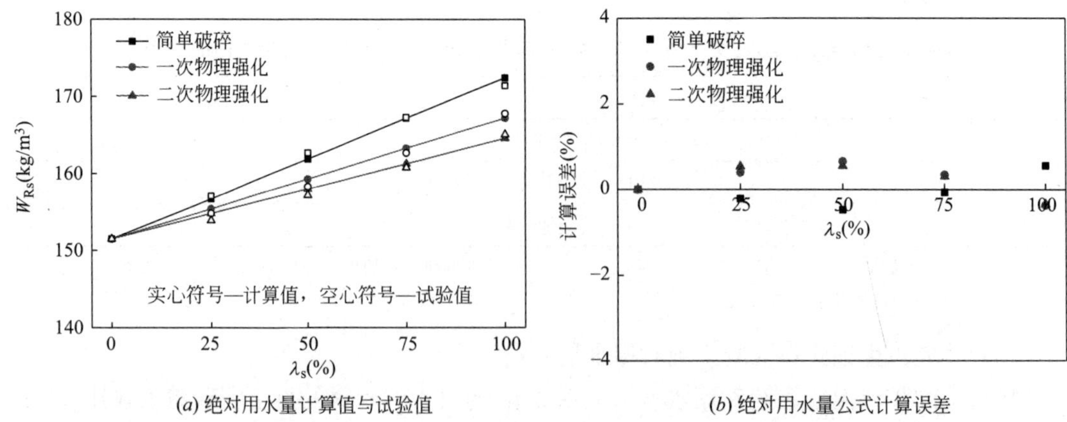


(a) 绝对用水量计算值与试验值　　(b) 绝对用水量公式计算误差

图 6-12　胶凝材料用量 350kg/m³ 时再生细骨料混凝土的绝对用水量及公式计算误差

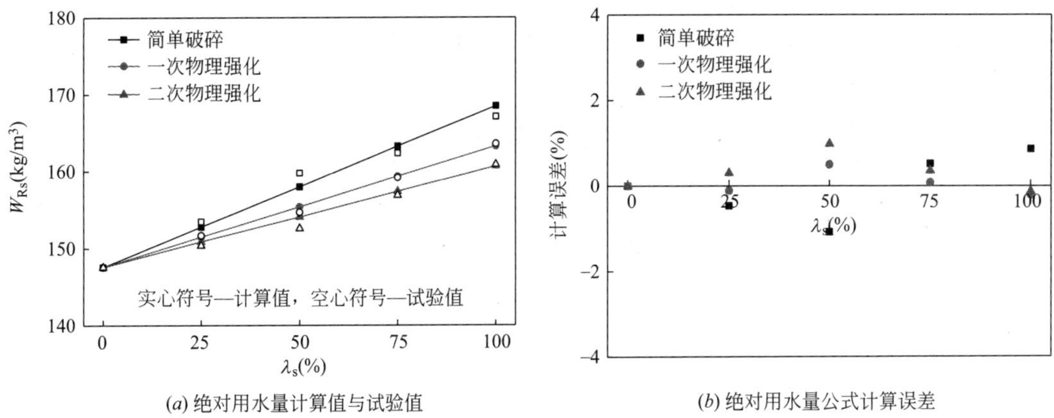


(a) 绝对用水量计算值与试验值　(b) 绝对用水量公式计算误差

图 6-13　胶凝材料用量 400kg/m³ 时再生细骨料混凝土的绝对用水量及公式计算误差

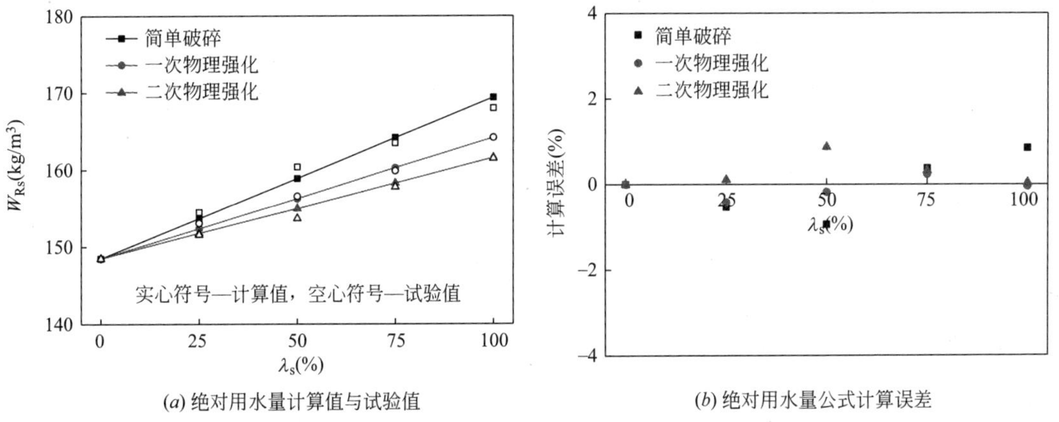


(a) 绝对用水量计算值与试验值　(b) 绝对用水量公式计算误差

图 6-14　胶凝材料用量 450kg/m³ 时再生细骨料混凝土的绝对用水量及公式计算误差

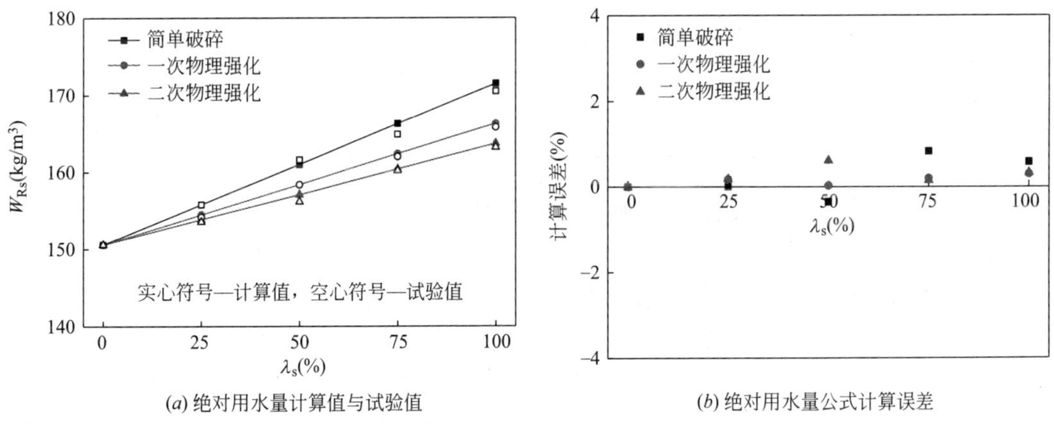


(a) 绝对用水量计算值与试验值　(b) 绝对用水量公式计算误差

图 6-15　胶凝材料用量 500kg/m³ 时再生细骨料混凝土的绝对用水量及公式计算误差

为了验证再生细骨料混凝土绝对用水量公式的适用性，再基于验证试验中的工作性数据进行误差对比。其中，验证试验中所用再生细骨料的品质为Ⅰ类、Ⅱ类和Ⅲ类（其基本性能指标见表 6-8)，$\lambda_s$ 分别取 0、20%、40%、60%、80%和 100%，胶凝材料体系调整为 70%水泥、15%粉煤灰和 15%矿粉（其 XRF 分析结果见表 6-9），其余原材料同再生粗骨料混凝土原试验。

**再生细骨料的基本性能指标** **表 6-8**

| 项目 | | Ⅰ类 | Ⅱ类 | Ⅲ类 |
|---|---|---|---|---|
| 微粉含量(%) | | 0.9 | 1.5 | 3.2 |
| 泥块含量(%) | | 0.6 | 1.2 | 2.5 |
| 表观密度($kg/m^3$) | | 2520 | 2410 | 2340 |
| 堆积密度($kg/m^3$) | 松散堆积密度 | 1410 | 1310 | 1250 |
| | 紧密堆积密度 | 1570 | 1460 | 1340 |
| 空隙率(%) | | 44 | 46 | 47 |
| 坚固性(以质量损失计)(%) | | 5.6 | 8.1 | 10.3 |
| 压碎指标(%) | | 16 | 23 | 27 |
| 再生胶砂需水量比 | | 1.22 | 1.36 | 1.55 |
| 再生胶砂强度比 | | 0.92 | 0.86 | 0.77 |
| 有害物质含量 | 云母含量(%) | 0.6 | 1.1 | 1.6 |
| | 轻物质含量(%) | 0.2 | 0.5 | 0.7 |
| | 有机物含量 | 合格 | 合格 | 合格 |
| | 硫化物及硫酸盐含量(%) | 0.5 | 1.3 | 1.8 |
| | 氯化物含量(%) | 0.02 | 0.04 | 0.05 |
| 碱集料反应膨胀率(%) | 碱-硅酸反应 | 0.017 | 0.038 | 0.055 |
| | 快速碱-硅酸反应 | 0.029 | 0.048 | 0.072 |

**水泥、粉煤灰和矿粉的 XRF 分析结果（%）** **表 6-9**

| 化学组成 | CaO | $SiO_2$ | $Al_2O_3$ | $Fe_2O_3$ | $SO_3$ | MnO | $Na_2O$ | $K_2O$ | $TiO_2$ | LOSS |
|---|---|---|---|---|---|---|---|---|---|---|
| 水泥 | 62.73 | 17.80 | 6.38 | 5.83 | 2.98 | 1.94 | 0.86 | 0.58 | 0.52 | 0.38 |
| 粉煤灰 | 5.23 | 53.87 | 21.09 | 11.14 | 1.98 | 1.66 | 0.78 | 2.54 | 0.87 | 0.84 |
| 矿粉 | 36.89 | 32.56 | 15.12 | 1.54 | 2.28 | 8.32 | 0.48 | 0.77 | 0.81 | 1.23 |

将验证试验的绝对用水量实测值与公式计算值分别作比较，再生细骨料混凝土绝对用水量公式的计算误差分布情况如图 6-16～图 6-20 所示。可知，在再生细骨料混凝土的验证试验中，由不同品质的再生细骨料所制备的再生细骨料混凝土绝对用水量的公式计算值与试验实测值之间均存在着较小的误差，且受再生细骨料品质和取代率的影响较大，且对照验证试验数据，再生细骨料混凝土绝对用水量公式的误差总范围为：(−2.58%，3.07%)。故而，基于再生细骨料品质特征和取代率所建立的再生细骨料混凝土绝对用水量公式具有较好的适用性，可用于指导再生细骨料混凝土精确配合比设计方法的提出。

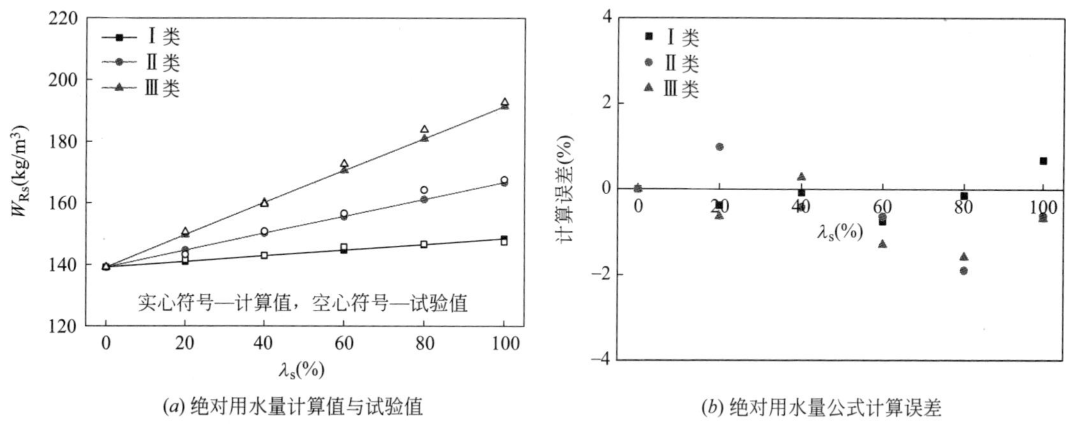


(*a*) 绝对用水量计算值与试验值　　(*b*) 绝对用水量公式计算误差

图 6-16　胶凝材料用量 300kg/m³ 时再生细骨料混凝土的绝对用水量及公式计算误差

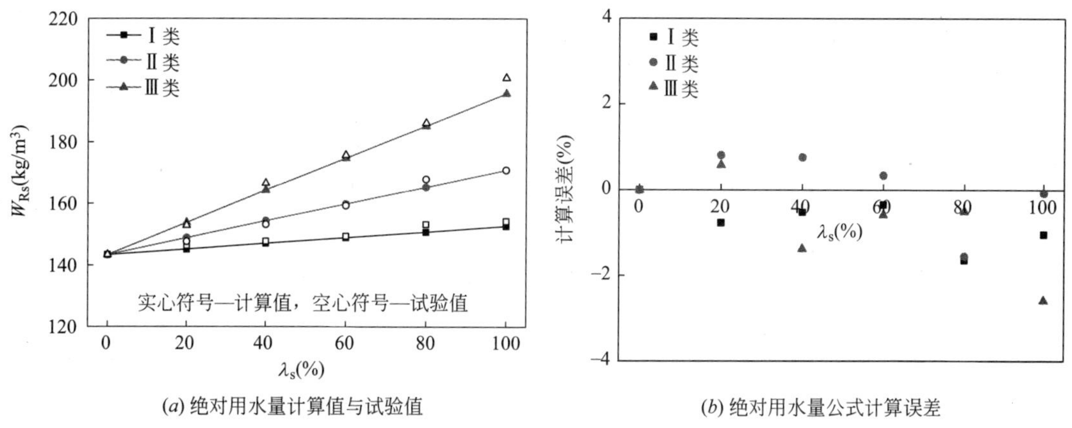


(*a*) 绝对用水量计算值与试验值　　(*b*) 绝对用水量公式计算误差

图 6-17　胶凝材料用量 350kg/m³ 时再生细骨料混凝土的绝对用水量及公式计算误差

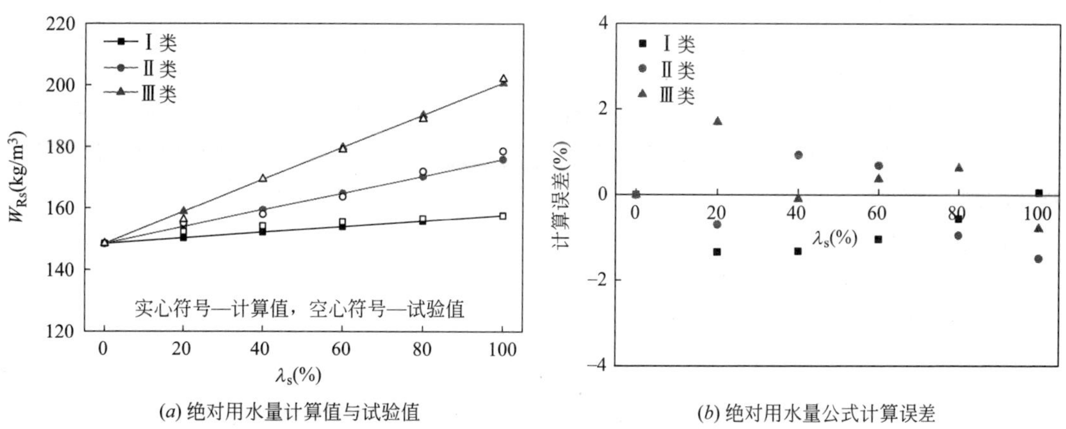


(*a*) 绝对用水量计算值与试验值　　(*b*) 绝对用水量公式计算误差

图 6-18　胶凝材料用量 400kg/m³ 时再生细骨料混凝土的绝对用水量及公式计算误差

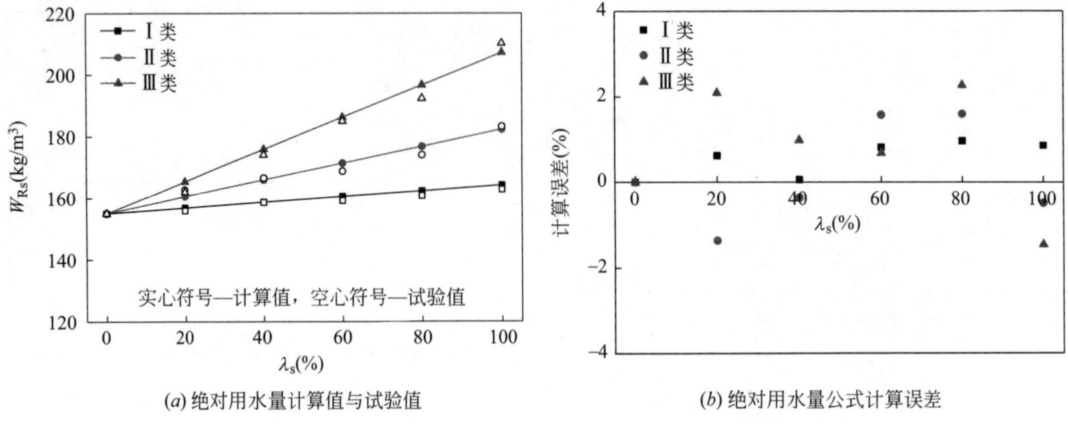


(a) 绝对用水量计算值与试验值　　(b) 绝对用水量公式计算误差

图 6-19　胶凝材料用量 450kg/m³ 时再生细骨料混凝土的绝对用水量及公式计算误差

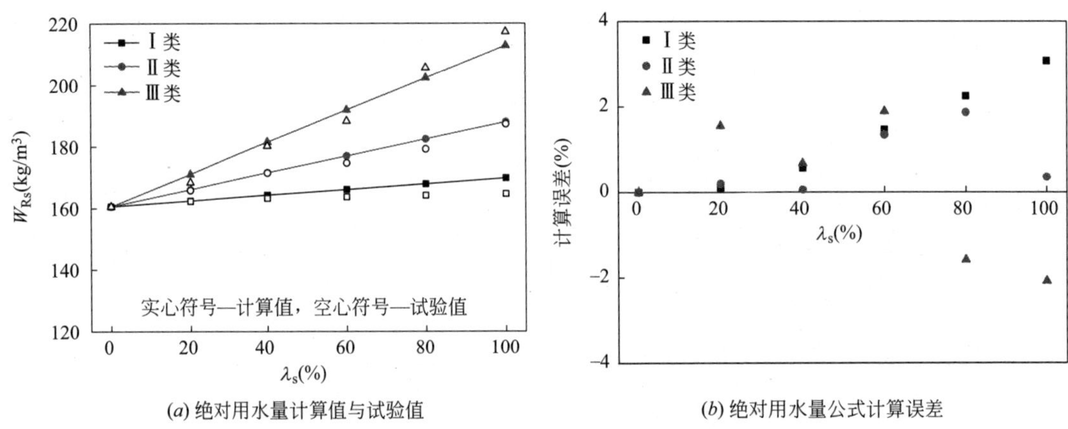


(a) 绝对用水量计算值与试验值　　(b) 绝对用水量公式计算误差

图 6-20　胶凝材料用量 500kg/m³ 时再生细骨料混凝土的绝对用水量及公式计算误差

### 6.5.3　强度公式的建立

（1）公式的理论基础

根据再生细骨料混凝土的力学性能变化规律，可以将再生细骨料混凝土视为一种复合材料，其中普通混凝土为基相，再生细骨料为负增强相，并且参考再生粗骨料混凝土强度公式的理论基础，在此引入再生细骨料强度影响因子 $\alpha_s$ 来反映再生细骨料的掺加对再生细骨料混凝土力学性能的影响。

（2）公式预期形式的提出

以复合材料理论为指导，再生细骨料混凝土强度公式的预期形式如式 6-7 所示。

$$f_{Rs}=f_0(1-\alpha_s\lambda_s)^m=af_{ce}(B/W-b)(1-\alpha_s\lambda_s)^m \tag{6-7}$$

式中：$f_{Rs}$——再生细骨料混凝土的 28d 抗压强度，单位为 MPa；

$f_0$——普通混凝土的 28d 抗压强度，单位为 MPa；

$\alpha_s$——再生细骨料强度影响因子，无量纲；

$\lambda_s$——再生细骨料的取代率，以小数计；

$m$——再生细骨料强度影响指数；

$f_{ce}$——胶凝材料的实测 28d 抗压强度，单位为 MPa；

$B$——再生细骨料混凝土拌合物的胶凝材料用量，单位为 $kg/m^3$；

$W$——普通混凝土拌合物的用水量，单位为 $kg/m^3$；

a、b——线性回归系数，无量纲。

（3）公式的线性化处理

在再生细骨料混凝土的力学性能试验中，再生细骨料混凝土的强度 $f_{Rs}$ 与再生细骨料取代率 $\lambda_s$ 之间呈现较好的线性关系，且线性相关度较高，故式 6-7 中的再生细骨料强度影响指数 $m$ 可以取值为 1，简化后如式 6-8 所示。

$$f_{Rs}=f_0(1-\alpha_s\lambda_s)=\mathrm{a}f_{ce}(B/W-\mathrm{b})(1-\alpha_s\lambda_s) \tag{6-8}$$

式中：$f_{Rs}$——再生细骨料混凝土的 28d 抗压强度，单位为 MPa；

$f_0$——普通混凝土的 28d 抗压强度，单位为 MPa；

$\alpha_s$——再生细骨料强度影响因子，无量纲；

$\lambda_s$——再生细骨料的取代率，以小数计；

$f_{ce}$——胶凝材料的实测 28d 抗压强度，单位为 MPa；

$B$——再生细骨料混凝土拌合物的胶凝材料用量，单位为 $kg/m^3$；

$W$——普通混凝土拌合物的用水量，单位为 $kg/m^3$；

a、b——线性回归系数，无量纲。

（4）再生细骨料强度影响因子 $\alpha_s$ 的计算

在再生细骨料混凝土的强度公式中，已知普通混凝土 Bolomey 公式中的回归系数 a、b。此时，当再生细骨料的取代率 $\lambda_s$ 一定时，再生细骨料混凝土的强度 $f_{Rs}$ 和普通混凝土的强度 $f_0$ 均已知，可计算出再生细骨料混凝土不同配合比下的再生细骨料强度影响因子 $\alpha_s$。在算术平均处理后简单破碎再生细骨料、一次物理强化再生细骨料和二次物理强化再生细骨料的再生细骨料强度影响因子 $\alpha_s$ 分别为 0.177、0.105 和 0.067。

（5）再生细骨料强度影响因子 $\alpha_s$ 的表达式

再生细骨料强度影响因子 $\alpha_s$ 随着再生细骨料品质的提升而逐渐较小，在此同样考虑以再生细骨料的主要性能指标来表示其强度影响因子，两者之间的线性回归结果见表 6-10。可知，再生细骨料强度影响因子 $\alpha_s$ 与再生细骨料性能指标之间的相关性由大到小为：再生胶砂需水量比 $\beta_w$，表观密度 $\rho_0$，再生胶砂强度比 $\beta_f$，故可选用相关性最大的再生胶砂需水量比 $\beta_w$ 来表示再生细骨料强度影响因子 $\alpha_s$。

**再生细骨料的强度影响因子 $\alpha_s$ 与其主要性能指标之间的关系　　表 6-10**

| 项目 | 线性回归表达式 | 相关系数 $R^2$ |
|---|---|---|
| $\rho_0$ | $\alpha_s=-6.016\rho_0+1.588$ | 0.886 |
| $\beta_w$ | $\alpha_s=1.829\beta_w-2.218$ | 0.999 |
| $\beta_f$ | $\alpha_s=0.595\beta_f-0.431$ | 0.523 |

注：$\rho_0$ 表示再生细骨料的表观密度，单位为 $kg/m^3$；$\beta_w$ 表示再生细骨料的再生胶砂需水量比，以小数计；$\beta_f$ 表示再生细骨料的再生胶砂强度比，以小数计。

(6) 建立再生细骨料混凝土强度公式

将再生细骨料的强度影响因子 $\alpha_s$ 与其再生胶砂需水量比 $\beta_w$ 之间的函数表达式代入式 6-8，即可得到再生细骨料混凝土的强度公式，如式 6-9 所示，适用于单掺再生细骨料的再生混凝土 28d 立方体抗压强度的预算，但使用憎水性化学试剂溶液对再生细骨料进行强化处理的除外。

$$f_{Rs}=af_{ce}(B/W-b)[1-(1.829\beta_w-2.218)\lambda_s] \tag{6-9}$$

式中：$f_{Rs}$——再生细骨料混凝土的 28d 抗压强度，单位为 MPa；

$f_{ce}$——胶凝材料的实测 28d 抗压强度，单位为 MPa；

$B$——再生细骨料混凝土拌合物的胶凝材料用量，单位为 $kg/m^3$；

$W$——普通混凝土拌合物的用水量，单位为 $kg/m^3$；

$\beta_w$——再生细骨料的再生胶砂需水量比；

$\lambda_s$——再生细骨料的取代率，以小数计；

a、b——线性回归系数，无量纲。

(7) 再生细骨料混凝土强度公式的计算误差对比

为了验证再生细骨料混凝土强度公式的精确度，同样基于原试验中的力学性能数据进行误差对比。将再生细骨料混凝土的强度实测值与公式计算值分别作比较，再生细骨料混凝土强度公式的计算误差分布情况如图 6-21～图 6-25 所示。可知，在再生细骨料混凝土的原试验中，再生细骨料混凝土强度公式均存在着一定的计算误差，但要远小于利用 Bolomey 公式基于绝对胶水比所计算的强度误差。对照原试验数据，再生细骨料混凝土强度公式的误差总范围为：(－4.05％，3.05％)，可以表明基于再生细骨料品质特征和取代率所建立的再生细骨料混凝土强度公式具有较高的精确度。

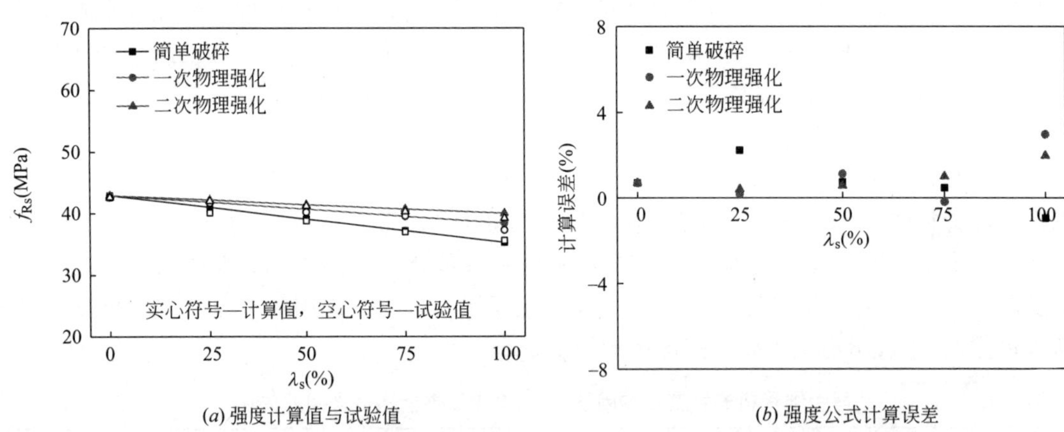


图 6-21　胶凝材料用量 300kg/m³ 时再生细骨料混凝土的强度及公式计算误差

为了验证再生细骨料混凝土强度公式的适用性，再次基于验证试验中的力学性能数据进行误差对比。其中，验证试验中所用再生细骨料的品质为Ⅰ类、Ⅱ类和Ⅲ类（其基本性能指标见表 6-11），$\lambda_s$ 分别取 0、20％、40％、60％、80％和 100％，胶凝材料体系调整为 70％水泥、15％粉煤灰和 15％矿粉（其 XRF 分析结果见表 6-12），其余原材料同再生粗骨料混凝土原试验。

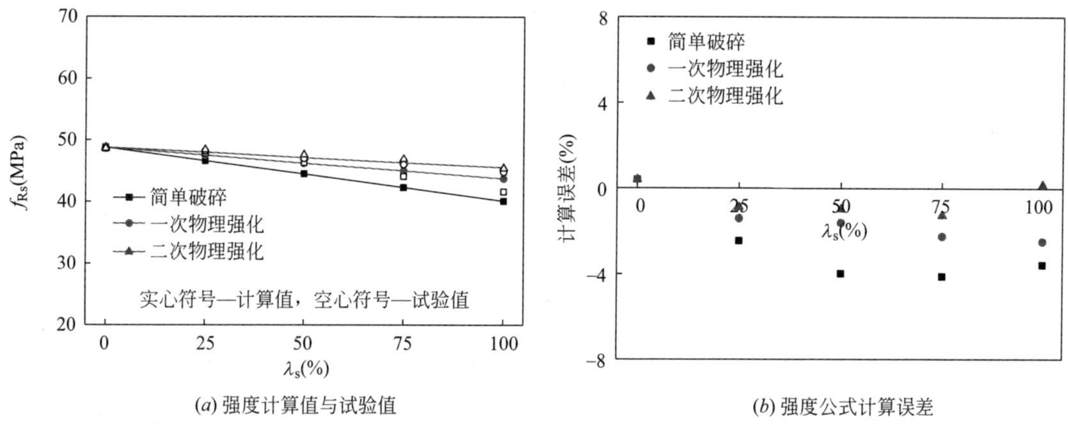


(a) 强度计算值与试验值　　(b) 强度公式计算误差

图 6-22　胶凝材料用量 350kg/m³ 时再生细骨料混凝土的强度及公式计算误差

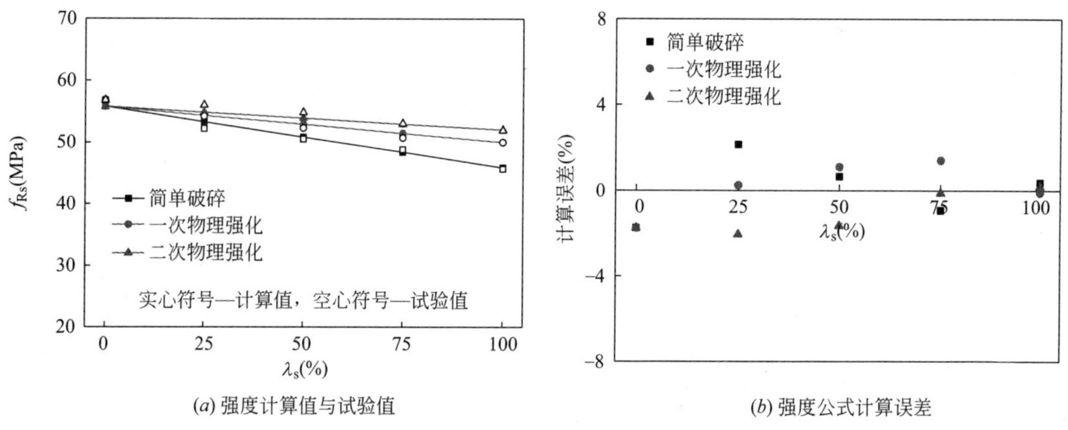


(a) 强度计算值与试验值　　(b) 强度公式计算误差

图 6-23　胶凝材料用量 400kg/m³ 时再生细骨料混凝土的强度及公式计算误差

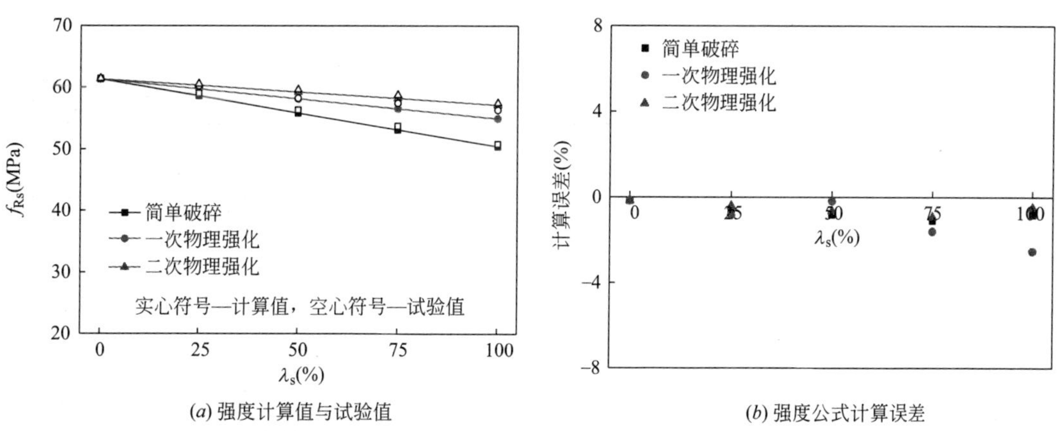


(a) 强度计算值与试验值　　(b) 强度公式计算误差

图 6-24　胶凝材料用量 450kg/m³ 时再生细骨料混凝土的强度及公式计算误差

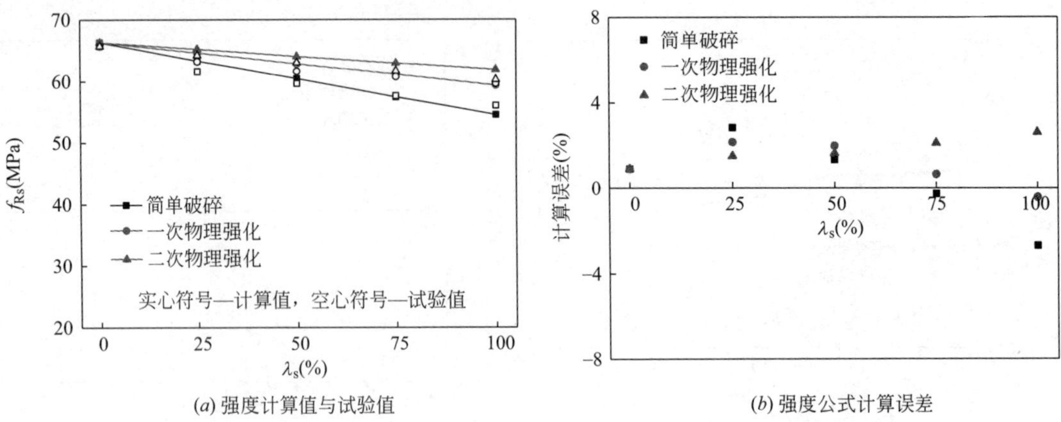


(a) 强度计算值与试验值 (b) 强度公式计算误差

图 6-25 胶凝材料用量 500kg/m³ 时再生细骨料混凝土的强度及公式计算误差

**再生细骨料的基本性能指标** **表 6-11**

| 项目 | | Ⅰ类 | Ⅱ类 | Ⅲ类 |
|---|---|---|---|---|
| 微粉含量(%) | | 0.9 | 1.5 | 3.2 |
| 泥块含量(%) | | 0.6 | 1.2 | 2.5 |
| 表观密度($kg/m^3$) | | 2520 | 2410 | 2340 |
| 堆积密度($kg/m^3$) | 松散堆积密度 | 1410 | 1310 | 1250 |
| | 紧密堆积密度 | 1570 | 1460 | 1340 |
| 空隙率(%) | | 44 | 46 | 47 |
| 坚固性(以质量损失计)(%) | | 5.6 | 8.1 | 10.3 |
| 压碎指标(%) | | 16 | 23 | 27 |
| 再生胶砂需水量比 | | 1.22 | 1.36 | 1.55 |
| 再生胶砂强度比 | | 0.92 | 0.86 | 0.77 |
| 有害物质含量 | 云母含量(%) | 0.6 | 1.1 | 1.6 |
| | 轻物质含量(%) | 0.2 | 0.5 | 0.7 |
| | 有机物含量 | 合格 | 合格 | 合格 |
| | 硫化物及硫酸盐含量(%) | 0.5 | 1.3 | 1.8 |
| | 氯化物含量(%) | 0.02 | 0.04 | 0.05 |
| 碱集料反应膨胀率(%) | 碱-硅酸反应 | 0.017 | 0.038 | 0.055 |
| | 快速碱-硅酸反应 | 0.029 | 0.048 | 0.072 |

**水泥、粉煤灰和矿粉的 XRF 分析结果（%）** **表 6-12**

| 化学组成 | CaO | $SiO_2$ | $Al_2O_3$ | $Fe_2O_3$ | $SO_3$ | MnO | $Na_2O$ | $K_2O$ | $TiO_2$ | LOSS |
|---|---|---|---|---|---|---|---|---|---|---|
| 水泥 | 62.73 | 17.80 | 6.38 | 5.83 | 2.98 | 1.94 | 0.86 | 0.58 | 0.52 | 0.38 |
| 粉煤灰 | 5.23 | 53.87 | 21.09 | 11.14 | 1.98 | 1.66 | 0.78 | 2.54 | 0.87 | 0.84 |
| 矿粉 | 36.89 | 32.56 | 15.12 | 1.54 | 2.28 | 8.32 | 0.48 | 0.77 | 0.81 | 1.23 |

将再生细骨料混凝土的强度实测值与公式计算值分别作比较，再生细骨料混凝土强度公式的计算误差分布情况如图 6-26～图 6-30 所示。可知，在再生细骨料混凝土的验证试验中，再生细骨料混凝土强度公式均存在着一定的计算误差，且对照验证试验数据，再生细骨料混凝土强度公式的误差总范围为：(−4.77%，5.29%)。故而，基于再生细骨料品

质特征和取代率所建立的再生细骨料混凝土强度公式具有较好的适用性，可用于指导再生细骨料混凝土精确配合比设计方法的提出。

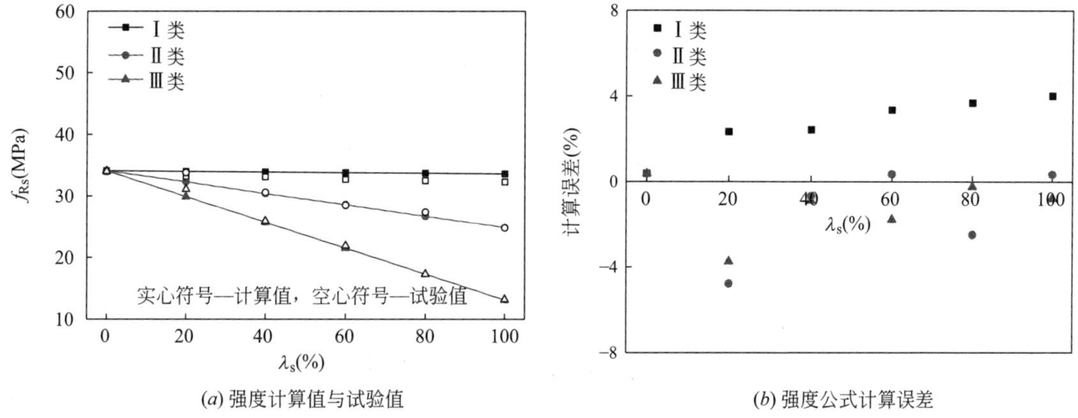


(a) 强度计算值与试验值　　(b) 强度公式计算误差

图 6-26　胶凝材料用量 300kg/m³ 时再生细骨料混凝土的强度及公式计算误差

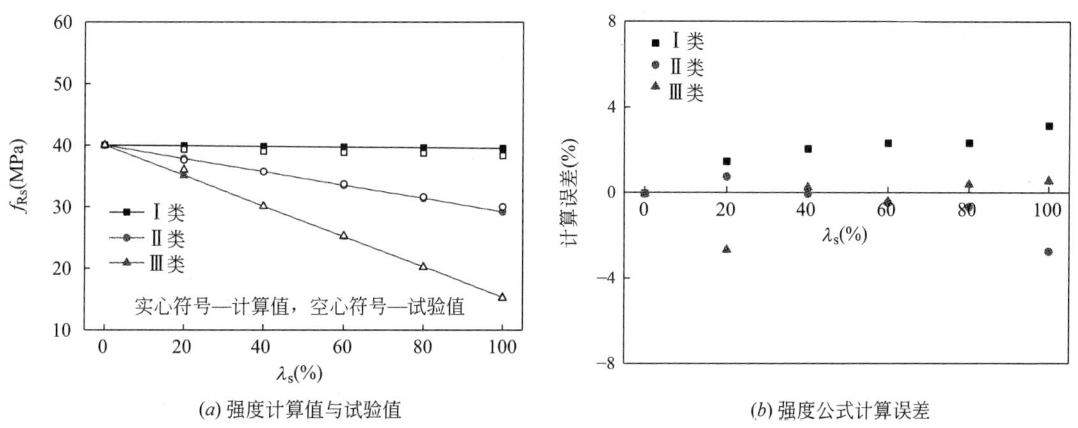


(a) 强度计算值与试验值　　(b) 强度公式计算误差

图 6-27　胶凝材料用量 350kg/m³ 时再生细骨料混凝土的强度及公式计算误差

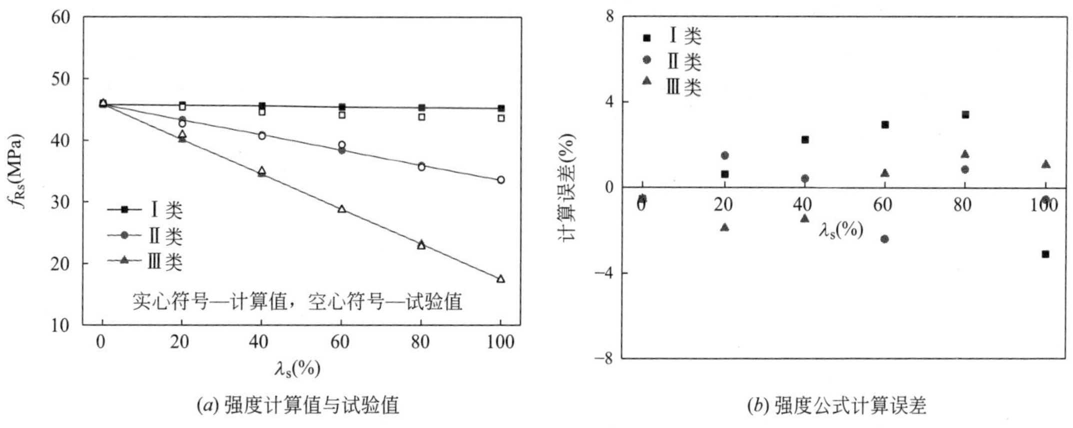


(a) 强度计算值与试验值　　(b) 强度公式计算误差

图 6-28　胶凝材料用量 400kg/m³ 时再生细骨料混凝土的强度及公式计算误差

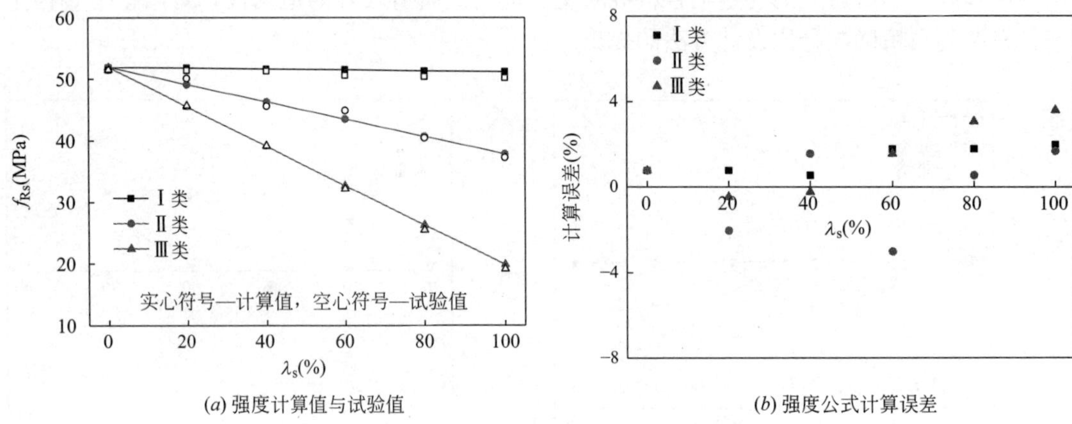


图 6-29 胶凝材料用量 450kg/m$^3$ 时再生细骨料混凝土的强度及公式计算误差

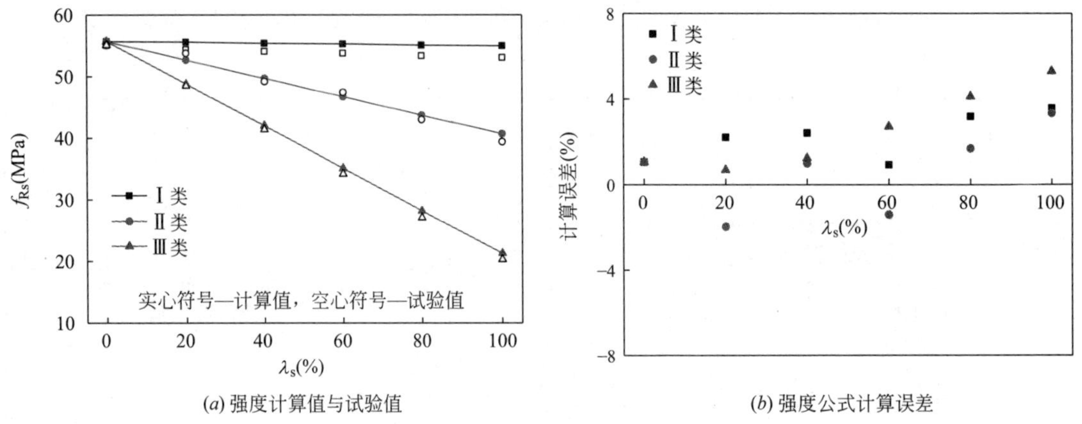


图 6-30 胶凝材料用量 500kg/m$^3$ 时再生细骨料混凝土的强度及公式计算误差

### 6.5.4 精确配合比设计步骤

（1）根据再生细骨料混凝土的性能要求和相关标准体系的规定，确定再生细骨料的取代率 $\lambda_s$。

（2）确定再生细骨料混凝土的强度标准差 $\sigma$，按《再生骨料应用技术规程》JGJ/T 240-2011 的规定取值。

（3）确定再生细骨料混凝土的配制强度 $f_{Rs}$，按式 6-10 来计算。

$$f_{Rs} \geqslant f_{cu,k} + 1.645\sigma \tag{6-10}$$

式中：$f_{Rs}$——再生细骨料混凝土的配制强度，单位为 MPa；

$f_{cu,k}$——再生细骨料混凝土的立方体抗压强度标准值，取再生细骨料混凝土的设计强度等级值，单位为 MPa；

$\sigma$——再生细骨料混凝土的强度标准差，单位为 MPa。

（4）确定普通混凝土的胶水比 $B/W$，按式 6-11 来计算。

$$f_{Rs} = \mathrm{a} f_{ce}(B/W - \mathrm{b})[1-(1.829\beta_w - 2.218)\lambda_s] \tag{6-11}$$

式中：$f_{Rs}$——再生细骨料混凝土的配制强度，单位为 MPa；

$f_{ce}$——胶凝材料的实测 28d 抗压强度，单位为 MPa；

$B$——再生细骨料混凝土拌合物的胶凝材料用量，单位为 $kg/m^3$；

$W$——普通混凝土拌合物的用水量，单位为 $kg/m^3$；

$\beta_w$——再生细骨料的再生胶砂需水量比；

$\lambda_s$——再生细骨料的取代率，以小数计；

a、b——线性回归系数，无量纲。

（5）确定普通混凝土拌合物的用水量 $W$，根据实际工程的需求，通过调整用水量来控制拌合物的坍落度，调整后的用水量即为普通混凝土的用水量 $W$。

（6）确定再生细骨料混凝土拌合物的绝对用水量 $W_{Rs}$，按式 6-12 来计算，同时考虑再生细骨料使用状态的影响。

$$W_{Rs}=W+(130.3\beta_w-149.8)\lambda_s \tag{6-12}$$

式中：$W_{Rs}$——再生细骨料混凝土的绝对用水量，单位为 $kg/m^3$；

$W$——普通混凝土的用水量，单位为 $kg/m^3$；

$\beta_w$——再生细骨料的再生胶砂需水量比；

$\lambda_s$——再生细骨料的取代率，以小数计。

（7）确定再生细骨料混凝土的胶凝材料总量 $B$，按普通混凝土的胶水比 $B/W$ 与其用水量 $W$ 的乘积来计算。

（8）确定再生细骨料混凝土的矿物掺合料用量，按矿物掺合料的掺量与胶凝材料总量的乘积来计算。

（9）确定再生细骨料混凝土的水泥用量，按胶凝材料总量与矿物掺合料用量之差来计算。

（10）确定再生细骨料混凝土的砂率，根据再生细骨料混凝土的施工要求，同时考虑再生细骨料的基本性能指标和再生细骨料混凝土的工作性能来确定，建议选用较低砂率。

（11）确定再生细骨料的用量，参照普通混凝土配合比中的细骨料用量，按再生细骨料的取代率 $\lambda_s$ 与细骨料用量的乘积来计算。

（12）确定天然细骨料的用量，按细骨料总量与再生细骨料用量之差来计算。

（13）再生细骨料混凝土配合比的试配：参照再生细骨料混凝土的计算配合比，试拌时再生细骨料混凝土的绝对胶水比 $B/W_{Rs}$ 宜保持不变，调整其他设计参数来满足再生细骨料混凝土的施工要求，修正后得到试拌配合比。

（14）再生细骨料混凝土配合比的调整与确定：在试拌配合比的基础上，根据确定的再生细骨料混凝土的绝对胶水比 $B/W_{Rs}$ 调整外加剂用量和绝对用水量 $W_{Rs}$，相应调整其他设计参数，确定再生细骨料混凝土的最终配合比。同样需要注意的是，在实际工程应用时必须采取措施控制再生细骨料混凝土的坍落度损失。

## 6.6　小结

再生细骨料混凝土相关标准体系的缺乏是限制其快速发展的主要原因之一。因此，本章以普通混凝土的评价标准《普通混凝土拌合物性能试验方法标准》GB/T 50080-2016、

《普通混凝土力学性能试验方法标准》GB/T 50081-2016 和《普通混凝土长期性能和耐久性能试验方法标准》GB/T 50082-2009 为参考系统研究了再生细骨料混凝土性能的变化规律，并且考虑了再生细骨料混凝土配合比设计的复杂性之后，参照《普通混凝土配合比设计规程》JGJ 55-2011 和《再生骨料应用技术规程》JGJ/T 240-2011，分别提出了再生细骨料混凝土的简易配合比设计方法和精确配合比设计方法。所得到的主要结论为：

（1）再生细骨料混凝土配合比设计基本原则与思路的确定。考虑到由再生细骨料所制备的再生细骨料混凝土的性能较差，且工程应用范围较小，在对再生细骨料混凝土进行配合比设计时应适当降低对再生细骨料品质的要求。对于再生细骨料而言，需要精确掌控其使用状态，准确测定再生细骨料的含水率和再生胶砂需水量比；对于再生细骨料混凝土而言，以鼓励大量应用为前提，在满足经济性的要求下，适量放宽对其性能的要求。

（2）再生细骨料混凝土简易配合比设计方法的建立。根据再生细骨料的不同使用状态，分别研究再生细骨料混凝土的实际用水量、绝对用水量与再生细骨料取代率的关系，对比分析各类用水量对再生细骨料混凝土配合比简易设计的影响差异，择优选出了再生细骨料混凝土的绝对用水量原则。对应再生细骨料混凝土的不同用水量，分别研究再生细骨料混凝土的强度与各类胶水比之间的关系，并使用 Bolomey 公式对再生细骨料混凝土的计算强度进行误差比较，基于两方面的考虑确定了再生细骨料混凝土的绝对胶水比原则，并以此建立了再生细骨料混凝土的简易配合比设计方法，可用于单掺再生细骨料的再生混凝土配合比计算，但使用憎水性化学试剂溶液对再生细骨料进行强化处理的除外。

（3）再生细骨料混凝土绝对用水量公式和强度公式的建立。以普通混凝土为基相，将再生细骨料的品质特征和取代率引入到公式中，基于多重影响因素分别建立了具有较高精度和较好适用性的再生细骨料混凝土绝对用水量公式和强度公式，其中绝对用水量公式的最大计算误差仅为 3.07%、强度公式的最大计算误差为 5.29%，远小于其他计算方式所带来的误差，可以为再生细骨料混凝土精确配合比设计方法的提出提供科学依据。

## 参考文献


[6-1] Evangelista L，Guedes M，Brito J de，et al. Physical，chemical and mineralogical properties of fine recycled aggregates made from concrete waste [J]. *Construction and Building Materials*，2015，86：178-188.

[6-2] 江俊杰，江俊平，朱德丰，等. 再生混凝土的研究进展 [J]. 四川建材，2017，43（9）：1-4.

[6-3] 乔宏霞，关利娟，曹辉，等. 再生骨料混凝土研究现状及进展 [J]. 混凝土，2017（7）：77-82.

[6-4] 李家俊，金宝宏，卢科周，等. 再生细骨料纤维砂浆力学性能正交试验研究 [J]. 混凝土，2018（1）：121-123.

[6-5] Cheng Chih Fan，Ran Huang，Howard Hwang，et al. Properties of concrete incorporating fine recycled aggregates from crushed concrete wastes [J]. *Construction and Building Materials*，2016，112：708-715.

[6-6] 岳公冰，李秋义，高嵩. 再生细骨料的品质及取代率对混凝土抗冻性能的影响 [J]. 自然灾害学报，2015，24（5）：223-228.

[6-7] 李红，王艳梅. 再生细骨料在再生混凝土中的应用初探 [J]. 福建建筑，2009（12）：18-19.

[6-8] 付明华. 拆除混凝土再生细骨料改性与应用研究 [D]. 南京：东南大学，2016.

[6-9] 赵世冉，张凯峰，孟刚，等. 再生细骨料湿拌砂浆试验研究及工程应用分析 [J]. 新型建筑材料，2016 (9)：8-10.

[6-10] Cartuxo F，Brito J de，Evangelista L，et al. Rheological behavior of concrete made with fine recycled concrete aggregates-Influence of the superplasticizer [J]. *Construction and Building Materials*，2015，89：36-47.

[6-11] 李秋义，孔哲，郭远新，等. 再生细骨料混凝土工作性能和力学性能试验研究 [J]. 混凝土，2016 (1)：131-136.

[6-12] 张秋美，刘保健，谢永利，等. 预湿再生细骨料对混凝土干缩及抗冻性能的影响 [J]. 建筑科学，2016，32 (11)：89-95.

[6-13] 莫建. 再生细骨料品质及取代率对再生混凝土力学性能的影响 [D]. 青岛：青岛理工大学，2015.

[6-14] 郭樟根，吴灿伟，孙伟民，等. 再生混凝土多孔砖墙体抗震性能试验 [J]. 应用基础与工程科学学报，2014，22 (3)：539-547.

[6-15] 郭樟根，孙伟民，彭阳，等. 再生混凝土小型空心砌块砌体受压性能试验研究 [J]. 建筑结构，2011，41 (8)：127-128.

[6-16] 郭樟根，孙伟民，李悯粟，等. 再生混凝土空心砌块砌体受压变形性能试验 [J]. 江苏大学学报，2014，35 (5)：583-588.

[6-17] Alexandre Bogas J，Brito J de，Ramos Duarte. Freeze-thaw resistance of concrete produced with fine recycled concrete aggregates [J]. *Journal of Cleaner Production*，2016，151：294-306.

[6-18] 白国良，张锋剑，安昱峄，等. 再生混凝土砌块抗压强度和配合比试验研究 [J]. 建筑结构，2010，40 (12)：128-130.

[6-19] 宋少民，王林. 建筑垃圾再生混凝土配合比试验研究 [J]. 武汉理工大学学报，2009，31 (7)：56-59.

[6-20] 张会芝，闫艳红，崔秀琴. 基于总功效系数法的自保温再生混凝土配合比优化 [J]. 四川建筑科学研究，2017，43 (2)：112-115.

[6-21] 张会芝，刘纪峰，崔秀琴. 自保温再生混凝土的配合比优化设计 [J]. 信阳师范学院学报（自然科学版），2015，28 (2)：308-312.

[6-22] Alves A V，Vieira T F，Brito J de，et al. Mechanical properties of structural concrete with fine recycled ceramic aggregates [J]. *Construction and Building Materials*，2014，64：103-113.

[6-23] Diego Carro-López，Belén González-Fonteboa，Jorge de Brito，et al. Study of the rheology of self-compacting concrete with fine recycled concrete aggregates [J]. *Construction and Building Materials*，2015，96：491-501.

[6-24] 薛勇，郝永池，杨晓青. 再生细骨料在建筑砂浆中的应用研究 [J]. 混凝土，2012 (11)：100-101.

[6-25] 张道令，吕常胜，张春涛，等. 全组分再生细骨料在干混砂浆中的应用研究 [J]. 混凝土与水泥制品，2017 (8)：91-94.

[6-26] 孔哲，李秋义，郭远新，等. 废弃混凝土制备干混砌筑砂浆的试验研究 [J]. 粉煤灰综合利用，2016 (2)：11-14.

[6-27] 钟进军. 再生细骨料性能研究及其在沥青混凝土中的应用 [D]. 武汉：武汉理工大学，2012.

[6-28] Etxeberria Miren，Ainchil Javier，Pérez Ma Eugenia，et al. Use of recycled fine aggregates for control low strength materials (CLSMs) production [J]. *Construction and Building Materials*，2013，44：142-148.

[6-29] Pereira P，Evangelista L，Brito J de. The effect of superplasticizers on the mechanical performance of concrete made with fine recycled concrete aggregates [J]. *Cement & Concrete Composites*，2012，34：1044-1052.

[6-30] 肖建庄，范玉辉，林壮斌，等. 再生细骨料混凝土抗压强度试验 [J]. 建筑科学与工程学报，2011，28（4）：26-29.

[6-31] Iman Abavisani，Omid Rezaifar，Ali Kheyroddin. Alternating magnetic field effect on fine-aggregate concrete compressive strength [J]. *Construction and Building Materials*，2017，134：83-90.

[6-32] 朱平华，陈凯. 氯离子侵蚀下循环再生细骨料混凝土碳化性能研究 [J]. 混凝土，2017（2）：32-41.

[6-33] 李滢，代大虎，龚志起. 再生骨料浸渍处理对再生混凝土抗碳化性能影响 [J]. 混凝土，2017（2）：84-86.

[6-34] 郝彤，赵文兰. 不同再生细骨料取代率混凝土的抗压及干燥收缩试验研究 [J]. 新型建筑材料，2011（2）：29-31.

[6-35] 郭远新，李秋义，岳公冰，等. 再生细骨料强化对混凝土性能的影响 [J]. 混凝土，2015（7）：63-67.

[6-36] Zhen Li，Jiaping Liu，Qian Tian. Method for controlling the absorbed water content of recycled fine aggregates by centrifugation [J]. *Construction and Building Materials*，2018，160：316-325.

[6-37] Ulsen C，Kahn H，Hawlitschek G，et al. Production of recycled sand from construction and demolition waste [J]. *Construction and Building Materials*. 2013，40：1168-1173.

[6-38] 耿建，孙家瑛，莫立伟，等. 再生细骨料及其混凝土的微观结构特征 [J]. 土木建筑与环境工程，2013，35（2）：135-140.

[6-39] 杨医博，郑子麟，郭文瑛，等. 全再生细骨料的制备及其对混凝土性能影响的试验研究 [J]. 功能材料，2016，4（47）：04157-04163.

[6-40] 石莹，杨善顺，徐仁崇，等. 再生细骨料混凝土影响因素试验研究 [J]. 砖瓦，2017（10）：29-32.

# 第 7 章　双掺再生骨料混凝土配合比设计方法

## 7.1　双掺再生骨料混凝土配合比设计的复杂性

### 7.1.1　配合比设计的复杂性

再生混凝土作为一种特殊的复合材料，当再生粗骨料和再生细骨料同时掺加到混凝土中时，将其定义为双掺再生骨料混凝土（Double Mixed Recycled Aggregate Concrete）。相比较再生粗骨料混凝土和再生细骨料混凝土，再生粗骨料和再生细骨料同时使用给双掺再生骨料混凝土的性能带来了“双重弱化”影响，也由此导致双掺再生骨料混凝土的性能要差于再生粗骨料混凝土或再生细骨料混凝土[1-3]，更差于普通混凝土，这主要是与影响双掺再生骨料混凝土性能的因素众多，且其内部结构非常复杂有关。

相比较单掺再生骨料混凝土及其他水泥制品[4-7]，双掺再生骨料所制备的双掺再生骨料混凝土的试验研究和工程应用极少。[8] 如张淑泉等[9] 基于再生粗骨料取代率、再生细骨料取代率、单位体积净用水量、单位体积水泥用量四个因素，并分别考虑四个水平，设计了正交试验，最终提出优化后的双掺再生骨料混凝土配合比设计；苏林行等[10] 在考虑不同再生骨料取代率下系统研究了双掺再生骨料混凝土的工作性和力学性能，并且根据研究结果建议再生骨料的掺量宜小于 50%；何霞等[11] 则采用正交试验方法探究了双掺再生骨料混凝土的抗压强度和抗碳化性能。

从这些有限的研究中可以看出，所采用的试验方法以正交试验为主，这是因为在双掺再生骨料混凝土的试验配合比中不仅要考虑再生粗/细骨料品质差异和取代率变化的影响，还要考虑再生粗骨料和再生细骨料品质之间的相互组合问题。故而，双掺再生骨料混凝土在配合比设计时所考虑的影响因素非常多，其配合比设计要比再生粗骨料混凝土或再生细骨料混凝土更为复杂，如图 7-1 所示。另外，在实际工程应用中再生粗/细骨料的品质差异和波动性都非常大，这就导致双掺再生骨料混凝土的试验配合比设计方案数量十分巨大，并不是再生粗骨料混凝土和再生细骨料混凝土试验配合比方案的简单相加，由此所带来的试验工作量在实验室中根本无法完成。

### 7.1.2　配合比设计的基本原则与思路

参照再生粗骨料混凝土和再生细骨料混凝土的配合比设计方法，同时考虑到双掺再生骨料混凝土的实际工程应用实例较少，在此以普通混凝土所遵循的基本原则和要求为基准，尽量放宽对双掺再生骨料混凝土的工作性能和力学性能的要求，其余限制条件暂不作考虑。但《普通混凝土配合比设计规程》JGJ 55-2011 中对所使用的天然骨料的含水率有相应限定，故在对双掺再生骨料混凝土的配合比进行设计时，所采用的再生粗/细骨料宜

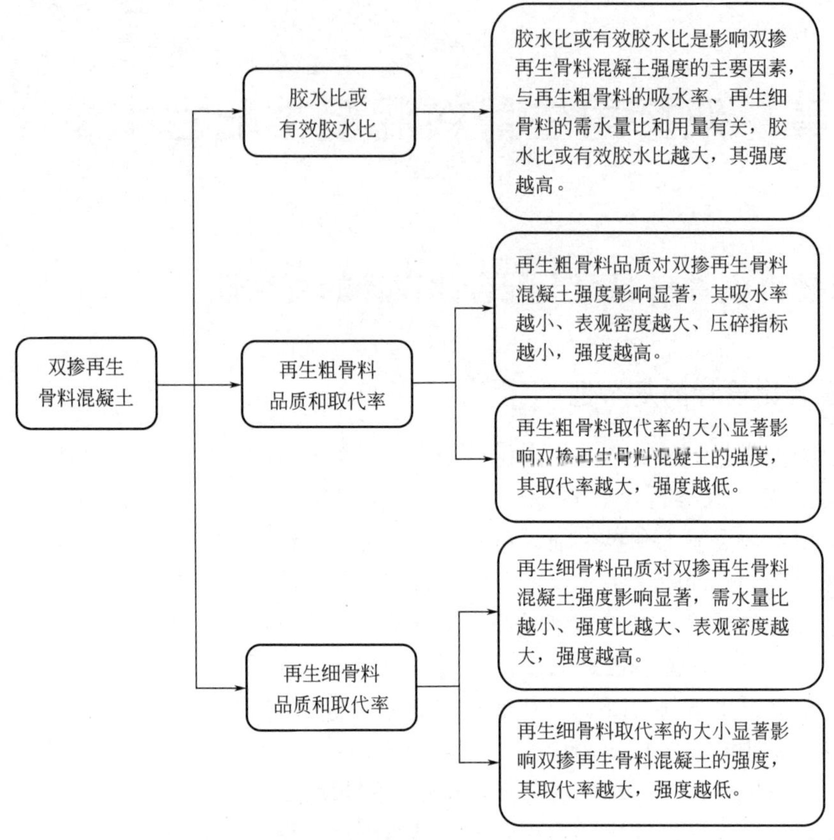


图 7-1 双掺再生骨料混凝土配合比设计的复杂性

为绝干状态，且控制其含水率不宜大于 0.5％。

考虑到双掺再生骨料的复杂性和繁琐性，且其性能差、配合比设计复杂、影响因素多、相关研究少、数据库缺乏等现状的存在，都使得双掺再生骨料混凝土及其他水泥制品的推广和应用受到严重限制。故本章根据再生粗骨料混凝土和再生细骨料混凝土的研究结果[12-13]，并借鉴诠释钢纤维混凝土[14-16] 中纤维在混凝土中所起作用的复合理论，预先给出同时掺加再生粗骨料和再生细骨料情况下的双掺再生骨料混凝土绝对用水量公式和强度公式，然后在考虑不同再生粗/细骨料品质和取代率的条件下[17-18]，通过随机设计的有限双掺试验方案所得到的工作性能和力学性能数据对双掺再生骨料混凝土的绝对用水量公式和强度公式进行有效性验证，从而提出了双掺再生骨料混凝土的配合比设计方法。

## 7.2 双掺再生骨料混凝土的绝对用水量公式

### 7.2.1 公式的理论推导与预期形式

在再生粗骨料混凝土的工作性能试验中，当再生粗骨料混凝土拌合物的坍落度达到适宜的施工要求时，其用水量与再生粗骨料的品质和取代率密切相关，随着再生粗骨料品质的提升而逐渐降低，随着再生粗骨料取代率的增大而逐渐增多，故而相比普通混凝土，再生粗骨料混凝土拌合物用水量的确定必须考虑再生粗骨料总吸水量的影响；同理，在再生细骨料混凝土的工作性能试验中，再生细骨料混凝土拌合物的用水量随着再生细骨料品质的降低和取代率的增大而逐渐增多，其用水量的确定也必须考虑再生细骨料总需水量的影响。因此，再生粗骨料和再生细骨料的品质以及取代率均是导致双掺再生骨料混凝土拌合物的用水量发生较大变化的重要因素，并且两者之间对双掺再生骨料混凝土的工作性能不存在相互影响的情况。

针对这一研究结果，并且参照复合材料理论，双掺再生骨料混凝土的绝对用水量公式的预期形式如式7-1所示。

$$W_R = W + \beta_g\lambda_g + \beta_s\lambda_s \tag{7-1}$$

式中：$W_R$——双掺再生骨料混凝土的绝对用水量，单位为 $kg/m^3$；

$W$——普通混凝土的用水量，单位为 $kg/m^3$；

$\beta_g$——再生粗骨料混凝土的绝对用水量影响系数，无量纲；

$\lambda_g$——再生粗骨料的取代率，以小数计；

$\beta_s$——再生细骨料混凝土的绝对用水量影响系数，无量纲；

$\lambda_s$——再生细骨料的取代率，以小数计。

### 7.2.2　建立绝对用水量公式

在本书5.4.2章节中，经数据分析后得知再生粗骨料混凝土的绝对用水量影响系数 $\beta_g$ 与再生粗骨料的吸水率 $\omega_a$ 之间线性关系最为显著，且将两者之间的函数表达式代入后得到了再生粗骨料混凝土的绝对用水量公式，如式7-2所示。

$$W_{Rg} = W + (540.9\omega_a + 6.635)\lambda_g \tag{7-2}$$

式中：$W_{Rg}$——再生粗骨料混凝土的绝对用水量，单位为 $kg/m^3$；

$W$——普通混凝土的用水量，单位为 $kg/m^3$；

$\omega_a$——再生粗骨料的吸水率，以小数计；

$\lambda_g$——再生粗骨料的取代率，以小数计。

同理，在本书6.4.2章节中，将再生细骨料混凝土的绝对用水量影响系数 $\beta_s$ 与再生细骨料的再生胶砂需水量比 $\beta_w$ 之间的函数表达式代入后得到了再生细骨料混凝土的绝对用水量公式，如式7-3所示。

$$W_{Rs} = W + (130.3\beta_w - 149.8)\lambda_s \tag{7-3}$$

式中：$W_{Rs}$——再生细骨料混凝土的绝对用水量，单位为 $kg/m^3$；

$W$——普通混凝土的用水量，单位为 $kg/m^3$；

$\beta_w$——再生细骨料的再生胶砂需水量比；

$\lambda_s$——再生细骨料的取代率，以小数计。

故在此以单掺再生粗骨料的再生粗骨料混凝土绝对用水量公式和单掺再生细骨料的再生细骨料混凝土绝对用水量公式为基础，预先给出了同时掺加再生粗骨料和再生细骨料的双掺再生骨料混凝土绝对用水量公式的表达式，如式7-4所示。

$$W_R = W + (540.9\omega_a + 6.635)\lambda_g + (130.3\beta_w - 149.8)\lambda_s \tag{7-4}$$

式中：$W_R$——双掺再生骨料混凝土的绝对用水量，单位为 $kg/m^3$；

$W$——普通混凝土的用水量，单位为 $kg/m^3$；

$\omega_a$——再生粗骨料的吸水率，以小数计；

$\lambda_g$——再生粗骨料的取代率，以小数计；

$\beta_w$——再生细骨料的再生胶砂需水量比；

$\lambda_s$——再生细骨料的取代率，以小数计。

由式 7-4 可以看出，当再生粗骨料和再生细骨料的取代率均为 0 时，即为普通混凝土拌合物的用水量 $W$；当再生细骨料的取代率为 0 时，即为再生粗骨料混凝土的绝对用水量公式；当再生粗骨料的取代率为 0 时，即为再生细骨料混凝土的绝对用水量公式。式 7-4 的提出具有清晰的物理意义，也符合再生粗骨料混凝土和再生细骨料混凝土的研究结果，可用于全系列再生混凝土（单掺或双掺再生骨料）拌合时绝对用水量的确定。

## 7.3 双掺再生骨料混凝土的强度公式

### 7.3.1 公式的理论推导与预期形式

参照双掺再生骨料混凝土绝对用水量公式的推导过程，其强度公式的建立也要以再生粗骨料混凝土的强度公式（如式 7-5 所示）和再生细骨料混凝土的强度公式（如式 7-6 所示）为基础，有所不同的是双掺再生骨料混凝土的强度不仅受到再生粗/细骨料品质差异和取代率变化的影响，还要受到两种再生骨料之间相互弱化的影响，在此定义为双掺再生骨料混凝土的“双重弱化”现象。这是因为双掺再生骨料混凝土的强度降低并不是再生粗骨料和再生细骨料两种负增强相的简单相加，其强度的降低幅度要更为巨大。

$$f_{Rg}=\mathrm{a}f_{ce}(B/W-\mathrm{b})[1-(7.607\omega_a-0.074)\lambda_g] \tag{7-5}$$

式中：$f_{Rg}$——再生粗骨料混凝土的 28d 抗压强度，单位为 MPa；

$f_{ce}$——胶凝材料的实测 28d 抗压强度，单位为 MPa；

$B$——再生粗骨料混凝土拌合物的胶凝材料用量，单位为 $kg/m^3$；

$W$——普通混凝土的用水量，单位为 $kg/m^3$；

$\omega_a$——再生粗骨料的吸水率，以小数计；

$\lambda_g$——再生粗骨料的取代率，以小数计；

a、b——线性回归系数，无量纲。

$$f_{Rs}=\mathrm{a}f_{ce}(B/W-\mathrm{b})[1-(1.829\beta_w-2.218)\lambda_s] \tag{7-6}$$

式中：$f_{Rs}$——再生细骨料混凝土的 28d 抗压强度，单位为 MPa；

$f_{ce}$——胶凝材料的实测 28d 抗压强度，单位为 MPa；

$B$——再生细骨料混凝土拌合物的胶凝材料用量，单位为 $kg/m^3$；

$W$——普通混凝土拌合物的用水量，单位为 $kg/m^3$；

$\beta_w$——再生细骨料的再生胶砂需水量比；

$\lambda_s$——再生细骨料的取代率，以小数计；

a、b——线性回归系数，无量纲。

因此，参照复合材料理论，双掺再生骨料混凝土强度公式的预期形式如式 7-7 所示。

$$f_R=Af_{ce}(B/W-\mathrm{B})(1-\alpha_g\lambda_g)^n(1-\alpha_s\lambda_s)^m \tag{7-7}$$

式中：$f_R$——双掺再生骨料混凝土的 28d 抗压强度，单位为 MPa；
$f_{ce}$——胶凝材料的实测 28d 抗压强度，单位为 MPa；
$\alpha_g$——再生粗骨料强度影响因子，无量纲；
$\lambda_g$——再生粗骨料的取代率，以小数计；
$n$——再生粗骨料强度影响指数；
$\alpha_s$——再生细骨料强度影响因子，无量纲；
$\lambda_s$——再生细骨料的取代率，以小数计；
$m$——再生细骨料强度影响指数；
$B$——双掺再生骨料混凝土拌合物的胶凝材料用量，单位为 $kg/m^3$；
$W$——普通混凝土拌合物的用水量，单位为 $kg/m^3$；
a、b——线性回归系数，无量纲。

### 7.3.2 建立强度公式

基于本书 5.4.3 章节中再生粗骨料强度影响因子 $\alpha_g$ 与其吸水率 $\omega_a$ 之间的函数表达式，以及本书 6.4.3 章节中再生细骨料强度影响因子 $\alpha_s$ 与其再生胶砂需水量比 $\beta_w$ 之间的函数表达式，将其同时代入式 7-7 中，即得到了双掺再生骨料混凝土强度公式的表达式，如式 7-8 所示。可知，双掺再生骨料混凝土强度公式与绝对用水量公式同样具有十分清晰明确的物理意义，可用于全系列再生混凝土（单掺或双掺再生骨料）28d 立方体抗压强度的预算。

$$f_R = \mathrm{a} f_{ce}(B/W - \mathrm{b})[1-(7.607\omega_a - 0.074)\lambda_g][1-(1.829\beta_w - 2.218)\lambda_s] \quad (7\text{-}8)$$

式中：$f_R$——双掺再生骨料混凝土的 28d 抗压强度，单位为 MPa；
$f_{ce}$——胶凝材料的实测 28d 抗压强度，单位为 MPa；
$\omega_a$——再生粗骨料的吸水率，以小数计；
$\lambda_g$——再生粗骨料的取代率，以小数计；
$\beta_w$——再生细骨料的再生胶砂需水量比；
$\lambda_s$——再生细骨料的取代率，以小数计；
$B$——双掺再生骨料混凝土拌合物的胶凝材料用量，单位为 $kg/m^3$；
$W$——普通混凝土拌合物的用水量，单位为 $kg/m^3$；
a、b——线性回归系数，无量纲。

## 7.4 双掺再生骨料混凝土公式的有效性验证

### 7.4.1 试验原材料及方案设计

（1）试验原材料

双掺再生骨料混凝土试验中所用原材料为水泥、粉煤灰、矿粉、天然砂、天然碎石、再生细骨料、再生粗骨料、外加剂、水等。

水泥：P. O 42.5 水泥，其物理力学性能指标与 XRF 分析结果见表 7-1 和表 7-2；

粉煤灰：Ⅱ级粉煤灰，其 XRF 分析结果见表 7-2；

矿粉：S95 级矿渣粉，其 XRF 分析结果见表 7-2；

**水泥物理力学性能指标** **表 7-1**

| 水泥品种 | 细度(%) | 初凝时间(min) | 终凝时间(min) | 抗压强度(MPa) | | 抗折强度(MPa) | | 安定性(沸煮法) |
|---|---|---|---|---|---|---|---|---|
| | | | | 3d | 28d | 3d | 28d | |
| P. O 42.5 | 2.3 | 165 | 260 | 18.5 | 46.8 | 4.6 | 7.0 | 合格 |

**水泥、粉煤灰和矿粉的 XRF 分析结果（%）** **表 7-2**

| 化学组成 | CaO | $SiO_2$ | $Al_2O_3$ | $Fe_2O_3$ | $SO_3$ | MnO | $Na_2O$ | $K_2O$ | $TiO_2$ | LOSS |
|---|---|---|---|---|---|---|---|---|---|---|
| 水泥 | 62.73 | 17.80 | 6.38 | 5.83 | 2.98 | 1.94 | 0.86 | 0.58 | 0.52 | 0.38 |
| 粉煤灰 | 5.23 | 53.87 | 21.09 | 11.14 | 1.98 | 1.66 | 0.78 | 2.54 | 0.87 | 0.84 |
| 矿粉 | 36.89 | 32.56 | 15.12 | 1.54 | 2.28 | 8.32 | 0.48 | 0.77 | 0.81 | 1.23 |

天然砂：河砂，Ⅱ级砂，级配良好，其性能指标见表 7-3；

**天然砂性能指标** **表 7-3**

| 细度模数 | 规格 | 堆积密度($kg/m^3$) | 表观密度($kg/m^3$) | 空隙率(%) | 微粉含量(%) | 泥块含量(%) | 压碎指标(%) |
|---|---|---|---|---|---|---|---|
| 2.4 | 中砂 | 1450 | 2590 | 40 | 1.0 | 0.7 | 13 |

天然碎石：花岗岩碎石，5～25mm 连续级配，其性能指标见表 7-4；

**天然碎石性能指标** **表 7-4**

| 吸水率(%) | 含水率(%) | 针片状颗粒含量(%) | 压碎指标(%) | 堆积密度($kg/m^3$) | 表观密度($kg/m^3$) |
|---|---|---|---|---|---|
| 1.7 | 0.42 | 4.05 | 11.2 | 1460 | 2510 |

外加剂：青岛某建材公司生产的聚羧酸系高性能减水剂；

水：市政饮用水。

但有所不同的是，所用再生骨料的来源为房屋建筑施工拆除工程的建筑垃圾，其成分主要为废弃黏土砖块和强度等级 C20～C30 的废弃混凝土碎块，依据本书的再生骨料物理强化技术，参照《混凝土用再生粗骨料》GB/T 25177-2010 和《混凝土和砂浆用再生细骨料》GB/T 25176-2010 分别制备品质达到Ⅰ类、Ⅱ类和Ⅲ类的再生粗/细骨料，其基本性能指标见表 7-5 和表 7-6。

**再生粗骨料的基本性能指标** **表 7-5**

| 项目 | | Ⅰ类 | Ⅱ类 | Ⅲ类 |
|---|---|---|---|---|
| 微粉含量(%) | | 0.8 | 1.3 | 2.1 |
| 泥块含量(%) | | 0.1 | 0.3 | 0.7 |
| 表观密度($kg/m^3$) | | 2590 | 2440 | 2330 |
| 堆积密度($kg/m^3$) | 松散堆积密度 | 1420 | 1280 | 1210 |
| | 紧密堆积密度 | 1590 | 1390 | 1300 |

续表

| 项目 | | Ⅰ类 | Ⅱ类 | Ⅲ类 |
|---|---|---|---|---|
| 空隙率(%) | | 45 | 48 | 48 |
| 针片状颗粒含量(%) | | 2 | 4 | 5 |
| 坚固性(以质量损失计)(%) | | 3.5 | 6.7 | 11.1 |
| 压碎指标(%) | | 10 | 17 | 21 |
| 吸水率(%) | 1h | 0.8 | 1.8 | 3.0 |
| | 24h | 1.4 | 3.4 | 5.2 |
| 有害物质含量 | 有机物含量 | 合格 | 合格 | 合格 |
| | 硫化物及硫酸盐含量(%) | 0.6 | 1.1 | 1.5 |
| | 氯化物含量(%) | 0.02 | 0.03 | 0.05 |
| 杂物含量(%) | | 0.2 | 0.3 | 0.5 |
| 碱集料反应膨胀率(%) | 碱-硅酸反应 | 0.024 | 0.039 | 0.046 |
| | 快速碱-硅酸反应 | 0.034 | 0.048 | 0.063 |
| | 碱-碳酸盐反应 | 0.037 | 0.061 | 0.078 |

**再生细骨料的基本性能指标** **表7-6**

| 项目 | | Ⅰ类 | Ⅱ类 | Ⅲ类 |
|---|---|---|---|---|
| 微粉含量(%) | | 0.9 | 1.5 | 3.2 |
| 泥块含量(%) | | 0.6 | 1.2 | 2.5 |
| 表观密度($kg/m^3$) | | 2520 | 2410 | 2340 |
| 堆积密度($kg/m^3$) | 松散堆积密度 | 1410 | 1310 | 1250 |
| | 紧密堆积密度 | 1570 | 1460 | 1340 |
| 空隙率(%) | | 44 | 46 | 47 |
| 坚固性(以质量损失计)(%) | | 5.6 | 8.1 | 10.3 |
| 压碎指标(%) | | 16 | 23 | 27 |
| 再生胶砂需水量比 | | 1.22 | 1.36 | 1.55 |
| 再生胶砂强度比 | | 0.92 | 0.86 | 0.77 |
| 有害物质含量 | 云母含量(%) | 0.6 | 1.1 | 1.6 |
| | 轻物质含量(%) | 0.2 | 0.5 | 0.7 |
| | 有机物含量 | 合格 | 合格 | 合格 |
| | 硫化物及硫酸盐含量(%) | 0.5 | 1.3 | 1.8 |
| | 氯化物含量(%) | 0.02 | 0.04 | 0.05 |
| 碱集料反应膨胀率(%) | 碱-硅酸反应 | 0.017 | 0.038 | 0.055 |
| | 快速碱-硅酸反应 | 0.029 | 0.048 | 0.072 |

(2) 试验方案设计

双掺再生骨料混凝土在试验方案设计时，砂率统一确定为38%，胶凝材料体系为70%水泥、15%粉煤灰和15%矿粉，胶凝材料用量选取400kg/m³，外加剂的用量为胶凝材料总量的1.2%，所考虑的主要变量因素为：

① 再生粗骨料的品质：分别为Ⅰ类、Ⅱ类和Ⅲ类；

② 再生细骨料的品质：分别为Ⅰ类、Ⅱ类和Ⅲ类；

③ 再生粗骨料的取代率$\lambda_g$：分别取代天然粗骨料的50%和100%，以质量计；

④ 再生细骨料的取代率$\lambda_s$：分别取代天然细骨料的50%和100%，以质量计。

故而，在双掺再生骨料混凝土的验证试验中共设计了36组试验，其中双掺再生骨料混凝土拌合物的用水量通过调整其坍落度控制在160～200mm范围内来确定。双掺再生骨料混凝土验证试验的具体方案设计情况见表7-7。

**双掺再生骨料混凝土验证试验方案设计** **表7-7**

| 胶凝材料用量(kg/m³) | | | 粗骨料(kg/m³) | | | | 细骨料(kg/m³) | | | | 减水剂(kg/m³) |
|---|---|---|---|---|---|---|---|---|---|---|---|
| 水泥 | 粉煤灰 | 矿粉 | 天然 | 再生 | | | 天然 | 再生 | | | |
| | | | | 品质 | $\lambda_g$(%) | 用量 | | 品质 | $\lambda_s$(%) | 用量 | |
| 280 | 60 | 60 | 568 | Ⅰ类 | 50 | 568 | 348 | Ⅰ类 | 50 | 348 | 4.8 |
| 280 | 60 | 60 | 568 | Ⅱ类 | 50 | 568 | 348 | Ⅰ类 | 50 | 348 | 4.8 |
| 280 | 60 | 60 | 568 | Ⅲ类 | 50 | 568 | 348 | Ⅰ类 | 50 | 348 | 4.8 |
| 280 | 60 | 60 | 568 | Ⅰ类 | 50 | 568 | 348 | Ⅱ类 | 50 | 348 | 4.8 |
| 280 | 60 | 60 | 568 | Ⅱ类 | 50 | 568 | 348 | Ⅱ类 | 50 | 348 | 4.8 |
| 280 | 60 | 60 | 568 | Ⅲ类 | 50 | 568 | 348 | Ⅱ类 | 50 | 348 | 4.8 |
| 280 | 60 | 60 | 568 | Ⅰ类 | 50 | 568 | 348 | Ⅲ类 | 50 | 348 | 4.8 |
| 280 | 60 | 60 | 568 | Ⅱ类 | 50 | 568 | 348 | Ⅲ类 | 50 | 348 | 4.8 |
| 280 | 60 | 60 | 568 | Ⅲ类 | 50 | 568 | 348 | Ⅲ类 | 50 | 348 | 4.8 |
| 280 | 60 | 60 | 568 | Ⅰ类 | 50 | 568 | 0 | Ⅰ类 | 100 | 696 | 4.8 |
| 280 | 60 | 60 | 568 | Ⅱ类 | 50 | 568 | 0 | Ⅰ类 | 100 | 696 | 4.8 |
| 280 | 60 | 60 | 568 | Ⅲ类 | 50 | 568 | 0 | Ⅰ类 | 100 | 696 | 4.8 |
| 280 | 60 | 60 | 568 | Ⅰ类 | 50 | 568 | 0 | Ⅱ类 | 100 | 696 | 4.8 |
| 280 | 60 | 60 | 568 | Ⅱ类 | 50 | 568 | 0 | Ⅱ类 | 100 | 696 | 4.8 |
| 280 | 60 | 60 | 568 | Ⅲ类 | 50 | 568 | 0 | Ⅱ类 | 100 | 696 | 4.8 |
| 280 | 60 | 60 | 568 | Ⅰ类 | 50 | 568 | 0 | Ⅲ类 | 100 | 696 | 4.8 |
| 280 | 60 | 60 | 568 | Ⅱ类 | 50 | 568 | 0 | Ⅲ类 | 100 | 696 | 4.8 |
| 280 | 60 | 60 | 568 | Ⅲ类 | 50 | 568 | 0 | Ⅲ类 | 100 | 696 | 4.8 |
| 280 | 60 | 60 | 0 | Ⅰ类 | 100 | 1136 | 348 | Ⅰ类 | 50 | 348 | 4.8 |
| 280 | 60 | 60 | 0 | Ⅱ类 | 100 | 1136 | 348 | Ⅰ类 | 50 | 348 | 4.8 |
| 280 | 60 | 60 | 0 | Ⅲ类 | 100 | 1136 | 348 | Ⅰ类 | 50 | 348 | 4.8 |
| 280 | 60 | 60 | 0 | Ⅰ类 | 100 | 1136 | 348 | Ⅱ类 | 50 | 348 | 4.8 |
| 280 | 60 | 60 | 0 | Ⅱ类 | 100 | 1136 | 348 | Ⅱ类 | 50 | 348 | 4.8 |
| 280 | 60 | 60 | 0 | Ⅲ类 | 100 | 1136 | 348 | Ⅱ类 | 50 | 348 | 4.8 |
| 280 | 60 | 60 | 0 | Ⅰ类 | 100 | 1136 | 348 | Ⅲ类 | 50 | 348 | 4.8 |

续表

| 胶凝材料用量(kg/m³) | | | 粗骨料(kg/m³) | | | | 细骨料(kg/m³) | | | | 减水剂(kg/m³) |
|---|---|---|---|---|---|---|---|---|---|---|---|
| | | | 天然 | 再生 | | | 天然 | 再生 | | | |
| 水泥 | 粉煤灰 | 矿粉 | | 品质 | $\lambda_g$(%) | 用量 | | 品质 | $\lambda_s$(%) | 用量 | |
| 280 | 60 | 60 | 0 | Ⅱ类 | 100 | 1136 | 348 | Ⅲ类 | 50 | 348 | 4.8 |
| 280 | 60 | 60 | 0 | Ⅲ类 | 100 | 1136 | 348 | Ⅲ类 | 50 | 348 | 4.8 |
| 280 | 60 | 60 | 0 | Ⅰ类 | 100 | 1136 | 0 | Ⅰ类 | 100 | 696 | 4.8 |
| 280 | 60 | 60 | 0 | Ⅱ类 | 100 | 1136 | 0 | Ⅰ类 | 100 | 696 | 4.8 |
| 280 | 60 | 60 | 0 | Ⅲ类 | 100 | 1136 | 0 | Ⅰ类 | 100 | 696 | 4.8 |
| 280 | 60 | 60 | 0 | Ⅰ类 | 100 | 1136 | 0 | Ⅱ类 | 100 | 696 | 4.8 |
| 280 | 60 | 60 | 0 | Ⅱ类 | 100 | 1136 | 0 | Ⅱ类 | 100 | 696 | 4.8 |
| 280 | 60 | 60 | 0 | Ⅲ类 | 100 | 1136 | 0 | Ⅱ类 | 100 | 696 | 4.8 |
| 280 | 60 | 60 | 0 | Ⅰ类 | 100 | 1136 | 0 | Ⅲ类 | 100 | 696 | 4.8 |
| 280 | 60 | 60 | 0 | Ⅱ类 | 100 | 1136 | 0 | Ⅲ类 | 100 | 696 | 4.8 |
| 280 | 60 | 60 | 0 | Ⅲ类 | 100 | 1136 | 0 | Ⅲ类 | 100 | 696 | 4.8 |

### 7.4.2　工作性能及绝对用水量公式误差分析

双掺再生骨料混凝土工作性能的测试方法参照《普通混凝土拌合物性能试验方法标准》GB/T 50080-2016，同样控制双掺再生骨料混凝土拌合物的坍落度来得到不同配合比的双掺再生骨料混凝土的绝对用水量试验值，具体结果见表 7-8。

**双掺再生骨料混凝土验证试验的绝对用水量　　表 7-8**

| 胶凝材料用量(kg/m³) | 粗骨料/(kg/m³) | | | | 细骨料/(kg/m³) | | | | 绝对用水量/(kg/m³) |
|---|---|---|---|---|---|---|---|---|---|
| | 天然 | 再生 | | | 天然 | 再生 | | | |
| | | 品质 | $\lambda_g$(%) | 用量 | | 品质 | $\lambda_s$(%) | 用量 | |
| 400 | 568 | Ⅰ类 | 50 | 568 | 348 | Ⅰ类 | 50 | 348 | 155.8 |
| 400 | 568 | Ⅱ类 | 50 | 568 | 348 | Ⅰ类 | 50 | 348 | 158.6 |
| 400 | 568 | Ⅲ类 | 50 | 568 | 348 | Ⅰ类 | 50 | 348 | 162.6 |
| 400 | 568 | Ⅰ类 | 50 | 568 | 348 | Ⅱ类 | 50 | 348 | 159.0 |
| 400 | 568 | Ⅱ类 | 50 | 568 | 348 | Ⅱ类 | 50 | 348 | 163.4 |
| 400 | 568 | Ⅲ类 | 50 | 568 | 348 | Ⅱ类 | 50 | 348 | 165.5 |
| 400 | 568 | Ⅰ类 | 50 | 568 | 348 | Ⅲ类 | 50 | 348 | 163.7 |
| 400 | 568 | Ⅱ类 | 50 | 568 | 348 | Ⅲ类 | 50 | 348 | 166.0 |
| 400 | 568 | Ⅲ类 | 50 | 568 | 348 | Ⅲ类 | 50 | 348 | 168.4 |
| 400 | 568 | Ⅰ类 | 50 | 568 | 0 | Ⅰ类 | 100 | 696 | 159.6 |
| 400 | 568 | Ⅱ类 | 50 | 568 | 0 | Ⅰ类 | 100 | 696 | 162.0 |
| 400 | 568 | Ⅲ类 | 50 | 568 | 0 | Ⅰ类 | 100 | 696 | 164.8 |

续表

| 胶凝材料用量(kg/m³) | 粗骨料/(kg/m³) | | | | 细骨料/(kg/m³) | | | | 绝对用水量/(kg/m³) |
|---|---|---|---|---|---|---|---|---|---|
| | 天然 | 再生 | | | 天然 | 再生 | | | |
| | | 品质 | $\lambda_g$(%) | 用量 | | 品质 | $\lambda_s$(%) | 用量 | |
| 400 | 568 | Ⅰ类 | 50 | 568 | 0 | Ⅱ类 | 100 | 696 | 162.4 |
| 400 | 568 | Ⅱ类 | 50 | 568 | 0 | Ⅱ类 | 100 | 696 | 165.2 |
| 400 | 568 | Ⅲ类 | 50 | 568 | 0 | Ⅱ类 | 100 | 696 | 168.0 |
| 400 | 568 | Ⅰ类 | 50 | 568 | 0 | Ⅲ类 | 100 | 696 | 165.5 |
| 400 | 568 | Ⅱ类 | 50 | 568 | 0 | Ⅲ类 | 100 | 696 | 169.5 |
| 400 | 568 | Ⅲ类 | 50 | 568 | 0 | Ⅲ类 | 100 | 696 | 171.5 |
| 400 | 0 | Ⅰ类 | 100 | 1136 | 348 | Ⅰ类 | 50 | 348 | 158.9 |
| 400 | 0 | Ⅱ类 | 100 | 1136 | 348 | Ⅰ类 | 50 | 348 | 161.3 |
| 400 | 0 | Ⅲ类 | 100 | 1136 | 348 | Ⅰ类 | 50 | 348 | 164.5 |
| 400 | 0 | Ⅰ类 | 100 | 1136 | 348 | Ⅱ类 | 50 | 348 | 161.6 |
| 400 | 0 | Ⅱ类 | 100 | 1136 | 348 | Ⅱ类 | 50 | 348 | 164.8 |
| 400 | 0 | Ⅲ类 | 100 | 1136 | 348 | Ⅱ类 | 50 | 348 | 167.7 |
| 400 | 0 | Ⅰ类 | 100 | 1136 | 348 | Ⅲ类 | 50 | 348 | 165.0 |
| 400 | 0 | Ⅱ类 | 100 | 1136 | 348 | Ⅲ类 | 50 | 348 | 169.1 |
| 400 | 0 | Ⅲ类 | 100 | 1136 | 348 | Ⅲ类 | 50 | 348 | 171.2 |
| 400 | 0 | Ⅰ类 | 100 | 1136 | 0 | Ⅰ类 | 100 | 696 | 162.3 |
| 400 | 0 | Ⅱ类 | 100 | 1136 | 0 | Ⅰ类 | 100 | 696 | 164.9 |
| 400 | 0 | Ⅲ类 | 100 | 1136 | 0 | Ⅰ类 | 100 | 696 | 167.3 |
| 400 | 0 | Ⅰ类 | 100 | 1136 | 0 | Ⅱ类 | 100 | 696 | 165.3 |
| 400 | 0 | Ⅱ类 | 100 | 1136 | 0 | Ⅱ类 | 100 | 696 | 167.7 |
| 400 | 0 | Ⅲ类 | 100 | 1136 | 0 | Ⅱ类 | 100 | 696 | 171.3 |
| 400 | 0 | Ⅰ类 | 100 | 1136 | 0 | Ⅲ类 | 100 | 696 | 168.1 |
| 400 | 0 | Ⅱ类 | 100 | 1136 | 0 | Ⅲ类 | 100 | 696 | 172.7 |
| 400 | 0 | Ⅲ类 | 100 | 1136 | 0 | Ⅲ类 | 100 | 696 | 174.9 |

双掺再生骨料混凝土的拌合试验中，当拌合物的坍落度达到规定的范围时，双掺再生骨料混凝土绝对用水量的变化情况如图 7-2 所示。可知，当再生细骨料的品质和取代率一定时，双掺再生骨料混凝土的绝对用水量随着再生粗骨料品质的降低和取代率的增大而逐渐增多，反之亦然。另外，当再生粗骨料和再生细骨料两两组合时的总取代率较大或品质均较低时，双掺再生骨料混凝土的绝对用水量增幅较大。故而，再生粗/细骨料的品质和取代率是影响双掺再生骨料混凝土工作性能的重要因素，这与再生粗骨料混凝土和再生细骨料混凝土的结果相一致，可以表明在再生粗骨料混凝土和再生细骨料混凝土的绝对用水量公式基础上所建立的双掺再生骨料混凝土绝对用水量公式具有充分的科学依据。

将双掺再生骨料混凝土验证试验的绝对用水量试验值与公式计算值作误差对比，双掺

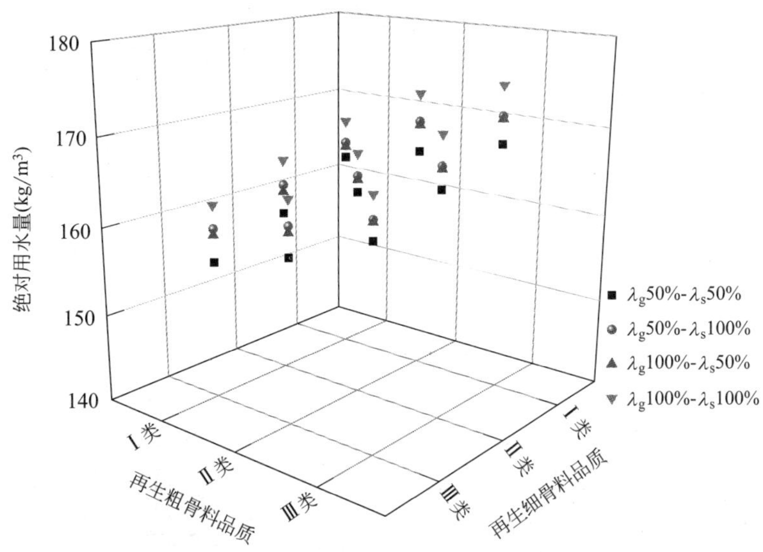


图 7-2　双掺再生骨料混凝土绝对用水量试验值

再生骨料混凝土绝对用水量公式的计算误差分布情况如图 7-3 所示。可知，在双掺再生骨料混凝土的验证试验中，再生粗/细骨料的品质和取代率均对双掺再生骨料混凝土的绝对用水量产生较大的不利影响，其绝对用水量公式所存在的计算误差较小，误差总范围为：(−3.29%，4.55%)，可以表明基于再生骨料品质特征和取代率所建立的双掺再生骨料混凝土绝对用水量公式具有较高的精确度和较好的适用性。

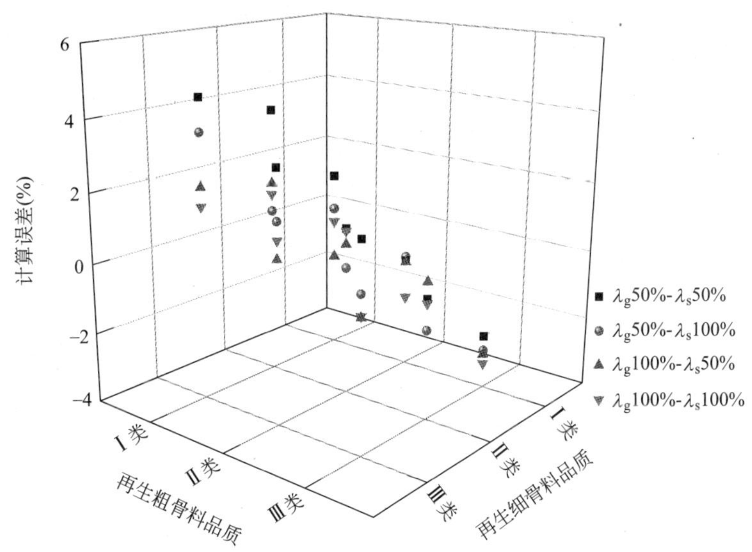


图 7-3　双掺再生骨料混凝土绝对用水量公式的计算误差

### 7.4.3　力学性能及强度公式误差分析

双掺再生骨料混凝土力学性能的测定参照《普通混凝土力学性能试验方法标准》GB/T 50081-2016，在标准养护下分别测得 3d、7d 和 28d 抗压强度，具体结果见表 7-9。

**双掺再生骨料混凝土验证试验不同养护龄期的抗压强度值** **表 7-9**

| 胶凝材料用量（kg/m³） | 粗骨料/（kg/m³） | | | | 细骨料/（kg/m³） | | | | 抗压强度/MPa | | |
|---|---|---|---|---|---|---|---|---|---|---|---|
| | 天然 | 再生 | | | 天然 | 再生 | | | 3d | 7d | 28d |
| | | 品质 | $\lambda_g$（%） | 用量 | | 品质 | $\lambda_s$（%） | 用量 | | | |
| 400 | 568 | Ⅰ类 | 50 | 568 | 348 | Ⅰ类 | 50 | 348 | 20.3 | 28.5 | 41.0 |
| 400 | 568 | Ⅱ类 | 50 | 568 | 348 | Ⅰ类 | 50 | 348 | 19.5 | 27.0 | 38.4 |
| 400 | 568 | Ⅲ类 | 50 | 568 | 348 | Ⅰ类 | 50 | 348 | 18.1 | 26.2 | 37.4 |
| 400 | 568 | Ⅰ类 | 50 | 568 | 348 | Ⅱ类 | 50 | 348 | 19.4 | 28.0 | 38.2 |
| 400 | 568 | Ⅱ类 | 50 | 568 | 348 | Ⅱ类 | 50 | 348 | 18.2 | 26.5 | 36.3 |
| 400 | 568 | Ⅲ类 | 50 | 568 | 348 | Ⅱ类 | 50 | 348 | 16.9 | 25.5 | 34.0 |
| 400 | 568 | Ⅰ类 | 50 | 568 | 348 | Ⅲ类 | 50 | 348 | 18.5 | 26.8 | 36.5 |
| 400 | 568 | Ⅱ类 | 50 | 568 | 348 | Ⅲ类 | 50 | 348 | 17.0 | 26.1 | 34.8 |
| 400 | 568 | Ⅲ类 | 50 | 568 | 348 | Ⅲ类 | 50 | 348 | 17.4 | 25.0 | 33.0 |
| 400 | 568 | Ⅰ类 | 50 | 568 | 0 | Ⅰ类 | 100 | 696 | 18.2 | 34.9 | 37.1 |
| 400 | 568 | Ⅱ类 | 50 | 568 | 0 | Ⅰ类 | 100 | 696 | 17.8 | 23.1 | 34.5 |
| 400 | 568 | Ⅲ类 | 50 | 568 | 0 | Ⅰ类 | 100 | 696 | 17.3 | 22.6 | 33.2 |
| 400 | 568 | Ⅰ类 | 50 | 568 | 0 | Ⅱ类 | 100 | 696 | 17.7 | 24.1 | 34.1 |
| 400 | 568 | Ⅱ类 | 50 | 568 | 0 | Ⅱ类 | 100 | 696 | 17.2 | 22.8 | 32.4 |
| 400 | 568 | Ⅲ类 | 50 | 568 | 0 | Ⅱ类 | 100 | 696 | 16.5 | 21.9 | 29.8 |
| 400 | 568 | Ⅰ类 | 50 | 568 | 0 | Ⅲ类 | 100 | 696 | 17.4 | 22.9 | 32.7 |
| 400 | 568 | Ⅱ类 | 50 | 568 | 0 | Ⅲ类 | 100 | 696 | 16.8 | 22.6 | 31.0 |
| 400 | 568 | Ⅲ类 | 50 | 568 | 0 | Ⅲ类 | 100 | 696 | 16.5 | 21.5 | 28.7 |
| 400 | 0 | Ⅰ类 | 100 | 1136 | 348 | Ⅰ类 | 50 | 348 | 17.8 | 24.6 | 36.6 |
| 400 | 0 | Ⅱ类 | 100 | 1136 | 348 | Ⅰ类 | 50 | 348 | 17.4 | 22.8 | 34.2 |
| 400 | 0 | Ⅲ类 | 100 | 1136 | 348 | Ⅰ类 | 50 | 348 | 16.9 | 22.2 | 32.8 |
| 400 | 0 | Ⅰ类 | 100 | 1136 | 348 | Ⅱ类 | 50 | 348 | 17.5 | 23.7 | 33.7 |
| 400 | 0 | Ⅱ类 | 100 | 1136 | 348 | Ⅱ类 | 50 | 348 | 16.8 | 22.5 | 31.5 |
| 400 | 0 | Ⅲ类 | 100 | 1136 | 348 | Ⅱ类 | 50 | 348 | 16.2 | 21.6 | 29.1 |
| 400 | 0 | Ⅰ类 | 100 | 1136 | 348 | Ⅲ类 | 50 | 348 | 17.0 | 22.4 | 32.0 |
| 400 | 0 | Ⅱ类 | 100 | 1136 | 348 | Ⅲ类 | 50 | 348 | 16.5 | 22.1 | 30.1 |
| 400 | 0 | Ⅲ类 | 100 | 1136 | 348 | Ⅲ类 | 50 | 348 | 15.9 | 21.3 | 28.0 |
| 400 | 0 | Ⅰ类 | 100 | 1136 | 0 | Ⅰ类 | 100 | 696 | 14.0 | 21.2 | 31.1 |
| 400 | 0 | Ⅱ类 | 100 | 1136 | 0 | Ⅰ类 | 100 | 696 | 13.8 | 19.2 | 28.6 |
| 400 | 0 | Ⅲ类 | 100 | 1136 | 0 | Ⅰ类 | 100 | 696 | 13.6 | 18.7 | 26.9 |
| 400 | 0 | Ⅰ类 | 100 | 1136 | 0 | Ⅱ类 | 100 | 696 | 13.7 | 19.7 | 28.3 |
| 400 | 0 | Ⅱ类 | 100 | 1136 | 0 | Ⅱ类 | 100 | 696 | 13.4 | 18.8 | 26.4 |

续表

| 胶凝材料用量（kg/m³） | 粗骨料/(kg/m³) | | | | 细骨料/(kg/m³) | | | | 抗压强度/MPa | | |
|---|---|---|---|---|---|---|---|---|---|---|---|
| | 天然 | 再生 | | | 天然 | 再生 | | | 3d | 7d | 28d |
| | | 品质 | $\lambda_g$(%) | 用量 | | 品质 | $\lambda_s$(%) | 用量 | | | |
| 400 | 0 | Ⅲ类 | 100 | 1136 | 0 | Ⅱ类 | 100 | 696 | 13.1 | 18.0 | 25.8 |
| 400 | 0 | Ⅰ类 | 100 | 1136 | 0 | Ⅲ类 | 100 | 696 | 13.2 | 18.5 | 26.6 |
| 400 | 0 | Ⅱ类 | 100 | 1136 | 0 | Ⅲ类 | 100 | 696 | 13.3 | 18.1 | 24.9 |
| 400 | 0 | Ⅲ类 | 100 | 1136 | 0 | Ⅲ类 | 100 | 696 | 12.8 | 17.6 | 24.1 |

由表 7-7 可知，在双掺再生骨料混凝土的力学性能试验中，双掺再生骨料混凝土的早期强度增长较快，其 3d 抗压强度达到 28d 的 50%左右，但 28d 抗压强度均较低。当再生粗/细骨料的品质和取代率均发生变化时，为了有效分析不同配合比下双掺再生骨料混凝土的力学性能，在此仅将双掺再生骨料混凝土的 28d 抗压强度作对比，如图 7-4 所示。可知，再生粗/细骨料的品质和取代率对双掺再生骨料混凝土的 28d 抗压强度影响较大，随着再生粗/细骨料品质的提升而逐渐增大、随着再生粗/细骨料取代率的增大而逐渐降低，这一结论与再生粗骨料混凝土和再生细骨料混凝土相同。另外，当再生粗骨料和再生细骨料两两组合时的总取代率较大或品质均较低时，双掺再生骨料混凝土的力学性能较差。由此表明，在再生粗骨料混凝土和再生细骨料混凝土的强度公式基础上所建立的双掺再生骨料混凝土强度公式具有充分的理论基础。

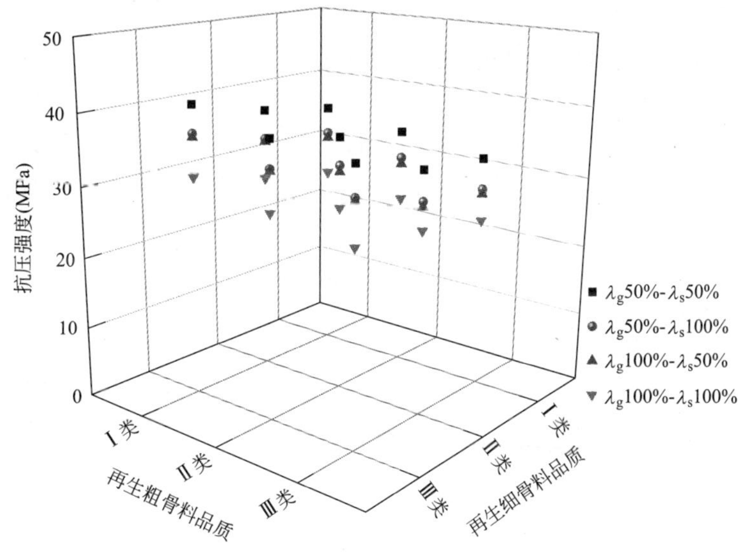


图 7-4　双掺再生骨料混凝土的 28d 抗压强度试验值

将双掺再生骨料混凝土验证试验的强度试验实测值与公式计算值作误差对比，双掺再生骨料混凝土强度公式的计算误差分布情况如图 7-5 所示。可知，在双掺再生骨料混凝土的验证试验中，双掺再生骨料混凝土的强度受再生粗/细骨料品质和取代率的影响较大，其强度公式存在一定的计算误差，误差总范围为：(−6.38%，7.39%)，这是由于再生粗

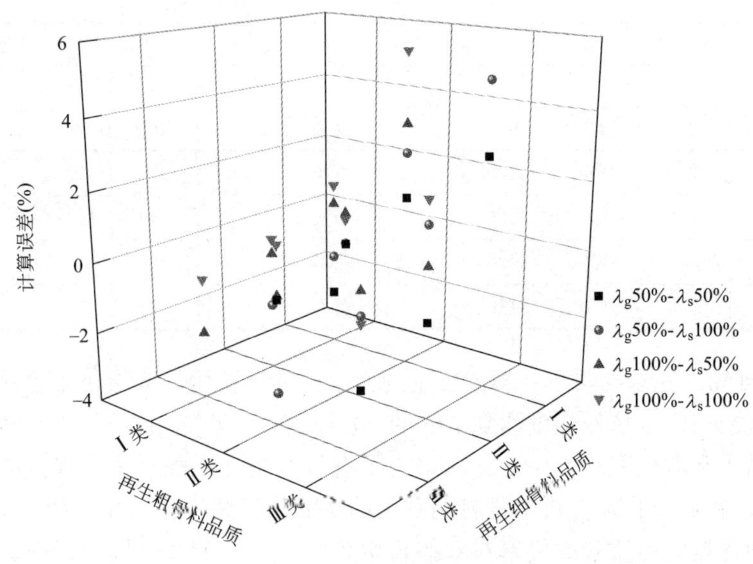


图 7-5　双掺再生骨料混凝土强度公式的计算误差

骨料和再生细骨料的同时掺用给双掺再生骨料混凝土的力学性能带来“双重弱化”影响。但也可以表明基于再生骨料品质特征和取代率所建立的双掺再生骨料混凝土强度公式具有较高的精确度和较好的适用性，可用于指导双掺再生骨料混凝土精确配合比设计方法的提出。

## 7.5　双掺再生混凝土配合比设计步骤

与再生粗骨料混凝土和再生细骨料混凝土的配合比设计方法相比，双掺再生骨料混凝土的配合比设计时所考虑的因素众多且更为复杂。双掺再生骨料混凝土的配合比设计具体步骤如下所示：

(1) 根据双掺再生骨料混凝土的性能要求和相关标准体系的规定，确定再生粗骨料的取代率 $\lambda_g$ 和再生细骨料的取代率 $\lambda_s$。

(2) 确定双掺再生骨料混凝土的强度标准差 $\sigma$，按《再生骨料应用技术规程》JGJ/T 240-2011 的规定取值。

(3) 确定双掺再生骨料混凝土的配制强度，按式 7-9 计算。

$$f_R \geqslant f_{cu,k} + 1.645\sigma \tag{7-9}$$

式中：$f_R$——双掺再生骨料混凝土的配制强度，单位为 MPa；

$f_{cu,k}$——双掺再生骨料混凝土的立方体抗压强度标准值，取双掺再生骨料混凝土的设计强度等级值，单位为 MPa；

$\sigma$——双掺再生骨料混凝土的强度标准差，单位为 MPa。

(4) 确定普通混凝土的胶水比 $B/W$，按式 7-10 来计算。

$$f_R = \mathrm{a} f_{ce}(B/W - \mathrm{b})[1-(7.607\omega_a - 0.074)\lambda_g][1-(1.829\beta_w - 2.218)\lambda_s] \tag{7-10}$$

式中：$f_R$——双掺再生骨料混凝土的配制强度，单位为 MPa；

$f_{ce}$——胶凝材料的实测28d抗压强度，单位为MPa；

$\omega_a$——再生粗骨料的吸水率，以小数计；

$\lambda_g$——再生粗骨料的取代率，以小数计；

$\beta_w$——再生细骨料的再生胶砂需水量比；

$\lambda_s$——再生细骨料的取代率，以小数计；

$B$——双掺再生骨料混凝土拌合物的胶凝材料用量，单位为kg/m$^3$；

$W$——普通混凝土拌合物的用水量，单位为kg/m$^3$；

a、b——线性回归系数，无量纲。

（5）确定普通混凝土拌合物的用水量$W$，根据实际工程的需求，通过调整用水量来控制拌合物的坍落度，调整后的用水量即为普通混凝土的用水量$W$。

（6）确定双掺再生骨料混凝土拌合物的绝对用水量$W_R$，按式7-11来计算，同时考虑再生粗/细骨料使用状态的影响。

$$W_R = W + (540.9\omega_a + 6.635)\lambda_g + (130.3\beta_w - 149.8)\lambda_s \tag{7-11}$$

式中：$W_R$——双掺再生骨料混凝土的绝对用水量，单位为kg/m$^3$；

$W$——普通混凝土的用水量，单位为kg/m$^3$；

$\omega_a$——再生粗骨料的吸水率，以小数计；

$\lambda_g$——再生粗骨料的取代率，以小数计；

$\beta_w$——再生细骨料的再生胶砂需水量比；

$\lambda_s$——再生细骨料的取代率，以小数计。

（7）确定双掺再生骨料混凝土的胶凝材料总量$B$，按普通混凝土的胶水比$B/W$与其用水量$W$的乘积来计算。

（8）确定双掺再生骨料混凝土的矿物掺合料用量，按矿物掺合料的掺量与胶凝材料总量的乘积来计算。

（9）确定双掺再生骨料混凝土的水泥用量，按胶凝材料总量与矿物掺合料用量之差来计算。

（10）确定双掺再生骨料混凝土的砂率，根据双掺再生骨料混凝土的施工要求，同时考虑再生粗/细骨料的基本性能指标和双掺再生骨料混凝土的工作性能来确定，建议选用较低砂率。

（11）确定再生粗骨料的用量，参照普通混凝土配合比中的粗骨料用量，按再生粗骨料的取代率$\lambda_g$与粗骨料用量的乘积来计算。

（12）确定再生细骨料的用量，参照普通混凝土配合比中的细骨料用量，按再生细骨料的取代率$\lambda_s$与细骨料用量的乘积来计算。

（13）确定天然粗骨料的用量，按粗骨料总量与再生粗骨料用量之差来计算。

（14）确定天然细骨料的用量，按细骨料总量与再生细骨料用量之差来计算。

（15）双掺再生骨料混凝土配合比的试配：参照双掺再生骨料混凝土的计算配合比，试拌时双掺再生骨料混凝土的绝对胶水比$B/W_R$宜保持不变，调整其他设计参数来满足双掺再生骨料混凝土的施工要求，修正后得到试拌配合比。

（16）双掺再生骨料混凝土配合比的调整与确定：在试拌配合比的基础上，根据确定的双掺再生骨料混凝土的绝对胶水比$B/W_R$调整外加剂用量和绝对用水量$W_R$，相应调整其他设计参数，确定双掺再生骨料混凝土的最终配合比。同样需要注意的是，在实际工程应用时必须采取措施控制双掺再生骨料混凝土的坍落度损失。

## 7.6 小结

为了扩大建筑垃圾的再利用率和再生骨料的使用量，本章以再生粗骨料混凝土和再生细骨料混凝土的配合比设计方法研究为基础，在双掺再生骨料混凝土验证试验的有效性分析后，参照《普通混凝土配合比设计规程》JGJ 55-2011 和《再生骨料应用技术规程》JGJ/T 240-2011，提出了同时掺加再生粗骨料和再生细骨料的双掺再生骨料混凝土配合比设计方法。所得到的主要结论为：

（1）双掺再生骨料混凝土绝对用水量公式的建立。考虑到双掺再生骨料混凝土拌合物的用水量与再生粗骨料的吸水率、再生细骨料的再生胶砂需水量比以及再生骨料的用量密切相关，以及再生粗骨料和再生细骨料同时使用所产生的叠加效果，在再生粗骨料混凝土和再生细骨料混凝土绝对用水量公式的基础上建立了双掺再生骨料混凝土的绝对用水量公式。

（2）双掺再生骨料混凝土强度公式的建立。与单掺再生骨料的再生混凝土相比，同时掺加再生粗骨料和再生细骨料给双掺再生骨料混凝土的强度带来“双重弱化”的影响，强度的降低并不是再生粗骨料和再生细骨料两种负增强相的简单相加，双掺再生骨料混凝土强度公式的建立同时考虑了再生粗骨料和再生细骨料的强度影响因子。

（3）双掺再生骨料混凝土的性能验证及公式计算误差对比。与再生粗骨料混凝土和再生细骨料混凝土相比，再生粗骨料和再生细骨料的同时掺加使得双掺再生骨料混凝土的绝对用水量显著增多，且其坍落度损失非常大，工作性能很差。另一方面，双掺再生骨料混凝土内部薄弱区域面积大幅度增加，主要体现在易碎骨料和薄弱界面结构数量的增多，故而其力学性能也很差。所建立的双掺再生骨料混凝土绝对用水量公式和强度公式均存在一定的计算误差，其中绝对用水量最大计算误差为 4.55%、强度公式最大计算误差为 7.39%，略大于单掺再生骨料混凝土公式的计算误差，但也可以表明基于再生粗/细骨料品质特征和取代率所建立的双掺再生骨料混凝土绝对用水量公式和强度公式具有较高的精确度和较好的适用性，可以用来对双掺再生骨料混凝土的工作性能和力学性能进行计算。

（4）双掺再生骨料混凝土配合比设计方法的提出。对于双掺再生骨料混凝土的工程应用与发展，以鼓励大量应用为前提，必须适当放宽对其工作性能和力学性能的限制。参照普通混凝土的配合比设计方法，基于所建立的具有较高精度的双掺再生骨料混凝土绝对用水量公式和强度公式，提出了适用于同时掺加再生粗骨料和再生细骨料的双掺再生骨料混凝土配合比设计方法。

## 参考文献

[7-1] 黄文峰.再生骨料及掺合料对再生混凝土力学性能影响试验研究［D］.哈尔滨：哈尔滨工业大学，2007.

[7-2] 郭樟根，陈晨，范秉杰，等.再生粗细骨料混凝土基本力学性能试验研究［J］.建筑结构学报，

2016，37（s2）：94-102.

[7-3] 石磊.全再生骨料混凝土配合比及其长期性能试验研究 [D].郑州：郑州大学，2013.

[7-4] 孔哲，李秋义，郭远新，等.再生粉体对砌筑砂浆性能的影响 [J].铁道建筑，2015（12）：142-147.

[7-5] 赵云，于献青，袁静，等.再生粗骨料的生产与性能分析 [J].新型建筑材料，2016（4）：44-48.

[7-6] 孔哲，李秋义，郭远新，等.再生砂应用于干混抹灰砂浆的试验研究 [J].砖瓦，2015（11）：18-22.

[7-7] 朱亚光，张晓彤，徐培蓁.掺合料复配对再生骨料混凝土力学性能的影响 [J].混凝土，2017（2）：50-55.

[7-8] Pedro D，Brito J de，Evangelista L. Structural concrete with simultaneous incorporation of fine and coarse recycled concrete aggregates：Mechanical，durability and long-term properties [J]. *Construction and Building Materials*，2017，154：294-309.

[7-9] 张淑泉，田小革，刘良俊.基于正交试验方法的双掺再生骨料混凝土配合比设计研究 [J].北方交通，2016（9）：35-37.

[7-10] 苏林行，郭远新，李秋义.双掺再生骨料混凝土工作性及力学性能试验研究 [J].混凝土与水泥制品，2016（6）：1-6.

[7-11] 何霞，朱从香，王兵，等.双掺再生粗细骨料混凝土抗碳化性能试验研究 [J].江苏建筑，2015（6）：79-82.

[7-12] Yuanxin Guo，Qiuyi Li，Qianqian Li，et al. Prediction formula for absolute water consumption of recycled coarse aggregate concrete [C]. Qingdao，*2017 International Conference on Transportation Infrastructure and Materials*，2017：293-300.

[7-13] 郭远新，李秋义，岳公冰，等.考虑粗骨料品质和取代率的再生混凝土抗压强度计算 [J].建筑结构学报，2018，39（4）：153-159.

[7-14] Nieuwoudt P D，Babafemi A J，Boshoff W P. The response of cracked steel fibre reinforced concrete under various sustained stress levels on both the macro and single fibre level [J]. *Construction and Building Materials*，2017，156：828-843.

[7-15] 张丽辉，刘加平，周华新，等.粗骨料与钢纤维对超高性能混凝土单轴拉伸性能的影响 [J].材料导报A：综述篇，2017，31（12）：109-114.

[7-16] 孙露，陈徐东，石丹丹，等.纤维种类和总掺量对混凝土弯曲疲劳寿命分布的影响 [J].混凝土，2018（2）：37-41.

[7-17] 龚继豪，刘春晖，吕克文.形状和取代率对再生混合混凝土抗压性能的影响 [J].混凝土，2017（4）：99-103.

[7-18] 王长青，肖建庄，孙振平.再生粗骨料取代率对约束再生混凝土动态力学行为的影响 [J].土木工程学报，2016，49（s2）：8-38.